中外历史未解之谜

郭映熙◎编著

北京联合出版公司
Beijing United Publishing Co.,Ltd.

图书在版编目（CIP）数据

中外历史未解之谜 / 郭映熙编著 . — 北京：北京联合出版公司，2015.1

ISBN 978-7-5502-4601-0

Ⅰ . ①中… Ⅱ . ①郭… Ⅲ . ①世界史—通俗读物 Ⅳ . ① K109

中国版本图书馆 CIP 数据核字（2015）第 011770 号

中外历史未解之谜

编　　著：郭映熙

责任编辑：崔保华

封面设计：韩立强

责任校对：徐胜华

美术编辑：汪　华

图片摄影：孔　群　郝勤建

图片绘制：陈来彦　陈福平　孙意如　陆铭蓓

部分图片来自：www.quanjing.com&www.ICpress.cn

北京联合出版公司出版

（北京市西城区德外大街83号楼9层　100088）

北京市松源印刷有限公司印刷　新华书店经销

字数480千字　720毫米×1020毫米　1/16　27.5印张

2015年1月第1版　2015年1月第1次印刷

ISBN 978-7-5502-4601-0

定价：29.80元

前言

人类在地球上繁衍生息了几百万年，但人类的起源究竟在哪里？充满神秘力量的金字塔，其中的超自然现象到底作何解释？恐怖的百慕大三角是无数飞机与船只的梦魇，而它的魔力究竟何在？马王堆古尸为何历经千年不腐？金缕玉衣真的能让肉体不朽吗？曹操生性多疑，死后真的设有七十二疑冢吗？武则天生前文治武功，死后缘何以无字碑示人？孝庄太后为何下嫁多尔衮……关于文明、关于地球以及人类自身，有太多太多的谜团等待人们去挖掘。

这些令人感到困惑不解的事件和现象广泛而真实地存在着，有些是人类当前的认知能力和科技水平所不能完全解释的，有些是其真实面目被历史尘封，还有些则是由于当局者的刻意隐瞒和篡改，它们所散发出来的神秘魅力，像磁石一般吸引着人们好奇的目光，并激发起人们探求其真相的强烈兴趣。在对种种谜团的破译和解析过程中，人们不但能够获得知识上的收益，还能得到愉快的精神体验。

鉴此，我们组织编写了这本《中外历史未解之谜》，本书以知识性和趣味性为出发点，全方位、多角度地展示了从神秘宇宙到生命探奇、从远古文明到科学奥秘、从帝王后宫到军事政界等方面极具研究价值、探索意义和广为人们所关注的未解之谜，内容涉及宫廷、政界、战争、名人、文化、科技等诸多领域。对于每个未解之谜，编者并未以一家之言取信于读者，而是在参考了大量文献资料、考古发现的基础上，结合最新的研究成果，客观地将多种经过专家学者分析论证的观点一并提出，展示给读者，或引经据典，或独辟蹊径，或提供佐证，或点明主题，使读者既多了一个与大师们面对面交流的机会，又多了一条了解真相的途径，从而见微知著、去伪存真，努力揭示出谜团背后的真相。

同时，编者精心挑选了数百幅精美图片，包括实物图片、自然风光、建筑景观、出土文物、摄影照片等。人物背后的故事，历史背后的真相，谜团背后的惊悚，大量珍贵图片直击未解之谜，与文字互为补充诠释，为读者展示出更为广阔的认知视野和想象空间。

生动流畅的叙述语言、逻辑严谨的分析理念、图文并茂的编排形式、新颖独到的版式设计，将读者感兴趣的疑点与谜团全方位、立体地展现出来，使读者在轻松获取知识、提升科学和文化素养的同时，得到更广阔的审美感受和愉快体验。

目录

·中国篇·

世界篇

宫廷

古埃及金字塔仅仅是法老的葬身之地吗？

金字塔是人类文明史中的一项伟大奇迹，更是永恒的谜团，数千年以来，它矗立在古老的尼罗河畔，迎曙光，浴暮霭，闪着神奇的智慧之光。然而，关于金字塔的起源问题，经过历代学者的激烈的论争，至今仍众说纷纭。

在中世纪，很多作家都认为，在埃及粮食充裕时期，金字塔是用来储藏粮食的大仓库。近几年来，金字塔被人描述为与日晷仪和日历、天文观测台、测量工具甚至与神秘的外星生命相联系的东西，把金字塔当作天外宇宙飞船的降落点。

然而，大部分有声望的埃及学者认为金字塔是法老们的坟墓。这一理论也最能被人们所广泛接受。金字塔散布于尼罗河的西岸，根据埃及神话，这里与通往来世的路途相通。考古学家们在金字塔附近发现了许多在葬礼仪式中使用的小船，据说，这些小船就是法老们驶向来世的工具。

许多金字塔中都有石棺或木棺，这早已被证实。19世纪之前，在石棺上或在石棺

金字塔

在吉萨的胡夫金字塔是最著名的金字塔。胡夫金字塔高146米，由超过200万块石灰石组成，一些石头重15吨。

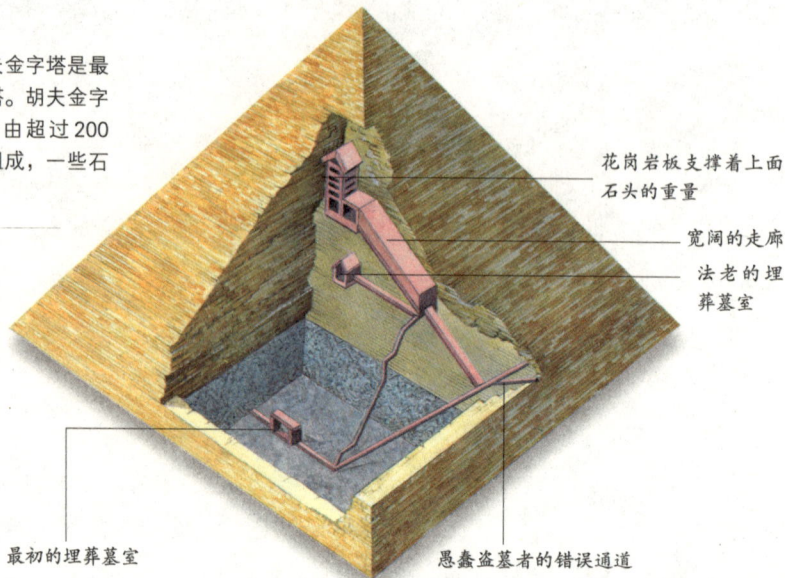

花岗岩板支撑着上面石头的重量

宽阔的走廊

法老的埋葬墓室

最初的埋葬墓室

愚蠢盗墓者的错误通道

附近发现的神秘图画被确定为用来帮助法老们从一个世界通往另一个世界的咒语。

　　然而，一个铁的事实却让坟墓理论缺乏了最主要的依据，就是学者们在金字塔中找不到法老们的尸体，而且许多法老好像建造了不止一个金字塔。

　　20世纪著名的物理学家库尔特·门德尔松坚持认为法老们建造金字塔的目的是在到处是散落的部落的时代巩固埃及的国家地位，而金字塔不是坟墓。门德尔松的理论使坟墓理论不能解释的问题得以解决。

　　还有一些人认为金字塔中没有尸体，却有大量的陪葬品，说明金字塔是衣冠冢——死去的法老们的纪念碑，但不是他们真正的坟墓。

　　绝大多数埃及学者仍然认为，尽管金字塔也具有其他用途，但它们首先是作为坟墓而被建造的。它们的周围环绕着其他坟墓，这些坟墓的主人在当时的地位都在法老之下。

　　另外，关于金字塔的一个折中的观点认为，金字塔可以被理解为古代建筑进步的标志之一，这一种建筑从矩形、平顶、砖泥结构的坟墓开始，今天我们称之为古埃及墓室（里面曾经发现过尸体）。然后，建筑师们开始把一个平顶结构垒在另一个上，这样就建成了今天被我们称为"台阶式金字塔"的建筑物，其中最著名的那些现在仍坐落在撒哈拉地区开罗南部。

　　几乎所有的延续了埃及文明的东西都关系到了死亡，死亡好像成了他们宗教、文学的限定力量。法老们认为，他们的目的不是今生而是来世，不管是通过小船、台阶还是借助太阳光，只要能成功即可。因此，金字塔被设计成能存放他们遗体的式样，也就是坟墓，这是目前一种最合理的推测。

　　不过科学是永无止境的，历史在延续，人类的天性在于探索无限的未知世界，随

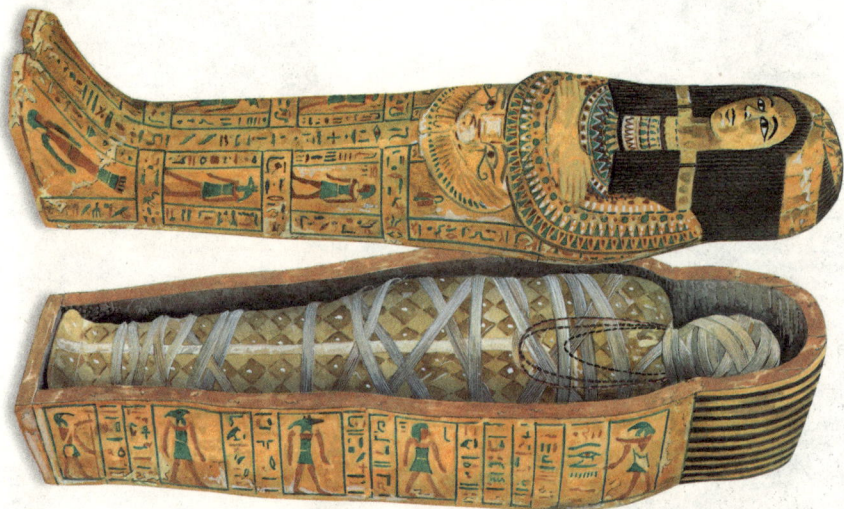

木乃伊

当法老死后，他的尸体被保存起来。内部的器官被去掉，身体用化学药水处理，然后用绷带缠好制成木乃伊。木乃伊被放在一个装饰好的棺材里，然后安置在金字塔坟墓内。

着科学的发展,随着探索者们坚持不懈的努力和灵感的产生,金字塔之谜一定会真相大白,也许一个新的、不为人知的理论又摆在世人面前,也许又有更多的谜团不能解开,到那时又会怎样呢?

古埃及图坦卡蒙法老是死于谋杀吗?

古埃及以其灿烂的文明和神秘的传说吸引了无数历史和考古学者。在开罗南 700 多千米的尼罗河西岸,埋葬着 30 多个法老,学者们称之为"帝王之谷"。

1922 年,考古工作者在"帝王之谷"内发现了距今 3000 多年前十八王朝的法老图坦卡蒙的陵墓。图坦卡蒙是著名的阿蒙普特四世(即埃赫那吞)王后尼费尔提提的女婿。这位君主政绩平平,没有什么大作为。他大约于公元前 1361 年登基,当时年仅 10 岁,娶了一个 12 岁的少女。19 岁时他便死去了(也有人认为他死时 18 岁)。这些就是史料传说对他生平的全部介绍。图坦卡蒙的陵墓是迄今为止所发现的最完整、最有价值的古代埃及法老的陵墓。

1972 年和 1976 年图坦卡蒙墓中出土的部分珍贵文物先后在伦敦、华盛顿展出,吸引了成千上万的欧美观众,再次轰动了整个世界。图坦卡蒙又一次成为人们津津乐道的话题。

古老、神秘的图坦卡蒙之墓发掘成功后,人们终于见到基本上完整的法老墓葬,也第一次看到了法老的葬制。

图坦卡蒙法老的黄金面具

图坦卡蒙的黄金王座

整座墓由前室、墓室、耳室、库室组成。除墓室外，所有的地方都放满了家具、器皿、箱匣等各类器物，其中包括墓主人的宝库。墓中的每件器物，都以金银珠玉装饰而成。在墓室中还发现了两尊真人大小的乌木镀金雕像，据学者们认为是图坦卡蒙的形象。这两尊雕像生动逼真、栩栩如生，充分反映了古代艺术家们高超的技术和丰富的想象力。在8年的挖掘过程中，卡特在墓中发现了2000多件文物，墓中奇珍异宝非常丰富。

墓穴内的宝藏

图坦卡蒙的木乃伊被密封在重重的棺椁之中，在棺材外面的4层是涂金的木椁。最里面的是黄金打制成的棺椁。当揭开裹在木乃伊脸部的最后一层亚麻时，人们突然发现图坦卡蒙的脸上靠近左耳垂的地方有一处致命的创伤，创伤是怎么造成的？凶手是谁？这一切都成了谜。

我们结合一些文献史料的记载和刚出土的壁画文物可以大体得知：

由于图坦卡蒙登基时年纪非常小，只是同老臣阿伊共掌大权。他在19岁时突然死去。在他死后，他的年轻皇后请求赫梯王派一王子与她完婚。可是赫梯王子在来埃及途中被人杀害。接下来，老臣阿伊继承了王位。

可是，我们从这些零散的资料与传说中无法揭开图坦卡蒙猝死之谜，谜底在哪里？也许仍长眠于尼罗河充满神奇色彩的土地下，我们只有期待更多的出土资料来揭开这个谜底，也许会由此发现更多不为人知的谜团，从而为世人留下更多的悬念、无限的遐想。

制造砖

坟墓上的画告诉我们许多古埃及人日常生活的情况。这里，手工艺者用从尼罗河取来的软泥添加麦秆，制造建筑用砖和工艺品等。

象形文字

古埃及人发明了书写的一种形式，即象形文字。有超过700个不同意思的符号，每一个都代表一个发音或者一个单词。

"万王之王"大流士是怎样获得波斯王位的？

被尊称为"万王之王"的大流士登上王位的手段到底是怎样的呢？有一天，冈比西斯过去的一个王妃发现新皇帝没有耳朵。她把这件事透露给了她的父亲、大臣欧塔涅斯。欧塔涅斯立即断定新皇帝是僧侣高墨达，而不是巴尔迪亚。因为在居鲁士当皇帝时，曾因高墨达有过失而将他的双耳割去。欧塔涅斯立刻将真情告诉了另外的6名波斯贵族，以后的皇帝大流士一世就是其中的一员。他们决定发动一次政变，把高墨达杀死以夺回政权。

这7个大臣先是派人在首都到处散布新皇帝是高墨达而不是巴尔迪亚的消息。很快，假巴尔迪亚的消息便在京城传开。

高墨达发现真相败露之后，十分惊慌，马上逃到米底的一个地方，最后被大流士和欧塔涅斯等人杀死。

根据希罗多德的《历史》记载，当7个起义的贵族把局势平定之后，在讨论波斯的统治权的时候，欧塔涅斯第一个发言说："我认为应该停止一个人的独裁统治，因为这既不是一件快乐的事，也不是一件好事。当一个人愿意怎样做便怎样做而自己对所做的事又可以毫不负责的时候，那么这种独裁的统治有什么好处呢？把这种权力给世界上最优秀的人，他也会脱离他的正常心情的……相反，人民统治的优点首先在于它

面对相反方向的公牛在柱子的顶部　　进入大厅的门　浮雕显示捧着贡品的士兵

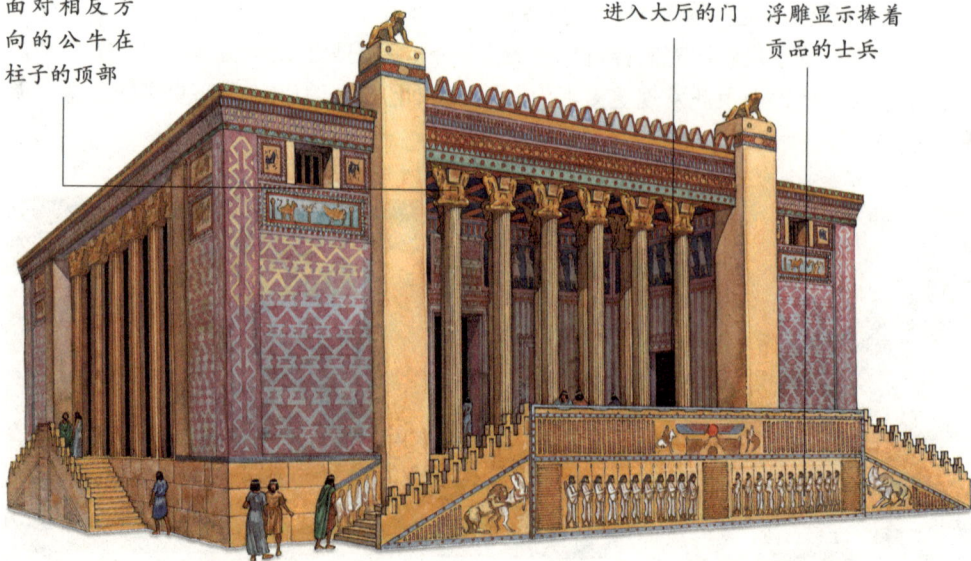

波斯波利斯城内的宫殿

在波斯波利斯城内巨大的宫殿。大流士一世和薛西斯一世在波斯波利斯城修建了宏伟的宫殿。沿着巨大的楼梯向上进入宫殿，楼梯是如此宽大，可以供8匹马并排行走。从帝国各地来的人们向坐在高高王位上的国王敬献贡品。

那美好的名声，那就是，法律面前人人平等。其次，那样也不会产生一个国王所易犯的错误……任职的人对他们任上所做的一切负责，而一切意见均交给人民大众加以裁决。因此我的意见是，我们废掉独裁政治并增加人民的权利，因为一切事情是必须取决于公众的。"美伽比佐斯则主张实行寡头统治而反对民主制。大流士则主张独裁。他说："没有什么能够比一个最优秀的人物的统治更好，他能够完美无缺地统治人民，为对付敌人而制订的计划又可以隐藏得最严密。"他接着论证了民主或者寡头制由于互相争斗都会最终导致独裁，结果，大流士的意见以 4 比 3 而获得通过，在决定由谁当这个独裁者的时候，7个贵族还约法三章：第一，欧塔涅斯明确表示未来的国王不能支配他及他的后代，相反，每年都要给予其奖赏；第二，7个人不经通报就可以进入皇宫，当然，国王正在和一个女人睡觉时除外；第三，国王必须在同谋者的家族里挑选妻子。

他们进行了一次比试，在一个清晨他们来到市郊，据说因为马夫在那个时候把摩擦过母马阴部的手放到了大流士的马的鼻子上，结果大流士的马首先嘶鸣起来。根据约定应由大流士当国王。

大流士自从坐稳王位以后，为自己树立了一个石碑，石碑上面有这样的句子：

"叙斯塔斯帕之子大流士，由于他的马和他的马夫欧伊巴雷的功绩，赢得了波斯帝国。"

和他一起杀高墨达的那几个大臣，这时都不敢提出异议了。其中有个叫尹塔普列涅的大臣因不识时务而冲撞了大流士，结果其全家都被大流士杀了。

大流士在公元前 500 年发动了对希腊的战争。在公元前 490 年的马拉松战役中，希腊人把波斯军队打得大败。10 年后，大流士的儿子薛西斯第二次远征希腊又惨败而归。从那以后，波斯帝国逐渐走向衰落。

波斯军队

苏萨宫殿装饰着描绘波斯军队的马赛克。波斯军队的精华部分是 1 万名被称为"不死军"的士兵，一旦有人死去，就会有人立刻加入，人数恒定。

马其顿亚历山大大帝死于谁手？

亚历山大大帝一生纵横无敌，他曾率领马其顿希腊联军发起对波斯帝国的远征，用近 10 年的时间把东方广大地区征服，从而建立了横跨欧、亚、非三大洲的庞大帝国，然而，这位纵横天下的大帝于公元前 322 年夏在巴比伦猝死，他到底死于什么原因呢？

生于马其顿都城伯拉的亚历山大大帝（公元前 356～前 323 年）出身于新兴的王族家庭，他的父亲就是腓力二世。他小时候曾拜著名哲学家亚里士多德为师，从而受到良好的希腊文化教育，他 16 岁就随父出征，从而学得不少军事知识。他公元前 336

亚历山大头像

年即位，并先后平定宫廷内乱，制服北方诸侯反叛，击败了希腊各邦的反马其顿运动。公元前334年春，亚历山大带领着他的马其顿希腊联军，穿过赫斯斯湾海峡远征波斯。公元前333年，在小亚细亚伊苏城附近把大流士三世率领的波斯军打得落花流水，并俘获了大流士三世的母亲、妻子。公元前327年夏，利用印度诸国之间的矛盾，亚历山大占领印度西北的许多地区。但是由于当地人民的顽强抵抗以及战士的厌战情绪，再加上当地气温高，瘟疫流行，亚历山大被迫撤军。公元前324年，亚历山大军队分别从海陆两路回到了巴比伦。

公元前323年夏，亚历山大突然暴病而亡，这时他正准备着一次新的远征。是何种疾病夺去了亚历山大的生命？史学家们有许多不同的看法。

第一种看法是他死于恶性疾病，苏联学者塞尔格叶夫曾在《古希腊》中提过。在《亚历山大新传》这本书中，美国学者高勒将军认为"亚历山大由于长期在沼泽地区作战而染上恶性疾病，在6月13日晚上发作，从此离开人世"。他来不及留下遗嘱，更没时间指定由谁来继位，持同样看法的还有我国史学家吴子谨教授。

第二种看法是，英国著名史学家赫·乔·韦尔斯认为："在巴比伦，亚历山大有一回酩酊大醉以后，突然发烧，从此一病不起，不久就死去了。"《大英百科全书》也有这样的看法："在一次超长的酒宴之后，他突然一病不起，10天之后，即公元前323年6月13日去世了。"

亚历山大军队战斗浮雕

亚历山大追击大流士的战斗

　　第三种说法是亚历山大为毒药所害。在古希腊史学家阿里安的《亚历山大远征记》中说部将安提帕特鲁送给亚历山大一副药，正是这副药让亚历山大命丧黄泉。还说药是盛在一个骡蹄壳里，由安提帕特鲁的儿子卡山德送到亚历山大那里去，这副药是亚里士多德替安提帕特鲁配的。卡山德的弟弟埃欧拉斯里是亚历山大的御杯侍从。由于亚历山大不久前曾冤枉过他，他一直怀恨在心。但到底是什么原因使得这位正处于人生、事业巅峰的亚历山大大帝一病不起，至今仍让人不得而知，只有让后人面对着他所建立的不朽功勋大发感慨。

恺撒大帝是让其私生子杀死的吗？

在《哈姆雷特》一剧中，莎士比亚曾借哈姆雷特之口说"弱者，你的名字叫女人"。而在《裘力斯·恺撒》中，与此话形成鲜明对比的却是他对布鲁图的高度赞扬——"这才是一个真正的男人"。布鲁图何许人也？传说中是恺撒大帝与其情人塞尔维利娅的私生子，也是后来阴谋刺杀恺撒的主要策划者之一。

罗马历史上已有尼禄弑母夺权的事迹，那么布鲁图杀父又是为什么呢？他真的亲自参与了刺杀行动吗？

公元前44年3月15日，在庞培议事厅，当每个谋杀者都向恺撒身上捅刀时，布鲁图也刺了一刀，恺撒对别的刺杀者拼命进行反击，并一面喊叫一面挣扎，然而当他看到布鲁图手里的匕首时，竟然默默地用外袍蒙上了头，心甘情愿地挨刺。另有一些人写道："当布鲁图向恺撒行刺时，恺撒用希腊语说道：'是你！我善良的孩子？为什么？'看来，恺撒在将死之时，仍认为布鲁图就是自己的孩子。"

恺撒像

普鲁塔克在给恺撒和布鲁图作传时，是以这些为基调的："恺撒不但深爱塞尔维利娅而且也爱布鲁图，虽然他不过是私生子。"在普鲁塔克看来，恺撒如此仁慈地对待布鲁图，正是源于这种爱。

但当恺撒和庞培为争夺最高权力而开始内战时，人们没有料到的是，布鲁图没加入恺撒一方，而是站到处死自己的父亲的庞培一边。尽管如此，恺撒仍爱着布鲁图。

罗马贸易广场

恺撒建立了罗马广场，并在罗马成为广阔帝国的首都后又在原广场边上另建了一座广场，它呈长方形，周围环绕的是遮掩货摊的柱廊。

表现恺撒被刺死的绘画

尽管事先受到威胁，恺撒还是没带武器便来到元老院，在凶手中，他认出布鲁图——他之前非常信任的人，死前他说道："你也这样，我的儿子！"

他告诉下属，不许在战争中令布鲁图死亡。如果布鲁图投降，就俘虏他，如果他誓死不当俘虏，就随他便，总之千万不可伤害他。

恺撒对布鲁图可谓仁至义尽。普鲁塔克说，假如布鲁图愿意，他甚至可以成为恺撒最亲密的朋友。那么布鲁图到底为何要一向反叛恺撒，甚至一定要杀死他呢？从根本上说，布鲁图与卡西约一伙作为共和派，他们极端仇视君主专制制度。面对有称王企图的恺撒，布鲁图表示了坚决的立场："为国家自由而死，是我们刻不容缓的职责！"

布鲁图像

种种迹象表明，大义凛然的布鲁图对恺撒大帝可谓是恨之入骨，积怨不浅。在他心中，恺撒即是暴君的代表，而除暴安良是他作为"真正男人"所必定要做的。刺杀恺撒天经地义。但以上只是作者普鲁塔克的一些主观倾向而已。究竟恺撒大帝身死谁人之手，还有待做进一步的考证。

埃及艳后自杀之谜

在埃及，几乎无人不识克里奥帕特拉。她常像诡异壮观的金字塔群一样为众人所津津乐道。这不单得益于她沉鱼落雁、闭月羞花般的容貌和维纳斯般的身段，更得益于她那富有传奇色彩的一生及至今不为人知的死亡之谜。

沉入海底的克里奥帕特拉狮身人面像

克里奥帕特拉纪念碑

碑上第二行刻有女王的名字。

公元前51年，托勒密十二世逝世后，依照埃及当时法律和遗诏规定，21岁的克里奥帕特拉和小她6岁的异母弟弟结为夫妻，共同执掌政权。公元前48年，在宫廷争斗中失败的她被其弟从亚历山大城逐出去。克里奥帕特拉野心极大，她在叙利亚和埃及边境一带招兵买马，打算重返埃及从弟弟手中夺取王位。

此时，适逢罗马国家元首恺撒追击庞培来到埃及，克里奥帕特拉的一个同党在此过程中为她献计：派士兵扮成商人，把包在毛毯里的女王抬到恺撒的行馆。恺撒打开来看，惊喜万分，在他面前出现的竟是克里奥帕特拉七世——她的美貌立刻使恺撒着迷了。自此，两人共浴爱河，成为一对佳偶。

作为克里奥帕特拉夜闯军营这一"壮举"的回报，她成了埃及女王，独揽大权。克里奥帕特拉不久后便为恺撒生了一个儿子，取名恺撒·里昂或托勒密·恺撒。天有不测风云，公元前44年3月15日恺撒遇刺身亡，她失意地离开了罗马。

公元前31年，屋大维与安东尼在阿克提乌姆海角会战。

公元前30年，屋大维逼近埃及，此时埃及军队发生内乱，安东尼眼看大势将去，便把披甲解去，抽出佩剑，自杀了，时年52岁。

被屋大维活捉的克里奥帕特拉得到她将被作为战利品带往罗马游街示众的消息后，便请求屋大维让她祭奠去世的安东尼。之前，她已把自己的遗书写好了。沐浴后，她用了一顿丰富的晚餐。此后，便失落地进入自己的卧室，躺在一张金床上，非常安详地睡去，但从此没有再醒过来。

匆忙赶到的屋大维把她的遗书展开，女王请求把她与安东尼埋葬在一起，对她的自杀屋大维虽然有些失望，但由衷地佩服她的

克里奥帕特拉之死
亚克兴角海战的失利和安东尼的死，使艳后失去了活下去的勇气。她望着安东尼的尸体，悲痛欲绝。是否此时她死志已决呢？

伟大，便依照她的遗书，把她的遗体葬在安东尼身边。

那么她究竟是用何种方法自寻死路的呢？

大多数人认为，女王提前安排将一只藏有一条叫"阿斯善"的小毒蛇的盛满无花果的篮子带进墓中，再让小毒蛇咬伤自己的手臂，因中毒昏迷而死亡。抑或是，女王早就在花瓶里喂养了毒蛇，然后用一支金簪在蛇的身体上刺，引它发狂，直到把她的手臂缠住。持这种观点的人依据考证资料提出：卧室朝向大海的一边开着一个窗户，从这里受惊的毒蛇完全可以溜走。此外，女王的医生证明："她的手臂上，的确有两个不是很明显的疤痕。"

也有不少人不同意上述两种观点，因为咬伤或刺伤的痕迹没有在死者尸体上发现，在卧室中也没有发现任何有毒的小蛇。他们认为服毒而死的可能性最大。

古罗马硬币（上为安东尼头像，下为克里奥帕特拉）

古罗马皇帝提比略为何选择自我流放？

古罗马的诸多皇帝在合上眼的那一刻不是轰轰烈烈战死疆场，就是暴虐过度被碎尸万段，要不就是毫无防备遇刺身亡。唯有提比略显得如此另类与安静。喜欢过离群索居生活的提比略直至生命的最后一刻依然驻守在自我放逐之地康帕尼亚。

可是，他为什么自我流放呢？罗马史学家塔西佗认为，提比略自我流放的原因有两个：一是由于提比略手下大将谢雅努斯的阴谋。但是塔西佗考虑到这样一个事实，那就是在谢氏被处死后，他同样离群索居达 6 年之久，所以另一面怀疑是出于己意，"目的是想借此来掩盖那由于他的行动而昭彰于世的残酷和淫乱"。这可能是其经过深思熟虑和下定决心才实施的。苏托尼乌斯则认为因为提比略的儿子分别不幸在叙利亚和罗马死亡，所以他想独自一人静一静。还有一种说法认为提比略老年时对自己的外貌特别敏感。他长得比较高，肩部

卡里古拉像

提比略的甥孙与继承人，为人残暴。提比略的出走与他不无关系。

提比略的刀鞘

罗马贵族生活场面壁画

这个青铜罐上刻有提比略乘车出行的场景。

提比略殿遗迹

下垂，却又瘦得出奇，脑袋上一根头发也没有，满脸又都长着脓疮，经常涂着各种膏药。当他隐退后已经习惯于不和人们见面，而只是自己偷偷地享乐。

与前述众说截然不同的是，提比略的出走是由于他母亲的专横性格而致。他不能容忍他母亲与他一起共掌大权，但又不可能除掉她。

总的说来，古代人对其放逐的原因侧重在他的体质弱点和伦理道德方面，而近代史学家对此的看法和猜测则偏重于社会和政治方面的考虑。苏联史学家科瓦略夫认为："早在公元26年，在病态的对人的厌恶和谢雅努斯的劝说的影响下，提比略离开了罗马。"爱德华·特·萨尔蒙则认为：提比略的目的可能是"第一使他的继承人可以获得经验，第二是为了逃避阿格里帕那的对一个自然海岛堡垒的密谋"。

无论如何，猜测与推断终不能最终得出提比略长期自我放逐的真正原因。自我恐惧也好，心理变态也好，都可能只是诸多原因之一。现在，大量的中外史学家们正在全力以赴地揭开这个谜。至于提比略，只要死得其所，足矣！

"傻子"皇帝克劳狄

公元41年1月24日，罗马正是乍暖还寒的时候，地中海沿岸的初春，带着咸味的海风不时吹来，更是增加了几分寒意。但这一天却并不显得冷清，罗马城中的人们三五成群地伫立在街道两边翘首期盼，或是在街头巷尾走来走去。元老院议事厅里灯火通明，人声鼎沸，这样熙熙攘攘的情况已经持续了两天，一切似乎还没有停止的迹象。原来在三天前，罗马帝国皇帝盖乌斯被近卫军在皇宫里刺杀，现在元老院正在为新皇帝的人选争执不下。突然，大墙外面一阵混乱，人们疑惑地看过去，只见皇帝的近卫军正众星捧月般地簇拥着一个人走过来，他就是被暗杀的皇帝的叔叔，罗马人众所周知的"傻子"克劳狄。

事情是这样的：当皇帝被暗杀的时候，当时已50多岁的克劳狄正好亲眼目睹了一切经过，吓得躲在窗帘后面簌簌发抖。近卫军发现后将他拖了出来，本来准备杀了他灭口，但看到他又老又丑、胆小怕事，才放过了他。当元老院的元老们为了新皇帝的人选几天来争论不休的时候，近卫军们就恶作剧般地拥立他为皇帝。

军营里的士兵们不断高呼着克劳狄的名字，议事厅里却如死了一般的寂静，元老们面面相觑，好长时间才缓过劲来。近卫军和士兵们拥有强大的武装，他们的意志不能违反，尽管内心有一万个不愿意，元老们还是赶紧争先恐后地把元首一切惯有的权力和头衔授给了克劳狄。于是，罗马历史上第一个由近卫军拥立的、也是唯一以"傻"著称的皇帝克劳狄，就这样在垂暮之年传奇般地登上了罗马权力的最高峰。更叫人百思不得其解的是，当时的罗马帝国经过长期的对外扩张，已经成了一个以地中海为内海、横跨亚非欧三大洲的大帝国，这个"傻子"皇帝统治这个庞大的帝国竟达13年之久。人们不仅要问：他到底仅仅是貌似痴呆、大智若愚呢，还是真的低能、受人操纵、愚弄？

克劳狄的"傻子"称呼由来已久。克劳狄于公元前10年出生于罗马行省高卢的首府——鲁恩，他的父亲德鲁素斯就是这个省的总督。虽然出身高贵，但童年和少年时期的克劳狄是不幸的。无情的病魔不仅损害了他的健康，毁坏了他的容貌，而且影响了他的智力和思维正常发育，身体弱不禁风，行动迟缓笨重，也不善于和人交谈，为此他饱受痛苦、歧视和嘲笑，是奥古斯都家族有名的"丑小鸭"。

不过，历史记载中的克劳狄却充满了矛盾，众说不一，并由此引发了后人长期的争论。

罗马古城遗址
岁月的流逝渐渐洗去了罗马帝国旧日的辉煌，只剩下这些帝国时代遗留下的高大的断壁残垣以供后人凭吊。

根据一些史料记载，貌似痴呆的克劳狄一世，不但学术上有自己的见解，在政治上也颇有建树。克劳狄当政前的皇帝胡作非为，使罗马帝国事实上已经陷入了危机，国库空虚，元老大半丧亡，整个国家处在一个非常危险的境地。克劳狄面对这么一大堆烂摊子，处理问题时所表现出来的信心、意志和智慧令所有人都赞叹不已。登上帝位后做的第一件事就是重赏近卫军士兵，感谢他们的拥戴之功，并因此缓解了皇帝与军队之间的关系；以宽容、合作的姿态同元老院建立了良好关系；下令取消对有关被控叛国罪者的审讯；召回了一些被放逐的元老，并归还了他们被没收的财产等等。这些措施在国家政治生活中创造了一种难得的团结气氛。在外交上，他归还了前皇帝从希腊不择手段弄来的雕像等一些珍贵艺术品；同时又御驾亲征，率领罗马军队横渡泰晤士河，征服了一些重要的城市和小国家。克劳狄也很重视与民众的关系，一上台就宣布废除了一些不合理的赋税，向行省居民赠送公民权，提高他们的政治地位，扩大了帝国统治的基础。

这尊公元1世纪时的雕像将克劳狄表现为主神朱庇特，借此突出皇帝无尽的权力并弘扬他的荣耀。

贵族的飨宴

克劳狄时期的罗马，国泰民安，贵族之间经常聚在一块，饮酒作乐，歌舞升平。作为一个"傻子"皇帝，能将帝国治理得井井有条，其中的奥秘我们不得而知。

当时罗马最著名的斯多葛派哲学家塞涅卡，对他的描述、评价却是前后截然相反，甚至是自相矛盾。在公元42年的一封信里，他称赞皇帝是"恺撒之后最好心的人"；但在不久后的一篇讽刺文里，他又把皇帝描绘成一个暴君、傻瓜，讥讽他会在死后变成一个南瓜，在当时的人眼中，南瓜是愚蠢的象征和代名词。后来的历史学家塔西佗等人也沿用了这种说法，一面称赞克劳狄在统治初年宽厚仁慈，把国家治理得井井有条，赢得了士兵和公民的喜爱；另一面又嘲笑他是个毫无主见的笨蛋，只会听从妻子和奴仆们的意见行事，不像是一个皇帝，更像是一个奴仆，苏托尼乌斯在他的《十二恺撒传》里写道："由他自己决断的事甚至没有他的妻子和被释奴命令的多，因为他总是依他们的利益和希望做事。"总而言之，同时代的历史学家大都倾向于否定他，认为他的确是一个傻子。

在 20 世纪上半叶西方历史学界掀起了对克劳狄个性特征、功过是非的再评价、再研究的热潮，但结果同以前大致相同，学者们各执己见，看法不一。看来要想彻底揭开蒙在克劳狄脸上的面纱，只有期待更多的考古资料的问世，从而还历史的本来面目。

克劳狄死于公元 54 年，死因不明，据说是被他的妻子用毒蘑菇害死的，经过 12 个小时的痛苦，一句话没说就死去了，死后被元老院奉为神。

这样，克劳狄从生到死，都留下了一个个难解之谜。

英王威廉二世真是死于意外吗？

自古宫廷多纷争。在权势和财富的驱使之下手足相残、杀母弑父之事可谓比比皆是。人称"红面庞"的威廉二世似乎也是因为此类原因而丧命于狩猎场的。

1100 年 8 月的一个下午，黄昏时分，英王威廉二世在新林骑马狩猎。新林占英国南部一大片土地，当时是皇家狩猎苑。威廉的弟弟亨利和一些随从同行。一行人分为几个狩猎小组，国王和他的亲信顾问蒂雷尔一组猎鹿。国王看见一只赤鹿跑

威廉二世中箭示意图

在宫廷纷争如此敏感的时候丧命，威廉二世的死真是意外吗？

过，立刻射了一箭，射中了赤鹿，但是它没有死。很长一段时间威廉坐在马鞍上不动声色，他用手挡着夕阳的斜照光线，想看清楚那只受伤的赤鹿的行走路线。

威廉进攻英格兰

这幅取自 11 世纪贝叶挂毯的图案，描绘了 1066 年威廉的军队和马匹在英格兰东西沿岸登陆的场面。自此开创了一个新王朝。

蒂雷尔就在此时射了一箭，鹿没有射到，却把国王射中，国王向前面倒下去，那支箭在国王摔到地上的时候更深地插入他的胸膛，国王当时便没了气息。蒂雷尔急忙跑出树林向法国逃去。亨利则和其他的人策马飞奔，赶到临近的收藏皇室财宝的曼彻斯特，亨利把财宝抢到并确实予以掌握后，便马上赶回伦敦，加冕登基为亨利一世。此时，距威廉去世之日仅3天，众人从猎鹿的树林离开时，威廉二世仍然暴尸荒野。

但是国王之死至今仍是疑点重重：威廉二世是死于意外，还是被他那充满野心的弟弟谋害了呢？或是如最近有人所说的

威廉和他的诺曼底贵族们

威廉二世心甘情愿依照异教徒的可怕教规自杀身亡呢？大多数人当然相信传说中所出现的凶兆，这凶兆是威廉到新林行猎前夕所做的一个噩梦，梦见自己躺在血泊中而被惊醒，惊醒时不断狂叫。此外，还有人说听见国王命令蒂雷尔杀死他，因为根据威廉信仰的"宗教"，他已经老而无用，作为一个权力逐渐衰落的国王，必须在仪式中引颈就戮。

威廉一世共有3个儿子，威廉二世是老二。威廉一世在世时已给3个儿子分家，留给长子罗伯特的是法国的诺曼底，给次子威廉的是英国，亨利则没有土地，只获得一笔财富。大哥与二哥经常争执不下，甚至兵戈相见，但是二人在1096年以诺曼底为抵押，向威廉借了他们所需的钱。罗伯特在1100年夏季启程返国时，还娶了一个十分富有的女人。威廉决定，决不让哥哥还债把诺曼底赎回，他开始计划强夺诺曼底。新林猎鹿驾崩事件就是在做这种准备的时候发生的。

同时，如果亨利真的企图篡夺英国王位，他一定已把形势看得非常清楚，出乎意料之外的新发展对他篡位的计划有所妨碍。所以亨利先下手为强，其后只须对付一个哥哥而不必再与两位兄长争雄。威廉驾崩，罗伯特又远在他乡，亨利就能篡夺他原本

无权过问的王位。证明亨利要对猎鹿时发生"意外事故"负责的一个有力证据是：他从未试图抓蒂雷尔回来以弑君之罪论处，甚至没有没收蒂雷尔的土地以示惩罚。

可是，以亨利的本领和为人是否能组织这样一个谋朝篡位的大阴谋呢？蒂雷尔跟主谋勾结杀掉恩公和朋友，又会得到什么好处呢？事实上自惨祸发生后直到去世时，蒂雷尔都不承认他有弑君行为。

依上所述，亨利的嫌疑不可不谓是最大。但他要策划这样一个缜密的阴谋却也不是件容易的事情。真凶何在，我们拭目以待。

伊凡雷帝杀死了亲儿子吗？

伊凡雷帝是俄国历史上第一位沙皇，他三岁就继承了莫斯科和全俄罗斯大公位，号称伊凡四世，但他性情凶残又生性多疑，独断专行且手段残酷，因而得名"雷帝"。这与伊凡四世幼年的生活环境有着重要的关系，他 17 岁亲理朝政以前的岁月可以说是生活在一片黑暗中，先是他的母亲倒行逆施，接着她不明原因的暴亡，然后是贵族们为了争权夺利而每天火并厮杀，没有人顾及到年幼的小沙皇的教育。从这种尔虞我诈的环境中成长起来的伊凡四世，过早地目睹了宫廷生活的黑暗和丑恶，在他的性格中埋下了暴戾多疑的种子。俗语说：虎毒不食子，伊凡雷帝却被怀疑亲手杀死了自己的儿子。

伊凡四世像

俄国著名画家列宾创作过一幅名为《伊凡雷帝杀子》的油画：在灰暗压抑气氛笼罩下的画面上，奄奄一息的皇太子伊凡头无力地靠在父亲的胸前，伊凡雷帝惊恐地搂着儿子，他用一只苍老的、血管突出的手抱着伊凡的身体，另一只手紧紧按住儿子流血的伤口，试图挽回儿子的生命，但死神已经快要降临了，儿子的身体软绵绵地支撑在地毯上，用一双绝望而宽恕的眼睛看着衰老的父亲，而伊凡雷帝的双眼中充满着悔恨，两人的眼神形成了强烈的对比，整幅画有着一种摄人心魄的艺术魅力。

人们为什么会怀疑伊凡雷帝呢？主要是伊凡雷帝的性格非常残忍，还是个孩子时就经常把捉住的小鸟一刀一刀地杀死，或是站在高高的墙上，将手中的小狗摔死，从而发泄心中的不满。而在他 13 岁的时候，就放出豢养的恶狗，将执掌朝政的皇叔伊斯基活活咬死，暴尸宫门。而当他刚登上皇位后，为了加强皇权，就在全国范围内实行恐怖政策，惩罚反对皇权的大贵族，也不可避免地杀害了许多无辜的平民，用尖桩刑、炮烙、活挖人心、抽筋剖腹等酷刑处死了数万人，得到了"雷帝"的称呼，意思就是"恐怖的伊凡沙皇"。

伊凡雷帝杀子 列宾 俄国

伊凡雷帝的惊恐与其子的无奈绝望形成鲜明对照，伊凡雷帝真是误杀儿子吗？

他的暴政和独裁不仅使遭到镇压的大贵族们心怀怨恨，也引起了广大人民的强烈反对，就连沙皇身边的人，也有"伴君如伴虎"的危机感。本来，伊凡雷帝的这种暴戾性格在他娶了年轻美貌、温柔善良的皇后之后有所改变，她能理解他，开始以自己的爱温暖着沙皇那颗受伤的心灵，总是像天使一样地抚慰着他。可是，保佑他的天使没有永远伴随他，1560年，他亲眼看着心爱的女人被疾病夺去了生命，失去了皇后之后，童年时期养成的性格又激发出来了。到了晚年，孤独的伊凡雷帝性情更加乖戾、喜怒无常，他总是疑神疑鬼，总觉得有人要害他。但是，对于他的长子、未来的皇位继承人伊凡，他还是宠爱有加的，时常让他跟随在自己左右，可以说，除了这个儿子，他已经不再相信任何人了。可是这位皇太子却死在伊凡雷帝的前面，上演了一出"白发人送黑发人"的悲剧。

伊凡太子的死因有着不同的说法，最普遍的一种是：从1581年起，伊凡雷帝开始怀疑太子有夺取皇位的嫌疑，多疑的性格使这种想法日益强烈，父子关系也因为他的提防而紧张起来。有一天，伊凡雷帝看见伊凡的妻子叶莲娜只穿了一件薄裙在皇宫中走来走去，违反了当时俄国妇女至少要穿三件衣裙的惯例。伊凡雷帝勃然大怒，动

这是一幅纪念"恐怖的伊凡"1552年占领喀山凯旋、向莫斯科行进的壁画。

报喜节大教堂，它是莫斯科大公们和沙皇的家用教堂。

手打了儿媳，使已经怀孕的叶莲娜因惊吓而流产。伊凡听到这个消息后，对伊凡雷帝大吼大叫，伊凡雷帝也很生气，一边大骂着"你这个可耻的叛徒"，一边举起手中的铁头权杖向儿子刺去。晚年的伊凡雷帝手里常常拿着一根铁头杖，这是一根顶端包有铁锥尖、柄上刻有花纹的长木杖。伊凡四世一旦发怒，就会随时用这个铁尖木杖向对方刺去，所以宫内的人只要听到木杖敲击地面的声音，就会吓得赶紧躲起来。可是没想到当时伊凡雷帝的铁杖正好刺中了儿子伊凡的太阳穴，然后就是列宾笔下《伊凡雷帝杀子》悲剧场面，最后伊凡因伤势过重而死去了。

俄罗斯历史学家斯克伦尼·尼科夫却不同意这种说法，他认为，当时伊凡父子虽然发生了激烈的争吵，但父亲只不过在儿子身上用权杖敲了几下，并没有造成致命的伤害。太子伊凡原先就有病，再加上丧子和恨父，心情极度悲伤，以致癫痫病发作，后来又引起并发症死去了。因为伊凡雷帝在争吵前几天的信中曾谈道："儿子伊凡病倒了，今天他仍在病中。"所以，伊凡的死主要是病死，而不是伊凡雷帝失手杀死了他。

各国历史上宫廷内部血雨腥风，像这样的父子相残、兄弟反目的事情层出不穷。伊凡雷帝有没有杀死自己的亲儿子，只有让历史来慢慢寻找真实答案了。

恐怖的伊凡四世

伊丽莎白女王为何终身未嫁？

伊丽莎白25岁登基为王，以其美貌、学识和至尊地位引得欧洲大陆无数王公贵胄尽折腰，争相向她邀宠求婚。然而她却终身未嫁，这究竟是怎么回事呢？

伊丽莎白虽然独身终生，但她也曾利用自己的婚姻大事作为资本，于欧洲各大国之间周旋。第一次是在她登基不久，当时国际社会迟迟未承认她作为英格兰女王的合法身份。法兰西人更在为结束西班牙与法兰西之间战争而举行的卡托—堪布累齐谈判中公然向伊丽莎白发难，提出了谁是英格兰王位合法继承人的问题。

伊丽莎白非常明白法兰西人的险恶用意，她不动声色地在暗中打起腓力二世这张牌来。在一段时间内，她对腓力二世的求婚既不回绝又不应

16岁时的伊丽莎白
谁能料到漂亮迷人的女王竟会终身未嫁！

允，使腓力二世对联姻怀有希望，然后借助西班牙在国际事务中的影响力，敦促其他国家认可伊丽莎白作为英格兰女王的合法身份。求婚之事因此就拖了几个月。直到伊丽莎白了解到英格兰特使已在卡托—堪布累齐和约上签字，说明国际社会已承认了她作为英格兰女王的合法身份后，她才一改几个月以来的模糊态度，明确告诉西班牙使节，她不能与西班牙国王腓力二世联姻，原因是双方宗教信仰不一样。

此后，伊丽莎白多次将自己的婚姻用作进行外交的一种工具。众多王公贵胄向伊

老年的女王
这幅画像是为庆祝1588年英国战胜西班牙无敌舰队而绘的。此时女王已近垂暮，但她的画像永远是年轻美丽的。

罗伯特·达德利像
首任莱斯特伯爵，自1560年以后一直是女王伴侣强有力的候选人。女王拒绝了他，但依然对他宠爱有加，直到达德利于1588年去世。

西班牙国王腓力二世像

丽莎白求婚时她都没有答应，她或许根本不打算结婚，然而她严密地隐藏自己的想法，她从不向各国王侯贵胄关上求婚的大门，而是欲言又止，一直让他们对联姻之事怀有希望。

不想结婚的伊丽莎白也喜欢与男人交往，在宫廷之中，就有不少她喜爱的庞臣，达德利勋爵是其中最令她心仪的人。高大强健的达德利是贵族之后诺森伯兰公爵的公子，他英俊潇洒，一表人才。伊丽莎白对他十分宠爱，在1564年竟加封他为莱斯特伯爵。实际上，伊丽莎白早就有与他结婚、永为伴侣的打算。可是有一件事情令她最终放弃了此念。那就是，莱斯特伯爵在成为女王宠臣之前已是有妻室之人。而且很凑巧，莱斯特之妻罗布莎特有一天突然命丧九泉，因此有好事者传说，罗布莎特是其丈夫为与女王成婚而故意谋杀致死的。不管此事是否属实，终究是人言可畏，女王深恐与莱斯特结婚会引来非议，有损君王尊严，终于未能结成连理。

1578年，法兰西国王亨利二世之弟、年轻的阿朗松公爵亲自登门向伊丽莎白求婚，但这场求婚却成了一场马拉松，直到5年之后，即1583年，50岁的伊丽莎白才明确宣布拒绝了他的求婚。

阿朗松成为了最后一位求婚者。此后伊丽莎白便没有提过婚嫁之事，其中奥秘如何，那恐怕就是一个无法解释的谜了。

俄国女皇叶卡捷琳娜二世是怎样登上王位的?

沙皇俄国在其长期的君主统治中出现了一位赫赫有名的类似中国的女皇武则天式的女沙皇——叶卡捷琳娜二世。那么叶卡捷琳娜二世是怎样登上皇帝的宝座呢？众说纷纭，有人说是继承，有人说是通过发动宫廷政变，那么她又是怎样发动宫廷政变的？这还得从她成为王室成员开始说起。

爱骑马的叶卡捷琳娜

叶卡捷琳娜是俄皇彼得三世的妻子，她在为俄皇室完成传宗接代任务后，地位岌岌可危，丈夫彼得早已对其厌倦，人们早已将其忘记，她只是苦苦忍受耻辱和孤寂。

叶卡捷琳娜这位不同凡响的女人绝不可能心甘情愿做一名忠实的妻子和殉难者。她一方面靠追逐声色犬马的生活来满足自己已被激起的肉欲；另一方面，她在卧薪尝胆，耐心地等待着能使她成为女皇的机会。伊丽莎白通过没有流血的政变登上皇位就是她面前最好的例子。她将要在政坛上小试锋芒了。

叶卡捷琳娜为了达到目的，开始培植私党。她把禁卫军军官格里戈利·奥尔洛夫列为首选对象，奥尔洛夫的4个兄弟阿列克谢、费多尔、伊凡和弗拉基米尔都是禁卫军军官。叶卡捷琳娜如愿如偿，奥尔洛夫成了他的情夫。这既满足了她野马般的欲望，又为未来的宫廷政变提供了很好的机会。

格里高利·波将金像
他是女皇的宠臣和心腹，为女皇登上王位出力良多。

彼得大公也并不是吃素的，他对叶卡捷琳娜的阴谋早有所闻，他也在积极行动。这个骨子里流着普鲁士的血液的昏庸之君，早就打算与他的情妇伊丽莎白·沃沦佐娃结婚而把叶卡捷琳娜甩掉。

1762年，荒淫暴戾的伊丽莎白终于死去。根据遗诏，彼得做了皇帝。新登基的彼得三世注定是俄罗斯的克星，他把俄国推到灾难的边缘。而他的登基，也将为他的妻子叶卡捷琳娜带来灭顶之灾。

彼得决定把叶卡捷琳娜幽禁在舒吕塞尔堡要塞，并且以他凶残乖戾的性格，他下一步就要动手杀妻子。

彼得三世好像也预感到有某种阴谋正针对他而来。他将叶卡捷琳娜的党徒之一帕塞克逮捕了。叶卡捷琳娜明白只有先下手，否则就只能做阶下囚甚至是命归黄泉。事不宜迟，1762年，在奥尔洛夫兄弟的支持下，叶卡捷琳娜发动宫廷政变。士兵们穿着俄罗斯的传统军服，簇拥在新女皇叶卡捷琳娜周围并且冲上前吻她的手、她的脚和她的衣服的下摆。女皇置身于欢乐的喧嚣中。所有的俄国人好像都很兴奋，他们高呼着"叶卡捷琳娜！我们的母亲叶卡捷琳娜"，宫廷显贵、各国公使、神父争先恐后地欢迎他们的新女皇。

沙什科——塞罗庄皇家避暑胜地

软弱无能的彼得三世被迫退位，接着又被软禁起来。在给叶卡捷琳娜的信中他这样写道："请陛下对我放心，我既不会想，也不会去做反对您本人和您的统治的事。"

虽然彼得对她已不构成威胁，但叶卡捷琳娜并不愿轻易放过曾给她耻辱的彼得，彼得不久就遭谋杀。叶卡捷琳娜的诏示说彼得死于剧烈绞痛，实际情况并非如此，彼得死时全身发黑，向遗体告别而吻他嘴唇的人自己的嘴都肿了。可见，叶卡捷琳娜对其十分怨恨，可能不管彼得对叶卡捷琳娜怎样，她都要当上女皇，但彼得对其确实起了极大的刺激作用。

亚历山大一世爱上了自己的妹妹吗？

亚历山大一世被称作"北方的斯芬克斯"，一生中留下了无数个未解之谜。他与胞妹叶卡捷琳娜的关系是纯洁的兄妹之情，还是违背伦理的乱伦之爱，就是一个令很多人疑惑的难解之谜。

"别了，我眼中的娇娃，心中的爱神，你这本世纪的光彩，大自然的尤物，或毋宁说扁鼻子的比西安·比西安夫娜"，"我亲爱的小鼻子在做什么呢？我多喜欢压扁和亲吻你的小鼻子……""你要算个疯子，至少是世间绝无仅有的可爱的疯子，我为你疯狂了……""知道你爱我是我幸福的源泉，因为你是世界上最完美的尤物之一"，"我像疯子一般爱你！……看到你，我高兴得如痴如狂，我像个着魔的人，四处奔波，多希望能在你的怀里甜蜜地松懈下来"，"可惜，我已不能像过去那样（是你的双脚，你明白吗？），不能在你的卧室里最温柔地亲吻你"。如果你觉得这些香艳肉麻的语言是热恋中的男子，在情书中抒发自己对爱人的一片深情，那么你就大错特错了。这

谜一般的亚历山大一世像

些只不过是俄罗斯沙皇亚历山大一世写给自己妹妹的信。而这些甜言蜜语使很多人怀疑它究竟是纯真无邪的兄妹情谊的表露，还是变态的乱伦的表现？

保罗一世与皇后玛丽娅·费多罗夫娜共生有三子二女，其中长子亚历山大，长女叶卡捷琳娜，兄妹俩年龄相近，从小一起长在皇宫中，父母太热衷于权力斗争，备受忽视的两个孩子自幼就建立了很深的感情。但是他们的祖母是俄国历史上赫赫有名的叶卡捷琳娜二世，她的私生活极其放纵，当时整个上流社会在她的影响之下，到处都弥漫着一股淫靡的气氛。在这种风气的熏陶下，亚历山大少年时代就已经情窦初开，显出他多情的性格特征。宠爱他的祖母在他只有16岁的时候，就为他娶了巴登王国

14 岁的小公主路易莎（后改名伊丽莎白）。美丽温柔的妻子让新婚中的亚历山大新鲜了好一阵子，但时间一长，这股新鲜劲就过去了，亚历山大又开始了在外面拈花惹草。特别是在他即位之后，那些垂涎他地位的女人纷纷对他投怀送抱，因此他身边常常是美女娇娃成群。其中既有上流社会的贵妇，还有法国女歌唱家，甚至在访问普鲁士期间，还与普鲁士王后路易莎眉目传情。但是亚历山大一世和他的祖母非常不同的是，在和这些女人交往时非常有节制，即使在情醉神迷的时刻也能克制自己，把关系限制在谈情说爱和精神恋爱的范围里。那些贵妇人的丈夫们对自己的妻子和皇帝的暧昧关系也沾沾自喜，对于亚历山大的风流韵事整个宫廷上下也早已习以为常，大家背后议论的倒是亚历山大一世与妹妹叶卡捷琳娜之间的特殊关系。

叶卡捷琳娜是当时公认的大美女，所有人都觉得她美艳照人，才华横溢，但是孤傲自负，举止唐突，有时甚至行为放肆，令人惊奇。兄妹俩经常单独闲坐，彻夜长谈，有时动作过分亲昵，许多宫中随从都觉得他俩之间有些行为太出格了。

亚历山大一世和叶卡捷琳娜都住在皇宫之中，每天都可以见面，但却几乎每天都要相互写信，如果亚历山大一世外出巡视或是出国访问，兄妹俩的书信往来就更加频繁。当亚历山大一世的情妇怀上小皇子后，亚历山大第一个将这个消息告诉了叶卡捷琳娜，在信中他写道："我在家里给你写信，我的伴侣的孩子都向你致意……我在这个小家庭里的幸福和你对我的深情，是生活对我仅有的吸引力"。

1808 年威镇欧洲的法兰西皇帝拿破仑突然向叶卡捷琳娜求婚，这使亚历山大非常不高兴。他不能忍受将心爱的妹妹嫁给法国的"食人怪物"，婉言谢绝说："如果仅仅由我一个人做主，我很愿意同意。但我不能独

身在皇帝宝座的亚历山大真的不顾伦理道德，与自己的妹妹有不寻常的关系吗？

亚历山大一世与他的亲妹妹叶卡捷琳娜的亲密关系令世人十分感兴趣。

在战胜强大的拿破仑后，俄、奥、普三国皇帝一块骑马外出游玩。从左到右：俄皇亚历山大一世，奥皇弗兰西斯一世，普鲁士国王腓特烈三世。

自做主，我母亲对自己的女儿仍然享有权利，对此我不能表示异议。我将试图劝导她同意。她有可能接受，但我不能担保。"叶卡捷琳娜知道这件事后，却有些不快，她一方面表示不愿意离开"亲爱的哥哥"远嫁异国他乡，另一方面又责怪兄长回绝得太早。

亚历山大一世害怕拿破仑又来求婚，于是匆忙将叶卡捷琳娜嫁给相貌平常、地位一般而且性格懦弱的德国奥登堡公爵，婚礼举行得非常仓促，婚后，叶卡捷琳娜仍常住在圣彼得堡。当她的丈夫病死后，兄妹之间的感情又像以前一样无所顾忌了。

亚历山大一世和他的妹妹之间到底是一种什么样的感情？很让人捉摸不透，作为一个庞大帝国的一国之君，他会做出乱伦的事情来吗？而且，亚历山大一世也算得上是俄罗斯帝国历史上比较洁身自好的沙皇了，他和皇后伊丽莎白的感情后来也一直不错。而更令人不能理解的是，作为一个女人和公主，叶卡捷琳娜能违背人伦纲常，不顾世人的唾骂，而和自己的兄长玩这种危险的感情游戏吗？

这个不解之谜将来是否能真正揭开就不得而知了。

朝鲜皇帝李熙为何暴死？

李熙是朝鲜第 26 代皇帝，1919 年 1 月 22 日，他在旧王宫中突然死去，在朝鲜国内掀起了一场轩然大波，直接导致了震惊世界的朝鲜"三一起义"。

1863 年，当朝鲜国的哲宗去世时，由于没有子女，王室成员决定立大院君李罡应的次子李熙为新皇帝，号高宗。李熙的童年时代可以说是享尽了荣华富贵，正当他长大成人，亲掌政权时，朝廷内部却展开了争权夺利的斗争。李熙的妻子、皇后闵氏虽然出身寒门，但却是个少见的女子，她不仅美貌多才，而且善于玩弄权术，软弱的

图为李熙之子，朝鲜历史上的末代封建国王。1907 年，日本帝国主义逼迫李熙退位，并把他软禁在德寿宫中，扶其子李坧上台，称为纯宗。纯宗也只是日本在朝鲜进行统治的傀儡，那时朝鲜的最高主宰是日本统监。

李熙被她牢牢掌握在手中，甚至与自己的亲生父亲反目为仇。正当闵后与大院君争权夺利的斗争达到白热化时，一直对朝鲜虎视眈眈的日、俄两国乘虚而入，插手这场宫廷斗争。俄国支持闵后，日本支持大院君，宫廷之争变成了两大帝国主义国家在朝鲜的势力之争，李熙成了一名不折不扣的傀儡皇帝。

在斗争中，日本的气势最为嚣张，有一次，他们无视皇帝李熙的存在，带兵公然冲进王宫，把李家王朝 500 年来聚积的珍宝洗劫一空。面对扬长而去的日本强盗，李熙被吓得面如土色，浑身抖个不停。为了彻底将俄国势力逐出朝鲜，日本把目标对准了亲俄的闵后，他们先派兵包围王宫，然后 40 多名日本军人持刀闯入皇帝寝宫，将躲在密室中的闵后抓住，揪住她的头发拖到外面杀害。为了掩饰罪行，日本人残忍地把她的尸体搬到王宫后面的松林里，淋上汽油焚烧。看到这一切的李熙更是惊恐万分，魂不附体。除掉闵后之后的日本更加得寸进尺，要求朝鲜人改变蓄长发梳髻的传统习惯，颁布了一道断发令，命令全体男子一律剪短发。李熙以正在为皇后办理丧事为理由，苦苦哀求延缓几天，但日本公使不由分说地拒绝了，并给李熙下了最后通牒：留发不留头，留头不留发，无奈的李熙只得和儿子带头剪去长发。

受尽侮辱的李熙对日本忍无可忍却又一筹莫展，只好幻想依靠俄国人来帮他出口气，他乘坐一顶轿子偷偷地躲进了俄国驻朝公使馆里。可实际上他也只是方离狼穴，

日本吞并朝鲜后的总监府首脑要员

昌德宫

位于韩国首尔，是李家王朝的王宫。李熙的统治在日本的控制下已名存实亡，他的猝死也是日本人设下的毒计吗？

又投虎口，俄国只是想要挟李熙，为自己捞取更多的好处。醒悟过来的李熙只好趁机溜出俄国公使馆，回到了自己的王宫里。

1905年日俄战争爆发，俄国战败，日本终于独霸朝鲜，马上宣布朝鲜为它的"保护国"，把朝鲜纳入自己的势力范围。走投无路的李熙为了维护国家的独立和国王的尊严，向"万国和平会议"的代表要求保护朝鲜独立，废除日本强迫朝鲜签订的保护条约。事情没有成功，反倒引起了日本人的不满，李熙被迫让位给儿子，自己被尊奉为太上皇。1910年，日本干脆提出《日韩合并条约》，公开正式吞并朝鲜，宣布朝鲜成为日本的一个行省，派了一个总督来管理朝鲜，将李熙父子囚禁在旧王宫中，终日过着寂寞怨恨的亡国生活。1917年，当李熙听说他的第四个儿子被迫与出身日本皇族的姑娘芳子结婚的消息后，悲愤交加，从此就卧床不起。1919年，李熙突然死去，日本方面宣称他因受精神刺激，突发脑溢血死亡，但没有公布详细病情报告。

而对于国王的死，朝鲜民众并不相信日本方面的说法，他们认为，李熙是被毒死的。据说日本指使奸细把毒药放到他食用的醋里，李熙吃过了之后，很快毒性发作，在痛苦挣扎中还问道："我吃了什么东西这样难过呀？"死后两眼通红，全身有红斑，根本不像是病死的样子。这个说法流传很广，但没有确凿的证据，可愤怒的民众不管这些，即使李熙是一个毫无作为的皇帝，他们依旧把他看作是自己国家的象征，不能接受他不明不白的死去，因此民众披麻戴孝，从各地涌进汉城（首尔）吊丧，反日的呼声一浪高过一浪。3月1日，成千上万的民众以祭奠为名，在汉城举行了大规模的反日示威游行，并不断升级，李熙的国葬最后变成了一次反日民族大起义。

作为一个亡国之君，李熙是无法把握自己的生死的，病逝或是被毒死都有可能。

宗庙

位于韩国首都首尔。朝鲜王朝修建，用于祭祀已故国君和王后的神位。宗庙的冷清预示着李家王朝步入末路。

朝鲜人民以他的死亡为契机，开始了掌握自己民族命运的斗争。至于李熙的具体死亡原因，只能是一个永远的谜了。

梅林宫悲剧

1889 年 1 月 30 日早上七点半，仆人发现当时奥匈帝国的皇太子和他的情人在梅林宫的房间里开枪自杀了。人们想不通年轻有为的皇太子为什么要自杀，为情？还是为争权？谁也不知道真正的答案是什么？梅林宫的悲剧也成为 17 世纪末至 20 世纪初欧洲六大历史之谜中的一个，可惜直到如今也没有人能弄清事情的真相。

有人直截了当地从皇太子和他的情妇自杀于梅林宫这一事实断定，梅林宫的悲剧是一出爱情悲剧。皇太子鲁道夫在 16 岁的时候就和比利时公主斯德法妮订婚，然而他们婚后的生活并不幸福，尤其让鲁道夫感到灰心丧气的是斯德法妮在生了一个女儿之后就不能再生育了，所以好几年以来鲁道夫一直想要离婚，但是奥匈帝国的皇帝不同意他这么做。有一次鲁道夫甚至采取了一次胆大妄为的行动：在没有征得皇帝的同意的情况下，他向罗马教皇提出了解除婚姻的要求。教皇没有给他直接的答复，而是把这件事告诉了约瑟夫皇帝。皇帝的震怒是可想而知的，他把鲁道夫叫来狠狠地训斥了一顿，警告他不要痴心妄想。幻想破灭后的皇太子则以到处寻欢作乐来消解他的精神痛苦，结交了许多漂亮的舞女和卖弄风情的伯爵夫人，经常夜不归宿，通宵达旦地和她们在一起厮混。

鲁道夫王子（上）与其情人玛丽·维兹拉（下），他们相爱却不能结合，令鲁道夫王子感到沮丧。

1887 年末，在波兰人举行的一次舞会上鲁道夫经人介绍认识了一位名叫玛丽·维兹拉的少女，她对英俊潇洒、风流倜傥的皇太子一见钟情，疯狂地爱上了他。在几个月中间，玛丽写了大量燃烧着炽热爱情之火的情书给皇太子，最后鲁道夫似乎也被少女的痴情融化了，感到了一种别人不曾给予过他的热烈无比的爱情。两人之间的感情越来越浓烈，简直片刻也不能分开，还酿出了一起大伤皇室风雅的丑闻：1888 年 6 月，皇太子夫妇应邀去英国参加维多利亚女皇登基五十周年庆典，玛丽在皇太子夫妇之前就赶到了英国，等待和鲁道夫会合，醋意大发的皇太子妃闻讯

皇室的圣诞节前夜

下图中，弗兰茨·约瑟夫、伊丽莎白夫妇、女儿玛丽·瓦莱里、儿子鲁道夫王子和斯德法妮王妃及孙女伊丽莎白，他们一家人仅仅"5点30分一起用餐，之后就各奔东西了。"（女儿玛丽·瓦莱里记述），皇室一家的关系似乎并不是那么和谐融洽，鲁道夫王子与其父弗兰茨皇帝总是冲突不断。

后拒绝陪皇太子前往。这件事情之后皇太子夫妇之间的关系闹得更僵了，鲁道夫有一次公然对斯德法妮说："既然没有什么解决的办法，那么只好我先打死你，而后我再自杀了事。"这些威胁性的话语传到了皇帝的耳朵里，实在是令他头疼不已，最后只得决定对儿子摊牌，让鲁道夫为了皇室的稳定断绝与情人的关系。

1889年1月28日，皇太子原本约好了胡约伯爵和他的妹夫一起乘火车去梅林宫附近的森林中打猎。凌晨5点半，皇帝突然召见了皇太子，一个半小时以后，鲁道夫从父亲那儿出来，回到了自己的办公室，在那里他迅速写了几封信，分别是给斯德法妮、他的妹妹、他的母亲以及一些朋友。然后他回到自己的寝宫，告别妻子和女儿后独自动身去梅林宫了，过了一会儿，另一辆马车悄悄地把玛丽也送到梅林宫去了。

在皇太子生命的最后一个晚上，他给自己的贴身仆人洛斯歇克写了一张便条，让他去找一名牧师为他祈祷，要他"把我和女男爵合葬在一起"。悲剧发生后，人们从皇太子写给妻子的信中看到这样的话语："你终于在我的羁绊之中和我为你带来的痛苦之中解脱出来了，祝你万事如意……"人们还从玛丽写给她妹妹的遗书中也读到大致相同的意思："你只能为爱情而结婚。我未能这样做，然而我情愿到另一个世界去。"因此，很多人认为，皇帝突然召见鲁道夫时一定严厉地训斥了他一顿，并且逼他立即与情人绝交，痴情的鲁道夫无法和心爱的人分开，只得和情人双双选择了殉情的绝路。

也有一些人不同意这种为情自杀的观点，他们认为皇太子的死应从政治角度找原因。鲁道夫作为皇位继承人，自幼就受到与众不同的教育，他的老师们在学问方面都是帝国最出色的，可是却没有考虑他们的政治观点。有一段时间，小皇太子居然跟着一位被皇帝长期流放过的、参加过革命军的祭司学习。因此，鲁道夫在血气方刚的年纪，就匿名在奥地利报刊上发表抨击奥地利贵族制度的文章，尖锐嘲讽"那些贵族们愚昧无知，根本不适合担任任何官职"。他的叛逆性格和活动致使他每一次外出都有一些伪装的警方人员跟踪，他的住处也受到监视。

据传说，鲁道夫曾答应只要匈牙利人起兵反对他的父亲，他就会宣布奥匈分治，而他可以就任匈牙利国王，因此鲁道夫是出于政治原因自杀的。当然要证实这一点

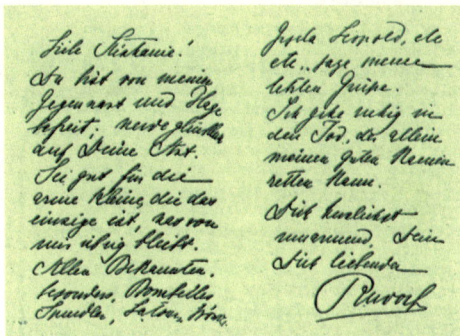

鲁道夫王子临终前给妻子斯德法妮的信中写道："我将要平静地死去，因为只有这样才能保住我的名声。"这些模棱两可的话让世人迷惑：王子他为何要自杀？

还缺乏足够的材料，不过他在写给妹妹的信中说："我是违心地辞别人世的。"似乎可以间接证明鲁道夫的死是被迫的。

皇太子的死讯使整个皇宫里充满了沮丧和恐慌。官员们、侍从们在长廊里跑来跑去，不了解情况的人紧张得不知所措。下午两点，皇帝才稳住了神，召集起全体皇室成员和大臣们，通报并紧急处理这一突发事件。最后皇室公布皇太子是因为"极度兴奋，于今日凌晨死于心肌梗塞。"2月2日午夜，一辆灵车将皇太子的尸体悄悄运回了维也纳，5日，皇太子的灵柩被送往皇家墓地。皇帝也没有让很多人去参加葬礼，不过据说皇帝哭得很伤心。

其实整个事件有一个关键的地方，那就是28日清晨皇帝紧急召见皇太子，在那一个半小时里，如果知道他们父子之间到底谈了些什么，那就能够很清楚地知道鲁道夫自杀的真正原因。皇帝是这个悲剧故事中唯一的知情者，然而当他撒手尘世的时候却将整个梅林宫悲剧的谜底带走了。

鲁道夫王子的遗体

自杀？他杀？他的死因至今未明，留给人们的只是一声无奈的叹息。

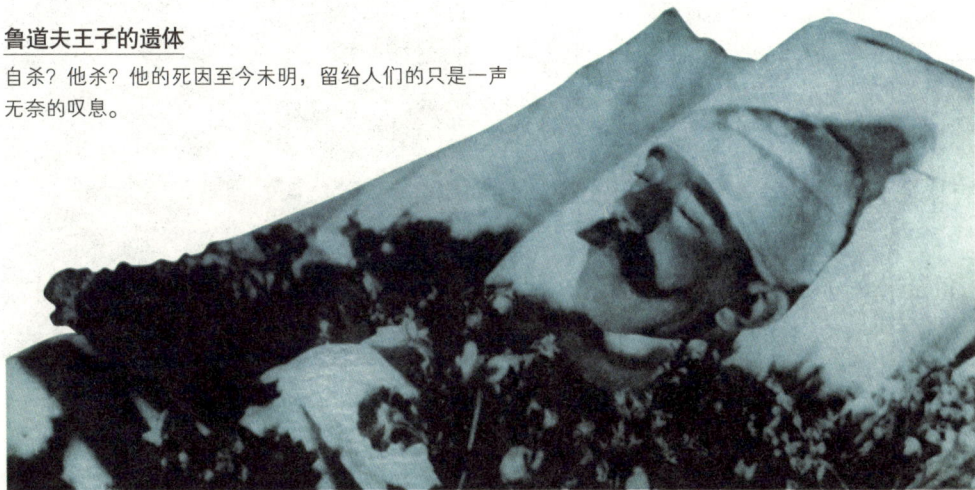

日本天皇在二战后未被处死之谜

　　众所周知，日本是发动第二次世界大战的三大轴心国之一，而在二战的中国战场上日本军队更是对中国人民犯下令人发指的滔天罪行。那么为什么日本许多战犯被送上了国际军事法庭接受世界的审判，而作为当时日本最高统治者的天皇没有对战争罪行负责？而在众多日本战犯被处决的同时，天皇又身处何处呢？这在二战历史上不能不说是一件十分蹊跷的事情。

　　1945年8月15日，日本裕仁天皇《终战诏书》的播出向日本民众乃至世界正式宣布日本无条件投降。日本投降后，日本国内部分民众、一些受害国、国际仲裁机构乃至裕仁本人都认为天皇对战争应负起责任。日本国内一些进步群众团体的领袖以及部分深受战争创伤的同盟国呼吁：裕仁作为战争期间的国家元首是发动战争的元凶，理应作为头号战犯接受国际法庭的审判与惩罚；并再三提出应废除日本天皇制，改变日本现存的政治体制。为清算法西斯余孽，重建世界和平与公正，战后在东京设立了远东国际军事法庭。澳大利亚法官威廉·维著作为军事法庭的审判长也认为："如果不审理天皇，战犯一个也不能处以死刑。为了维护法律的公正，他应在国内或国外受到拘禁。"甚至裕仁本人也感到理亏，难以面对愤怒的世人，他觉得应理所当然地负起战争的所有责任。

裕仁天皇像

　　于是，一个历史性的会面便决定了裕仁天皇的命运，世界历史也添上了几许神秘的色彩。1945年9月27日上午9时，裕仁头戴大礼帽，身穿燕尾服，亲自正式地晋见了美国五星上将麦克阿瑟将军，当时这位声名显赫的将军是盟军驻日本占领军的最高官员。在这次具有特殊意义的会见中，裕仁表现得体、态度坦然，勇敢地承认"对于日本政府的每一个政治决定和军事行动……我是唯一的责任者"。也正因如此，裕仁天皇给麦克阿瑟留下了非常好的印象，若干年后这位上将回忆起裕仁时曾说："在当时，我感到我面对着日本第

东京大审判

日本天皇的缺席使审判蒙上了一层荒诞色彩。这件戏剧性事情背后，又隐藏着多少政治秘密呢？

一个当之无愧的有素养的人。"作为盟军驻日占领军总司令，麦克阿瑟指示裕仁否定日本注定统治世界的"大东亚"观点，维护世界和平，肃清国内黩武精神，另外否定天皇的神圣性，天皇由神回归为人。裕仁都一一照办。

在通盘考虑美国国家利益和盟军面临的形势后，麦克阿瑟在向总统杜鲁门的汇报中声称，"不能把日本昭和天皇作为战犯逮捕"。因为基于长久以来天皇在日本的特殊地位及对日本民众的影响，保留天皇有利于帮助盟国占领控制日本。根据麦克阿瑟的建议，并考虑到政治上的需要，远东国际军事法庭审判员以表决的形式作出了裁决：凡涉及到日本天皇的各类起诉，均不予受理。这在很大程度上可以说是美国基于国家利益及全球战略的考虑而给日本天皇的一块"免死牌"。

第二年4月3日，远东委员会决定对天皇不予起诉。

6月18日，远东审判首席检察官基南在华盛顿宣布对天皇不以战犯论处。

与华盛顿相呼应的远东审判日本辩护团一致通过决议："不追究天皇及皇室。"

历史就这样给我们开了个玩笑，当东条英机等7名日本甲级战犯接受绞刑之时，战争中日本的最高领袖裕仁天皇却安然无恙。

不爱江山爱美人——英王爱德华八世放弃王位之谜

浪漫电影中常常出现"不爱江山爱美人"让人心动的情节。然而现实世界中，面对权与利，英王爱德华八世却做出了这一惊人之举。1936年12月11日，爱德华八世自愿放弃王位，而与一个曾两次离婚的平民妇女结婚，确实让人惊叹。

这位平民妇女就是沃丽丝·沃菲尔德，她既没有漂亮的容貌也没有超人的才华。可是1931年王太子在伦敦第一次遇到沃丽丝时，就为她通晓事理、举止潇洒的风度所倾倒，沃丽丝虽已近中年，但依然窈窕如初。王子对沃丽丝一见倾心，但是父母、王室、内阁及各自治政府上上下下竭力反对王子的这一举动。身患重病的乔治五世曾满怀忧虑地对首相鲍尔温说："我死之后，这个孩子很快就会把自己毁掉！"

乔治五世病逝之后，王子登上王位以后就马上宣布要迎娶沃丽丝。他的决定遭到了包括首相鲍尔温在内的谋臣们的一致反对，而爱德华八世却回答："我现在考虑的唯一问题就是自己配不配当沃丽丝的丈夫，和她在一起就是我永远的幸福……无论当国王还是不当国王，我都要娶沃丽丝，为了达此目的，我宁愿退位。"

由于政治风暴骤然来临，沃丽丝在"存心勾引国王，妄想当王后的'美国冒险家'"等各种诽谤、咒骂声中悄然离去，她不愿由于自己的爱而使国王受到伤害。于是远

乔治六世像

在国外的沃丽丝写信给爱德华八世，要求分手。可是爱德华八世却说："即使因为和你在一起我一无所有，我也没有怨言，比起你来，王冠、权杖和御座都不重要。"这爱情高于一切的誓言使沃丽丝在各种诽谤、咒骂声中得到安慰。

1936年12月11日，在位不到10个月还未加冕的爱德华八世发表了告别演说，他满怀激情地说："我的朋友们，没有我所爱的那个女人的帮助和支持，我感到不可能承担我肩负的重任。"几个小时后，他便在皇家海军驱逐舰的护送下离开了英国，去有沃丽丝的地方了。

1937年乔治六世继位，封爱德华八世为温莎公爵。终于，爱德华八世与沃丽丝在法国结婚，并一起幸福地生活了35年。1972年，78岁的温莎公爵病逝，沃丽丝在对丈夫的思念中度过人生最后的14年。沃丽丝每天都要将丈夫的遗物整理好，并一直保持他生前的模样。在她的晚年整理了回忆录，并整天沉浸在她丈夫喜欢的音乐中。

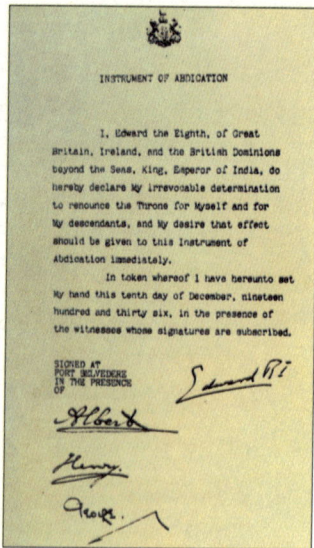

爱德华八世退位广播讲话原件

1986年4月24日，沃丽丝因肺炎在巴黎郊外逝世，享年90岁，他们之间动人的爱情故事也暂告一个段落。但是作为"历史上伟大爱情一例"，它将永远被人们津津乐道。

人们对爱德华八世"不爱江山爱美人"的举动有着不同的看法和猜测，对此褒贬不一：有人认为，王子是受"现代派思潮"影响，要以此来冲击腐朽的君主制度；也有人认为是王子经受不住沃丽丝美色的引诱；还有人认为王子是为了真挚的爱情。更让人无法理解的是沃丽丝从来不公开地为温莎公爵辩解，也不为自己洗刷冤屈，是被世俗和礼教所束缚，还是另有隐私？有朝一日人们也许可以了解这爱情的真正意义，也希望人们会从他们已公布的80多封情书中发现什么。

温莎公爵夫妇与朋友在婚礼上

温莎公爵夫妇离开英国

公爵夫妇在法国的居所里

政界

古罗马政治家苏拉退隐之谜

谁不想拥有最高的权力，谁不想处万人之上，君临天下？然而，古代罗马著名的政治家、军事家苏拉在夺得最高权力以后却又自愿放弃。他的突然引退，一直是千百年来人们感兴趣的问题。

苏拉公元前138年出生于古罗马的一个破落贵族家庭，他自幼喜爱文艺，善于交际。30岁之后，他时来运转，经济状况大为好转，战争中机缘巧合使其成为民族英雄，50岁时，他在元老院的支持下当选为执政官，后又经过与马略的两次斗争，终于建立了他的独裁统治。苏拉为了终身掌握国家的最高权力，不惜践踏民主传统，强奸民意，威慑元老院，最后终于取得终身独裁官职位，集军政财权于一身。苏拉为了确保自己的终身独裁统治，进行了种种"宪政改革"。他取消了民众大会的否决权，削减了保民官的权限，把自己的大量亲信安插在元老院。

苏拉头像

可是，令人不解的是，苏拉在取得终身独裁统治权的第三年突然宣布辞职，最后竟以一个普通公民的身份到他的一座海滨别墅隐居。他曾经为争夺最高权力赴汤蹈火，甚至不惜以道德的堕落、国家的灾

古罗马元老院议员浮雕

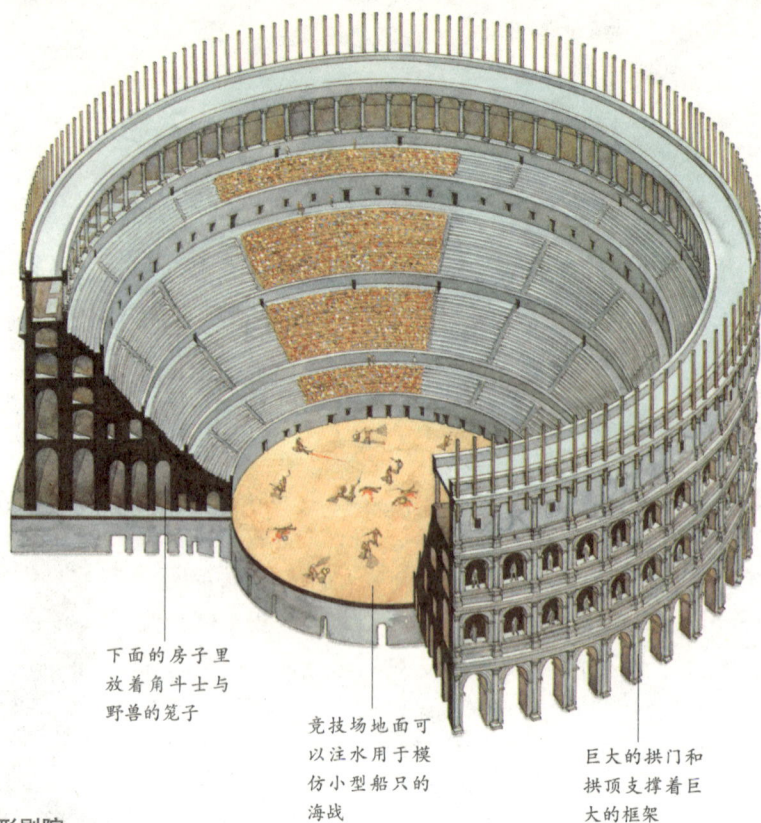

下面的房子里放着角斗士与野兽的笼子

竞技场地面可以注水用于模仿小型船只的海战

巨大的拱门和拱顶支撑着巨大的框架

罗马椭圆形剧院

罗马的皇帝举行大型的活动来博取罗马人民的欢心。罗马城的椭圆形剧院是最大的。它在公元80年开放，能够容纳5万名观众一起看角斗士的表演。

难和人民的生命为代价，而现在，正当他的权势如日中天的时候，他却自愿放弃了这种最高权力，这是为什么呢？

至于引退的原因，苏拉本人没有说。据说，当他决定放弃他的权力时，曾在广场上发表过一次演说。他在演说中提出，如果有人质问他的话，他愿意说明辞职的原因，可是，在那种情况下，绝不会有人敢冒着生命的危险去质问他。辞职以后，一个青年曾当面辱骂他，苏拉竟然默默忍受了这个青年的辱骂，但他说过这样一句话："这个青年将使以后任何一个掌握这个权力的人都不会放弃它了。"

由于苏拉本人并没有说明引退的原因，人们纷纷猜测。有人说他在三年独裁统治后还政于民是明智之举；有人说他是由于改革无望而急流勇退；有人说是他在满足权力欲望后厌倦战争、厌倦权力、厌倦罗马而向往田园生活；更有人认为是他患了严重的皮肤病，无法亲理朝政而无可奈何地放弃了政权。

虽然说人生的价值在于过程而不在于结果，虽然说要只问耕耘，不问收获，但苏拉由一个权力狂一下子转变为笑观花开花落的隐士，这其中的谜团只有他自己才能解开了。

华盛顿为什么拒绝竞选第三任总统？

在美国历史上，乔治·华盛顿绝对是一位重量级人物，作为美国的开国元勋，是他领导美国人民进行了艰苦的独立战争，从而彻底摆脱了英国殖民者的统治，使美国走上了自由之路。而且在战后，他组建了第一个合众国政府，确立了国家信誉，为美国的国家形态奠定了基本的结构形式。同时，他还很注重国家经济发展，促进了海上贸易的繁荣，制定了影响深远的土地政策。这一切，足以使他终生受到美国人的爱戴。

在他第二次担任总统任期即将结束时，很多人准备再次推举他继续担任美国总统，并且当时的宪法上对总统连任也没有任何限制。可是，华盛顿毅然谢绝竞选第三任总统，并在 1796 年 9 月发表了著名的《告别词》，说服国会，让他卸任回家养老。

对于华盛顿这一出人意料举动的真实原因，许多历史学家已经进行了长期的探讨和研究，但是一直没有一个定论。而华盛顿本人不管是在当时，还是在回到家乡后，都没有公开表示过他拒绝连任的真实原因。尽管如此，历史学家们还是根据华盛顿的生平经历进行了大胆的猜测，以探究华盛顿拒任的原委。

有些历史学家认为，华盛顿主要是担心自己会卷入激烈的党派斗争中去，因而不想继续从政。当时美国历史上第一次出现了激烈的党派斗争，华盛顿本人也觉察到了选民中间日益增长的党派情绪，因此在其告别演说中，语重心长地呼吁团结，反对党派斗争，反对其他分裂势力。不幸的是，在党派斗争中他虽然一直保持中立，但在第

华盛顿在国会会议上

二任总统后期，他失去了非党派的立场，成为了一个联邦党人。在这种形势下，他中断自己的从政生涯是一个开明政治家的最好选择。

另一些历史学家认为，舆论的攻击对华盛顿作出拒绝连任第三任总统的决定产生了主要影响。英国一位历史学家说："由于想要空闲，由于感到体力衰退和受到反对派的谩骂而气馁，华盛顿拒绝接受要他担任第三任总统的要求。"

美国许多历史和政治学家看法也大致相同。随着党派斗争的加剧，舆论界的斗争也愈演愈烈。在两派报刊互相攻击的同时，华盛顿在他第二任总统期间，也受到反对派无情的攻击。这种攻击如此激烈，以致弄得他焦头烂额，十分难受。他被指责为"伪君子"、"恺撒"，说他藐视公众。当他提出不连任第三任总统时，许多杂志在其头版头条中还把他的举动称为"恶毒的谎言"。费城的《曙光报》在华盛顿告退的次日宣称："这一天应成为合众国的纪念日……因为，原是我国一切灾难根源的那个人，今天已降到与他同胞们的平等地位。"

华盛顿在 1797 年 3 月 2 日的日记中写道："我现在把自己比作要寻找一个休息之处，并正在屈身倚伏其上的疲惫旅客。但是，人们听任你安安静静地这样工作，这未免太过分了，不是某些人能够忍受得了的。"

乔治·华盛顿塑像

其实，上面两种意见是有着密切关系的，但究竟是哪一种在华盛顿的思想深处占主导地位，并产生了决定性影响，人们无法知道。除此之外，还有没有更深一步的原因促使华盛顿不想再继续担任总统，比如说华盛顿本人是否对权力的欲望开始淡薄，或者是身体的原因，现在也还是一个正在进行讨论的问题。

不管怎么样，华盛顿不顾公众的压力，坚决拒绝连任第三任国家总统，从而创立了美国总统两任传统的举动，是有深远影响的。在当时，美国宪法还没有对总统连任作出规定。华盛顿创立的这一传统一直延续到 1940 年富兰克林·罗斯福当选第三任总统为止。1947 年国会鉴于总统权力不断扩大和有可能形成终身制的趋势，才制定了第二十二条宪法修正案，即"任何人不得任总统之职两届以上"，该修正案于 1951 年正式批准实行，从而又恢复了华盛顿创立的传统。

在退休不到 3 年后的一天，华盛顿由于偶感风寒，最后病情转重，可能是当时医疗技术的低下和医生的误诊，最后不治身亡。这位美国的国父虽然去世了，但他为美国留下的许多精神财富却永远留在了世世代代人民的心中。当他拒绝竞选第三任总统时，他是否会想到他的这一行为给美国政治带来的巨大影响呢？

也许这个历史之谜并不需要我们想方设法地去解开，记住华盛顿的名字就够了。

华盛顿死因难明

美国第一任总统华盛顿在完成了历史赋予他的使命之后，于1798年初冬，悄悄回到了自己离别16年的家乡——弗农山庄。66岁的他准备在这里安度自己的晚年，一年以后，死神却奇迹般地夺去了他的生命。而对他的死因，至今没有一个确切的说法，两个世纪以来一直困扰着史学家们。

1799年12月12日，天空阴沉沉的，好像要有一场大雪。对于这天的天气，华盛顿早有预见。但他仍旧骑上马开始巡视，他是上午10点钟出去的，下午3点钟才回来。

第二天早晨，他感到嗓子痛，不能再出去巡视了。下午，他的嗓子开始嘶哑。到了晚上，嗓子哑得更加严重。但到了夜里，他冷得全身发抖，呼吸不畅，凌晨两三点钟，他叫醒了夫人，但又怕她着凉，没让她起床。清晨，女仆进来生火，才把利尔先生叫来。此时华盛顿已呼吸困难，话也说不清了。他让人去把克雷克大夫请来，同时，在医生没来之前，让罗森斯给他放血。

大约4点30分，他让夫人在写字台中取出他早就写好的两份遗嘱。他看了一下两份遗嘱后，让夫人把其中一份遗嘱烧掉，另一份保留，放到她的密室里。夫人从密室回来后，华盛顿握着妻子的手，说："这场病可能马上让我离开这个世界，如果真是这样，你要清理一下账目，把款项结清，另外你还要把我那些关于军事的书信文件仔细整理一下。"

拉什莫尔山雕像

作为美国的开国之父，华盛顿与他最杰出的三位后继者，被作为美国民主精神的象征雕刻在山坡上。

华盛顿与家人在一起

大约5点钟，克雷克大夫来到房间里。

华盛顿说："医生，我现在很痛苦，从一得病我就知道死神这次是不会放过我的。不过，死对我来说并不可怕。"

华盛顿又说："谢谢你们的照顾，不用替我操心，我很快就要去了。"

他接着又躺了下来，大家也都走出了房间，只留克雷克大夫一人照看。

晚上，又采取了其他的治疗方法，但都收效甚微，这次医生让他服什么药他就服什么药了，利尔先生后来在书中叙述道：

"大约10点钟，他几次都要说话，但都无法说出。最后，他终于说了一句话：'我快不行了。我死后的三天再下葬，葬礼要尽量简单。'我这时已难过得说不出话，只好向他鞠了一躬，表示同意。但他没有理解我的鞠躬，说：'我的意思你明白吗？'我说：'明白了。'他说：'那我就放心了。'

"在他去世前大约10分钟，他的呼吸通畅了很多。他变得很安详。他还伸手，摸自己的脉。忽然他的脸色变了，我连忙叫克雷克大夫，坐在火边的大夫急忙到了病床边，但一切都结束了：华盛顿的手从腕部垂了下来，停止了呼吸。克雷克大夫蒙着脸哭了起来。华盛顿就这样没有叹息、没有挣扎地离开了我们。"

华盛顿的死因却一直没有被查实，他得的是什么病、医生为他诊断的结果是什么、给他吃的药对病情有没有作用、药名等都无人知道，而他生前为自己准备两份遗嘱的目的是什么？是不是其中另有隐情？

谁谋杀了马丁·路德·金？

以《我有一个梦想》的演讲闻名全世界的诺贝尔和平奖获得者马丁·路德·金也许不知道，他真正的"dream（梦想）"应该是让人们查出他被刺杀的真相。马丁·路德·金在1968年4月4日傍晚，在田纳西州孟菲斯市洛兰停车场旅馆遇刺身亡。警方查出凶手的真实姓名是詹姆斯·厄尔·雷，他是个抢劫惯犯，曾被判入狱20年，

《I HAVE A DREAM》(《我有一个梦想》)

马丁·路德·金在林肯纪念堂前发表《我有一个梦想》的演讲时向人群挥手致意。

1967年4月成功越狱。他于1968年4月4日早晨住进贝西太太的出租公寓，傍晚开枪把马丁·路德·金打死了。对自己的犯罪事实，厄尔·雷供认不讳，他被判入狱99年，可是他在审判后不久就反悔了，坚持说自己是冤枉的，并要求对此案进行重新审理。

凶手詹姆斯·厄尔·雷像

　　使人不解的是厄尔·雷在1967年的成功越狱。厄尔·雷是一个令人觉得好笑的三流窃贼，他在打劫杂货店后驾车逃跑被甩出车外，偷打字机时将存折丢下，两次越狱都没有成功。这样一个傻瓜，1967年为何能成功越狱，并一下子过上富有而体面的生活，甚至四处旅游，挥金如土？

　　因而，人们怀疑联邦调查局参与了此案，联邦调查局早在50年代就对马丁·路德·金的行动有所注意，1964年还制定了"消灭金小姐"计划。

马丁·路德·金被刺现场

凶手已经被抓到，但事实似乎并没有那么简单，真正的凶手或幕后指挥者又是谁呢？

马丁·路德·金的葬礼

　　2003 年 1 月，即马丁·路德·金被害 35 年后，一名美国佛罗里达的牧师向《纽约时报》记者透露，杀害马丁·路德·金的直接罪魁就是他的父亲。这位牧师 61 岁，名叫威尔逊。他对记者说："我父亲亨利是一个三人小组的头，而 1968 年枪杀马丁·路德·金的正是这个小组。"威尔逊指出，虽然亨利并非种族主义者，但他觉得共产主义与马丁·路德·金有联系，因此必须杀掉马丁·路德·金。威尔逊说他父亲已经去世 10 多年了，但他父亲在世时曾反复强调，把马丁·路德·金杀掉是每一个热爱美国的人应该做的事，"为了整个国家的前途"，这样做完全是责任所在。

　　然而直到现在，马丁·路德·金之死还是一个谜，也许他的这篇演讲应该改为"We have a dream（我们有一个梦）"了，那就是希望这件历史悬案的真相大白于天下。

肯尼迪遇刺之谜

　　美国总统的宝座似乎背负上了"所罗门的诅咒"，因为在这个位子上的人遇刺的几率远大于别人，解放黑人奴隶的林肯如此，多年后，约翰·肯尼迪又处在了这个恶毒的讥咒之中。

　　1963 年 11 月 22 日，美国总统约翰·肯尼迪乘坐他的轿车在得克萨斯州拉斯市埃尔姆大街上行驶时，突然传来一阵枪声，肯尼迪与陪同他的康纳利州州长同时被子弹击中。这位美国人颇为崇拜的总统倒在血泊中。

　　经过缜密调查，美国官方认定刺杀总统的唯一凶手名叫李·哈维奥斯瓦尔德。

肯尼迪遇刺后的第三天，在警察局，奥斯瓦尔德被一个名叫杰克·鲁比的夜总会老板枪杀。

对肯尼迪遇刺案的背景，大家说法不尽相同。美国官方认定此案是由于对权力的仇视所引起，并据此推断出几种原因：其一，凶手是由苏联克格勃所指使的。理由是此前凶手奥斯瓦尔德在苏联生活过3年，曾娶苏联妇女为妻，加入苏联国籍。其二，古巴当局有可能插手此事。理由是亲卡斯特罗派组织与奥斯瓦尔德关系密切。也有人说奥斯瓦尔德是美国联邦调查局的情报人员，是反对肯尼迪对古政策的古巴右翼分子和联邦调查局中的激进分子所采取的行动。

事隔30年后，有关肯尼迪遇刺案的著作由包括知情人在内的研究人员相继推出。其中，曾经抢救奥斯瓦尔德的肯尼迪的外科大夫查尔斯·克伦肖披露的事件真相，极受人们关注。克伦肖坚信："总统并不是被奥斯瓦尔德在楼房顶上被射中，而是被迎面射来的枪弹击中，凶手另有其人。"但是，经多年调查研究后，弹道专家霍华德·多纳荷指出，肯尼迪是被他的保镖误伤的。多纳荷认为，总统身后的保镖威廉·希基在刺杀事件的一瞬间，因轿车突然启动，手指碰触到扳机，导致步枪走火击中总统后脑。

林肯的遇刺本来就是美国历史上的一个难解之谜，前谜未解，后谜又至，杀死肯尼迪的凶手究竟是谁？事情的真相如何？

肯尼迪一案的物证

政事

罗马帝国覆亡之谜

公元 410 年，哥特人首领阿拉里克率领日耳曼大军攻占了有"永恒之城"之称的罗马城，西罗马帝国逐步走向灭亡。但这次事件，并不是西罗马帝国灭亡的真正原因。那么西罗马帝国覆亡的原因何在呢？

在公元 410 年攻克罗马城以前许久，哥特人就在逐渐慢慢地沿用罗马人的风俗习惯，而在边远地区居住的罗马人，几百年来，也不断接受异域文化的影响，同时日耳曼民族雇佣的罗马士兵也日渐增多，他们对罗马当然不是忠于职守。

因此，阿拉里克于公元 410 年攻克罗马，并非对罗马帝国致命的打击。不过，因为那是罗马帝国 800 年来第一次被打败，心理上的伤害，很难估量，也许比破坏建筑物更加不能挽回。这个原因使人们更加容易理解，为什么阿拉里克攻克永恒之城，在历史上一直

古罗马酒壶

加德塘三层引水渠
跨越法国南部嘉顿河深谷，这座既实用又壮观的水渠是罗马工程最精湛的功绩。

用船装酒运往罗马的浮雕
罗马人喜爱纵酒狂欢世所闻名，但他们的溃败真是因为铅中毒引起的吗？

被看作是罗马帝国灭亡的象征；而汪达尔王盖塞里克于公元454年攻陷罗马时烧杀抢掠更甚的事实，反而不算什么。

最近掌握的证据，对解释罗马因何在公元5世纪为哥特人不费吹灰之力一举攻克，也许帮助很大。1969～1976年，在英国南部赛伦塞斯特展开的挖掘工作，在一座公元4世纪末5世纪初的罗马人的墓群里，找到了450具骸骨，多数骨头中的含铅量，是正常人80倍之多，儿童骸骨则更加厉害。这些人可能死于铅中毒，虽然未能证明这一点。

罗马人对他们的优良供水系统引以为傲，通常都以铅管输送饮用水。罗马人用铅杯喝水，用铅锅煮食，甚至用氧化铅代替糖调酒。吃下如此多的铅，一定会全身无力，吃下大量的铅还有另一个恶果，就是丧失生育

东哥特人的酋长像

能力。后期的罗马皇帝经常鼓励夫妻生育更多子女，可能是为预防人口减少，虽然并无精确详细的人口消长数字证实有这种现象。即使吸收微量的铅，对生殖能力也有影响，所以罗马人很可能因为喝了含铅的酒和水而致死及致使帝国覆亡。

但这种看法并没有充分的依据，只是根据少量考古资料提出的猜测，这种假设还有待更多资料加以证实。

铅中毒也不可能是罗马城于公元5世纪被攻陷的唯一原因。如果是这样，东罗马帝国为什么能在西罗马被灭亡后，继续存在1000年呢？当然，东罗马帝国仍然能存在，原因很多：边疆不长，较容易抵御，可避免外族入侵；同时，东罗马帝国国内治安维持较好。但有一件事情也值得人们关注，就是东罗马帝国境内的铅矿较西罗马少得多，所以当地居民只得凑合使用自认为较低劣的瓦锅和陶杯。罗马帝国灭亡的真正

原因在哪里？也许还有更多的秘密有待探寻，还有更多的谜团有待解开，人们期待着罗马帝国覆亡的原因早日真相大白。

古代日本人到唐朝"留学"仅是为了学习吗？

今天，"出国留学"已成为国人谈论的一个热门话题，而距今 1000 多年前，"大唐朝"却常常要迎接大批的来自周边各国的"留学"人员，尤其是地理位置优越的日本使节和商人。

公元 618 年，唐朝取代隋朝。日本人凭借地理位置优势，络绎不绝地前往唐朝，天皇政府正式派出的"遣唐使"数目也大大增加，达到了空前频繁的程度。唐太宗李世民在即位初以犬上御田秋为首的日本第一次遣唐使到达长安。从此，日本连续不断地派遣遣唐使。从公元 630 ~ 894 年的 200 余年间，日本政府共向唐朝派出 19 次遣唐使，其中有两次受阻而未成行，有 1 次是为了迎接前次遣唐使回国，有 3 次为护送唐朝使节回国，所以，实际算来日本正式委派到达唐朝的遣唐使应为 13 次。即使这样，也可看出日本遣唐使的频繁，那么，日本为什么要向唐朝派遣这些人员呢？

唐太宗像

中国古代经济文化在唐朝发展到了空前鼎盛时期，南洋、中亚、波斯、印度、拜占庭、阿拉伯各地大小国家纷纷派遣使节和商人前往唐朝学习唐朝的先进文化，经营中国的丝绸、瓷器及各种工艺产品。

相比之下更有地理优势和进取精神的日本人更不会落后，为了学习中国的治国经验和文化制度，天皇政府才派大批使臣、学者到中国参观学习，在日本史书上遣唐使又称"西海使"或"入唐使"。遣唐使团初期规模较小，通常每次仅有一两艘航船，

日本日吉大社西本宫本殿

日本东照宫的唐门

每艘航船大约载 120 人左右，后来使团的规模逐渐扩大，每次使用 4 艘航船，团员多达 500 余人。因为遣唐使团通常都是 4 艘航船一起拔锚起航，又一起扬帆归来，所以日本的文学作品往往把遣唐使称为"四舶"。遣唐使团由政府使官、学习访问人员和航海工作人员组成。

日本政府对派遣遣唐使极为重视。所有使团人员均由精挑细选而出，凡入选使团者一概予以晋级，并赏赐衣物。政府还对留学生给予优厚待遇，一般的船员免除徭役，使团官员予以一定程度的资助，希望他们学有成就，回国效力。在使团起航前夕，要举行隆重的"拜朝"典礼谒拜天皇，天皇向正副使节赐予"使节刀"，接下来举行饯别宴会，甚至有时会专门准备唐朝筵席。

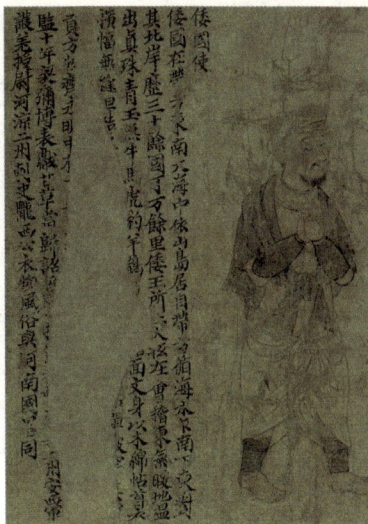

唐朝倭国使者像

在日本使者谦逊好学的背后，是否隐藏着更深的目的呢？

日本遣唐使极大地促进了中日之间的经济文化交流，但当时经济文化主要是唐朝流向日本。唐朝的工艺美术、生产技术、文史哲学、天文数学、建筑学、医药学、衣冠器物、典章制度等都陆续传到了日本，近几年来还曾在日本发现数万枚"开元通宝"。日本受中国文化影响很深，至今，日本民俗风情和生活习惯中仍然保留着浓厚的中国古代文化痕迹。

值得注意的是，日本遣唐使到中国的目的仅仅是为经济文化交流和"学习"吗？日本对中国的野心由来已久，有人认为日本对中国窥探就是从遣唐使时开始的；还有人认为遣唐使与元、明时期的倭寇有联系，因为当时限于本国实力和惧怕唐朝国力而由"寇"转为"使"，冠冕堂皇地出入中国，也许这些人是无中生有，也许确有依据。

法国圣女贞德从火刑台上逃走了吗？

法国历史上著名的民族女英雄贞德于 15 世纪被教会以"女巫"和"异端信徒"的罪名处以火刑。1431 年 5 月的一个早上，贞德被烧死在卢昂一个公众广场上，这个形体纤小、被宣判为异端信徒和女巫的少女在一万多人的注视之下，很快被熊熊烈焰吞噬。很多围观者都听到她高喊耶稣的名字以及那些激励她率领义军把英军逐出法国的圣徒名字。烈火烧了很长时间，她仍旧没有断气，最后她在低吟一声"耶稣"后，便辞别了人世。围观者亲眼看到行刑者扒开火堆后，一具烧焦的尸体露出来。行刑人向周围观者

贞德像

贞德受刑

也许正是由于法国人民对贞德的感激和崇敬，才会一再传扬贞德仍然活着的消息。但贞德真实的命运又是怎样的呢？

贞德率领她的人马觐见国王

展示贞德烧焦的尸体之后，又一次点燃烈火，将尸体烧成灰烬，之后把这些灰烬撒入塞纳河。不过，当时观看行刑的人，此后曾说起焚烧贞德尸体那时的神奇的景象，一名英国士兵说他亲眼看到在贞德的灵魂离开肉身时，一只白色鸽子从火堆里缓缓向高空飞去，嘴里还有着动听的鸣叫声。一些人说看到火焰中有"耶稣"的字样出现，那分明是贞德灵魂没有散去。不久，有传说说贞德的肠脏和心没有给烧掉，仍然保持完整。又过了不久，又有人说贞德仍然活在人间，火焰根本没有伤及她。不过在很长一段时期内，一个传闻言之凿凿，大多人都很相信这一说法：贞德并没有被烧死在火刑台上，那被烧死在火刑台上的，并不是贞德本人。

贞德的两个兄弟就抓住了法国人乐于相信这位女英雄仍活在世间的心理，从中牟利，精心布置了一个令人心寒的骗局，并因贞德的声望而尽享富裕生活。在贞德死后5年，即1436年，两人又一次渲染了贞德仍在人间的传闻。兄弟俩人带着一个披甲策马的年轻女子突然在奥尔良的街头出现。他们宣称此女子就是贞德，被施以火刑的不是贞德，而是另一个女子顶替的。实际上，那披上盔甲的女子名叫安梅丝，是个女骗子。在假冒贞德之前，她曾在意大利教皇的军队中服过役，有过一段军旅生涯，当时，她的娴熟的马术和威武的外型，深受群众喜爱，使见到她的人理所当然地相信她就是贞德。法国人既然失去了民族英雄，这也属人之常情。

对贞德两位兄弟的说法，奥尔良市民深信不疑；甚至把自贞德牺牲后一直为她举行的纪念仪式也废止了。贞德的两兄弟以及女骗子的骗局最初是无往不利，处处

百年战争中的激烈海战 油画

得逞。在奥尔良及其他法国城市广受尊敬，并享尽美酒盛筵，但好景不长，他们的骗局在 4 年后终于被揭穿了。安梅丝于 1440 年在巴黎原原本本供认出由她参与的骗局。不过，假冒贞德的事件已产生了深远影响；虽然关于贞德在卢昂一个公众广场逃出的谣传，已被确认为无稽之谈，但是部分法国人仍旧相信这种说法，这种传闻以后又在法国民间流传了数百年之久。

后来，法国国王查理七世在 15 世纪中叶基本完成了统一大业。贞德的两名兄弟及其母亲为洗脱贞德的罪名而积极奔走，最后终于使贞德的名声得到了恢复。但尽管如此，贞德到底有没有死的问题仍没有确切的答案，五六百年后的今天，人们已无从知晓贞德的命运到底是怎样的了。

希特勒血洗冲锋队之谜

杀人狂希特勒草菅无辜并不奇怪，但是 1936 年 6 月 30 日凌晨，曾为混世魔王希特勒上台执政立下汗马功劳的冲锋队在一串机关枪的猛烈扫射之后随即在"世间蒸发"，遭受到了同样的噩运。以参谋长罗姆为首的冲锋队对希特勒来说不可不算是自己人。那么对自己人为何还要下此毒手？对此研究者们进行了不少考察，大致归纳出以下一些原因：

德国纳粹标志

其一，冲锋队已经完成了它的历史使命。所以，无论用什么途径，冲锋队必然会从历史舞台上退出去。

其二，希特勒与罗姆之间存在着相当大的矛盾，既可以说是患难之交，但两人同时又有很大分歧。

罗姆在希特勒上台后，不仅加紧发展冲锋队，而且叫嚷着进行"二次革命"，建立真正的"民族社会主义"国家。他的这些企图使纳粹政权无法容忍，希特勒便考虑着如何把冲锋队解决掉。

冲锋队员像

其三，冲锋队与党卫队的斗争。于1925年成立的党卫队，即黑衫党，原是冲锋队的下级组织，作为希特勒铁杆卫队的党卫队，在冲锋队膨胀的同时亦迅速发展壮大。在争权取宠的竞争中这两支政治力量必然会发生矛盾冲突，特别从1929年希姆莱担任党卫队全国首领后，双方的矛盾更为激化。

其四，冲锋队不被国防军所容。德国军队在一战后受到限制，在冲锋队成立之初陆军方面出于使德国武装起来的目的，对冲锋队采取的是扶持态度，把它作为后备军。但随着罗姆想要取代国防军的意图的日益暴露，军界意识到其特权受到了威胁。部长勃洛姆堡强烈要求希特勒对冲锋队给予一定的限制，把冲锋队排斥在武装部队之外，只把国防军作为"武器的唯一持有者"。希特勒在决定如何取舍二者的过程中，按理说应较为偏袒他的发迹资本冲锋队，但这样做有两大棘手的问题：一是若保留庞大的冲锋队，他将很难向欧洲各国作出恰当解释，他的外交将因此而陷入难

希特勒检阅冲锋队

堪境地；二是如果把国防军得罪了，继承危在旦夕的兴登堡的总统职位的野心就难以达到。所以，经再三权衡希特勒最后决定让冲锋队牺牲掉。事实上在血洗冲锋队之前，希特勒已得到了军界将支持他继任总统的承诺。

于是希特勒便以冲锋队阴谋"二次革命"为借口，顺水推舟地将除掉惹是生非的冲锋队和取悦资产阶级这两个目的在政治清洗中"毕其功于一役"。毫无疑问，上述四点都是事件背后的原因，但最后真正促使希特勒下定决心、付诸行动的又是由何事直接引发的呢？火药桶之导火索何在？由何人直接引爆？历史学家们还在孜孜不倦以求之。

二战时的《苏德互不侵犯条约》附有秘密议定书吗？

英国《曼彻斯特卫报》于1946年5月30日登了这样一则让人震惊的新闻：1939年《苏德互不侵犯条约》附有一项秘密议定书，而且对其内容予以了披露。

不少西方学者推测1939年《苏德条约》附有秘密议定书。例如英国著名学者阿诺德·托因比等人编的《大战前夕，1939年》一书载有《苏德互不侵犯条约》的秘密议定书的主要条款。法国当代著名史学家让·巴蒂斯特·迪罗塞尔在其《外交史》中断言：《苏德条约》存在着无可争议的秘密议定书。原纳粹德国上将蒂佩尔斯基希在其《第二次世界大战史》一书中叙述了关于希特勒将部分波兰领土划给苏联、对与苏联接壤的东欧小国不表示兴趣的问题，他实际上谈到了西方国家公布的《苏德条约》的秘密议定书的一些内容。英国学者艾伯特·西顿在其《苏德战争，1941~1945年》一书也有《苏德条约》附有一份草率拟就、措辞模棱两可的秘密议定书的叙述。美国学者威兼·夏伊勒在其名著《第三帝国的兴亡——纳粹德国史》中还对《苏德条约》的秘密附属议定书的主要内容予以列举。奥地利的布劳恩塔尔也对《苏德条约》附有秘密议定书的说法持肯定态度。

签定条约
1939年8月莫斯科，斯大林（左二）与德国外长冯·里宾特洛甫（右四）在条约签定仪式上。

日尔曼战车推进苏联
《苏德互不侵犯条约》蒙骗了苏联，不久德国便发动了侵苏战争。

中国一些学者近年来也认可《苏德条约》附有秘密议定书；有些学者还在书中介绍了西方国家公布的《苏德条约》的秘密议定书的内容。

但是，有关《苏德条约》的秘密附属议定书在苏联的出版物中至今尚未见到。1948 年 2 月，苏联情报局在题为《揭破历史捏造者（历史事实考证）》的文件中对英、美单方面公布德国外交文件予以反对。收入《苏联对外政策文件汇编》第四卷的苏德互不侵犯条约中没有涉及秘密附属议定书的条款。阿赫塔姆江等人的《苏联军事百科全书》在谈到《苏德条约》时对秘密议定书没有提及。鲍爵姆金领导编写的《外交史》第三卷和维戈兹基等人编著的《外交史》第三卷也只字未提秘密附属议定书。萨姆索诺夫主编的《苏联简史》也持同样说法。曾参与 1940 年苏德谈判的别列日柯夫在其回忆录中不仅没有提《苏德条约》附有秘密议定书，而且认为："对 1939 年苏德条约问题，虚假报道堆积如山。"德波林主编的《第二次世界大战史》引用了 1939 年 8 月 24 日苏联《消息报》所发表的《苏德条约》的条款，不但对秘密附属议定书一点儿也没提到，而且批评说："资产阶级世界有人陷于伪造的泥潭而不能自拔，继续就条约和苏联的目的撒谎。"

中国学术界在有关苏联对《苏德条约》的秘密议定书的问题上有两种不同的说法：一种是认为苏联并未否认其存在；另一种是认为苏联否认其存在。

这样，1939 年《苏德条约》是否附有秘密议定书的问题就成为人们争议的一个热点问题。弄清这个问题对于正确评价战前国际关系、深入了解第二次世界大战史具有十分重要的意义。

克里普斯在二战期间为何突然访印？

正当世界人民的反法西斯战争正在如火如荼地进行，作为反法西斯的主力国的英国的下院领袖、掌玺大臣克里普斯却在 1942 年春，带着解决印度问题的《宣言草案》（亦称《克里普斯方案》），风尘仆仆地飞往新德里访问。在大战关键时刻，英国当权人物为何要采取这一行动？他们又有什么目的呢？会谈为何失败？谁该负责？

英国战时联合内阁为什么要派遣克里普斯访印呢？目前，在国内外学者和史学家的著述中，大致有四说。一曰"丘吉尔决定说"。一般认为，是丘吉尔本人作出的这一决定。而这一决策又同当时战局

丘吉尔像

印度军队来到埃及

印度反对英国的示威者

关系重大。日本于 1941 年 12 月 7 日偷袭珍珠港，太平洋战争爆发，为了实现"大东亚共荣圈"的迷梦，日本加速了侵略步伐。1942 年春，日本先后占领了新加坡、仰光，并且威胁到了南亚次大陆的安全。印度的东大门——孟加拉和马加拉斯也随时有沦陷的可能。素以维护大英帝国利益而著称的丘吉尔首相，为了维护自己的印度殖民地免受日军蹂躏，当机立断，派遣克里普斯访印，以此来加强英国的地位。

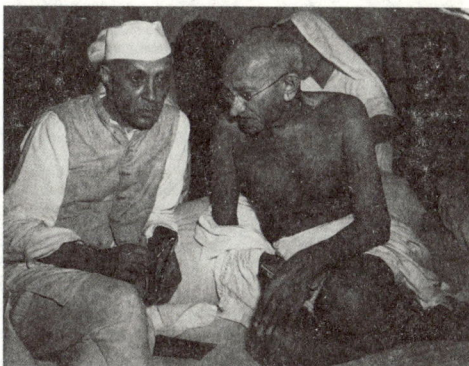
甘地与尼赫鲁
二战期间，甘地虽然支持英国抗击法西斯，但斗争一直没有停止。

第二种是"罗斯福干预说"。美国一些学者并不完全同意上述说法。持此说者认为，美国总统罗斯福的影响和干预促成了这一行动的实施。因为，太平洋战争爆发后，英美两国同日本对南亚次大陆的争夺更加激烈了。当时，中美两国政府首脑考虑到盟国的共同利益以及印度所处战略地位，曾多次要求丘吉尔早日解决印度问题，以争取印度人民尽快投入反法西斯战争。

第三种是"工党压力说"。众所周知，战时英国联合内阁中，在对印度政策问题上存在意见分歧，工党内出现一股势头，要求丘吉尔改变以往的政策，放弃僵硬政策，缓和矛盾，争取让印度也加入到战争中来，特别是克里普斯，力主改善英印紧张关系。丘吉尔害怕内阁分裂，在工党的压力下，被迫作出上述决定。

第四种是"印度呼吁说"。第二次世界大战爆发后第 3 天，即 1939 年 9 月 3 日，林利思戈总督没经各党派的同意，就擅自宣布印度参战。全印度人民奋起抗议他的这一决定，反英反战情绪高涨，印度自由派一些人士萨普鲁等人也联名上书，直接呼吁丘吉尔本人要求英国采取实际行动，以缓和日趋尖锐的英印矛盾。

然而，不论克里普斯访印的真实原因如何，这件事和它那不可解释的原因连在一起，只是在历史的长河中投下了一颗小石子，泛了泛水花，便悄无声息了。

猪湾事件是美国中情局策划的吗？

在一个静悄悄的黎明，1400名装备精良的古巴流亡分子，从猪湾的吉隆滩和长滩登陆，向古巴发起了猛烈的攻击，制造了猪湾事件。这件事发生在1961年4月17日。40年后，2001年3月22日上午9点，古巴政坛的"常青树"——卡斯特罗坐在哈瓦那一家五星级宾馆的会议桌边，与昔日曾多次谋划置他于死地的敌人平心静气地讨论猪湾事件。这次会议由美国史学家、学者组织，为期3天，参加此次会议的除了卡斯特罗和其他古巴官员外，还有4名参加猪湾入侵的古巴流亡分子、2名美国前中情局官员以及前总统肯尼迪的亲信阿瑟·施莱辛格和理查德·古德温。

卡斯特罗像

据美国与古巴双面的解密档案显示，猪湾事件完全由美国中情局一手策划。中情局为了给干涉古巴事务找到冠冕堂皇的借口，甚至故伎重演，借鉴1954年颠覆危地马拉政府时的经验，有意识地推动古巴与苏联结盟，"接下来，中情局就有事可干了"。其他国家的解密文件也有令人吃惊的内容。古巴政权也在秘密加强自己的防卫能力。

中情局决定策划一次入侵活动，推翻卡斯特罗政府。1960年3月，美国中央情报局局长艾伦·杜勒斯向白宫递交了一份计划，提出把聚集在佛罗里达的古巴流亡分子

卡斯特罗接受采访

组织起来进行训练，并在古巴内部开展秘密活动，以此推翻卡斯特罗政府。艾森豪威尔总统表示同意，并表示美国将对这些反卡斯特罗游击队"援助到底"。

肯尼迪上台后不久，获悉中情局有此项计划，对此也表示支持。杜勒斯向他保证，入侵计划比当年推翻危地马拉政府的计划"前景更好"。

1961年4月17日黎明，中情局制定的代号为"猫鼬行动"的入侵活动拉开帷幕。猪湾事件在历史的舞台上上演。

卡斯特罗时年34岁，虽大敌当前，仍丝毫不慌，指挥若定，仅仅用了短短72小时就挫败了这次入侵活动，共击毙114名，俘虏1189名流亡分子。

卡斯特罗与古巴人民在一起

那么，为什么有强大的美国政府支持的入侵行动会失败呢？关于这点，长期以来众说纷纭。在美国国内，有些人把失败归因于中情局犯了轻敌的毛病，对古巴国内会响应入侵的反卡斯特罗政权的人数过分乐观。

中情局一向做事谨慎，在准备不周的情况下，为何会匆匆策划这次入侵？况且肯尼迪曾在战斗爆发的第二天表示，"我们的克制是有限度的"，"如果必要，就单独行动"，以"保卫自己的安全"。那么肯尼迪政府为何又食言撤回了空中支援，使古巴流亡武装陷于孤立无援的境地？苏联在此事件中又扮演了什么角色呢？

赫鲁晓夫与肯尼迪交谈

苏联在猪湾事件中有何行动，至今无人知晓。

卡斯特罗和一群记者检查在古巴吉隆滩坠毁的美国飞机残骸

苏联击落美国U-2飞机之谜

　　螺丝钉能战胜原子弹？不管你信还是不信，一个小小的螺丝钉在某些时候却能做得比原子弹更好，至少在 1960 年 5 月 1 日是这样的。那一天正是美机 U-2 飞机被苏联击落的日子。

　　不要小看这枚微不足道的螺丝钉，正是因为它，苏联才将当时的"黑衣女谍"U-2 从高空请下，否则则国难当头。

　　冷战期间，为了尽快弄到一架 U-2 飞机，克里姆林宫下了一道死命令给克格勃。于是，一个

赫鲁晓夫访问美国
艾森豪威尔在机场发表演说，欢迎赫鲁晓夫的来访。在礼节的背后，是两国深刻的政治矛盾。

间谍偷偷进入了 U-2 飞机所在的巴基斯坦某美军空军基地。不久，他假冒一名因病不能上班的清洁工混进了机场。为了能接近飞机，他又将机场空军食堂的一名服务员给收买了，最后他打听到 U-2 飞机近期将作一次远程侦察的巡航。

苏联群众正在观看飞机残骸
击落美国 U-2 飞机使得赫鲁晓夫有了更多在联合国炫耀的资本。

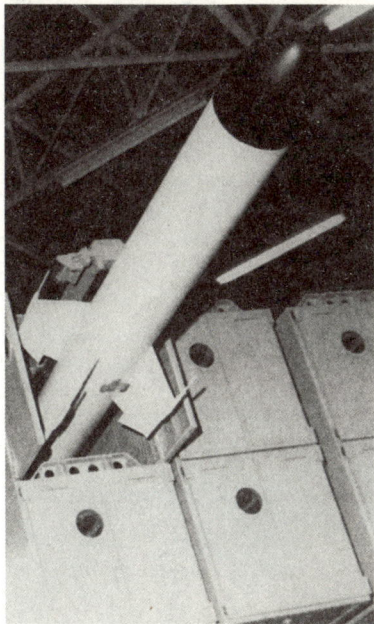

苏联研制的新导弹

美苏双方多次呼吁裁军，尽管会谈取得进展，然而他们还是研制了多弹头导弹和反导弹系统。

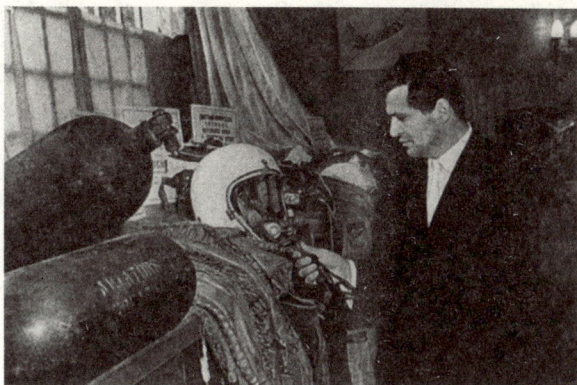

苏联军事科学家检测 U-2 侦察机残骸

这名间谍在接下来的几个晚上，用红外望远镜在停机坪附近窥视，终于找出了美军防范中的漏洞。

这天，他开始实施预定计划。时近凌晨 2 点，一群在外胡作非为的美军士兵前来换岗，他们像平常一样在飞机右舷兴致勃勃地谈笑风生，吹嘘他们刚才在外寻欢作乐的趣事。这时，已潜伏多时的间谍抓住了这个机会，迅速地避开了士兵的视线，神不知鬼不觉地钻进了飞机驾驶舱。很快找到了仪表上高度仪的外罩，然后飞快拧下右上角的一颗螺丝钉，随即换上了一颗自己携带的不同一般的螺丝钉。

原来，这是一颗磁性极强的螺丝钉，由苏联克格勃特别研制，当飞机上升到几千米高空后，这颗螺丝钉产生的强大磁力场将高度仪的指针吸引过去，而显示出已达到 2 万米高度的数字。美国人考虑到了对该机资料的保密措施，也想到苏联会用新型导弹对飞机进行拦截，却没有想到克格勃会用违背常规思维的不寻常方式下手，把用炮火轰击、飞机拦截都得不到的 U-2 型高空侦察机给击落了。

不管苏联最终是如何直接击落 U-2 飞机的，导弹抑或是米格飞机。如果没有了那枚被换包的小小螺丝钉，所有的一切都将举步维艰。因而，千万不要小瞧相比之于导弹可说是一文不值的螺丝钉。

美 U-2 侦察机

战 争

特洛伊战争究竟是真是假？

一场战争引出了两大史诗，从而成为西方文学的源头，这场战争就是特洛伊战争，而两大史诗就是荷马的《伊利亚特》与《奥德赛》，那么，这场战争是真是假呢？

在那样一个人神界限特别模糊、人类很像神灵而神灵身上又表现出太多人性的时代，特洛伊成为这一时代人神之中最伟大者交锋的场所。很多事情发生在这儿，特洛伊国王普里阿摩斯的儿子帕里斯，把世界上最美的女人海伦从希腊带到这里；希腊国王阿伽门农为了夺回海伦，率领他的军队来到这里；后来，在这个战场上，希腊最伟大的战士阿喀琉斯，杀死了帕里斯的哥哥赫克托耳。在荷马史诗《伊利亚特》的最后一幕，特洛伊国王普里阿摩斯与阿喀琉斯谈判请求归还他儿子的尸体并停战。

木马计

这是特洛伊战争中希腊取胜的决定性因素，传说中的神话在历史上确有其事吗？

在史诗《奥德赛》中，故事并没有到此结束。帕里斯为他哥哥报仇，给了阿喀琉斯的脚踵致命的一击，杀死了这位希腊伟大的勇士。而希腊人则通过"木马计"，潜入特洛伊城内并最终摧毁了它。此后特洛伊的黄金时代也就结束了。

历史上很多人认为这是历史事实，并真正发生在希沙立克。但是，自从18世纪开始，学者们对此提出了质疑。许多人怀疑特洛伊曾经发生过战争，甚至更有一些人怀疑荷马的存在，至少怀疑荷马作为一个单独的个人而非一系列诗人的存在。

古希腊花瓶图饰
古希腊文学和艺术有很多关于特洛伊战争的描述。在这个花瓶上可以看到阿喀琉斯在为一位勇士包扎伤口。

到了 19 世纪下半叶，只有极少数学者相信荷马史诗是对历史上的真实事件的记录。而相信特洛伊——假如它真的存在过的话——就在希沙立克的人则更少。然而还是有人相信特洛伊的存在，这其中包括业余考古学家弗兰克·卡尔弗特——美国驻这一地区的领事。19 世纪 60 年代中期，卡尔弗特与其合作者德国富翁海因里希·谢里曼对希沙立克进行了发掘，发现了古典时期的神殿和一些高大的建筑物。后来，曾做过谢里曼助手的威廉·德普费尔德继续进行他未竟的事业。德普费尔德发现了更多的大房屋、一座瞭望塔、300 码长的城墙。

德普费尔德的看法一直流行，直到 40 年后，一支美国探险队在卡尔·布利根的带领下来到希沙立克。布利根认为，

拉奥孔
在著名的特洛伊战争中，特洛伊城的祭司拉奥孔识破了希腊人的诡计，警告特洛伊人不要把那只被遗弃的木马搬进城里。结果由于泄露了秘密，拉奥孔与他的两个儿子被阿波罗与狄安娜派来的两条巨蟒残害。

特洛伊的覆灭，绝对不可能是希腊人的入侵造成的。因为城墙的一部分地基发生了移动，而其他部分则似乎彻底倾坍了。他认为这种破坏不可能是人为的，可能是一场地震导致如此。

看来，究竟是特洛伊战争成就了荷马史诗，还是荷马史诗成就了特洛伊战争，特洛伊战争究竟是真是假，这一切都湮没在漫漫的历史长河之中了。

古罗马军团为何能横行欧亚？

公元6世纪末起，罗马人赶走了伊鲁特人，成立罗马人自己的国家，后来，欧洲以至西亚和北非地区的格局都因罗马帝国的崛起而发生了变化。这一影响当时世界格局的帝国拥有一支十分强大的部队，这支军队在最初仍然继续使用他们的统治者伊鲁特人曾经用过的希腊风格的重甲方阵。重甲方阵是由用圆形盾牌和投矛武装起来的重甲步兵组成，此后不久，他们就开始着手建立他们现代化的部队。

伊鲁特逐渐衰落后，在与拉丁同盟和意大利半岛其他部族继续进行的战争中，重甲方阵的内在局限性日益暴露出来。意大利的地势凸凹不平，这对于那个庞然大物的调遣来说极为困难，而且它的侧翼常常会被毫无约束、没有固定战争风格的部族士兵所攻击。所以，公元前4世纪初，更为灵活的军事组织——军团逐渐取代了方阵。而成为新的战争方式。军团的人数视条件而定，但它主要战术结构保持不变。步兵根据年龄和经验排成了列。第1列称"哈斯塔迪"；第2列是"普林斯朴斯"，他们一般是年龄稍长、大约30岁左右、服役7年的士兵；最后一列"特瑞阿瑞"是久经沙场的老兵，他们的老练和成熟有助于鼓舞士气。

萨宾妇女 油画
罗马建城之初经常与其邻近的萨宾部落发生激烈冲突，这幅画表现的是罗马人与萨宾人激战的情景。

只有第3列久经沙场的士兵使用长矛，第1、2列士兵使用重标枪，又称"皮鲁姆"，长大约2.075米，软铁头和矛柄连接的地方较细。枪尖在用力过猛时就会弯曲，枪头也常常折断，因而使对方无法再次使用。此外，矛头也往往能够嵌入到敌人的盾牌和盔甲中，令对手行动不便。第1列队伍在投掷完他们的标枪之后，就立

罗马军队战斗浮雕

罗马士兵胸甲

胜利女神
罗马帝国的皇帝在庆祝战役胜利时，常常将胜利女神放在战车上。

刻挥剑冲入敌阵，近身肉搏。如果第1轮进攻失利，幸存者就会马上退向第2队列，由第2列接着发动更为猛烈的进攻，如果两次进攻都不幸失败了，幸存者将会退到第3列的后部，第3列就会收缩队形，举起长矛。提供一道安全的屏障保护部队安全撤退。

可以说，人力的优势、灵活的战术和特殊用途的武器都对他们的战绩都作出了很大贡献。但是所有的因素中，罗马所依靠的最大的力量那就是军团将士的素质和忠诚。正像公元前200年希腊将领色诺芬回忆他的军队时所说，当他们面对敌人的武器和战马时，总是表现得极为沉稳，"这样的人在战场上无往而不胜"。

后来，军团的主要战斗武器是西班牙剑，估计可能是由在西班牙与迦太基人作战的军队带回意大利的。西班牙剑是宽身利刃剑，长约70厘米，主要为刺东西而设计，这也是令罗马敌人恐惧的一件武器。

公元前197年，罗马人在色萨力的锡诺赛佛拉打败了菲利浦五世的马其顿方阵，从而显示出了一种新的迹象：一个以新的方式指导战争的、新的大帝国正在崛起。

战术结构的优越性，是必须在实战中才能得以验证的。当时军队的作战方式受希腊风格重甲方阵影响较大，古罗马军团的战术结构的发明者是谁？他又以怎样的军事理论或政治手段使古罗马朝廷接受了新的作战方式？由于古罗马时代距今时间久远，又缺乏翔实的资料记载。所以至今都是一个未解之谜。

古罗马起义将领斯巴达克为何率军南下？

公元前73年，一场由斯巴达克领导的世界古代史上最为波澜壮阔的奴隶起义爆发了，这场起义以反对罗马奴隶主统治为目的，起义曾经席卷整个意大利半岛。

当斯巴达克起义军将克劳狄乌斯和瓦利尼乌斯的围剿接连粉碎后，斯巴达克曾拟

斯巴达克铜像

订了一个北上计划："全军向阿尔卑斯山前进，越过高山，北上出境，返回故土。"重获自由，这也是人之常情。不过副将克里克苏对斯巴达克提出的这个计划坚决反对。随后，克里克苏率领 2 万人愤然出走，不幸被官军消灭。斯巴达克率军继续北上，将楞图鲁斯和盖利乌斯的前堵后追挫败，义军一度攻打到阿尔卑斯山脚下的穆提那城。但斯巴达克此时突然放弃北上计划，率领全军调头南下。

罗马元老院害怕起义军会攻打罗马城，立即派独裁官克拉苏带领 8 个军团前往镇压奴隶起义。克拉苏采用古老的《十一抽杀律》：凡战败或临阵脱逃者，10 人当中抽签选出 1 人处死。如此严明的军纪使罗马军队的战斗力大大提高。

被赶到意大利半岛南端的布鲁提翁的起义军准备渡海去西西里，但却失败了。克拉苏下令在半岛最南端挖了一条两端通海的大壕沟，企图将起义军的退路截断，将起义军就地歼灭。起义军尽管奇迹般地冲过封锁，但损失巨大，不久就陷入困境。罗马元老院又在此时命令鲁库鲁斯从马其顿、庞培从西班牙回师，会同克拉苏从东、北、南三面包围起义军。

在这个紧要关头，起义军内部牧民出身的康格尼斯不同意撤离意大利半岛，带领 1.2 万起义军离开队伍，结果很快被克拉苏消灭。

公元前 71 年春，起义军与官军举行了一场最后的决战。双方在阿普里亚境内展开激战，斯巴达克和 6 万名部下英勇战死，官军把被俘的 6000 名起义军全部钉死在从卡普亚到罗马大道两边的十字架上。

尽管起义失败了，但确实沉重地打击了罗马奴隶主统治者。2000 多年来，人们也对这次起义提出不少疑问：比如，斯巴达克曾一度制订北上出境计划，如果认真施行这个计划，他们离开罗马返回色雷斯结果会怎么样呢？那么他放弃北上计划的原因究竟是为什么呢？

当斯巴达克最初制订北上计划时，起义军内部已出现严重分裂：副将克里克苏率 2 万人出走，结果被官军很快歼灭了。起义军内部的第 2 次分裂也发生在斯巴达克提出渡海去希腊的时候，牧民出身的康格尼斯对撤出意大利半岛的主张坚决反对，带领 1.2 万人离开队伍，结果被克拉苏消灭。

看来，起义军内部始终在去与留的问题上存在严重的分歧。这与起义军来源有很大的关系：斯巴达克等人是来自色雷斯的角斗士，有很强的乡土意识，希望有朝一日能回归故土色雷斯。而另外一些起义军过去是罗马破产农民，不愿意离开罗马。这种强烈的本土意识使他们在大敌当前时意识不到真正的危险而团结起来。

研究者认为，斯巴达克计划的改变缘于客观形势的变化。起义之初，敌强我弱，斯巴达克感到很难对付罗马官军，不宜久留罗马，所以他拟订北上计划，先在敌人力量比较薄弱的北部地区发展自己，争取早点翻越阿尔卑斯山返回故土。但北上途中的节节胜利，尤其是起义军将罗马执政官克劳狄乌斯、名将楞图鲁斯和盖利乌斯的围剿接连挫败之后，声势大振，敌我力量对比出现了一点变化。起义军因此变得自信起来：觉得可以留在罗马"一搏"。

第二种意见认为：阿尔卑斯山的恶劣条件改变了起义军北上翻越山岭的计划。他们提出，阿尔卑斯山平均海拔 3000 米左右，是欧洲最高的山峰，许多山峰终年积雪，山上气候千变万化。12 万起义将士到达阿尔卑斯山脚下时，身上的单衣无法御寒，再加上起义军给养不足，没有办法，只好取消了北上计划。

还有人认为，斯巴达克改变北上计划是因为想到缺乏意大利北部农民的支持。

当然历史不能重写，如果斯巴达克继续北上，并且成功地翻越阿尔卑斯山，返回了色雷斯，结果会如何呢？罗马官军是想把斯巴达克逐出本土而完事大吉还是要将其一网打尽才罢休？这些仍然还是谜。

古罗马远征安息的大军流落何处？

帕提亚国王塑像

安息帝国又称帕提亚帝国，在他们的传统风俗中，国王手中一般持有月神的像。

在现实生活中，一个人的神秘失踪已经让人惊奇不已了，6000 余人一起神秘失踪的事情就更让人觉得是天方夜谭了，然而，这样的事确确实实地发生了。

公元前 53 年，古罗马"三巨头"之一的克拉苏率军远征安息（今伊朗），出师不利，兵败卡雷城，克拉苏本人被杀。他儿子率领的第一军团 6000 余人拼死突围成功。但突围之后却杳无音信，罗马人几番寻找也得不到他们的影踪，他们去了哪里？2000 年来留给人们一个难解之谜。

据《汉书·陈汤传》记载，公元前 36 年，北匈奴郅支单于征战乌孙、大宛，威胁我国西域地区。汉武帝派都护甘延寿和都护副校尉陈汤出兵至康居，剿灭郅支单于。汉军在康居见到一支奇特的军队，"土城外有重木城"拱卫，"步兵百余人，夹门鱼鳞阵，讲习用兵"。西汉军队把这支军队降服后，又将俘虏的士兵全部收编。后来，西汉政府又在祁连山下设立骊靬县安顿了这批俘虏的士兵。

经过研究后，历史学家认为，只有古罗马军队采用构筑"重木城"防御工事和用圆形盾牌连成鱼鳞形状的防御阵式。所以这支军队可能就是卡雷战役中突围而出的普布利乌斯领导的罗马第一军团的残部。

罗马帝国与安息帝国之间的巴尔米拉城

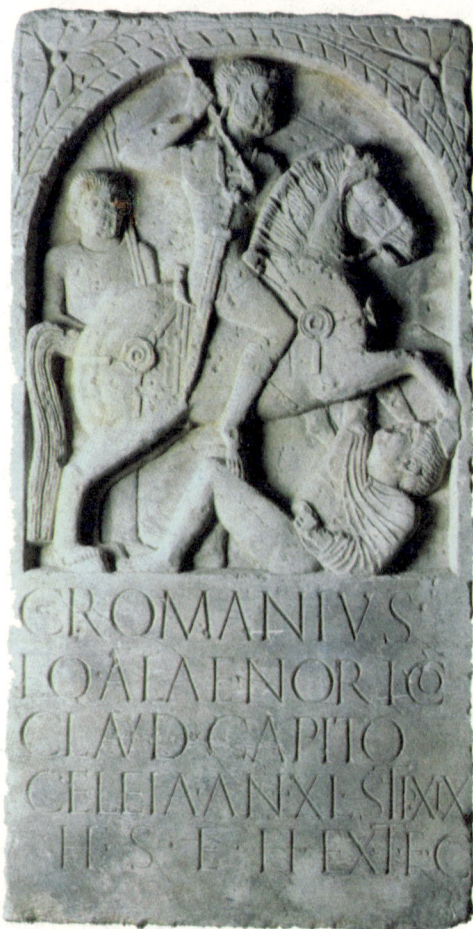

远征安息的罗马士兵的墓碑

澳大利亚专家戴维·哈里斯也对此进行了深入分析，推断这支奇特军队就是克拉苏东征部队的残部。当年他们从帕提亚的卡雷突围之后，辗转各地。后来又突破安息东部防线，进入中亚，被郅支单于收编为雇佣军。在公元前36年西汉与郅支之战中被陈汤收降。带回中国。他还根据材料推断，骊靬城旧址就在甘肃省永昌县境内。

另外，中国、澳大利亚和苏联的一些史学家也对此进行深入研究，他们找到一张公元前9年绘制的地图，根据地图指示，确认骊靬县就是现在的焦家庄乡者来寨。

但是也有一些持不同意见的人否定戴维·哈里斯的推断。他们说，"重木城"和"鱼鳞阵"并非是完全属于罗马人的军事艺术。在中国，编木或夯土为城古已有之，外城为郭、内城为城是中国古代通制。而且，《左传》中记载，中国古代也曾使用"鱼鳞阵"，当时其正式名称叫"鱼丽阵"。

因为在对骊靬古城遗址发掘过程中

没有取得什么有价值的成果，所以人们推断骊靬古城可能早已深埋地下，成为城下之城。

还有一些学者认为，即使当初罗马人的确曾到过此地，经过与当地居民 2000 年的通婚、融合，面貌恐怕早已大大改变，不再具有当初的特征。

另外也有人认为，这个地区外来人口一直比较复杂，很难依据现在那些地区存在酷似欧洲人的居民这一事实判定罗马人后裔生活在这里。

俗话说："人过留名，雁过留声。"这一群 6000 人的军队却无声无息地失踪了，他们到底去了哪里呢？看来只有当事人自己知道了。

西班牙"无敌舰队"覆灭之谜

顾名思义，"无敌舰队"就是天下无敌。然而，西班牙的"无敌舰队"却上演了一出"以多负少"的悲剧，"天下无敌"变成了"人尽可欺"。

为了争夺海洋霸权，西班牙和英国于 1588 年 8 月在英吉利海峡进行了一场举世瞩目、激烈壮观的大海战。这次海战，西班牙实力强大，武器先进，战船威力巨大，且兵力达 3 万余人，号称为"最幸运的无敌舰队"。而当时英国军队规模不大，整个舰队的作战人员也只有 9000 人。两军相比，众寡悬殊，西班牙明显占据绝对优势。但是，出人意料的是这场海战的结局以西班牙惨遭毁灭性的失败而告终，"无敌舰队"几乎全军覆没。从此以后西班牙急剧衰落，海上"霸主"的地位被英国取而代之。

为什么强大的"无敌舰队"竟然在寡弱对手面前不堪一击，一战而负呢？大致有三种意见。

一是基础说。西班牙的强盛，只是表面上的暂时的虚假繁荣。西班牙国王腓力二世加强专治统治，搜刮民财，连年征战，专横残忍，挥霍无度，激起了广大人民的愤恨，国内危机四伏。这次战争根本是不得民心的。

二 是 指 挥 失 当 说。另有学者认为，"无敌舰队"的惨败是由于国王用人不当造成的。1588 年 4 月 25 日，国王在里斯本大教堂举行授旗仪式，任命大贵族西顿尼亚公爵为舰队总司

西班牙舰队的大帆船

"无敌舰队"溃败
画中描绘了1588年侵入英国的西班牙"无敌舰队"在英国舰队的炮火轰击下慌张撤退的情景。

令，率领舰队远征。西顿尼亚出身于名门望族，在贵族中有较高威望，深得国王信赖，所以被任命为舰队统帅。但是他本来是一名陆将根本不懂海战，对指挥庞大的舰队在海上作战毫无经验，而且晕船。对这项任命他始料不及，根本没有任何思想准备和信心指挥这场战争。他也曾要求腓力二世另请高明，但未被获准。试想，这样的将领指挥海战，哪有不败之理？

三是天灾说。这种说法认为"无敌舰队"遇上了天灾，而不是人祸。它首先遇到的对手，是非常可怕而又无法战胜的大西洋的狂风巨浪。这是进军时机选择不当造成的。在"无敌舰队"起航不久即遇到大西洋风暴的袭击。"无敌舰队"许多船只被毁坏，淡水从仓促制成的木桶中漏出，食物大量腐烂变质，水手们疲惫不堪，大多数步兵也因为晕船而失去战斗力。"无敌舰队"还没有与英国交战先折兵，战斗力大大受到削弱。不得已，西顿尼亚带着这样一支失去战斗力的舰队与英军开战，从

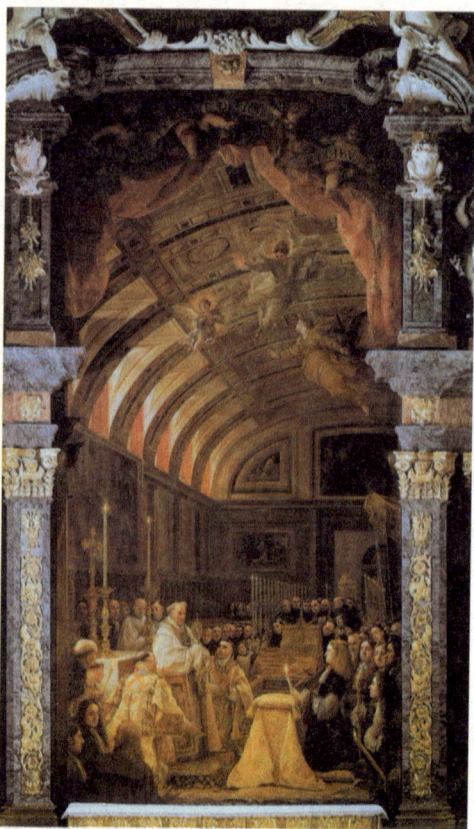

西班牙国王参加弥撒的情景

而导致厄运的发生。回国时，在苏格兰北部海域，再次遇到大风暴，一些舰船又被海浪吞噬或触礁沉没。至此，"无敌舰队"几乎已全军覆没。

虽然"不以成败论英雄"，但胜者为王，败者为寇。看来，"无敌舰队"覆亡的原因值得所有的军事家深思。

拿破仑在滑铁卢惨败另有原因吗？

拿破仑能够创造神话，其本身即是一个神奇的创造。1815 年 3 月 20 晚上 9 点钟，令人难以置信的是，"大势已去"的拿破仑居然不费一枪一弹，在短短 19 天之内从地中海到巴黎，赶走了波旁王朝，再度称帝。

但拿破仑比谁都更清楚地知道，他马上就要面临着一场严酷的战争，欧洲对他这一次的突然出现一定会想尽一切办法进行打击。

6 月 14 日，拿破仑入侵比利时战争开始。

6 月 17 日傍晚，拿破仑带领军队向高地进发，与英军相遇。

6 月 18 日清晨拿破仑与威灵顿开始战斗，当时拿破仑大约有 7.2 万个士兵，威灵顿有 7 万。拿破仑和威灵顿都在等待援军的到来，前者等的是元帅格鲁布，后者等待的则是布吕歇尔。

法军继续着对英国军队左翼的进攻。一个半小时后，拿破仑看见圣兰别尔东北方有军队向这边赶来，他认为这一定是格鲁布，遗憾的是：来的军队是布吕歇尔而不是格鲁布。布吕歇尔从格鲁布的追击下逃脱并且绕过法国元帅的视线赶到了这里。拿破仑并没有因此而想到撤退，他认为格鲁布应该会很快到达。

拿破仑的勋章

很多的法国骑兵死在了战场上，但剩余的士兵们毫不因此恐惧。

黄昏时，拿破仑相信格鲁布马上就能赶到，所以他仍旧带领着近卫军向前猛攻。但很快大批英国骑兵冲向了法国近卫军，近卫军伤亡惨重。这个时候，拿破仑仍在等，格鲁布仍没来！

拿破仑巡视战场

拿破仑凭借他的军事韬略和敏锐的政治头脑，在 20 年间从一个科西嘉岛小贵族变成了主掌大半个欧洲的人物。

滑铁卢战役中的激战场面

排成了方阵的近卫军一面抵抗着英军的进攻，一面保卫着拿破仑慢慢撤退。离开了滑铁卢，拿破仑得知几十万英军主力已准备向法国进攻，而几十万俄军也咄咄逼人，即将到来。这些让拿破仑彻底绝望了。格鲁布迟迟未到毁灭了法国军队。

滑铁卢惨败，拿破仑对未来充满了绝望。然而事实真如人们所言：拿破仑的惨败完全在于格鲁布元帅的迟到吗？如果格鲁布元帅没有迟到而是准时到达救援地点那是否又意味着拿破仑会一如既往地雄霸欧洲呢？

我们只有到不可重演的历史中去找寻答案。

在滑铁卢战役中指挥普鲁士军队的布吕歇尔元帅像

"黄色计划"的神秘魔力

说起"黄色计划"，不得不提起一个人：弗里茨·埃里希·冯·曼斯坦因。"1945年受到我讯问的德国将军们一致认为曼斯坦因元帅业已证明是德国陆军中能力最强的指挥官，他们曾经期望此人出任陆军总司令。"军事历史学家利德尔·哈特如是说。

1939年9月，德国实施"白色计划"，闪击波兰。曼斯坦因在波兰战争中担任德国南方集团军群（司令为伦德斯泰特）司令部参谋长。波兰战争结束之后，德国陆军总司令部根据10月9日的希特勒批令而制订发布"黄色计划"。

曼斯坦因在深入研究"黄色计划"的
内容和全面分析作战双方的情况之后，认
为"黄色计划"有模仿"施利芬计划"之
嫌，难以出奇制胜，故而主张：西线攻势
的目标应该是陆地寻求决战；攻击的重点
应该放在 A 集团军群方面而不应该放在 B
集团军群方面，A 集团军群应从地形复杂
却能出敌不意的阿登地区实施主攻，挥师

游弋在空中的德国轰炸机

直指索姆河下游，这样才能全歼比利时的盟军右翼，并为在法国境内赢得最后胜利奠
定基础；B 集团军群的兵力应由 2 个集团军增到 3 个集团军，此外还需增加强大的装
甲部队。此即著名的"曼斯坦因计划"的要旨。曼斯坦因的主张得到 A 集团军群司令
伦德斯泰特的赞同。从 1939 年 10 月到 1940 年 1 月，A 集团军群司令部先后以备忘录
的形式 6 次向陆军总司令部提出上述建议，仍未得到同意。直至 1940 年 2 月 17 日，
在希特勒的副官施蒙特的帮助下，他才"得以当面向希特勒陈述我们的意见"，并得
到希特勒的完全同意。2 月 20 日，陆军总司令部颁发包含曼斯坦因建议的作战计划。
结果，德军在战争发起后的 6 个星期内横扫西欧诸国，大败盟军。然而，这个"黄色
计划"从一开始到最后实施并非一帆风顺。

对于发生的这场战争，美国参议员威廉·鲍瑞 (Willam Boran) 称其为"虚假的战
争"，英国首相张伯伦称之为"模糊的战争"，而对德国人来说，它是"坐着的战争"。
自从阿道夫·希特勒的强大战争机器在 1939 年 9 月消灭了波兰，英法联军就一直无
所事事地待在马其诺防线，与在塞哥弗雷德的德军对峙，直到德军突然发起奇袭之
前，英国和美国的很多报纸专栏作家都预言这场虚假的战争将会褪色，最终将以各回
各的老家收场，各方都不会有任何人员和财产损失，盲目乐观的情绪彻底地笼罩住了
盟军的心。

1940 年 1 月 10 日，一架德国轻型飞机沿着比利时边界飞行因引擎故障在比利时
境内紧急迫降。飞机上的两个人侥幸活了下来。他们穿着便服，但他们实际上是德国
军官。后来，他们被带到了附近的比利时军队总部。

被带走的两人其中一个是德军少校瑞恩伯哥。哨所的房间火炉烧得很旺，随着时
间推移，比利时士兵开始松懈了。突然，瑞恩伯哥少校跳起来，将藏在大衣口袋里的
一沓纸扔进了炉火。这时，比利时的地方长官艾米利奥·罗致上尉飞快地跑到火炉边
伸手将已经开始燃烧的纸卷拿了出来，他的手被严重烧伤。

没有说一句话，瑞恩伯哥冲上去抢罗致的左轮手枪，俩人在地上扭打起来。紧接
着，其他比利时土兵冲进来制服了这个发疯的德国少校。"我完了，"瑞恩伯哥叫道，
"我永远也不能原谅我所做的！我不是想杀你，我是想自杀。"

被火烧焦的纸片被比利时的情报机构拼了起来，上面写着"德军行动命令"，接
着是"西线的德军将在北海和摩泽尔河之间发动进攻……"以及一些诸如荷兰堡垒、

1940 年 5 月，德国坦克和步兵进入法国。对法国的进攻极其奏效，法国固若金汤的马其诺防线几乎未派上用场，德军出其不意地突袭到法国腹地，法国战线全线崩溃。

第七飞行集团军、坦克团的字眼。这不正是一份关于德国进攻法国和低地国家（指荷兰、比利时、卢森堡——译者注）的秘密计划吗？比利时的将军们简直不敢相信自己的眼睛，这些纸片究竟是个什么样的阴谋？

为了弄个水落石出，比利时情报机构允许瑞恩伯哥与德国驻布鲁塞尔的武官文赫·威林戈少将通话，并在隔壁进行窃听。电话里瑞恩伯哥向威林戈汇报说自己已经成功地将"黄色计划"烧掉，威林戈少将显然被这个厚颜无耻的谎言骗了过去。由此，比利时人确信，这个计划确有其事。

柏林，狡猾的希特勒陷入狂怒之中，因为他根本不相信瑞恩伯哥所说的一切。希特勒的密友陆军将军威海尔姆·凯特尔说，"他唾沫横飞，使劲地用手擂墙，几乎疯了似的咒骂手下人鲁莽和愚蠢的行为。"这次失误几乎使他的西进计划夭折，也难怪他会发疯。

直到德国的情报机构汇报说，英法两军的部署没有任何变化时，希特勒才放下了心，命令"黄色计划"按原样进行。

1940 年 1 月 12 日，罗马，意大利王子的妻子玛丽·朱丝打电话给外长——墨索里尼的女婿西亚诺伯爵。她带着哭腔告诉他，德军将要进攻她的祖国比利时。西亚诺是一个秘密的反纳粹主义者，他向玛丽·朱丝透露了进攻的消息，并建议她应毫不犹豫地立即通知比利时国王雷鲍德。

在其他方面，叛逃的德国间谍偷窃了德军记载有"黄色计划"的文件；英法的侦察飞机也发现德国步兵和装甲车在德国边界大规模集结。更重要的是，英国最秘密的密码破译机构截获并破译了数百个德军的无线电信号，这些信号表明，"黄色计划"即将实施。

以上的这些大量信息都证明从1940 年初，希特勒正在谋划着在西线对英法联军进行大规模的进攻。并且盟军，特别是比利时人得到了诸多的直接或间接的消息。

此外，一个名叫约瑟夫·穆勒的著名律师 4 月 30 日这一天从慕尼黑到达罗马。穆勒是一个虔诚的天主教徒，他此行是来执行一个他一生中最重要的使命：尽力通知英国和法国希特勒要实施"黄色计划"，

1940 年 5 月，希特勒与占领比利时的德军合影。

他带着"黑色管弦乐队"（以铲除希特勒为目的的严密组织）的领导们精心准备、措辞严谨的文件，文件中明确表示希特勒很快将在西线发动进攻。文件被穆勒交到了他的老朋友雷伯教父手里。接着，雷伯教父迅速通知了耶稣会士默耐斯牧师，并联系到了比利时驻罗马大使利文霍，然而这位大使竟然对文件的内容不以为然。但奇怪的是，第二天，也就是 5 月 2 日，大使又改变了主意，他立刻向布鲁塞尔发出了警报。

5 月 9 日，250 万德国军队分成 102 个师，其中 9 个装甲师，6 个摩托化师，集结在法国、比利时和荷兰边界。荷兰使馆武官金伯特·塞斯得到希特勒已经下令实施"黄色计划"的消息后，也曾经打电话给比利时驻德国使馆武官和总部设在海牙的荷军总司令部，用预先安排的代码告诉他的上级，"明天黎明绷紧弦"！进攻时间定在第二天也就是 1940 年 5 月 10 日的凌晨 3：30。塞斯发出警报几个小时后，德国军队如雪崩般地向森林密布的南部城市亚琛 (Aachen) 集结。

5 月 10 日凌晨，不到两小时，大批斯图卡式俯冲轰炸机、德国步兵和装甲车一起冲过了边界，横扫中立的比利时和荷兰。事先得到的许多关于进攻的情报丝毫没有帮助盟军减轻慌乱和手足无措。德军战斗进程之迅速和战果之巨大令很多人感到吃惊。

在接下来的 6 周中，德军把英国军队赶出了欧洲大陆，征服了法国、比利时、卢森堡和荷兰。英军在慌乱中几乎把所有的武器装备和运输工具都留在了敦克尔刻。

对于这次盟军的溃败很多人都十分不解，为什么盟军的高级将领对德国实施"黄色计划"的反应如此迟钝且毫无准备呢？难道是."黄色计划"有什么特殊的魔力让那么多人都对其视而不见吗？这仍是二战中的一个难解之谜。

希特勒发动"巴巴罗萨"空战战果如何？

战争狂人们一向目空一切，好大喜功，纳粹头子希特勒更是其中的"典范"，在公开"巴巴罗萨"空战的结果时，希特勒与斯大林也唱起了对台戏。

1941 年 6 月 22 日夜，希特勒一手制订"巴巴罗萨"作战计划。俄罗斯人民正沉

激战中飞行员用望远镜观察敌机

浸在和平、甜蜜的午夜之梦中。凌晨3点15分，成千上万颗绰号为"恶魔之卵"的球形炸弹带着刺耳的啸叫落下来，夜空的宁静被打破了，随着剧烈的爆炸声，到处升腾起冲天的火光。苏联再也不能平静下去了，战争恶魔向他们伸出了巨手。

苏联空军蒙受了巨大损失，那么在"巴巴罗萨"空战中损失的飞机到底有多少？

这必然是个不小的数目，据德军4个航空队向德国空军总司令赫尔曼·戈林报告说：德国空军轰炸机炸毁了来不及起飞的苏军飞机1489架。此外，德军战斗机及高炮部队击落了升空的飞机322架，共计1811架。德军自己也不敢相信在如此短的时间内竟能获得如此的战绩。与此同时，戈林密令空军总司令部的军官们分别到各个已被占领的苏军机场依据飞机残骸进行一次统计调查。调查进行得很快，一份秘密调查报告呈送至戈林面前："巴巴罗萨"空战的战果不止1811架，而是2000架以上。报告说，准确的数字已无法核实清楚，但肯定在2000架以上。

因为戈林没有对此事展开进一步深入调查，所以人们都对此战果的报道持怀疑态度。而且，在"巴巴罗萨"空战以后，苏联空军并没有公布损失飞机的数字。战争结束以后，苏联国防部出版社发行了6卷本的《苏联伟大卫国战争史》。该书称，苏联空军在"巴巴罗萨"空战的第一天损失飞机1200架，其中单在地面上被炸毁的就有800架。

苏联与德国公布的数字相差非常多，竟达600～800架，这差不多是一个中等国家整个空军的实力，令人奇怪的是，苏、德双方对于升空后被击落400架飞机的数字，出来的统计结果是相同的。数字的出入在于地面飞机的损失，而地面飞机的损失数字说什么也比空中击落飞机数字易于统计。

空投炸弹飞向目标

斯大林在当天早晨曾命令西部军区将所有飞机均加以伪装。但是斯大林的命令并没有得到执行。苏联空军的新旧飞机均未加任何隐蔽，整整齐齐地排列在跑道上，就像接受阅兵似的。大部分飞机来不及升空便被炸毁了。

尽管在这场偷袭战里，被炸毁的飞机到底有多少还是不得而知，但我们能肯定的是，即使希特勒大获全胜，也没能改变其最后彻底失败的命运。

日本偷袭珍珠港能够避免吗?

日本偷袭珍珠港是第二次世界大战的转折点。从此，太平洋战争爆发，美国参战，日本走上了不归之路。美国人一直将珍珠港事件视为自己的耻辱，将责任全部推到日本一方，然而，真相到底如何呢?

著名美国历史学家舍伍德在其所著的《罗斯福与霍普金斯——二次大战时期白宫实录》一书中详细分析了美日的珍珠港事件前的外交谈判过程。日本前驻德大使来栖三郎 1941 年 11 月 6 日赴美，与驻美大使野村一起和美国举行了谈判。11 月 20 日，日本代表作出了准备同美国达成协议的姿态，向美国国务卿赫尔递交了日本政府的"和谈新建议"。然而，11 月 22 日，美方用所谓"魔术"的特殊方法截获和破译了日本外相东乡给野村和来栖发的密码电报。在这份电报中，东乡指示野村和来栖，日本政府 20 日的建议是："绝对最后建议"和"防止某种事件发生的最后努力"。这个最后通牒的期限是 11 月 29 日，电报最后强调，"最后期限绝对不能改变。在这之后，事情将自动地发生"。11 月 26 日，赫尔国务卿对日本的建议作了答复，向日方代表递交

日本偷袭珍珠港成功

了美国政府拒绝日本建议的
照会，即所谓《赫尔备忘
录》。因为美国截获和破译
了日本的密电，美国方面觉
察到日本将有所行动，但并
不清楚日本的具体进攻目
标，对此，就连日本谈判代
表野村和来栖也不知道。舍
伍德指出，11月25日日本
机动部队向珍珠港进发，这
正是东乡密电上指定的"绝
对最后期限"的前4天。这
就是说，日本根本不需要美
国的答复，在一本正经的、
无效的外交换文还在继续之
际，战争就已经发动了。

罗斯福总统对日宣战

当然，这只是美国学者
的看法，对于这件事情，有
些日本人又是另一种说法。

日本袭击珍珠港的飞行
部队总指挥官渊田美津雄于
1967年再版了他的《袭击
珍珠港》一书，对日本袭击
珍珠港的指责作一番解释。
他指出，罗斯福总统在当时
那种情况下为了使美国人民
在参战问题上统一起来，千
方百计想找一个类似的"路
西达尼亚"号邮船惨案的事
情作为参战的借口 (1915年

正在准备和谈的日美双方

作为假象，日本大使野村吉三郎（左）及特使来栖三郎笑容满面地随
同美国国务卿赫尔前往白宫，而此时南云中将已率领日本攻击队驶向
珍珠港。对于即将发生什么，双方是不是都心知肚明呢？

5月7日，美国以"路西达尼亚"号邮船惨案为借口对德宣战，参加了第一次世界大
战）。日本电报密码早已被美国先进的无线电监听系统破译了，而且，美国人早已得
悉日本正在觊觎珍珠港。罗斯福对这件事情是完全清楚的，但他愚弄了人民和军队，
故意使太平洋舰队处于无准备状态。

另外，当时任机动部队第一航空舰队参谋的原田也曾经写文章表示，美国政府早
已得到情报。罗斯福总统深谋远虑，企图以此振奋士气。

随着影片《珍珠港》的上映，珍珠港事件再次成为热门话题，但珍珠港事件真相究竟如何，目前我们仍不得而知。

是谁烧了"诺曼底"号？

1941 年的深秋，法国巨轮"诺曼底"号静静地停泊在纽约港的 88 号码头，这个码头在哈得森河上，离繁华的 42 街不远。"诺曼底"号长达 313.8 米，仅比英国的"伊丽莎白皇后"号短 0.61 米。1939 年 9 月 1 日，当它在公海上航行时，德国发动了对波兰的进攻，但它还是安全地驶进了纽约港。

"诺曼底"号在港口停泊一天就要花掉船东 1000 美元，因此，船上只保留了极少数船员以保养马达等重要设备。没有人想到会有人对该船进行破坏或纵火。"诺曼底"号的设计师魏德米·亚克维奇（Vladimir Yourkevitch）甚至认为，该船是有史以来建造的船只里防火性能最好的一艘。

在德国，希特勒的德军早就盯上了这只法国船。1940 年 6 月 3 日，法国向德国投降。在这之后的两周，德军反情报机构的头目卡拉瑞斯的间谍机构阿勃韦尔就向纳粹在美国的间谍发出了命令："严密注意'诺曼底'号！"希特勒和他的高级将领明白，美国一旦加入对德战争，这艘法国巨轮一次就能够运输 12000 名美国海军士兵到欧洲参战。

纽约市沿海地区和新泽西的港口城市是纳粹分子活动的温床。在一间间凌乱肮脏的小客栈里，住着从世界各地来的海员，其中有许多纳粹间谍和纳粹同情者。这些地方中最臭名昭著的一家是新泽西"高速公路客栈"，另外两家是曼哈顿的"老牛肉"酒吧和新泽西的"施密德的吧"。"施密德的吧"里的一个侍者是德国间谍，他每次都伸长耳朵贪婪地听海员在喝多了酒后所泄露的海上消息。

1941 年 12 月 7 日，日本偷袭了珍珠港。4 天后，希特勒让德国议会不经表决就通过了对美国开战的宣言。他对他的副手叫嚣说："我们总要首先开战！我们要永远打响第一枪！"

就在同一天的晚些时候，希特勒的密友、意大利独裁者墨索里尼也对美国宣战。

就像希特勒和他的

1935 年 5 月，"诺曼底"号完成了海上试航。

被大火烧焦的"诺曼底"号船体斜躺在纽纽港哈得森河码头上，图为美国海军正在进行打捞工作。

高级将领所担心的那样，美国海军立即征用了"诺曼底"号，并对它进行了改装。许多人都热烈支持将该舰改装成军用运输船，大约有1500名民工像蝗虫一样涌向该船进行改装工作。

改装任务非常紧迫，必须在1942年2月28日以前完成。完成后，该舰将在舰长罗伯特·考曼德的率领下，驶离纽约港去波士顿。在那儿，它将要装上10000名士兵和他们的武器装备去大西洋沿岸的某个地方——毫无疑问，它的目的地将是英国。

但是，2月9日下午2时34分，"起火了"的喊声突然从船上响了起来。这时候，距"诺曼底"号远征欧洲只有3周的时间了。人们匆忙扑上船去灭火，但是，当天是一个大风天，火势很快就失去了控制，人们眼睁睁地看着火漫过了甲板，不到一个小时，整个船就变成了火的海洋。

火势不断蔓延，将近3000名民工、船员、海军士兵和海岸警卫队成员爬过"诺曼底"号的船舷，吊下绳子，顺绳子跳到码头上，有的干脆直接跳到踏板上逃生。纽约市的消防队员发誓说，这是他们见过的最猛烈的大火。

大约有3万纽约市民聚集到第12街观看这场大火。在他们中有一个头发花白个子矮小的老头，他就是"诺曼底"号的设计师魏德米·亚克维奇。他的脸上布满了愁容。因为他浓重的口音，警察没有让他通过警戒线到船边。实际上，就是魏德米·亚克维奇也对大火中自己的杰作无能为力。凌晨2时32分，"诺曼底"号终因灌水太多、倾斜过度而翻了过去，就像一条搁浅的大鲸鱼，躺在哈得森湾的水面上。

在每一条船都显得非常重要的时候，美国失去了一条最大的船，并有1人死亡，250人受了擦伤、扭伤、摔伤以及眼睛和肺部的灼伤。

美国政府立即成立了几个调查组以查明这起备受公众关注的大事故，联邦调查局和福兰克·霍根律师盘问了100多位证人。与此同时，海军也成立了以退休海军少将莱姆·雷黑（Lamar Leahy）为首的调查组。两个月后，国会海事委员会成立的调查组发布结论说："起火的直接原因应归结于民工的疏忽和管理上的疏漏。"

然而，广大的美国人并不买政府的账。为什么一个如此巨大的海轮，在有大量防火设施的情况下，能够爆发大火，并在几小时内变成一堆焦炭？是不是有纳粹破坏分子渗透到船上，为了不可告人的目的，纵火烧毁了这条船？如果是这样的话，有1500名民工散布在船的每一个角落，为什么没有人发现有人纵火呢？或者是两个以上的纳粹或纳粹同情者共同完成了这项破坏性的工作？

"诺曼底"号的烧毁是否是纳粹所为，已经伴随着这场大火造成的重大损失成为一个巨大的谜团。

1935年6月，"诺曼底"号创下了横渡大西洋的最快纪录，以29.7节的平均速度从南安普敦到达纽约。船上共有1070名乘客和1250名船员。"诺曼底"号上带装饰艺术风格的餐厅，有漂亮的灯柱。

山本五十六是谁击毙的?

"伊号作战"结束后，山本五十六决定利用一天时间视察巴拉尔、肖特兰和布因等前线基地，以激励士气。让日军想不到的是，有关山本视察的详细日程安排的机密电报不仅被美国截获，而且他们引以为豪的极难破译的五位乱码只用数小时时间就被美军专家破译了，这份电报在无形之中也就成为山本的催命符。这也是美国军事情报领域在无线电破译方面继中途岛战役破译日军作战计划之后的又一辉煌成就。

美国太平洋战区总司令兼太平洋舰队司令切斯特·尼米兹清楚地知道，按照安排山本将进入瓜岛机场起飞的战斗机作战半径，正是干掉他的绝佳机会，如果干掉他，将给日本士气民心沉重打击。因为他不仅是日本海军中最出类拔萃者，而且由于他在偷袭珍珠港中的指挥得力，在日本政界和军界成为仅次于天皇和东条英机首相的第三号人物，被日本海军誉为"军神"。可是他没有因为兴奋而得意忘形。因为干掉山本不仅仅是军事行动，还牵涉

为激励士气，山本五十六赴前线进行军事视察，图为山本在登机前的例行准备。

到诸多的政治因素，因此一向谨慎的尼米兹仍不敢轻易拍板，而是请示华盛顿。

美国总统罗斯福在仔细征求了海军部长诺克斯和海军作战部长金海军上将的意见之后，授意可以干掉山本，但是为了维护美国的大国风范，一定要对截获日军情报的事情保密，制造伏击的假象。

驻瓜岛的第339战斗机中队承担了此次任务，4月18日凌晨时分，兰菲尔等6人的攻击组和米歇尔亲自指挥的12人作掩护组出发了，为避开日军雷达，他们必须绕道，选择总共飞行两小时，总航程627千米的方案。18架P-38全部加装了大容量的机腹副油箱，处于超负荷状态，因此飞行员不得不使用襟翼来增加升力，尽管如此，飞机还是几乎要滑行到跑道尽头才离地升空。

准备干掉山本五十六的请示报告呈送到罗斯福手中，面对这一牵涉到诸多政治因素的问题，罗斯福迅速作出决断，授意对山本五十六"执行死刑"。

远在800千米外的山本也早早起床，准备行装开赴这场死亡之旅。

9时44分，山本以他一贯的守时作风，准点来赴这次死亡之约。几乎是大海捞针一样的长途伏击，竟然成功了！此时山本座机正准备降低高度着陆，突然一架零式战斗机出列，向右急转——远处十多架P-38正向北飞来，随即6架零式急速爬升，与米歇尔的掩护组缠斗起来。在接下去的短短三分钟时间，双方经历了一场你死我活的激战。

此时的卡希利机场上已经尘土飞扬，显然日军飞机正在起飞，中队长米歇尔不敢恋战，下令返航。返航途中，兰菲尔就迫不及待地向瓜岛报告："我打下了山本！"

兰菲尔最后一个着陆，着陆时燃料已经全部消耗干净，他是以滑翔方式落地的，他还没爬出座舱，机场的飞行员和地勤人员就一拥而上。作为击毙山本的功臣兰菲尔中尉提前晋升为上尉，并获得最高荣誉国会勋章，但为了不暴露破译密码的机密，兰菲尔被立即送回国，直到战争结束才公开了他的战功。其他参战人员都被警告如果将战斗详情泄露出去，将受到军法审判。

山本座机被击落的两天后，日军搜索小队发现了他，他坐在飞机坐垫上，手握军刀，姿态威严，胸口佩带着勋章的绶带，肩章上是三颗金质樱花的大将军衔，不用查看其口袋中的笔记本，单从左手缺了两个手指，就明白无误的证明这正是山本五十六。经医护人员检查确定，一颗子弹从颧骨打进从太阳穴穿出，另一颗从后射入穿透左胸，山本在飞机坠毁前就已身亡，之所以还保持着威严的姿态，那是飞机坠地后唯一的幸存者高田军医摆放的，高田最终也因伤势严重又无人救护而亡。

4月18日注定是美国人的纪念日，一年前的1942年4月18日，杜立特尔率领的B-25轰炸机轰炸了东京，一年后的1943年4月18日，日本海军最出色的统帅山本被击毙。战后，击落了山本座机的话题随着1960 年美军相关机密文件获准解密而被再次提起。认定由兰菲尔击落的理由是他在战斗结束后上报的战斗报告，而这份报告当时因出于保密原因一直没有公开，他的战友对此一无所知，一经美国国防部公开，究竟是谁击落山本的问题随之展现。

除了托马斯·兰菲尔的回忆之外，更多的证据显示，兰菲尔的僚机雷克斯·巴伯才是真正击落山本座机的英雄。山本的尸检报告显示，从后方射来的子弹使其致命，与兰菲尔从右攻击的说法出入较大。柳谷谦治为山本护航的零式战斗机飞行员中唯一在世者，也指出了兰菲尔报告的诸多疑点。其中最有力的说法是，在低空的两架 P-38 在双方机群遭遇之后，兰菲尔的飞机向左，迎战零式；巴伯的飞机才是向右紧追山本座机猛烈开火

山本之死，对日本而言无疑是重大损失，图为日本为山本五十六举行国葬。

的那一架。如果是兰菲尔击落了零式之后再掉头攻击山本座机的话，时间根本来不及，至少需要 40 秒，而山本座机从遭到攻击到被击落，不过区区 30 秒。日本东京航空博物馆在 1975 年的实地考察也显示，山本座机的两个机翼完好无损，与兰菲尔的报告完全不符，倒是与巴伯从后攻击的说法比较吻合。

以美国"王牌飞行员协会"为首的众多的民间人士和组织，对此进行了细致的研究和不懈的努力，查阅了大量相关资料，在很多专家学者的认可下，于 1997 年 3 月认定巴伯一人击落了山本座机。如今生活在俄亥冈州特瑞邦农场的巴伯过着恬静平和的晚年。谈起击落山本的争论，他很平静，"没有兰菲尔左转攻击前来救援的零式，也不可能击落山本。而第 339 战斗机中队中队长约翰·米歇尔，具体策划并亲自指挥了此次战斗，才是最大的功臣。"

然而，自 1991 年美国战绩评审委员会正式要求美国海军最后判定到底是谁击落了山本以来，今日美国官方仍没有明确答复。至此，关于击落山本的公案成了永远的谜。

谁营救了墨索里尼？

1943 年 7 月 24 日深夜，意大利法西斯党最高委员会正在召开会议。这个会议对于本尼托·墨索里尼来说，是他作为独裁者生涯中，第一次因为把国家引入灾难而成为猛烈抨击对象，这个夜晚他将终生难忘。会议从一开始就已经注定了结果——委员

会最终以 19 票对 8 票通过了一项决议：恢复有民主议会的君主立宪制；军队的全部指挥权重新交还给国王。

所有的一切对于墨索里尼还只是个开始，噩梦刚刚上演。第二天，一切如所意料的发生了，墨索里尼被告知他被撤除一切职务，紧接着他被装进一辆救护车，几经周转被押送到了大萨索山。到此，他才如梦方醒似的明白自己成了阶下囚。

然而，事情的发展再次超出了这位纳粹首领的意料之外。希特勒迅速实施了名为"橡树计划"的营救行动，派出一支精锐的突击队，以迅雷不及掩耳之势，制服了意大利宪兵警卫队，用一架小型飞机把墨索里尼救出，创造了营救史上的一大奇迹，他就这么得救了！

回想一下短短的几个月时间所发生的一切，就连墨索里尼这样的

政治投机主义使墨索里尼和希特勒走到一起，结成罗马—柏林轴心。

人物也会不寒而栗。1940 年 6 月 10 日，意大利决定站到轴心国一边，对英法宣战是因为见当时的英法联军明显处于劣势，以致到了 10 月 28 日时又决定进军希腊，尽管政府和军方大多数人提出过"准备不足"的忠告，终于遭到了希腊军队的顽强抵抗，损失惨重。1941 年欲重振国威又出兵苏联，也还是没有取得理想的成果。到了 1943 年 5 月成了最关键的时期，突尼斯战役中德国损失 30 万大军，英美联军占领北非。7 月 9 日夜，英美联军骗过了希特勒的最高统帅部后在西西里成功登陆，兵锋直指意大利。此时，盟国空军也对意大利本土发动了猛烈轰炸，各地接连发生闹事事件，失败主义情绪笼罩全国。意大利国王埃曼努尔三世对内外局势忧心忡忡。此时，法西斯党内部有人开始指责墨索里尼领导不得力，要解除他的职务。具有代表性的就是陆军总参谋长安布罗西奥将军，他认为要想把意大利从崩溃中拯救出来，只有更换元首。最终，保皇主义者策动的政变发生了。

7 月 25 日夜，身处柏林总理府的希特勒听到罗马的消息后震惊异常，但是希特勒很快就又镇静下来，随后的几分钟内他冷静地作出判断，下令立即从德国和法国南部迅速集结一个德国师，由精悍的隆美尔指挥，占领意德边境和意法边境阿尔卑斯山的所有山口，随时准备开进意大利。然而事情到了 7 月 27 日又发生了变故，从罗马传来了最新的消息：新任首相的马德里奥宣布解散法西斯党，实行全国戒严，战争结束

前禁止一切政治活动。得知这一消息后希特勒惊呆了，因为如果意大利没有法西斯政府，德国军队将面临巨大压力，无人帮助他们保卫那条很长的供应线，帮助他们防止意大利游击队的骚扰。

面对突如其来的情况，希特勒召集纳粹军政要员，迅速通过了"橡树计划"——派突击队营救墨索里尼，使其重掌意大利政权。接着的问题就是，由谁来担任这史无前例的艰巨任务呢？接下来的紧急的准备时间中，一个身材高大魁梧的人，奥托·斯科尔兹尼进入了希特勒的视线。当时，奥托·斯科尔兹尼与朋友正在开怀畅饮，秘书突然来电说，希特勒正在大本营等着他！必须立即到达。

共有 6 名军官到达希特勒办公室，希特勒注视了他们一会儿之后，突然提问："谁对意大利比较熟悉？"而唯一回话的人就是最年轻的斯科尔兹尼："我去过意大利两次，驾驶摩托车一直跑到那不勒斯。"希特勒满意地点了点头说，其他的人可以离去。他要单独与斯科尔兹尼上尉谈话。随即，希特勒开门见山地说："有一项极重要的任务要你去执行。墨索里尼被囚禁起来了……我命令你去完成这一项任务，你可以使用任何手段。这么一来，不怕不会成功的。不过，我要再三叮嘱你，那就是保守这项使命的秘密。细节方面，请你和陆军空降部队司令修多将军当面洽商。"在简要地介绍了情况之后，这位 35 岁的上尉就立即投入到营救的准备之中了。

1943 年 9 月 10 日突击队驾驶着 12 架 DFS-230 滑翔机迫降在海拔 2000 多米的大萨索山顶，斯科尔兹尼带领着他的属下们迅速制服了已经目瞪口呆的意大利警卫，随后，斯科尔兹尼看见了旅馆二楼窗子后面正在张望的墨索里尼，整个营救过程结束得非常快，第 6 号和 7 号滑翔机刚刚着陆，所有事态都已经平息了。随后，斯科尔兹尼选择使用轻型飞机直接从大萨索山顶载运墨索里尼飞离。最后，还是在斯科尔兹尼的陪同下，墨索里尼安全抵达维也纳。到那儿没多久，斯科尔兹尼意外地接到希特勒亲自打来的电话："今天，你完成了一项具有历史意义的行动，元首感谢你！"

时至今日，人们都要把这个大胆而且成功的冒险行动作为研究特种作战的一个范例。斯科尔兹尼被提升为少校，并获得铁十字勋章，经过德国宣传部的极力渲染，斯科尔兹尼成为德国著名的战斗英雄。此后他奉命指挥党卫队特种作战部队和新组建的党卫队第 500 伞兵营，又完成了制止匈牙利独裁者霍尔蒂

墨索里尼进军罗马

背弃轴心国的"铁拳"行动，阿登反击战中，斯科尔兹尼指挥一个装甲旅，派遣突击队员伪装美军渗入盟军后方大搞破坏，影响极大，以至于丘吉尔称斯科尔兹尼为"欧洲最危险的罪犯"。

二战结束后，斯科尔兹尼的传奇依然继续着，当隐藏在巴伐利亚山区的他得知盟军正在搜捕他时，他竟然直接去自首，并被指控有罪，但滑稽的是法庭却并不认同，于是，斯科尔兹尼在 1948 年被无罪释放。一波未平一波又起，紧接着他又被盟军交给西德当局，他再次被指控有罪，这次斯科尔兹尼可不耐烦了，他再次以自己的行动给世人留下了一段谈资，他成功地从关押他的集中营中逃脱，后经意大利到西班牙和阿根廷。在阿根廷，他成了铁腕人物庇隆夫妇的座上宾，于是安然地做起了水泥生意。同时，他还担任起替庇隆培训秘密警察和贴身警卫的任务。据说，斯科尔兹尼还成了奥德萨组织——传说中的纳粹幸存者协会的重要成员，并一直为仍然在欧洲的前纳粹分子提供逃脱追捕的帮助。斯科尔兹尼的后半生在西班牙度过，成为一名机械工程顾问，1975 年 7 月 7 日，在饱受病痛折磨后死于西班牙马德里的寓所里。

诺曼底登陆成功的背后英雄有多少?

丘吉尔曾说过这样的话："战争中真理是如此宝贵，要用谎言来保卫。"此话一语中的，泄露了第二次世界大战期间盟军诺曼底登陆计划取得成功的又一"天机"。就让我们以那些在看不见的战线上活动的幕后英雄的故事来探讨一下其中的奥妙吧!

第一个故事以一位代号为"宝贝"的双重女间谍为主人公。她的本名叫纳萨莉·萨久依安。她在俄罗斯出生，后来加入法国籍。二战爆发后，成为德国情报部门的一员。她被派往马德里，一位她在那里结识的美国朋友改变了她的命运。这位朋友建议她效力于盟国，并帮她联系上了英国使馆。本来纳萨莉和纳粹德国的头目赫尔曼·戈林关系很好，哪知一踏上英伦三岛，纳萨莉就背叛了纳粹德国，开始秘密地为英国"军情五处"办事。英国人通过纳萨莉，获得了纳粹德国的大量情报。

整个二战期间，谍报战线的形势异常复杂，可谓我中有敌，敌中有我。有时为了达到某个目的，可谓想破了头。而有时绞尽脑汁也使不出诡计的，却又轻易地得到了。冒牌的"蒙哥马利"就是其中的一个例子。

1944 年 5 月 26 日，希特勒仔细地端详着一张照片。照片上的人是英国陆军元帅蒙哥马利。这张照片是德国间谍于当天拍摄的。希特勒疑惑不解，蒙哥马利为什么要来这里。不久，又从密探那里获悉，蒙哥

艾森豪威尔将军像

盟军在诺曼底登陆的场面

马利又去了阿尔及尔，并带来印有他名字缩写的手绢。苦苦思索的希特勒立即下令召集高级将领会议。会上，大家表达了各自的意见，最终取得共识：盟军即将在法国南部的加莱地区登陆。

　　然而，这一切都是盟军精心设置的"铜头蛇"行动的一部分，它其实是一个圈套。所谓"铜头蛇"行动，是由英国情报部门在诺曼底登陆战前夕进行的一场秘密情报战。其内容是在诺曼底登陆作战之前，找一个与英国陆军元帅蒙哥马利长相酷似的人冒充他进行一系列掩人耳目的活动，以便以证据确凿的"事实"向德军表明，英国登陆作战最高指挥官蒙哥马利元帅已经到了非洲的直布罗陀和阿尔及尔而不在英国，从而使德国人相信：盟军的登陆地点不是法国北部的诺曼底，而很可能是法国南部的加莱地区。

　　假戏真做的布律蒂斯也在盟军登陆诺曼底计划顺利实施过程中扮演了重要的角色。

　　1944年初，驻扎在法国的德军兵力要比英美两国登陆部队的总兵力雄厚得多。如果德军将主要兵力集中于诺曼底，盟军的登陆行动计划肯定会受到很大的阻碍。为确保成功，盟军还决定同时采取"霸王行动"。这一行动主要是阻止德军的主力向诺曼底转移，使德军把与英国东南部仅一水之隔的法国加莱地区错认为登陆地点。"计划"虽好，但是实施起来并不容易。这时，英国人想到了"德国间谍"布律蒂斯，决定通过他假传情报，迷惑德军。

　　盟军为了执行这一庞大的冒险计划，也做了大量的准备工作，以配合布律蒂斯向德军传送假情报，例如派出飞机对加莱地区的德军兵营进行轰炸，制造出要在加莱同德军决一死战的架势；派出装有电台的汽车在这个地区迂回，发出几千封电报供德军监听。

"巨人"电子译码器
盟军利用这种机器解开了德军的超级密码。

这一切假象做得天衣无缝，致使德国人完全上了当。他们认为，依靠布律蒂斯这个优秀的间谍人员识破了盟军的入侵计划。于是，德军将最精锐的部队和庞大的坦克群集结在法国北部加莱地区……

当然，除了我们已知的几位幕后英雄外，还有许多不为人知的地下英雄都为这次登陆做出了巨大

的贡献。正是借助他们的力量，1944年6月6日，一批神兵在诺曼底从天而降，而此时希特勒的重兵却还集结在加莱地区待命。

"东方马其诺防线"为何土崩瓦解？

乌苏里江边的虎头枢纽据点是日本关东军精心设计并驱使1万多名中国劳工耗时6年修筑的坚固要塞，号称"东方马其诺防线"。

1945年8月8日22时50分，苏联向日本宣战。8月9日0时，苏地面部队在对日作战最高司令官华西列夫斯基的指挥下从3个方向向关东军展开了猛烈进攻，同时空军对中国东北的主要城市和日军的主要防御设施实施了大规模的空袭，空降部队则在长春、沈阳等城市实施机降，像一把尖刀插向了日军的腹部。日本关东军被分割成数块，南北不能相顾。

在随后的战斗中，日本关东军大多一战即溃，但在一些局部战斗中，日军仍负隅顽抗，其中尤以虎头要塞之战最为激烈。当时有1900余名日军在此坚守。苏军久攻不下，便改换战术，先用训练有素的哥萨克狙击手封锁日军的火力点，在控制了要塞的洞口和通气孔后，将汽油灌入地下工事，用燃烧弹点着，使不少日军被烧死或窒息而死。苏军还将自动火炮开到要塞的坑道口边，近距离用火炮直接对洞口内连续轰击。最后，虎头日本守军除约70人逃跑外，其余全部被击毙。

战前苏军统帅部估计，结束对日作战短则两三个月，长则需要半年以上。因为，日本关东军虽然在兵力和武器装备上较之苏军处于下风，但他们毕竟有近百万之众，在中国东北已经营14年，熟悉当地的地形、民情，还建造了大量坚固的防御工事。可事实上交战仅13天关东军就土崩瓦解，1945年8月22日，在长春关东军演习场，关东军山田乙三司令官率97名将领向苏军投降，个中缘由令人深思。

其实就在 1945 年 4 月德国宣布投降后不久，苏联便开始着手对日作战的准备。为了达到突袭成功的目的，苏联军方可算是煞费了一番苦心。由于苏联在远东的铁路线距离边境只有 2 ~ 4 千米，苏军在运输过程中实施了周密的伪装，在靠近边境地区，白天只少量增加运输车次，夜晚进行"饱和"运输；为了不让日军发现战略意图，苏军部队到达集结地域后，严格保持无线电静默，并控制人员的户外活动，一切的准备工作都在秘密的进行之中。

但是，如果把所有的成功都归结于苏军的保密措施，隐蔽作战企图，似乎并不能彻底解释在关东驻扎了 14 年的日本军队溃败的原因。的确有军事研究人员曾对此提出过质疑：关东军怎么可能对其 3 个多月的大规模兵力调动毫无察觉？

根据新近公开的日本军方秘密档案显示：造成日军疏忽的主要原因是，日军在战略判断上出现了失误。日军一直将美军视为盟军对日作战的主力，特别是美国投下原子弹后，日军将美军可能对日本本土的登陆行动作为防御的重点。对于苏军是否会攻击日本，虽然也考虑过，但最终认定苏联没有把握在两个月（8 ~ 10 月）之内击败关东军，因为 10 月份以后中国东北就要进入冬季，他们是不会选择在天寒地冻的环境下对日作战，所以即使苏联红军发动全面进攻也应该是在来年春季以后。基于以上的判断，日军非但没有对苏军的秘密部署有所察觉，没有任何准备，就在苏军利用雨夜发动全面进攻的时候，关东军司令官山田乙三甚至还在丹东找歌舞伎寻欢作乐。

1945 年 9 月 2 日，日本在东京湾美国军舰"密苏里"号上签署投降协议，日本外相重光葵和总参谋长梅井义辉，在美军总司令麦克阿瑟将军面前签署了投降书。

1945 年 8 月 9 日，苏联出兵中国东北，以势如破竹之势向伪满洲国挺进，日本关东军一战即溃。图为东北人民夹道欢迎苏联红军。

人们不妨假设一下，如果日军能够对苏军行动提前有所判断的话，恐怕苏军很难在半个月之内就击溃关东军。未来高技术战争具有突发性、节奏快、初战就是决战的特点，这对战略判断提出了更高的要求。指挥员在作出判断时，应将科学的定性分析方法和定量分析方法有机结合，充分运用信息技术手段，对战略形势、敌我力量对比、敌军可能的行动等诸多因素进行由此及彼、由表及里的动态分析，从而为正确决策奠定坚实的基础。

对于"东方马其诺防线"的失陷，还可以听到这样的一些声音：在苏联军队的大举进攻下，日军只在个别防御地段作过一些顽抗，而且只是处于一种被动挨打的消极防御水平，根本没有主动的反击，这才是他们失败的必然原因。

然而事实是不是这样呢？据曾经参加过这场战争的日本退伍老兵回忆，当时日本关东军在东北全境层层布防，并在一些险要地段精心构筑坚固防御堡垒，形成数道防线，希望以分兵把口、分层狙击的战术手段抵抗苏军的进攻。但是，当时苏军来势汹汹，以机械化部队进行快速的大纵深作战。"他们先是在日本关东军的薄弱防御地段打开缺口，然后立即扩大突破口，高速向纵深推进，再以空降部队的纵深机降，使日军的防御体系彻底瓦解。"

就此观点，克劳塞维茨也曾指出："纯粹的防守同战争的概念是完全矛盾的，在战争中防守只能是相对的。"

无论是因为战略上的判断失误，还是因为没有处理好进攻和防守的关系，"东方马其诺防线"的失陷依然成为日本法西斯军队彻底失败的标志性战役，这一战役留给人们的也不仅仅是战斗本身，究竟日军的失败是必然还是偶然都将由后人来评说。

谁编制了神奇的"无敌密码"？

第二次世界大战中，英国倾全国之力，破译了德国的"谜语机"密码，为战胜纳粹德国作出重要贡献；美国则破译了日军密码，由此发动空袭，击毁日本大将山本五十六的座机。丘吉尔说，密码员就是"下了金蛋却从不叫唤的鹅"。

《孙子兵法》云："知己知彼，百战不殆。"破译敌军密码，始终是交战双方梦寐以求的捷径。同时，如何保证自己的密码不被敌人破译也让交战双方费尽了心思。二战中美国曾经有一套"无敌密码"就创造了这样一个不可破译的神话。

那些沉默了半个多世纪的"特殊密码员"终于从美国总统布什手中接过了美国政

府最高勋章——国会金质奖章。当年，正是他们编制的"无敌密码"，为盟军最终胜利立下了汗马功劳。

攻占硫磺岛是美军在太平洋战争中打的一场经典战役，美军把旗帜插上硫磺岛的照片，成为美国在二战中浴血奋战的象征。硫磺岛战役结束后，负责联络的霍华德·康纳上校曾感慨地说："如果不是因为纳瓦霍人，美国海军将永远攻占不了硫磺岛。"当时，康纳手下共有 6 名纳瓦霍密码员，在战斗开始的前两天，他们通宵工作，没有一刻休息。整个战斗中，他们共接发了 800 多条消息，没有出现任何差错。

攻占硫磺岛战役中"无敌密码"大显了身手。而编制这种"无敌密码"的人又是谁呢？

换字器 M-209 密码机

一个叫菲利普·约翰逊的白人提议用纳瓦霍语编制军事密码。约翰逊的父亲是传教士，曾到过纳瓦霍部落，能说一口流利的纳瓦霍语，而在当时，纳瓦霍语对部落外的人来说，无异于"鸟语"。这种语言口口相传，没有文字，其语法、声调、音节都非常复杂，没有经过专门的长期训练，根本不可能弄懂它的意思。极具军事头脑的约翰逊认为，如果用纳瓦霍语编制军事密码，将非常可靠而且无法破译。因为根据当时的资料记载，通晓这一语言的非纳瓦霍族人全球不过 30 人，其中没有一个是日本人。

1942 年初，该建议由约翰逊提出，他说，如果用纳瓦霍语编制密码，可将用机器密码需要 30 分钟传出的三行英文信息，在 20 秒内传递出去。

美国太平洋舰队上将克莱登·沃格尔接受了约翰逊的建议。1942 年 5 月，29 名纳瓦霍人作为第一批密码编译人

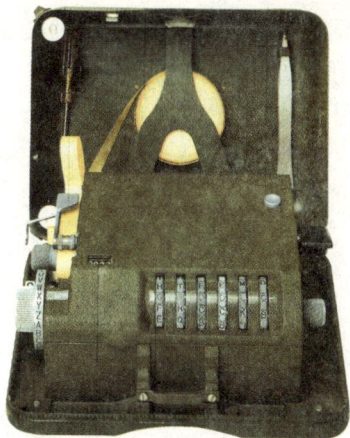

美国国旗升起在硫磺岛上，这幅照片成为关于太平洋战争的最动人注解。

员征召入伍，在加利福尼亚一处海滨开始工作。不久，根据纳瓦霍语创建的500个常用军事术语的词汇表制作完成。由于没有现代军事设备的专门词语，因此代码中经常出现比喻说法和拟声词。

此后的太平洋战争期间，420名纳瓦霍族人加入了密码通讯员的行列，他们几乎参加了美军在太平洋地区发动的每一场战役。用纳瓦霍语编制的密码被用来下达战斗命令，通报战情，为最终打败日本军国主义者起到重要作用。

除了纳瓦霍语外，在欧洲战场，美军在二战中使用的另一种印第安语——科曼切语密码也大显身手。据说现年78岁的查尔斯·希比蒂是目前唯一在世的科曼切语密码员，目前居住在俄克拉荷马。根据老人回忆，当年报纸上的征兵广告说"征召年轻的科曼切人。要求未婚、无家庭拖累、会说本族语。"特别是在语言方面要求极为严格，必须十分流利。

在科曼切语创建的由250个军事术语组成的词汇表里，轰炸机成了科曼切语中的"怀孕的鸟"，一天，一个黑发、留着卓别林式胡子、表情严肃的德国男子的照片送到希比蒂手中，"我们需要给这个人起一个代号。"希比蒂看了看照片想起了他看过的欧洲新闻短片，于是说："'疯了'怎么样？或者'疯狂'？"最终，真的决定用"疯狂的白人"来称呼这个元首，而此人就是希特勒。

1944年1月，诺曼底登陆战役中，当希比蒂登上犹他滩时，指挥官命令他："通知总部我们成功登陆了，现正准备占领敌方阵地。"顶着炮弹掀起的沙子和海水，希比蒂掏出无线电发报机，迅速用科曼切语发出了这条信息。科曼切密码通讯员希比蒂发出了第一条登陆诺曼底的信息。海滩上，炮弹和曳光弹不断在头顶上爆炸，一阵静电干扰之后，无线发报机传来信息："收到。守住滩头阵地，弄清敌人方位。增援部队很快抵达。完毕。"

在诺曼底滩头大显神通之后，对于这种密码，纳粹德国的情报部门也绞尽了脑汁，始终未能找到破译的方法。

无论是纳瓦霍族密码员还是科曼切族密码员都没有因为他们的巨大贡献在战时或战后获得表彰。因为当时的五角大楼认为这些密码员在接下来的冷战中可能再派上其他重要用场，因而不宜暴露，并命令他们严格保守秘密。但是，随着密码技术的进步，这些

纳瓦霍族是美国境内最大的原住民族，人口约15万人，居住在美国西南部保留区内。

古老的密码已经完全成了古董，于是密码员们才终于获得了迟到的荣誉，但他们当中的大多数都已经默默无闻地离开了人世。

对这迟到了半个世纪的表彰，布什也不胜感慨。他说："他们勇敢地工作，出色地完成了自己的任务……他们对国家的贡献值得所有美国人尊敬和感谢。"当年的29名印第安纳瓦霍族人，编制出了这套"无敌密码"，现在，其中25人已离开人世，这些人的名字将永远消失在历史的长河中，就像他们未曾来过一样。

谁是世界上身价最高的间谍？

沃尔夫冈·洛茨是继伊利·科恩之后以色列情报机构摩萨德又一著名间谍。他幼年在德国生活，后移居巴勒斯坦，二战爆发后进入军队，1962年被阿穆恩（以色列军事情报局）派往埃及。

沃尔夫冈·洛茨以一名德国旅游者和育马人的身份，踏上了埃及的国土。洛茨仅用了6个多月的时间，便结识了当地社会的精英人士。他尤其注意与埃及军官建立友谊，陪他们一起喝酒、打牌，在吃喝玩乐中得到了不少有价值的情报。

在法国期间，洛茨在火车上认识了一位德裔美国女子，名叫

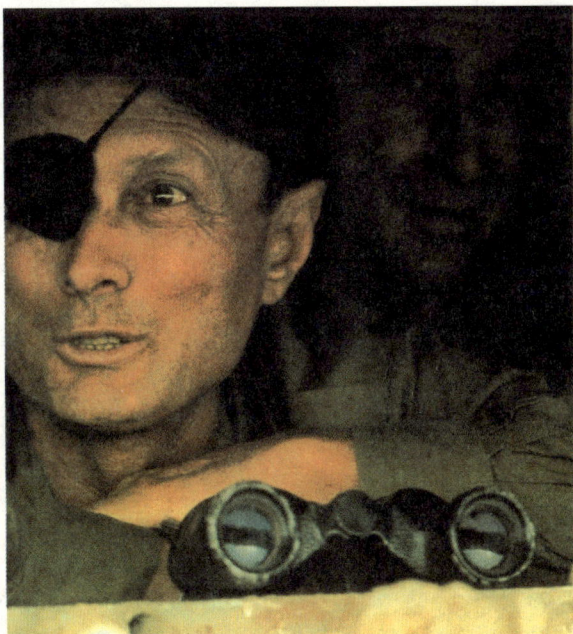
以色列国防部长摩西·达扬被视为"六日战争"胜利之"父"。

瓦尔特劳德，两人一见钟情，仅仅两周时间，便双双坠入情网。

当洛茨带着漂亮的妻子回到埃及后，每天早晨，洛茨总是站在一个5米高的塔楼上，手持高倍望远镜观察驯马，但他真正注意的并不是他的马。他只要把手中的望远镜稍稍向右移动一下，便可将军事基地内的一切活动尽收眼底。

洛茨夫妇的朋友极其广泛，除了骑士俱乐部的尤素福将军及年轻军官们之外，还有军事后勤专家阿卜杜勒·萨拉姆·苏来茫将军、军事反间谍局的福阿德·奥斯曼将军和穆赫辛·赛义德上校，乃至埃及共和国的副总统侯赛因·沙菲。他们都把洛茨视作值得信任的前纳粹军官，因此往往在不经意中吐露出许多宝贵的情报来。

一次宴会畅饮之后，洛茨恰好坐在阿卜杜勒·萨拉姆将军身边。将军负责陆海空三军的调动和弹药运输，因此，听他的谈话极为重要。

丢弃在西奈沙漠中的坦克残骸

"近来忙吗？好久没见了。"洛茨客气地问候道。

"喔，是的，非常忙。我们的一个步兵旅从此地调到了运河地区，所以我就得去苏伊士几趟。"

"阿卜杜勒，有件事只有你能帮我。如果要打仗的话，请事先告诉我一声，这样我好买下足够的威士忌藏在这儿呀。"

"哦，你不用太着急，还得再等一段时间。足够的武器和弹药可以帮我们占领整个中东，但是光靠这个不行。军队的现状眼下十分糟糕。"

"什么？不会吧。"洛茨假装不解地说。

"当然，我们的精锐部队只是少部分。我们的士兵还缺乏训练，士气也不怎么高。"

"不过据我所知，你们有外国顾问帮忙，而且军队在苏伊士战争中也积累了实战经验。"

"的确如此，世界上最好的军事专家在为我们工作。但5分钟后，我们的人就开始指挥起他们了，自以为是的埃及人总是这样！而且，军队之间没有配合，或是完全失去了指挥，或是发出的命令相互矛盾。现在，我们所追求的是数量而不是军队的质量。如果继续这样下去，我们就要付出更大的代价。"

"依你看，战争会在什么时候开始？"洛茨问道。

"下星期或下个月肯定不会打，但肯定是要打的。"阿卜杜勒将军笑着说。

当晚，沃尔夫冈·洛茨从马靴里取出了微型发报机，在卫生间里向特拉维夫总部发回了搜集到的重要情报。就这样，沃尔夫冈·洛茨在推杯把盏之中轻而易举地搜集到一些情报，并将它们源源不断地发回到阿穆恩总部。

1965年春天，洛茨夫妇和瓦尔特劳德的父母在一次出游之后，一家人驱车返回开罗，刚到家门口，6名大汉把他们全部用手铐拖走了。

随后，埃及安全机关检察长萨米尔·哈桑亲自审问了洛茨。原来，沃尔夫冈·洛茨也和在叙利亚的间谍伊利·科恩一样，是被测出发报位置而暴露的。埃及安全机关甚至录下了3年来洛茨收发的全部电讯号。事已至此，洛茨只得承认一切，说自己是德国人，只是图谋金钱才替以色列搜集情报。埃及人对此深信不疑，因为他们早已掌握了洛茨是前纳粹军官的铁证。

此外，洛茨还咬定所有活动都是他一人进行的，被捕 12 天后，埃及安全机关安排洛茨夫妇接受电视台的采访，洛茨想这正是一个告诉以色列情报机关这里到底发生了什么的好机会。

在采访中，洛茨承认自己当了间谍，是个见财如命的德国人。采访最后，记者问他是否想对德国的亲人说点什么时，他趁机说道："如果以色列今后还派间谍来的话，它应当去找自己的公民，而不要再收买德国人或者其他外国人了。"埃及当局显然并没有意识到，以色列军方已经明白了洛茨的意思：我的假德国人身份还没有暴露，请设法据此采取营救。

1965 年 7 月 27 日，埃及法庭对洛茨夫妇进行了公开审判，洛茨被判终身苦役。

1967 年 6 月 5 日，第三次中东战争爆发。从监狱中可以听见以色列飞机在监狱附近投下炸弹的爆炸声，洛茨分析他们攻击的目标很可能是由自己提供情报的赫勒军工厂的位置，为此他心中暗暗感到高兴。

1968 年 2 月 3 日，第三次中东战争即"六日战争"之后，洛茨被叫到副官办公室，监狱副官通告了释放洛茨的决定。当时，洛茨听到自己获释并没有之前想象的那么兴奋，反而内心平静得出奇。在开罗机场洛茨等待回国的班机。突然，领事神秘地告诉洛茨，在他被释放的背后有过一场特殊的较量。

战争结束后，以色列开始同埃及就交换战俘的问题谈判，以色列情报机构长官梅厄·阿米特坚持要将洛茨列入战俘交换之列。自从科恩被叙利亚人绞死之后，阿米特就一直对没能营救这位间谍王子而感到自责和沮丧。但是以色列政界却不愿意公开承

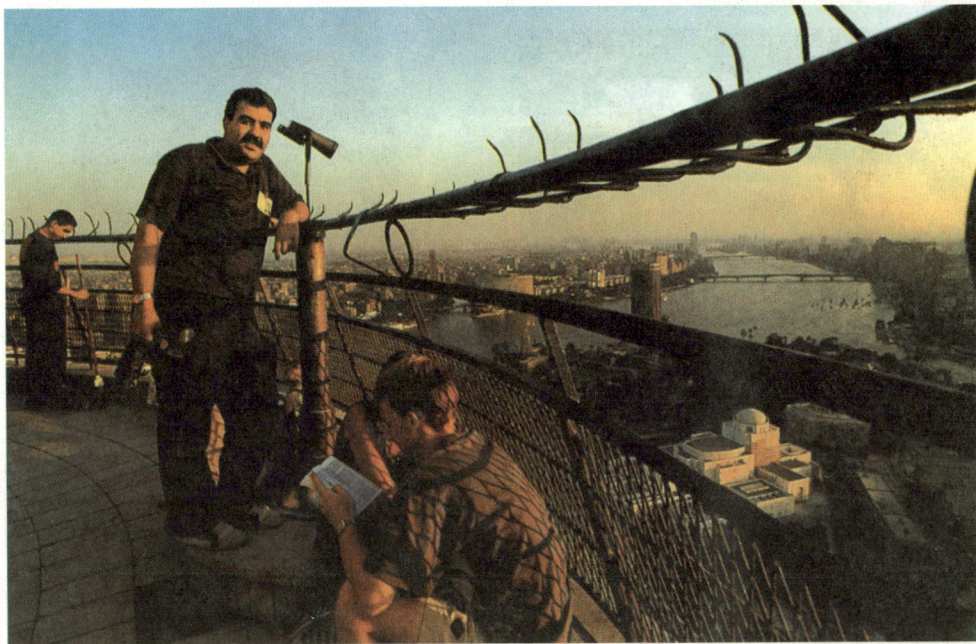

洛茨曾多次站在这里瞭望，刺探情报。

认洛茨是本国间谍。直到阿米特以辞职相威胁，最终才使洛茨得以逃出囹圄。最终，以色列政府表示，埃及释放在押的洛茨和瓦尔特劳德夫妇，以色列就可以释放包括 9 名埃及将军在内的 5000 名埃及战俘。洛茨听后大吃一惊，几乎不敢相信自己竟有如此之高的身价。这样大的代价换取两个人的性命，的确价值不菲，但究竟是不是身价最高的间谍我们不得而知，只是这样高昂的代价足以说明，一名优秀的间谍可以给他的主人带来的恐怕还不知是这些的多少倍！

有几个蒙哥马利？

1944 年 1 月 14 日傍晚，伦敦沉浸在一片战争气氛中，艾森豪威尔走马上任。英国著名战将蒙哥马利任英军地面部队司令。罗斯福和丘吉尔把他们最王牌的干将组成盟军中坚。随时准备横跨英吉利海峡，给德军以毁灭性的打击。

万事俱备，只欠东风。联军指挥部经反复研究，决定把登陆的日期代号定为"D日"。然而，从什么地方突破？登陆时间选在什么时候？以及登陆的突然性等，都是事关全局和盟军官兵命运的大事，一着不慎，全盘皆输，盟军的战将们深谙此理。

巨幅军用地图前，将军们在苦苦思索：横隔在法国和大不列颠之间的英吉利和多佛尔海峡，总长约 560 千米，西部宽达 220 千米，最窄处在东部的加莱，只有 33 千米宽。登陆点选在什么地方呢？多佛尔海峡深度为 36 至 54 米，而英吉利海峡西端深达 105 米，且风强浪猛，暗礁林立。从地理上看，多佛尔海峡明显占着优势。

蒙哥马利元帅像

假扮蒙哥马利的莱尤特仑特·克里弗顿·詹姆斯

　　然而，兵不厌诈，熟谙海峡地理的艾森豪威尔及其幕僚，却出乎意料地把登陆地点选在法国西北部塞纳海湾的诺曼底地区，横渡英吉利海峡。至于登陆日期，艾森豪威尔认为 6 月 5、6、7 日潮水和月色均为适当。"D 日"方案一经敲定，"坚忍"计划随即出笼。英国政府采取了有史以来规模最大、不同寻常的保密安全措施。

　　不过，精心策划的"坚忍"计划的最得意之作，还要数詹姆斯中尉冒名顶替英国指挥登陆作战的总司令官蒙哥马利元帅。在德国人的眼里，蒙哥马利是英军的象征，只要他不在前线，英军就不可能马上进行登陆作战。其实，德国人的判断没有错，错的是他们错认了"元帅"，把陆军中尉詹姆斯当成了蒙哥马利。

　　詹姆斯中尉长相酷似蒙哥马利元帅，由于连年征战，使他略显苍老，而这为他扮演"元帅"创造了条件。战前，詹姆斯是一家剧团的职业演员，由于他的天赋，无论扮高层人物还是演黎民百姓，都演得活灵活现。在两名军官的具体指导下，他一遍遍地琢磨报上的蒙哥马利照片和新闻影片中的一举一动。还熟记了"元帅"生活中成千上万的细节，以至连蒙哥马利吃饭时麦片粥要不要放牛奶和糖等都了如指掌。最后，还特意安排詹姆斯到元帅身边生活了几天，进行实地模仿。詹姆斯扮"元帅"特别投入，进步也很快，以至最后连警卫员也难辨真伪。

　　5 月 15 日，这位"蒙哥马利元帅"搭乘首相专机开往直布罗陀和阿尔及尔，与此同时，英军故意放风说有可能在法国南部海岸登陆，蒙哥马利元帅去直布罗陀和阿尔及尔的重要使命就是组编英美联军。德国开始半信半疑，派两名高级间谍去侦查，由于詹姆斯的表演逼真，使德国间谍深信不疑。

　　不仅如此，英国还煞有介事地派人前往中立国去收购加莱海岸的详细地图。盟军又假装将一支兵力达 100 万人的集团军，驻在英东南沿海一带，佯装准备进攻加莱。其实蒙哥马利的第 21 集团军，早已秘密地隐伏在英国南部海岸，等候渡海进攻诺曼底了。一系列假象最终骗过了希特勒，他以为盟军在英国东部已经集结了 92 个师的兵力，准备在 7 月份进攻加莱，因此，他把德军最精锐的第 15 集团军集中在加莱地区，而诺曼底只有一个装甲师驻防。英美盟军以假隐真，迷惑住敌人，终于达到了目的。

　　詹姆斯主演的这出以假乱真、冒名顶替的好戏，对盟军反攻欧洲大陆发挥了重要作用："蒙哥马利元帅"视察非洲，使德军最高统帅部关于盟军登陆地点本来就很混乱的争执变得更加混乱不堪。于是，德军把防守诺曼底地区的两个坦克师和 6 个步兵师抽调到加莱地区，大大减少了盟军在诺曼底登陆时的压力。

　　在诺曼底登陆的前两天，詹姆斯的假冒元帅做到了头。英国情报机关指令他乘飞机抵达开罗，隐姓埋名，直到诺曼底登陆结束为止。对于他在直布罗陀和阿尔及尔的"演出"，英国情报机关给予了极高的评价。据称，局外人士没有一个人怀疑他是蒙哥马利的替身。

　　詹姆斯在直布罗陀和阿尔及尔之行中，出尽了"元帅"风头，但他也差点惹来杀身之祸。从战后缴获的纳粹文件中得知：柏林在获悉"蒙哥马利元帅"飞赴非洲一线视察的情报后，德军统帅部曾制订了一个计划，要在途中击落"元帅"座机，如截击不成，便立即派出刺客，伺机行刺。在这危急关头，倒是希特勒认为应首先查清是否是蒙哥马利本人，如果确认是元帅本人，首要的目的是弄清他此行的目的，而不是干掉他。希特勒的一念之差，让詹姆斯捡了一条命。

6月6日凌晨，英吉利海峡狂风怒号，波涛汹涌，英国皇家空军轰炸机队1136架飞机对塞纳湾德军炮兵阵地投掷了近6万吨炸弹。拂晓前，美国陆军第八航空队又出动1083架轰炸机，再次把1763吨炸药倾泻在德军阵地上。尔后，盟军各种飞机，轮番出击，对各个预定目标实施了毁灭性打击。凌晨6时30分，英军第一批登陆部队踏上塞纳湾海岸，突破了希特勒狂妄吹嘘的"大西洋壁垒"。

正当英军突破防线之时，担负防守任务的德军B集团军司令官隆美尔，正在为他夫人生日做准备呢。当他被急电告知"盟军在诺曼底登陆"时，不由大惊失色，一束准备献给妻子的鲜花失落在地毯上……

迟了，一切都迟了。詹姆斯以他成功的冒名顶替为诺曼底登陆成功立下了赫赫奇功。

隆美尔真那么神奇吗？

从诸多的军事资料看，德军统帅隆美尔被描绘成一个极为出色的战术家，他所著的《步兵攻击》是二战时许多国家军队的必修书籍。在北非战场上，他曾把英军打得狼狈而逃，辉煌一时。但又有评论说他不是一个好的战略家，而且恰恰就是因为这一点，他才被蒙哥马利打回突尼斯的。那么隆美尔究竟是否可以称得上二战最优秀的陆军将军呢？

曾经有军事评论家评出二战最强悍的5位陆军将军，他们依次是：隆美尔、古德里安、朱可夫、巴顿和曼斯坦因。在这5位当中，如果从规模和对全局的重要性来看，北非战场远远比不上东线的苏德战场，从这一点说隆美尔称不上最优秀的，其作用比不过古德里安和曼斯坦因。更有好事者这样比喻："世界足球先生"一定来自取得了欧洲杯、世界杯冠军的那支球队，弱队里的球星再耀眼，都只有望其项背……从这个原理推论，谁是"二战最强的陆军将军"呢，结论只有一个：朱可夫！用宣传家的口气说，这叫作"在关键的地方发挥了关键的作用"。

持以上观点人的另外一个根据是，隆美尔虽然贵为元帅，但指挥的部队最高级

隆美尔像

别为师级，没有指挥过军级、集团军级的部队，这似乎与他的元帅军衔不太相配，由于运输和供给困难，北非战场并非德军的主要战场，虽然战略意义十分重要。所以隆美尔并没有像龙德施泰特、曼斯坦因、莫德尔、古德里安那样指挥千军万马进行大规模的战役，也许从战术上讲他技高一筹，但从战略上讲就差了些，战功上就更无法和其他元帅相比了。因此，二战最强陆军将军非朱可夫和巴顿莫属，前者屡屡力挽狂澜，号称消防队长；后者攻无不克，战无不胜。隆美尔能力确实也不错，但名气与英方的吹捧不无关系，东线的曼斯坦因当数德军二战中最优秀的将军。

战场上的隆美尔

非洲战役的德军统帅。他受命指挥北非的两个机械化师，稳定对英战线。

既然隆美尔因为在北非战场被蒙哥马利打回突尼斯一役被彻底排斥，那么我们就来看看这场让隆美尔抱恨终生的战斗吧！

1941 年 2 月 12 日，隆美尔受希特勒委派去解除北非意大利军队的困境，飞抵利比亚首都的黎波里。他一直渴望找到这样一个独立的战场，他是战场的主宰，北非战场正是这样一个好地方：绵延数千千米，堆积厚厚黄沙的开阔区域，没有障碍物和天然防线，自然也就没有政治阴谋、游击队、抵抗组织、难民等问题的干扰。一切军需

蒙哥马利中将戴着那顶人人熟悉的贝雷帽，在沙漠战役中，从坦克炮塔观察地形。他的英国第八军彻底消灭了隆美尔的非洲军团。

均从外部运入，指挥官可以在流动的战场上任意设计自己的战争。

隆美尔借助坦克的高度机动性，在缺少制空权的条件下，采用兵不厌诈的手法屡屡奇袭得手、以少击众、出奇制胜，其中最著名的当数以机动战术攻占刬兰尼加地区一役。接着攻克托卜鲁克要塞，并多次击退英军反攻。1942 年 5 月，在比哈凯姆坦克会战中，隆美尔把英军逐回埃及境内，取得了重大胜利。隆美尔因战绩卓著而连升两级，成为德军中最年轻的元帅。

然而，从一开始就注定了隆美尔命运的是，德军统帅部

隆美尔和他的参谋人员在北非之役中进行战略部署

对隆美尔一次次的劝阻，希特勒要求他只发动"有限的攻击"，因为纳粹的头子们根本没有足够的精力来顾及角落里的非洲战场。即使希特勒后来受到隆美尔巨大成功的激励，大力支援隆美尔，隆美尔实际得到的也只是杯水车薪。他没有足够的坦克装甲车，没有足够的粮食油料，也没有制空的能力。所有战场的损失，他都无力补充。"超人"的意志变得无济于事。

另一方面，1942 年 8 月，当蒙哥马利来到开罗时，他带来的是崭新的美制"谢尔曼"式重型坦克、俯冲轰炸机和大口径榴弹炮。以丘吉尔为代表的全英国也在大力支持蒙哥马利，丘吉尔甚至还为他争取到了美国的帮助。而强弩之末的隆美尔却只能一天几次地为意大利军队的懦弱怯战发脾气。有人戏称，这是重量级和轻量级拳手之间的搏斗，是一次不对等的战斗。

在如此优劣悬殊的情况下，隆美尔依然首先于 1942 年 8 月 31 日发起阿拉姆哈勒法战斗，但他的攻势连连受阻，直到坦克里只剩下一天的燃油时，隆美尔不得不下令全线撤退，行程 3200 多千米，隆美尔率领"非洲军"奇迹般地逃脱了蒙哥马利一次又一次的追截，终于遁入突尼斯山区。次年 5 月 13 日，疾病缠身的隆美尔回国养病两个月，"非洲军"在突尼斯被盟军全部歼灭。北非沙漠中的大败摧毁了他的意志与自信。到 1943 年底，当希特勒再次启用他做西线 B 集团军司令时，隆美尔已从骨子里变成了一个"悲观主义者"，体现着"超人"意志的疯狂进攻精神消失了。"大西洋壁垒"海岸防御工事任务中隆美尔受到假情报的误导，上了艾森豪威尔的当。1944 年

6月6日凌晨，盟军万舰齐发在诺曼底登陆时，正在家中为妻子庆祝生日的隆美尔得知消息，犹如晴天霹雳，顿时呆若木鸡。

1944年10月14日，隆美尔因希特勒被刺事件受牵连。摆在隆美尔面前的只有两种选择：要么按叛国罪接受军事法庭的审判，被钢琴弦吊死；要么服毒自尽，为他保密，举行体面的国葬。隆美尔在极度痛苦中选择了后者。

对于隆美尔在军事上的优缺点，英国元帅卡弗在他主编的《现代世界名将》中评论道："隆美尔在战场上获得的成功更多是出于战术天才，而非战略创见。他对德国的军事战略贡献不大。德国军事史上其他伟大的人物，如格纳森诺、克劳塞维茨、毛奇、施利芬等等，都处在普鲁士和德国重大战略的伟大传统的中心。隆美尔虽然也身处同列，但其成就完全在战术方面。同上述人物相比，他只能身处其侧。"英国军事理论家B.H.利德尔哈特将隆美尔作战文书编辑成册，名为《隆美尔文件》，其中有关"沙漠战争规律"等论述，对后世产生了巨大影响。至于隆美尔究竟是不是二战中最优秀的将军恐怕只能任世人评说了。

伊拉克的战机外飞之谜

知己知彼，方能百战百胜。若是双方均能如此那就不分胜负了。可见还要做到"故弄玄虚"，知己防彼。1991年的海湾战争，伊拉克百架战机在大敌当前之际非但没有奋起反击，反而逃之夭夭，转飞伊朗。此"玄虚"弄得人们大为疑惑，至今无人知晓其中真正动机。

这支自诩为"世界上第5支最强大的军队"到底搞什么鬼？

西方新闻媒体曾对伊机外飞事件大肆报道。真真假假，扑朔迷离。使这一事件令人难辨真伪，然而归纳起来也不外乎有下面四种说法：

一种说法认为这是伊方的"韬晦之计"。众所周知，由于两伊战争刚刚结束，双方的敌对关系有所缓和。而海湾战争爆发后，伊朗即宣布中立以自保。在这种情况下，与其凭借地下防护体将战机留在国内倒不如将一些较为先进的飞机保存在中立国伊朗境内，故而战机纷纷外飞。

也有一些人士另持"未遂政变"一说。一部分西方人士纷纷猜测，伊国内的一起未遂政变可能是伊机外飞的直接原因。苏联某官方通讯社对于这一揣测也给予了证实。报道如下：伊拉克在海湾战争中表现不力，致使多国部队节节胜利，萨达姆颜面

海湾战争后期的萨达姆像

战争后期科威特油井燃起大火

伊拉克撤离科威特时点燃了油井。虽然失败已成定局，萨达姆并不认输。飞往伊朗的战机就是留作回击的一招妙棋吗？

巴格达上空弹雨纷飞

迎战美国针对性的空袭，伊拉克予以回击。

大失，遂杀鸡儆猴，将两名空军司令以"防空不力"罪处决。随后，一些属于这两位司令派系的空军将领及飞行员旋即发生政变，未果。政变败露后，牵涉其中的一部分官员即驾机出逃，寻求政治避难。

还有一种说法是"厌战开小差说"。有消息宣称，除向驻科伊军投放大量的收音机以及传单之外，多国部队还在美国示意下向伊本土投了数以百万计的传单，规劝他们弃械投降。可以说，心理战虽谈不上所获颇丰，但毕竟还是有一定成效的。故而许多西方人士认为伊空军有可能是开小差，临阵脱逃，以免多国部队"以石击卵"，做无谓的牺牲，这成为对这一事件的又一种新的诠释。

第四种就是所谓的"留作反击说"了。执行沙漠风暴的美军对伊拉克战机外飞伊朗一事心情复杂。一方面他们看到数以百计的伊战机受制于多国部队的狂轰滥炸，致使伊空军无法发挥应敌效应，只能外逃。而同时，他们也意识到这些外飞的战机有可能东山再起，成为美国及多国部

执行轰炸任务的美军轰炸机从航空母舰上起飞

队的隐患，这对于多国部队而言不可谓不是一颗定时炸弹。然而，事后伊战机的表现证明了这一担忧纯属杞人忧天，外逃飞机既无任何一鸣惊人之举，也没有卷土重来之势，其命运如何亦不为世人所知了。

"出逃"抑或"避难"、"阴谋"抑或"无计"、"厌战"抑或"保存实力"……至今这一系列疑团仍萦回于人们的脑海中，引起多方揣测。只是这些扮演神秘角色的外飞战机何去何从？

科索沃战争中"特遣部队之鹰"计划缘何流产？

战火燃烧的 1999 年 3 月，美国迟迟未向科索沃派遣地面部队，受到北约其他国家的广泛质疑。

美国的妙计是什么呢？是"特遣部队之鹰"。原来，为了赢得各成员国民众的支持，并在战争中最大限度地减少飞行员的伤亡，北约专门制订了所谓"捕获－22"战略计划，对南联盟的军事目标发动有限的空中打击。对此，美国国防部的高级官员和北约最高司令克拉克将军多次向白宫提出警告：企图靠几天的空袭使米洛舍维奇屈服是不现实的，飞机不可能摧毁南联盟的武装。对此，白宫无从回答。因为按照白宫的设想，这个任务属于"阿帕奇"。

但是，在所有的一切都准备好了之后，美国当局突然下令撤回"阿帕奇"。就这样，耗资数亿的"阿帕奇"在没发射一枪一弹的情况下，便领命按原路返回了。为什么要取消原定计划？为了探得其中的缘由，《今日美国报》资深记者达娜·普里斯特对驻欧美军 40 多位飞行员和指挥员以及包括 7 名四星上将在内的华盛顿高级国防官员进行了几个月的采访。2001 年 1 月 2 日，答案终于水落石出：最终导致白宫不让"阿帕奇"参战的是拉尔斯顿等人估计出的令人沮丧的伤亡人数。

"特遣部队之鹰"司令约翰·亨德利克斯和克拉克早就告诉美国政府，任何伤亡估计都是不足信的，但在这场特别注重飞行员安全的空袭战中，最敏感的问题还是伤亡。

到了今天，一些北约和美国的军官仍然愤愤不平，要是"阿帕奇"能够及时派上场，战争早就解决了。美国陆军部长卡尔迪拉谈及流产的"特遣队之鹰"计划时愤愤不平地说："某些人形成了一种奇怪的思维：在训练中死多少人都是可以接受的，战争中却绝对不能死人。他们给士兵们设立了一种错误的标准。"然而，按照美国参谋长联席会议的一些成员和五角大楼官员的说法，之所以取消计划，并不是过于担心人员伤亡，他们的理由是："特遣部队之鹰"存在许多问题，它太脱离常规了，抵达阿尔巴尼亚太慢了，它不可能消灭足够多的敌方目标，从而彻底使战争进程改变。何况 5 月中旬，A－10 飞机已经参战，"阿帕奇"就更没有参战的必要了……

不管怎样，"特遣部队之鹰"终于胎死腹中，留给美国的是一肚子的牢骚和不平，也许还有其他……真可谓是：机关算尽太聪明，反误了卿卿性命。

名人

荷马及其史诗之谜

众所周知《伊利亚特》和《奥德赛》是两部不朽的史诗，至今仍有其独特的文学价值。这两部史诗的作者相传为公元前8世纪的荷马。现代研究表明：这只是古希腊人的说法，这两部巨著的作者，可能另有其人，目前还无法肯定这两部史诗是否为一位诗人独立创作完成，也无法肯定叫荷马的写诗者，是单独一个人还是一个团体。公元前7（或6）世纪留下来的一首古诗曾经有过这样的记载："（荷马是）住在契奥斯岛（爱琴海中一个岛）的一个盲人。"可是这种说法无法考证，所以近3000年来，一直受到文学界的怀疑。

关于荷马的生平事迹，只有这两部史诗可以引以为据，但其中线索也少得可怜。不过，有一点今

荷马雕像

人是可以确定的，荷马是古代希腊在公众场合表演吟诵诗歌的人，即古希腊人所称的"吟唱诗人"。对这一点我们之所以这么肯定，是因为希腊人恰好在荷马时代之前不会使用文字。在公元前8世纪中叶，地中海东部的腓尼基人教希腊人学习字母之前，希腊人根本无法书写记载。在荷马以前，故事传说只是凭借口头传播，之所以采取歌谣形式，是为了使"吟唱诗人"容易记诵，较有才能的吟唱者也可以当场即兴发挥，并且，每次表演的细节都不完全一样。每个吟唱者把一首诗歌以自己的方式进行修改，一首诗经过日积月累，就不断有各种发展。《伊利亚特》和《奥德赛》这两部史诗最终写成时，肯定是已历经润色增补的最后的定稿。

读荷马史诗中一些段落，很有短诗的味道；而且诗中若干事件，发生的时代似乎比其他部分更早，充分表明荷马史诗是经过很长一段时间，由很多"作者"创作完成的。

因此，经过推测得出的结论是：就在希腊人从腓尼基人处学会字母，知道如何书写时，一个天赋极高的吟唱诗人出现了，他汇集了大量累积下来的口传诗歌，把它们整理成两部具有丰富内涵的史诗，并用文字记述下来。

对这两部史诗的起源和写作过程做这样的假想，应该是极为妥当的，但又有疑问产生了：因为除了《伊利亚特》某些用语似乎比《奥德赛》时代较早之外，这两部史诗的语调与主题的差异也很大。比如，《伊利亚特》描写的主要是发生在几日内的事，并且对战阵军功极为强调；《奥德赛》所述事迹则长达10年之久，同时专写幻想和神仙魔鬼。因为《奥德赛》内容几乎没有涉及到战争残酷的一面，所以19世纪英国小说家巴特勒指出：《奥德赛》作者应该是女人而不像是男人！

陶瓶画
此图是根据荷马史诗《奥德赛》故事情节绘制的陶瓶画。奥德修斯在回家途中，为了抵御住鸟形的塞壬神甜美歌喉的诱惑，以免走向覆灭，他用蜡将他水手的耳朵堵上，并把自己绑到船的桅杆上。

无论如何，这两部史诗写成之后，并非一成不变，而以后的吟唱诗人又在已写下的史诗上作了新的补充及润色。虽然在留存至今的这两部史诗以书写形式出现的手抄本中，没有早于公元前3世纪的，但是两部史诗呈现出相仿的风格，足以表明某一个时期确有一个统摄的力量，促成了这两部史诗。但这统摄力量源于何处？是个人还是某个集团？为什么找不到任何记载？也许这些疑问还将长期困扰着文学界。

荷马吟咏史诗图
古希腊著名诗人荷马正在爱奥尼亚一条大路旁，一边演奏竖琴，一边吟唱歌颂特洛伊英雄的史诗。

苏格拉底为什么娶悍妇为妻？

苏格拉底雕像

苏格拉底生于公元前 649 年前后，是古希腊最伟大的哲学家之一，他的学生柏拉图详尽地记述了他一生的言行。更有趣的是：这位大哲学家娶了一位有名的悍妇为妻。

究竟这位哲学家是什么样的人呢？他本人没有作品，因而我们所知道的他的事迹主要来自柏拉图和赞诺芬的著述。虽然上述二人对苏格拉底生卒年月的描述完全相同，但对其性格方面的描述却完全不同。

苏格拉底经历了雅典文化最辉煌的时期及被斯巴达打败的日子。他当过步兵，做过小官，妻子据说是个出了名的悍妇，生有一个儿子。苏格拉底曾为西方道德哲学作出了很多贡献，最终，他因坚持自己的信念牺牲。雅典当权者指责他轻视传统神祇、鼓励年轻人怀疑传统信仰与思想，而使他们道德败坏。苏格拉底在放逐与死亡任择其一的情况下，挑选了死亡，喝下铁杉毒液自杀。可是他仍然得到了他那一大群才智与年龄参差不齐的学生的尊崇。他们都曾免费听他讲学，学习他在回答中揭露矛盾，从而寻求真知灼见的方法。

然而，苏格拉底到底是怎样的人？在柏拉图的对话录中这位伟大的哲学家是一个热心追求真理、品格高尚的人，虽然他有时幽默而平和，但性格基本上严肃而认真。除此以外，他还跟柏拉图一样被描写成有同性恋的倾向，他对女性是敬而远之的。

雅典卫城遗址

苏格拉底之死 油画
苏格拉底被判处鸩刑，众弟子悲痛欲绝，但他仍神色安然，制止弟子们让他逃跑的想法，坦然接过有毒的酒杯。

另一方面，赞诺芬写的"座谈会"，有可能是用来驳斥柏拉图的，他在文中写到苏格拉底生性活泼，不但嗜酒，还时常跟女表演者开玩笑，主张严肃的问题要在饭宴作乐完毕后才能够开始讨论。毫无疑问，他喜欢女色，而且说话也极讨人喜欢，认为只要女人受到适当教育，则除体力外并不比男人差。据赞诺芬说，苏格拉底愿意娶悍妇为妻的原因就在于此。赞诺芬猜测苏格拉底认为如果可以教导好她，便能够教导所有的人。

以上两种描述似乎从不同方面反映出作者的个性和喜恶。但两人所写的苏格拉底又相差甚大，究竟哪一个更真实呢？柏拉图与赞诺芬都与他十分亲近，所描述的苏格拉底为何相差如此大？苏格拉底娶悍妇是出于对女性的敬畏还是要以哲人的头脑教导她？这些疑问都不得而知。

雅典学院 壁画
这是拉斐尔为梵蒂冈宫绘制的巨型壁画，以古希腊哲学家柏拉图所建的雅典学院为题。古希腊以来的著名哲学家和思想家汇聚一堂，一起自由讨论，情绪热烈，弘扬了人类对智慧和真理的追求。

米开朗琪罗的"怪癖"与其创作有关吗？

圣家族 油画

米开朗琪罗笔下的人物崇高而平静，本人性格却怪僻而不可捉摸。

意大利文艺复兴时期出现过一位多才多艺的巨人。他不仅是伟大的雕刻家、画家，而且也是一位杰出的建筑家和诗人。这个人就是米开朗琪罗。

米开朗琪罗是欧洲文艺复兴时期雕塑艺术上最具代表性的人物，他创作的人物雕像气魄宏大，雄伟健壮，蕴含着无穷的力量。他的大量作品显示了写实基础上非同寻常的理想加工，典型地象征了当时的整个时代。但是生活中的米开朗琪罗却给人以"怪人"的感觉。

年轻时代的米开朗琪罗因酷爱学习而陷入了绝对的孤独。别人都把他看成一个孤芳自赏、性格乖僻、疯疯癫癫的人物。米开朗琪罗总是表现得举止粗俗，与社会格格不入，社交活动总使他感到腻烦。这与达·芬奇的相貌堂堂、举止优雅、风度翩翩、受到上流社会人士的喜爱形成鲜明的对照。他只和几位严肃的人士来往，没有其他朋友。他终身未婚，生平只爱过著名的德·贝斯凯尔侯爵夫人维多利阳·柯罗娜，然而却是一种柏拉图式的恋爱。

米开朗琪罗创作时需要绝对的孤独是他的又一个怪异之处，只要旁边有一个人在场，就能将他的情绪完全扰乱。他必须获得一种与世隔绝之感，方能得心应手地工作。为身边琐事所纠缠，对于他来说简直是种折磨。

在他塑造的成千上万的人物形象之中，他没有遗忘过一个。他说，只有预先回忆一下以前是否用过这个形象，然后才能决定是否让人动手勾画草图。因此，在他笔下，从来没有重复现象。在艺术上他表现出让人难以想像的多疑和苛求。他亲手为自己制造锯子、雕刀，不管是什么细枝末节，他都不信任别人。

米开朗琪罗追求完美有时达到苛刻的程度，一旦他在一件雕像中发现有错，他就将整个作品放弃，转而另雕一块石头。这种追求完美的理想使他毁掉了不少成型的作品，甚至在他的才华达到炉火纯青的地步时，他所完成的雕像也并不多。有一次，他在一刹那间失去了耐心，竟打碎了一座几乎竣工的巨大群像，这是一座名叫《哀悼基督》的雕像。

米开朗琪罗一生孜孜以求，从不懈怠。一天，红衣主教法尔耐兹在斗兽场附近与这位已是风烛残年的老人在雪地里相见了，主教停下车子，问道："在这样的鬼天气，这样的高龄，你还出门上哪去？""上学院去。"他答复道，"想努一把力，学点东西。"

骑士利翁纳是米开朗琪罗的门徒，他曾把米开朗琪罗的肖像刻在一块纪念碑上，当他向米开朗琪罗征求意见，问他想在阴面刻上什么的时候，米开朗琪罗请他刻上一个盲人，前面由一条狗引路并加上下面的题词：我将以你的道路去启示有罪之人，于是不贞洁的心灵都将皈依于你。

人们认为一般艺术家都有怪癖，但米开朗琪罗的性格确实十分独特。这位伟大的艺术家的创作与其性格竟是什么关系呢？可能性格之于人就像双刃剑吧。

米开朗琪罗著名雕塑《比埃塔》
描绘死去的耶稣躺在圣母膝上的情景，比埃塔的含义是圣母玛丽亚悲痛地抱着耶稣的尸体。通常这样的人物形象会痛苦不堪，但作者采取了古典主义的节制表现法，使人物显得更加崇高神圣。

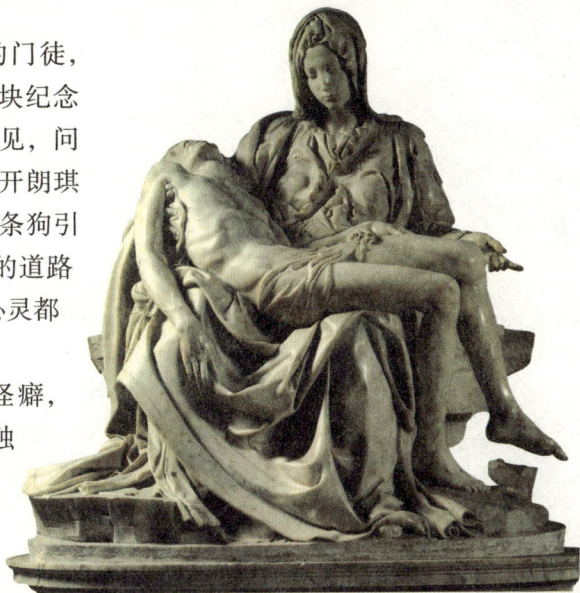

圣彼得大教堂
米开朗琪罗曾任圣彼得大教堂的总设计师。

达·芬奇神奇的创造力来源于他人吗?

达·芬奇像

意大利文艺复兴时代的伟大先驱列奥纳多·达·芬奇，是举世瞩目的旷世奇才。达·芬奇才华横溢，知识广博，在许多领域都有建树。他不仅在绘画、雕塑等艺术领域取得了极为丰硕的成果，而且在物理、数学、解剖、地质学、天文和建筑、工程制造方面都有很高的造诣，在这些学科领域中他无愧于"杰出创造者"的称号。就是现代科学家也十分惊讶于达·芬奇的精深的知识结构以及惊人的天赋。因为人们几乎不能相信上天会慷慨地把盖世奇才和美德完美地赋予一个凡人。而天才达·芬奇却能集这两者于一身，在世界人物史上也很鲜见，他为何如此幸运地得到上苍的青睐成为一个难解之谜。

欧洲一些专家学者近年来广泛而认真地研究了达·芬奇的生平，企图从中找到一些奥秘。有人用计算机分析了他一生的成果。结果令人们大吃一惊，若要完成他全部的绘画、雕塑、研究和各种发明等工作，就算一

最后的晚餐 壁画

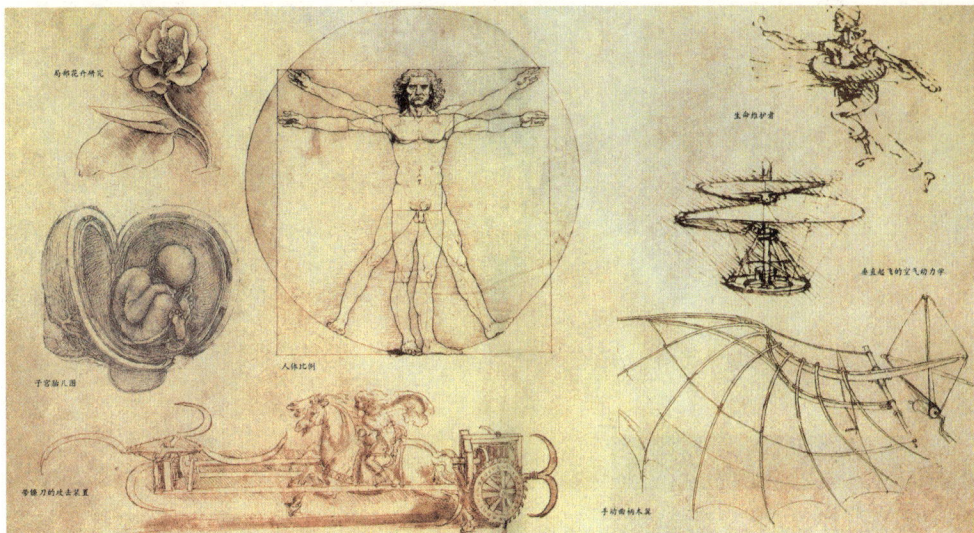

达·芬奇绘制的各种设计草图

达·芬奇的才华并不仅限于绘画方面的成就，在他记录幻想发明和观察自然现象的笔记本中，同样显示了他在其他领域中的才能。如此丰富的创造都出自一己之力吗？

刻不停地做，需要的时间至少也是 74 年。这对他来说，简直不可能，因为他只活了67 年。

人们从达·芬奇的生平中，还能隐约感觉到某种神秘之处。他一无家庭，二无亲友，终其一生都在躲避着那些被他称为"多嘴的动物"的女人，他隐秘的生活使他从事的事业非常机密。这更使专家们怀疑，达·芬奇可能是得到了神秘人物的帮助。否则，一个人的精力是有限的，如何能取得如此大的成就？

达·芬奇的社交圈很狭小，这就使人们很容易对达·芬奇唯一的仆人托马兹·玛奇尼产生兴趣。托马兹·玛奇尼是一个时刻跟随在达·芬奇左右的人，他是一位面目慈祥、体格强壮并有一双智慧之目的中年术士，阅历十分丰富，曾到过东方，受到过东方圣人和统治者的接见，还带回了大量的古阿拉伯和古埃及的书籍。据记载，他是一位出色的水力专家、雕刻家、机械师，同时对炼丹术和妖法极为热衷，只是因为他身份低微，故不为人们所知。有些学者从这些史料中得出结论：托马兹·玛奇尼是达·芬奇的有力合作者。

但大多数历史学家对上述的观点颇有微词。他们认为，托马兹·玛奇尼这个人物是人为臆造的，并不是历史人物。

有些专家认为，达·芬奇可能是立足于古人的创造发明并对它们进行了再创造和改良而得到如此丰硕的成果的。他们指出，类似直升机的画，早在达·芬奇之前的佛来米派艺术家手稿中就已出现过，与达·芬奇后来的设计很相像。另外，有记载表明，达·芬奇与东方祭司相交甚密，长期往来。他可能从这些古代文明的传继者那儿，得到许多人类知识的精华。

对达·芬奇一生的创造也有人表现出不以为然的态度。他们指出，达·芬奇的科学创造，都只是停留在构想阶段，与真正的科学发明有着本质的区别。但是，持这种观点的专家不得不承认，达·芬奇是一个集崇高美德和天才智慧于一身的奇才。

哥伦布发现美洲大陆是阴差阳错吗？

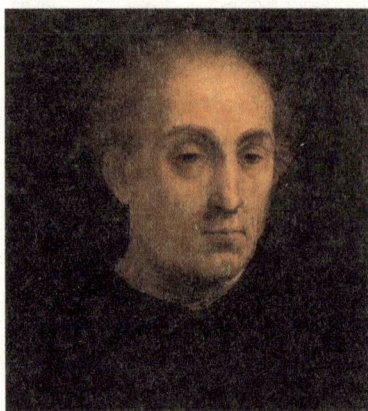

哥伦布像

哥伦布的荣誉徽章
其中铁锚代表了他的称号"海军大将"。

哥伦布发现美洲大陆的事实早就被载入了史册，而他本人也因此彪炳千秋。距哥伦布发现美洲大陆到现在已有四五百年的历史了，有关哥伦布的传说仍在大西洋两岸流传着，传说中这位航海英雄只是阴差阳错地发现了美洲大陆。但是，进入20世纪以来，人们便逐渐对这些说法产生了怀疑。

许多历史学家会提出这样的问题，哥伦布如何会犯下这种错误？大量证据显示出他发现的地方既不是日本也不是中国，他为什么在此情况下还一再坚持说他发现的地方就是印度，居住在当地的人就是"印度人"呢？在一些历史学家看来，哥伦布从没想过要去亚洲，他的"雄心勃勃的印度计划"只是为了把其他探险家的注意力引开而精心设计的一个障眼法。他们认为哥伦布的目标从一开始，就是去发现新大陆。

哥伦布向世人宣布，他是以印度作为目的地的，他那个时代的编年史家们相信了他的这种说法。

哥伦布在1492年10月21日，登上了一座在他看来极为偏远的岛屿，在当天的航海日志的一开始他就写道，亚洲大陆仍然是他的航行目标，他要亲手把伊莎贝拉和斐迪南写的介绍信交给"大汗"，即中国的皇帝。哥伦布在返回西班牙途中，给伊莎贝拉和斐迪南写了一封信，其中谈到他建立了一座将有利于"和邻近的大陆……以及大汗做一切交易"的要塞。

地理大发现时期航海家们在测量纬度

　　从这些资料中，我们可以推断出哥伦布的航向和他的目的地。为哥伦布辩护的多为传统主义者。传统主义者们在著名的航海家萨穆埃尔·埃利奥特·莫里松的领导下，回应了这些质疑，他们说《授权条款》虽然没有非常明确地提到印度，但它所规定的哥伦布享有利润的份额中所罗列的宝石、珍珠，以及香料等，全部都是亚洲的产品，因此，他的目的地显而易见。

　　哥伦布发现美洲新大陆的航行只是他4次航海生涯中的第1次；其后，他又在1493年、1498年和1502年先后3次前往那里。持与比尼奥德特相同观点的人推测，哥伦布在途中肯定曾注意到他所发现的这些岛屿与约翰·曼杰维利以及马可·波罗所描写的地方完全没有共同之处。日本和中国等伟大帝国究竟在何处呢？金屋顶和大理石街道到底在何处呢？这里所有的，只是一些原始的村落。

可能直到第 3 次航行时，哥伦布才把事情的真相搞清楚了。他在 1498 年 7 月航抵了今天委内瑞拉的帕里亚海湾，才开始觉得可能这里并不是中国海岸线外围的岛屿。眼望着宽阔的奥里诺科河三角洲，他估计如此多的淡水只有可能来自一块具有相当大规模的陆地。依照拉斯·卡萨斯的记述，哥伦布在航海日记中曾这样写道："我相信这块陆地是相当广袤的，迄今为止，我们仍对它一无所知。"

但在这短暂的清醒之后，哥伦布再次陷入了比他最初的"关于印度的伟大事业"更荒诞的想法之中。他把这块新大陆当作"人间天堂"，认为它是传说中的伊甸园。对此，他还作出了进一步的解释，因为它"就位于被权威人士认作是天堂的所在地的赤道附近"。

哥伦布很可能到死时还一直相信他去过的地方就是印度。如果事实果真如此，那么哥伦布的目标专一和倔强可真是天下无双；如果不是这样，他绝不可能对他在以后的航海中所得到的证据视而不见——当然也包括他第一次航海中所得到的证据。不管怎样，无论哥伦布的意图究竟是什么都不重要，我们只要知道美洲大陆的发现为人类文明史增添了重要的一笔。在这块富庶的土地上，后来曾发生许多历史事件，世界史从此改写。丑恶与美好并存，财富与贫穷同在，历史短暂而又意义深远，这些在哥伦布当初也许都没有料到吧。

牛顿精神失常之谜

牛顿肖像

坐在苹果树下的牛顿并非一生正常，据了解，这位卓越的英国科学家曾在 50 ～ 51 岁时一度精神失常，两年后才有所好转。这是怎么回事呢？

有些学者推测，这是他长期极其紧张地工作、长期用脑过度而造成植物神经功能紊乱的缘故。

也有许多学者不赞成这种猜测，他们认为，牛顿之所以精神失常，主要原因是由于长期形成的心理机能障碍在外在因素的刺激下引起心理异常的结果。1677 年，他的恩师巴罗和皇家学会干事巴格相继去世，这使他异常悲伤、情绪低落，曾使证明万有引力定律的研究工作一度中止。1689 年，他母亲的逝世使他陷入悲伤痛苦的深渊，再加上一场无情的大火将他多年心血凝成的重要论文原稿烧毁而对他精神产生了沉重打击。在这一系列打击面前，牛顿精神失常也就不足为怪了。

曾经有两位研究牛顿生平的学者，获得了牛顿遗留下来的几绺头发。他们发现牛顿

画家威廉·布莱克所绘的牛顿
这幅充满寓意的绘画表现了牛顿作为一名伟大的科学家专心研究的一面，也暗示了作为一名狂热的炼金术士沉迷宗教的结局。

画家笔下童年时代的牛顿
性格忧郁，喜欢沉思，神情脱俗。牛顿以后的伟大和精神上的矛盾此刻已有所流露，预示着这位巨人一生的命运。

头发中含有高浓度的有毒微量金属元素，其含量高出正常人许多倍，尤其是汞的浓度令人害怕，汞在他体内的积蓄量比允许值超出了 20 倍。许多学者由此断定：由于牛顿长期进行物理、化学实验，经常暴露在一些有毒金属的蒸汽中，尤其是长期接触汞而终致汞中毒，他们推测，汞中毒引发了牛顿的精神失常。

但以美国科学家狄士本为代表的一部分学者认为这种推测是不可靠、不可信的。这是由于：首先，今天人们已根本无法证明这几缕头发是牛顿精神失常时期还是其他时期的头发，而不同时期的头发，所含微量金属元素的种类和数量是大相径庭的；其次，头发中所含微量元素会受不同环境因素的影响而发生变化，而牛顿这几缕头发分别保存在不同的地区不同的环境中，历经 250 年，在漫长的年代里，遭受到了不同的外来环境因素的干扰与影响，也可能吸收了外界中其他有毒物质而发生变化，即使这

牛顿的办公桌

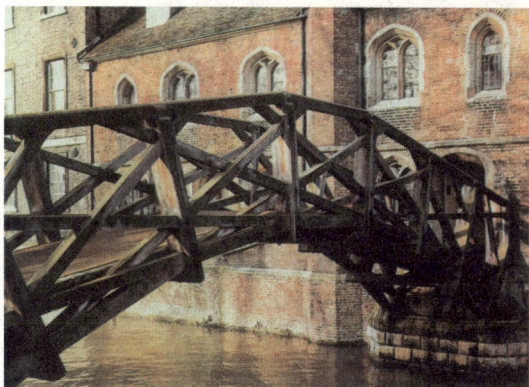

剑桥大学木桥

113

几绺头发是他精神失常时期的头发，保存到今天已是面目全非了。最后，据学者们调查表明，即使在牛顿发病期间，也未出现牙齿脱落、手指颤抖等能证明汞中毒的任何迹象。因而他们认为，牛顿的精神失常的病因是心理方面的而不是生理方面的。他的病症是现今所谓的临床抑郁症，绝非汞中毒。

以上所列举的种种推测都极有可能是导致牛顿精神失常的主要原因。但真正确凿可信的病因，还有待科学家们进行更为深入的全面研究方可知晓。让我们拭目以待。

安徒生是丹麦国王的私生子吗？

丹麦著名童话作家安徒生的童话故事伴随着一代又一代的孩子度过了美丽而快乐的童年。他的故事中多写到王子和公主的美丽的爱情故事，人们不禁发出疑问，这是安徒生暗示其真实身份还是他对幸福美好生活的向往的体现？权威的传记作家们以不容置疑的语气告诉我们，1805 年 4 月 2 日，这位伟大的童话作家出生在丹麦富恩岛上的欧登赛城中一间又矮又破的房子里。他的父亲是一位整日为生活而忙碌的鞋匠，他的母亲则是一个非常迷信的洗衣妇。贫穷的童年使安徒生走上了文学创作的道路。他陆续写出了《阿英索尔》、《维森堡大盗》等剧本，《阿马格岛漫游记》等浪漫幻想游记和《卡尔里·克里斯蒂安二世》等历史题材的小说。1835 年他的第一本童话集出版。他的童话世界是美好幸福而快乐的，他知道这些童话对那些贫苦的孩子度过童年是有益处的。每年圣诞节他都出版一本童话书，作为礼物送给孩子们。这些礼物很多成

安徒生像

了世界文学史上的经典名著。例如《丑小鸭》、《夜莺》、《皇帝的新装》、《卖火柴的小女孩》、《海的女儿》等。写作将近 40 年，发表 160 多篇作品的安徒生是丹麦人民的骄傲。

安徒生是平民百姓之子还是一位落难的王子？丹麦人对权威传记作家们所提供的论证并不信服，据说几百个丹麦人曾在 1990 年，到作家故乡的欧登赛大学举行了听证会，研究安徒生的身世之谜。历史学家延斯·约根森写了《安徒生——一个真正的童话》一书，书中说安徒生其实是丹麦国王克里斯蒂安八世和劳尔维格伯爵夫人的私生子。在他出生后，王室把他安置在了安徒生父亲——这个欧登赛鞋匠的家中。作出这种推论的根据是安徒生是一个鞋匠的儿子，身份低微，可是后来竟能进入上流社会，出入于皇家剧院，甚至在皇家宫殿中阿马林堡宫居住

了一段时间，如果没有王室的暗中帮助，这些是不可能的。丹麦作家皮特·赫固也有类似看法，他提出了另一种根据，一位海军上将的女儿亨丽艾特·吴尔芙 1848 年给安徒生的信中曾提到安徒生自己也发出自己是"王子"的慨叹。

美人鱼 油画

但是听证会上许多人感到疑惑的是，安徒生在《我一生中的童话》这本自传中为什么没有提到自己是王子，甚至连暗示也没有呢？有的学者找到了 180 多年前教堂户口登记册的复印件，登记册上记录了 1805 年 4 月 2 日凌晨 1 时，鞋匠汉斯·安徒生与其妻子安娜喜得贵子，并且记录了安徒生是在 4 月 16 日那天受洗礼的。

丹麦著名历史学家塔格·卡尔斯泰德为了解开安徒生出生之谜，翻阅了大量有关那时国王克里斯蒂安八世的档案，档案表明，国王和贵族与平民妇女偷情的问题是存在的，而且很有可能生下孩子。国王处理这种情况的方法就是给那个妇女写信，并寄去一笔钱用以抚养孩子。

安徒生和丑小鸭

《丑小鸭》的故事充满隐喻色彩，是否暗示了安徒生真实的高贵身分？

安徒生是否是落难的王子也许并不重要，人们只不过是对这位作家想了解得更多一些罢了，重要的是他的作品享誉全世界，他创造的美妙的童话世界给孩子们幼小的心灵增添了不可或缺的美丽回忆。

音乐大师贝多芬猝死之谜

天才似乎总要受到更多的磨难，世界音乐史上最伟大的音乐家贝多芬便是这样。他一生与病痛为伴，饱受折磨，尤其是耳朵失聪几乎要断送了他的音乐前程。由此他的精神支柱坍塌了，甚至曾一度绝望得企图自杀，终于，这颗音乐巨星于 1827 年 3 月 26 日下午 5 时 30 分陨落，给世人留下无限遗憾。

贝多芬肖像画

贝多芬的遗物

第九交响曲乐谱及贝多芬的助听器

关于贝多芬是什么原因致死的，人们大都认为：这位作曲家的死是由严重酗酒而引起肝病所致，他在55岁时发现患有严重肝病。但是英国尤维尔区医院风湿科顾问医师帕尔福曼对这种看法提出了异议。他认为折磨这位作曲家的许多病痛是一种少见的风湿病引起的，这种少见风湿病会使身体的每个器官发炎，并逐渐侵袭全身。贝多芬禁不住要自杀主要应是因为这种病痛非常剧烈。最后，贝多芬被这种风湿病折磨致死。他还认为，如果用现代的类固醇给他治疗，给他做肝脏移植手术，贝多芬可以多活许多年，足以让他完成"丢失"的第十首交响曲。

法国著名作家阿尔方斯·卡尔是贝多芬的同时代人，他的《在椴树下》一书为贝多芬之死的原因和具体情况提供了新的线索，并详细介绍了作者自己的观点。他写道：作曲家死前不久的一天，他的侄子来信说自己在维也纳被牵连进一桩麻烦的事件中，只有伯父出面才可以帮他脱离困境。贝多芬接到信后立即徒步上路。夜宿于一家农舍，到了夜里，贝多芬感到浑身发烧，疼痛难忍。他辗转反侧，难以入睡，于是爬起身，赤着双脚到田野里徜徉。由于时间待得太长，夜寒侵骨，回来时他已冷得发抖。主人从维也纳请来一位医生为其诊治。最后医生确诊为肺积水。医生说他的命已危在旦夕。得知贝多芬病重的消息后，德国著名钢琴演奏家和作曲家胡梅尔来看他，但贝多芬已无法与其交谈，他仅用饱含感激的目光凝视着他。胡梅尔通过听音筒向他表示他的悲伤之情。贝多芬以听音筒依稀听见几句大声的喊叫之后，顿觉畅然，他两眼熠熠生辉，对老朋友说："胡梅尔，我果真是个天才吗？"说完后，他张大嘴，两眼直勾勾地瞪着胡梅尔，溘然长逝。

另外，还有一些研究专家试图从贝多芬的家庭关系上来揭开作曲家的死亡之谜。我国学者赵鑫珊在《贝多芬之魂》一书中认为：贝多芬侄儿卡尔长期的烦扰，大大损害了他的健康，给他的精神带来了莫大的痛

维也纳国家歌剧院
与米兰斯卡拉歌剧院、纽约大都会歌剧院并称
"世界三大歌剧院"。

苦，导致他过早地离开了人世。他的侄子在别人面前称呼贝多芬"老傻瓜"，而且只要人家看到他同这个"老傻瓜"在一起，他就觉得丢脸。只要贝多芬对他稍加严格，言语过重，这个无赖就会用自杀来威胁。但是尽管如此，贝多芬对他慈父般的爱还是有增无减，并且一再容忍他。1826年12月1日，卡尔不听贝多芬之劝，硬要去军队服役，贝多芬只好陪他上路。就是在旅途上贝多芬得了严重风寒，从此一病不起。他回到维也纳时，完全是个去日无多的老人。可是伯父卧床不起的消息传到卡尔那儿后，他竟无动于衷，依然自娱自乐。严重的肺炎过后，接着便是肝硬化，最后引起水肿。有的学者非常明确地说：实际上，贝多芬是被侄儿气死或逼死的。

贝多芬真的是死于酗酒所致的肝病吗？亦有人说他的耳聋和他在爱情上的失意使得他的身心遭受极大的创伤，由此而抑郁成疾。有关贝多芬的死因我们现在去探究似已无必要，我们对他更多的只是崇敬和景仰罢了。

噩梦变成真实——林肯遇刺之谜

亚伯拉罕·林肯总统是美国历史上最富有传奇色彩的总统，他出身社会底层，靠个人坚强的意志和不懈努力跻身于美国政坛，直至成为美国总统。他为了维护国家的统一，领导进行了南北战争，最后废除黑奴制度，从而在美国历史上享有很高的地位。但是，南北战争的枪声刚刚沉寂下来，这位劳累不堪的总统却在剧院观看歌剧演出时不幸中弹身亡。

林肯成为美国历史上第一位遭暗杀的总统，一百多年来，这一桩谋杀一直迷雾重

林肯坐像

重。南北战争触犯了南方奴隶主阶级的利益，因此自从林肯当上总统后，企图暗杀他的活动就从未间断过。

美国南北战争结束后，据说有一天林肯向朋友讲述了自己做的一个奇怪的梦：

"大约在十天前我很晚才就寝，入睡不久就开始做梦，梦中感觉周围像死一般的寂静。突然我听到从什么地方传来呜呜咽咽的声音，像是有好些人在哭泣。我记得我当时就起床了，迷迷糊糊地走下楼去。

"楼下的静寂又被悲惨的哭声打破，可是依旧见不到是谁在哭。我一间一间房走过去，所到之处都见不到人，可是各处都有哭声。我感觉又迷惑又惊慌，但决心查清楚到底是怎么回事。我一路走过去，来到东厅，看到那里聚集了很多人，只见大厅中央摆一个灵柩，里面躺着一个人，穿戴整齐，面部蒙着一块白布。灵柩周围有士兵守卫，有些人愁容满面地注视着灵柩里的尸体，有些人号啕大哭，悲痛欲绝。'白宫里谁死了？'我上前问一个卫兵，'是总统，他遇刺逝世了。'他回答道。"

谁曾预想到，这个梦没有几天就变成了真实发生的事。

4月14日，林肯邀请格兰特将军夫妇去福特剧院看歌剧《我们美国的表兄弟》。傍晚，当他步行到陆军部的时候，一阵不祥的预感袭来，于是便对身边的人说，要不是已经邀请了将军夫妇，他真是不愿意去了。为了安全起见，他亲自要求作战部长斯特顿派一个名叫埃克特的陆军上校做他的警卫。但斯特顿表示，埃克特当晚有别的任务，结果就临时派一个叫布恩的军官担任当天晚上的警卫。

《解放奴隶宣言》发表后，华盛顿上下一片欢腾，然而林肯废奴运动的信念与行动却遭到了一大批维护南方奴隶主利益的人的仇恨。

当晚的歌剧演出十分精彩，大家被剧情吸引，如痴如醉，正当这出歌剧演到高潮的时候，一个人悄悄溜进了总统的包厢，对准林肯的后脑开了一枪。接着凶手跳下窗口，准备逃之夭夭。可是不巧，脚跟落地时戳在了一根旗子的梭标上。由于脚伤引起的行动不便以及他沿途所留下的血迹，警察很快就围住了他，可惜由于他负隅顽抗，最终被警察开枪击毙了。

中弹后的林肯由于伤重不治，在 1861 年 4 月 15 日清晨 7 点 22 分与世长辞，就像他梦中见过的一样，遗体果然被供在白宫的东厅。

调查显示，凶手是一名叫作鲍斯的演员，他同情南方奴隶主，而且扬言："干掉林肯而使自己名垂青史，那该是多么荣耀啊！"据说林肯第二次宣誓就职时，鲍斯就站在国会大厦的台阶上，离讲坛非常近。事后，鲍斯充满懊悔地说："假如我早些动杀机的话，总统宣誓就职那天真是千载难逢的良机啊！"

显然，鲍斯的这些经历和言语都在一定程度上表明了他的杀人动机，人们都觉得他这么做是出于对北方和总统的仇恨。但也有人提出了此案中的一些疑点，那些证据似乎暗示着此案不是人们想象的那么简单。

据说，那天晚上林肯总统钦点的警卫埃克特事实上整个晚上都在家，那作战部长斯特顿为什么要说他另有任务？而后来担任总统包厢警卫的警察布恩，却一贯名声不好，可令人奇怪的是，他却是由林肯夫人亲自指定来担任当晚的警卫的。是巧合还是另有玄机，至今无人知晓。同时，在当晚抓捕刺客的命令中，一再强调必须将其活捉。可遗憾的是在围捕过程中，鲍斯被一枪打杀了，是谁开的枪，也无人知道。令人费解的是，后来报告中说，鲍斯是自杀身亡的。

林肯死后，他的家族接二连三地发生不幸，他的三个儿子不幸夭折，夫人玛丽·林肯又患上了精神病。

林肯在为"新自由"而死的人们发表悼词，不曾想自己后来也是为这一信念献出生命的一员。

随着鲍斯的一声枪响，林肯倒了下去，再也没有醒来。

1926 年，林肯的儿子罗伯特·托德·林肯在他逝世前，焚毁了他父亲的一些私人文件。他对朋友说："这些文件中的证据表明，林肯内阁中有一个人犯有叛国罪，因此，还是把这些证据付之一炬的好。"这个人是谁？罗伯特为什么不将他公布于众？他想保守什么秘密？其中究竟有什么不可告人的事呢？

凡·高开枪自杀是精神失常了吗？

凡·高自画像
这是凡·高自残一耳后的画像，此时他的精神已极不稳定。

现代印象派绘画艺术的杰出代表——凡·高，具有非凡的绘画才能，他的绘画作品在他死后才被世人视为珍品，他也由此享誉全球。然而他生前命运多舛，贫困、疾病、饥饿以及天才的不得意使得凡·高的境遇十分凄惨。最后，在 1890 年 6 月 29 日他开枪自杀，因伤重不治而亡，年仅 36 岁。

近年来，随着对凡·高所代表的印象派绘画艺术欣赏和理解的人的增多，有关凡·高生平的研究也得到越来越多的关注和重视。这位艺术家的死成了人们关注的焦点。他选择以自杀的方式离开这个世界究竟是出于什么原因呢？有一点似乎非常

麦田上的鸦群
这是凡·高最后的作品。低沉的天空、惊惶的鸦群以及具有强烈动势的麦田，真实反映出凡·高自杀前极度迷惘绝望的心境。

明显，这是他的精神失去控制后，在失常情况下所采取的非理智行为。可是，凡·高精神失常的原因又是什么呢？对这个问题的探讨早已在文化界、艺术界乃至化学界、医学界的专家和学者们中激烈地展开了。

从不同的角度出发，学者们提出了许多不同的观点。

这些观点一般分为两大类。第一类是由医学界、化学界的专家所持的自然原因观点。他们从凡·高的生前嗜好、日常活动和生理疾病着眼，作出了不尽相同的

星夜 油画

这是一幅既亲切又茫远的风景画，画的主色调是蓝色和紫罗兰色，闪烁发光的黄色点缀其间。凡·高用火焰般的笔触来刻画景物，旋转的蓝色、黄色的天空似乎要把人带入奔腾的激流，这种感觉来源于他对色彩和形象高度敏感的心以及他那渴望理解的灵魂。

解释。一些人认为：凡·高的精神系统被他的一些不良生活习惯严重地损害了，这直接导致他因失去控制而自杀。他们指出凡·高生前非常喜欢喝艾酒，而艾酒内含有对动物神经组织极为有害的物质岩柏酮，饮艾酒成了他的癖好，这严重伤害了他的神经系统。有大量的证据表明，凡·高体内含有相当惊人的高浓度的岩柏酮。他去世后一年，他的棺椁就被种植在他坟墓上的一棵喜欢岩柏酮的小树的树根紧紧包裹起来，后来为他移坟的人被迫连此树一起移走。也有人认为，凡·高有癫痫症，为了治疗而长期使用对神经系统有麻痹作用的药物洋地黄，最终因这种药物的中毒而导致神经损坏。

第二类观点认为，社会原因造成凡·高的精神失常。一种说法是：凡·高精神崩溃而自杀是因为对心理疾病和自身生理感到恐惧和羞愧。直至最后，持这种观点的人在大量研究历史资料后指出：凡·高死前不但患有严重的青光眼，而且还患有梅毒症。他自己也清楚，他不久将失去对画家来说最珍贵的视力，而且，他也有很强的"恋母情结"。这给他很大的精神压力，终使他不堪重负而崩溃。也有很多的艺术、文学界人士是从思想方面找寻原因的。他们认为，凡·高的一生虽然短暂，但历经了太多的磨难。他干过9种职业，四处颠沛流离，饱经了生活的艰辛和世道的不公。他渴望去拯救那些劳苦大众，可现实总是粉碎他的理想。这就足以使他对生活不再抱有希望。作为艺术家，绘画是他的生命。而且，他有极高的天分，极强的创造力。他从事绘画不过7年，就创作了大量水平极高的作品。可是在那个时代，世人并不理解和认识他所代表的艺术风格，因此作品一点销路也没有。在他生前，只有一两幅画被售

出，以至于他不得不依靠弟弟的不断资助来维持生活。他本来已经脆弱的神经被这些无情的现实极大地撞击着，终于不堪重负，所以他才选择用自杀的方式逃避这个没有给他带来什么温暖和快乐的世界。

也许，单纯从某个角度来分析凡·高精神失常的原因都有失偏颇，如果能综合而全面地分析凡·高，可能会得出对凡·高死因的最好的解释。不管如何，这位画家总算在死后能安息了。

弗洛伊德放弃性诱惑论之谜

弗洛伊德是后世公认的著名的精神分析学家，同时他也被尊为性学的始祖。然而人们对弗洛伊德为何后来要放弃性诱惑论一事非常困惑，此事在当时也闹得沸沸扬扬。

1897 年 9 月，在给弗烈斯的一封信中，弗洛伊德说："我想告诉你一个极大的秘密，这几个月来我一直被它所缠绕着，它就是我对我的性诱惑论产生的疑惑。"弗洛伊德不再相信性诱惑论，但他仍旧认为病人讲给他听的故事确有深意。批评家认为，弗洛伊德在他为何放弃性诱惑论上是撒了谎，他说谎的原因更加不可告人，他是为不想让别人发现他放弃性诱惑论的真正的原因而撒谎的。

杰弗里·马森是一位年轻的美国精神分析家。他

弗洛伊德像

母亲和婴儿 油画
在弗洛伊德看来，即使是幼儿也有性欲，母亲则是他第一个恋爱的对象，也是他第一个发泄爱欲的对象。正是这种理论使弗洛伊德不堪舆论重负吗？

在 1980 年以前，本应该顺理成章地继任国会图书馆弗洛伊德档案馆馆长一职。也就是在这个时候，马森把弗洛伊德写给他的朋友弗烈斯的信件全部看了一遍。弗洛伊德的书信选集，曾在 1950 年由弗洛伊德的女儿安娜·弗洛伊德编辑出版。但通过进一步检查档案，马森发现选集中遗漏了大量信件，马森在进一步查证之后，发现这些遗漏的材料与弗洛伊德的性诱惑论有关。这些信件说明弗洛伊德并没有像后来自己指出的那样坚决而迅速把这一理论抛弃；相反，他一直坚持这一理论有数月、甚至数年之久，他希望这些理论的正确性有一天能被证明。

1885 年弗洛伊德和玛莎在一起

弗洛伊德为什么会把自己的发现放弃了呢？马森推断，当时因为这一理论，弗洛伊德不但已受到同事的中伤，而且更因为到处泛滥的猥亵的说法而被含蓄地指控。由于弗洛伊德迫切地想得到同事的支持和赞同，所以就宣布不再相信这一理论。马森在他出版于 1984 年的书中这样写道："我极不情愿地发现弗洛伊德之所以放弃性诱惑论说是因为缺乏勇气。"

弗洛伊德在给一个病人弗烈斯的信中说，可能身心失调是引起埃克斯坦继续出血的原因，可笑的是，这个诊断荒谬绝顶，是对弗洛伊德性欲望转移和压抑性欲望理论的很明显的模仿。马森认为从这个荒诞可笑的诊断中可以看出，弗洛伊德如何对他的同事曲意迎合，又如何急于把病人的病症归结在幻想上，而不认为是一次医疗事故。弗洛伊德不敢直接与弗烈斯发生冲突，因此，也就不敢对他所谓的鼻子理论进行批驳，更不敢说手术是被他搞糟的。同样，在性诱惑论上他也是如此。他不敢坚持自己的性诱惑论是正确的，不敢说在全国猖獗的令人不悦的猥亵事实是正确的，怕把他与那帮维也纳同事的关系搞僵。

但大多数思想史学者则认为，弗洛伊德放弃性诱惑论的动机不像马森说的那样猥琐和卑鄙。他们认为，弗洛伊德过于简单的叙述，虽然是对事实的不忠，但却是为了使叙述更为夸张而采纳的方法。

许多学者认为，实际上，放弃性诱惑论不失为英明之举，因为弗洛伊德认为儿童幻想同他们的父母发生性行为的观点，要想得到医学界的认同，非常困难。至少，与猥亵儿童现象猖獗的观点相比，"恋母情结"要更加激进一些。因为猥亵儿童现象已经被许多医生证实确实存在，但人们之于"恋母情结"，除了知道它是源于一个希腊神话外，其他便一无所知。

心理学大师弗洛伊德为何要放弃性诱惑论似乎给人们出了一个难题，他此举到底是出于何种原因，也许用他的心理学学说来分析他的行为会取得意想不到的收获。

托尔斯泰晚年离家出走之谜

列夫·托尔斯泰是俄国著名的大文豪，其一生创作颇丰。他的作品对欧洲文学影响极深，在世界文学史上也占有一席之地。这位享有世界声誉的作家晚年却做了一件让世人皆惊的事，即离家出走。托尔斯泰为何要离家出走，这还得从他晚年的思想变化及其生活说起。

晚年的托尔斯泰开始笃信宗教，宗教观、社会观都发生了很大的变化。73 岁时，托尔斯泰回到了故乡雅斯纳雅·波良纳庄园。然而晚年的托尔斯泰对他庄园的看法也发生了许多变化。他开始习惯于关注在他的农田上辛苦劳作的农民们，这些贫苦可怜的农民让托尔斯泰感到不安与自责。

为了减轻自己的内疚感，托尔斯泰开始改变自己的生活方式，甚至开始自我折磨：他变得厌恶人情世故和亲友间的应酬，也拒绝出席贵族的宴会。他经常戴着草帽，穿上旧衣服，脚踏树皮鞋，在农田里干活。

到了后来，托尔斯泰想要解放他的那些农民，把田地分给他们。同时，他也打算把他全部著作的版权，无偿地献给社会。

托尔斯泰不顾妻子反对，最终公开发表声明：从 1881 年以后他出版的任何作品，可以由任何人免费出版。

赤脚的托尔斯泰

在这样一个阶级社会里，托尔斯泰的朋友亲人都不理解他的社会观、宗教观。在

托尔斯泰亲自耕种

家里，家人不时与他发生冲突；在社会上，许多报刊攻击他；科学家、家教界、沙皇政府都表示对他不满。

正在作家受到了孤立与打击之时，切尔特科夫出现了，他用花言巧语取得了作家的信任，在作家生命的最后9年，切尔特科夫在老人众多家人、随从者中地位最特殊，对老人的思想也影响最大。

托尔斯泰在波良纳的故居

其实这个家伙的真正目的，是要夺取托尔斯泰那些作品的继承权，尽管作家自己的许多朋友都知道切尔特科夫的险恶用心，但他们都没有敢直接告诉托尔斯泰。

本来，作家的日记都是由妻子保管的。但由于与妻子产生了矛盾，再加上切尔特科夫的花言巧语，托尔斯泰把他最后10年的全部日记都交给了切尔特科夫这个骗子。

妻子索菲亚也敏感地猜到了发生的事情，她对此非常痛苦，脾气也越来越坏，把怒气全都撒在了作家的身上。

1910年8月30日晚，她又和作家发生了激烈的争吵，她甚至愚蠢地说她并不是痛恨切尔特科夫，而是不能原谅托尔斯泰。对于妻子的愤怒与谴责，作家采取的是宽容谅解的态度，因为他在晚年一直奉行"不抵抗主义"，他总是把错误都想到自己身上，而尽量原谅别人的种种不对。在作家的最后一段岁月里，他的生活并不美好，他的周围充满了责难。为了能够平和地过完后面的日子，作家开始打算离家出走，以躲避这些纷争。

10月28日还不到早晨5点，作家就带着私人医生离开了波良纳。在火车上，作家病倒了。寒冷的天气使他不停咳嗽，并开始发高烧。他们在阿斯塔波瓦车站下了车，7天后他就病逝在这个荒凉的小站里。

有关托尔斯泰离家出走一事，很多专家和学者都曾对此进行过研究，许多复杂的因素纠合在一起促使这位巨匠作出了令人震惊之举，但这并不会影响这位文学巨匠在我们心中的地位。

"硬汉"海明威自杀是因患有ED症吗？

海明威这位作为一代文风简约的语言艺术大师，其自杀之举引起世人的极大关注，各种各样探索海明威自杀之谜的作品不断涌现出来。归纳起来主要有两种观点：一种认为，海明威自杀是"精神抑郁症"造成的。另一种认为，海明威是因为对自己才思枯竭感到绝望而自杀。然而这两种观点都没有强有力的证据。肯尼思·林新近出版的《海明威传》，却给我们提供了思考海明威自杀之谜的新角度。

海明威自杀的真实动机始终没有定论，他在自己的遗嘱中是这样说的："我所有的希望已破灭，我那意味着一切的天赋如今已抛弃我，我辉煌的历程已尽，为维护完美的自我，我必须消灭自己。"但是，人们并不完全相信他自己对这一行为的解释。2000年7月，人们从一本新出版的海明威传记中窥见了这个谜团的冰山一角。这本传记的作者是肯尼思·林，他在书中明确指出，海明威在其成名后的很长时间里，一种我们今天所说的ED(勃起功能障碍)一直困扰着他，这种疾病严重地影响了他与几任妻子的关系和他相当一部分的家庭生活，ED造成的强烈的心灵痛楚更是他最终自杀的重要原因。

有一系列事实可以作为海明威在晚年是一个ED患者的佐证。海明威于1961年6月因为被医生认为患有"精神抑郁症"而被安排住进了圣玛丽医院的"自杀看护部"。通过医院护士精心看护，他的精神状态有所好转；新的一轮电休克治疗重新唤醒了海明威的性欲。他向罗姆医生抱怨说欲火难耐，罗姆于是立即打电话通知海明威的妻子玛丽前来。玛丽高兴地赶到海明威就诊的医院，与丈夫度过了一夜。但事后据玛丽说，那一晚"双方都没有完全满足"。玛丽在其后几个晚上再也没有与海明威同房。据罗姆医生后来回忆，海明威曾多次要罗姆在他面前发誓，永远不要将自己患有ED病的真相告诉世人。海明威与前几任妻子的分手，好像也可以旁证海明威患有ED症。在1961年6月，海明威与玛丽又经历了一次失败性的尝试之后，深深地对自己的ED症感到绝望，认为只有将自己的肉体消灭，才能维护自己的尊严。因此，海明威的自杀之举存在着一定的内在必然性。

纵观海明威的一生我们可以发现，在相当长的时间里，他的生活和创作一直都和ED对他的影响有密切的关系：ED首先将他的人格扭曲了，继而这种人格的扭曲又被

诺贝尔奖章

正在创作的海明威

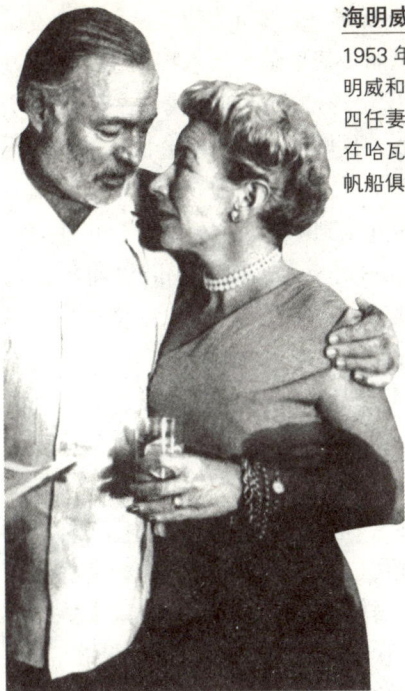

海明威夫妇

1953 年，海明威和他的第四任妻子玛丽在哈瓦那皇家帆船俱乐部。

胜利的海明威

海明威自豪地向人们展示一条重达 400 千克的箭鱼。隐藏在充满男子汉气概的外表下的海明威是个性无能者？

带入了他的行为和创作中，最终彻底毁灭了他。在当今时代，有人会因为 ED 而自杀是一件让人难以想象的事情。人们不再会褊狭地认为自己会因为 ED 丧失了尊严，不会觉得 ED 可以将全部的生活摧毁。不仅如此，人们还有足够的机会获得帮助，还有足够的手段克服 ED，而海明威那个时代，这一切是不能办到的。

有人认为：如果肯尼思·林的论述能够成立的话，或者说海明威确实是一个 ED 患者，那么海明威在各种作品中创作的"硬汉"形象只不过是作为一个幌子来掩盖自己作为一个 ED 患者的事实。

毕加索是纵欲身亡的吗？

毕加索是 20 世纪绘画史上拥有极高声誉的画家，他的作品既继承传统艺术，又具有独创性，成为世界性的艺术瑰宝。这位具有无穷创造力的人，有着鲜明的个性。毕加索为了躲避人们对他的热情追访，隐居在坐落于山顶的一所别墅里，而且，他只接待他愿意会见的人。他一生之中，特别喜爱恶作剧和离奇古怪的花招。这些使他的死亡蒙上了一层神秘的色彩。

希腊女记者阿里亚娜·斯特拉辛奥波洛斯·赫因汤于 1988 年 6 月在美国出版了《毕加索——创造和破坏者》，书中向大家揭示了这位艺术大师的一些奇闻逸事。她认为毕加索性格专横粗暴、不负责任、自私自利、诡计多端。书中曾写到毕加索与一名年轻的茨冈人搞同性恋。后来，因为茨冈人离开了他，他发誓要报复。阿里亚娜还写

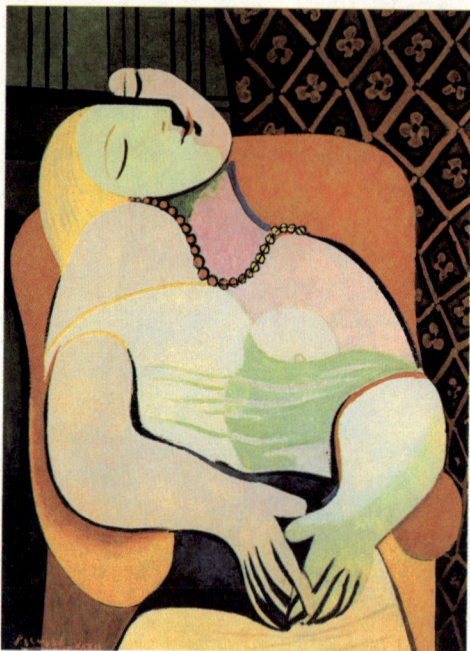

梦 油画

创作《梦》时，毕加索已47岁，他与一位长着一头金发、容貌秀丽的17岁少女玛丽·特里萨初次相遇。她那柔弱的气质和月亮般的美丽，使其成了毕加索的热态情人和专职模特。

毕加索与弗朗索瓦在海滩游玩

道："毕加索在巴黎大街上与一名17岁的少女玛丽·特里萨·沃尔特相遇，并对她说：'我是毕加索，您和我在一起会成为名人的。我们在一起一定会快乐的。'"在他与妻子奥尔加科拉瓦一起度假时，他也把玛丽安排到附近。白天，他让玛丽当模特儿；一到晚上，他就找借口溜出去与玛丽幽会。从此以后，毕加索就开始纵欲，成了一个可怕的男人。后来，毕加索又抛弃了玛丽。于是很多人认为长时期的纵欲，是毕加索死亡的一个极为重要的原因。

在《住宅与庭院》杂志上，艺术史学家和传记作家约翰·查理森曾披露：在1915～1916年间，毕加索曾与一位名叫加布里埃尔·德佩尔·莱斯皮纳斯的巴黎妇女有过一段鲜为人知的罗曼史。查理森说，最令人惊奇的是毕加索曾在一张纸上写道："我已请求善良的上帝允许我向你——莱斯皮纳斯求婚。"此事也为纵欲一说提供了有力的证据。

还有的学者试图从艺术规律、艺术与女性的关系对毕加索之死进行探讨。毕加索在其一生的创作当中从无数个女人身上得到过灵感。如果艺术家的爱情、婚姻和家庭状态处在比较和谐美好的阶段，便会给艺术家创造良好的创作环境。感情因素在促成艺术家创作力爆发的各种因素中是一根"导火线"，毕加索的创作在与他的最后一任妻子雅克琳结婚之后又重新焕发了青春的活力。从毕加索最后10年的作品中我们可以看出，结婚后生活的安谧以及妻子的激励与迫近的死神之影相互交错。但是据学者、专家的考证，在毕加索生命的最后一年，毕加索钟爱的雅克琳"神经不正常"，使他感到无限痛心，这不能不影响到他的生活和创作。另外，从艺术创作规律来看，高峰期过后，便是无可挽回的衰退期，任何一位艺术家都无法摆脱这一命运，当然毕加索也不能例外。而毕加索最后几年的创作实际也充分证明了这一点。这两个原因，对毕加索的打击是很大的，毕加索就是在这种氛围下抑郁而死的。

有的学者则对这种观点提出了疑问，他们认为证据不足。由于毕加索性格非常古怪，喜欢独居，对许多事情避而不谈，这使得人们无

精力旺盛的毕加索
毕加索身披画布，一派恺撒大帝的风度，在向观众展示自己的作品。

从知道其死亡真相；再加上又没有详细的关于他死亡的报告，人们就会发挥想象纷纷去猜测了。也许感情生活曾经在画家的创作中占据着十分重要的位置，但画家是因纵欲身亡吗？我们不得而知。

玛丽莲·梦露之死与肯尼迪兄弟有关吗？

好莱坞性感女星梦露以其美妙绝伦的身体征服了无数男人，然而这也将她带入了一个个险恶的旋涡里，但她身处险境而未自觉，终致死于不明之因。

1962年年初，有关总统肯尼迪与性感明星玛丽莲·梦露的关系已被美国情报部门掌握。

据彼德·劳福德说："她几乎迷上了杰克(肯尼迪)。她给自己编织了许多梦幻，

梦露的葬礼
梦露之死疑云重重，她与肯尼迪的绯闻使人们的眼光一度凝注到总统身上。

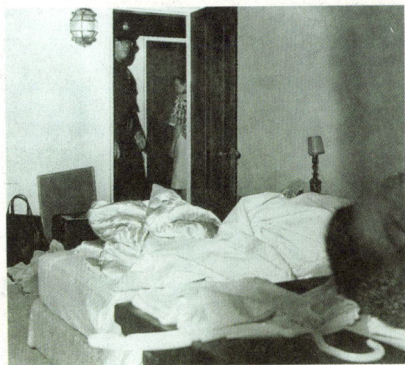

这间平凡的卧室熄灭了梦露辉煌人生的最后一缕光彩。

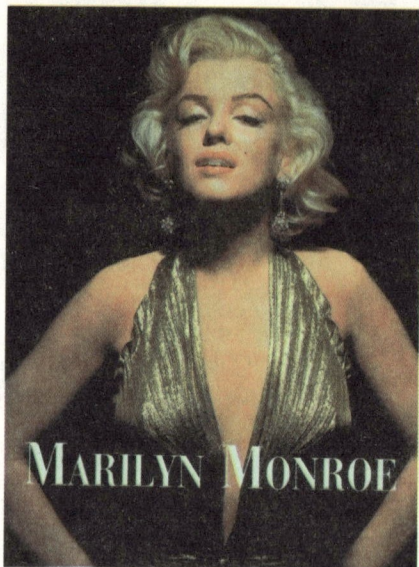
梦露在杂志上的封面照

有的简直是妄想：她想取代杰基成为第一夫人，想跟肯尼迪生孩子。就肯尼迪来说，跟她不过是逢场作戏，她却非常认真，有些痴情。她除了是妄想狂外，还是个卑鄙的小娼妇，她曾直接打电话给杰基要杰基把位子让出来。"约翰·肯尼迪在得到警告，说彼得·劳福德在垒塔·蒙尼卡海滩的屋子已被黑手党暗设了窃听器，他和玛丽莲私通的违法行为至少已有一次被录了音时，约翰·肯尼迪毅然决然断绝了他和玛丽莲的来往。

劳福德说："玛丽莲知道她和总统间的关系从此就要结束后，她怎么也无法接受。她一封又一封地给总统写些伤感的信，并且不断地给他打电话，甚至威胁说要找报社。约翰·肯尼迪不得已只好把罗伯特派去加州做她的工作。"

罗伯特（波比）到了加州，安慰了玛丽莲，并与之友好交往。很快，他与玛丽莲就成了情侣。玛丽莲对此也很困惑，她好像再也说不清"波比和杰克之间有什么区别"。这时，福克斯公司解雇了她，随之，波比也逐渐从她身边撤退了。她出于焦虑而举止失常。

1962年8月4日，波比应玛丽莲之请去其在布伦特伍德的住处，交谈中，二人吵了起来。波比坚持要走，而梦露则坚持让波比陪她一下午。劳福德说："波比和玛丽莲来来回回吵了大约有10分钟。玛丽莲变得越来越歇斯底里。在盛怒之下，玛丽莲威胁说，她将把纠缠于肯尼迪兄弟之间的丑闻公布于众。波比也气得脸发青了，用很明确的语言告诉玛丽莲：别再来纠缠杰克和他，不许再打电话，不许再写信，什么也不许！他们不愿再听她的！到这时，玛丽莲几乎失去理智了，还没有意识到危险已悄然向她袭来。

当晚，玛丽莲·梦露就死去了，一代影星就此陨落。她死于自杀还是别的什么原因，无人知晓。

随后几天，各家报纸都以大字标题把玛丽莲·梦露的死亡作为头条新闻刊登出了。这个消息一下传遍了全国。而波比却像没事人一般！对于玛丽莲的死，他没有一点反应。星期

肯尼迪兄弟一度是梦露生活的主角

一，他在全国酒吧协会在旧金山的一次集会上发表演说，然后又带全家到西雅图参观世界博览会。

报社就玛丽莲之死去采访了杰奎琳·肯尼迪，要她发表评论，她只说了一句话："她将一去不复返。"

1985年10月，玛丽莲·梦露死去23年之后，美国广播公司的电视台曾想播出一个探索波比·肯尼迪、杰克·肯尼迪与玛丽莲·梦露之间的关系的节目。公司的主任罗尼·阿尔里奇却于临播前一分钟下令取消了这个节目，说它不过是"闲话专栏之类的材料"。后来人们发现，原来阿尔里奇多年来就是肯尼迪家的忠实朋友。

玛丽莲·梦露之死的神秘面纱一直未被揭开，而与此有关的人也保持缄默，街头巷尾对其议论纷纷，然而其真相我们终很难知道，看来她只能死得不明不白了。

埃及总统萨达特为何被害？

10月6日是埃及一个重要节日，每年的这一天都要在纳赛尔城举行盛大的阅兵典礼。

可是令人万万没有想到的是，1981年10月6日，萨达特遇刺身亡。那一天，同往年一样，在开罗不远的纳赛尔郊区，举行盛大的阅兵式。上午11点，萨达特总统身穿镶有金边的蓝色陆军元帅服，兴致勃勃地坐在观礼台第一排中央观看军事表演，他的左边是穆巴拉克副总统，右边是国防部长加扎勒将军。在阅兵式进行过程中，正前方一辆拖着一门130

萨达特在遇刺前（左二）

埃及总统萨达特因主张与以色列和解而被谋杀，中东和平进程受到严重打击。

萨达特在恐怖分子袭击中受致命伤。

毫米口径反坦克炮的卡车突然停了下来，不一会儿，从车上跳下来四个人。所有的人都以为，是车子出了什么故障，他们是下来修车的，当他们向观礼台走近的时候，萨达特总统还关心地站了起来。谁料他们猛然向萨达特投出一枚手榴弹，另外的人也开始向萨达特等人猛烈射击，萨达特致命的一枪是在颈部，一代伟人就这样惨死在自己的同胞的枪口之下。杀死萨达特的四名凶手有一人被当场击毙，三人受伤就擒。

暗杀事件发生后，由于某些军方领导人希望尽可能把审判凶手的权力控制在自己手中，所以军事法庭在审判时，只是简单地讯问了一些暗杀的具体细节，并没有涉及到其他方面。所以，至今很多人仍不清楚这起暗杀事件的性质，它到底是一起有人策划、背后指使的阴谋呢？还只仅仅是个人行为呢？

有人认为凶手是受了组织领导的指令和别人共同策划了这起谋杀萨达特的行动，主犯现役军官哈立德上尉是"安古"小组的成员，他是接受到"安古"小组领导人的指令后行动的，所用的武器也是由他的上级提供的。因为哈立德原来是准备回家乡去

刺杀事件平息后，现场一片狼藉，工作人员正在处理善后工作。不论凶手出于何意，萨达特总统的死对于整个世界的和平来说都是一个损失。

过节的，在受审时他说："起初我不愿意参加阅兵，可后来我同意了，因为我忽然想到，这是天意。我不是去参加阅兵，而是去执行一项神圣的使命。"

可也有人认为凶手的行动纯属个人目的，在暗杀前不久，萨达特总统为了镇压批评他的人，曾经开始了一场大搜捕，总共抓了三千多人。而凶手哈立德的哥哥就被捕了，这可能是谋刺的根本动机和直接原因。并且当哈立德对总统开枪时，曾对左右两边的副总统穆巴拉克和加扎勒将军喊道："让开！我专打这条老狗！"这很显然，他是冲着萨达特总统来的，是为了报私仇来的。

而有的国际问题专家却认为事情并不这么简单，应该从国际国内的大环境中来看这次谋刺行为。萨达特上台以后，一改以前埃及亲苏的政策，对苏联的许多蛮横行为态度强硬，绝不妥协，因此与苏联的关系闹得很僵，显示了他的铁腕作风。1976年，面对苏联的要挟与要弄，愤怒的萨达特废除了同苏联的友好协议，并取消了曾给予苏联海军在埃及港口的一切便利，责令苏联开走在埃及境内的5艘军舰。当苏联要求他偿还军火债时，他又以经济困难为理由，援引苏联的惯例，拒绝在10年内偿还债务，并要求苏联船只再通过苏伊士运河必须支付过境费。

与此同时，他主动改变同西方国家的外交格局，频繁出访西方国家，达成了一系列友好合作协议。还作出一项重大的宣布：他将访问以色列，这在当时是十分惊人的。一石激起千层浪，美国支持他的出访，苏联则感到非常恼火，第三世界普遍赞同。就在埃及国内意见也不一致，外交部长甚至以辞职来表示对这一行为的反对。但是萨达特克服了重重困难，勇敢地亲赴耶路撒冷，和以色列进行了直接会谈，打破了中东和平进程的僵局。

但是，他访问以色列，尤其是签署戴维营协议和埃以和约，并不仅仅给埃及带来了和平与经济的发展，还导致了一些国家对埃及的经济、政治制裁，近二十个国家同埃及断绝了外交关系。一些国家的领导人和报刊公开谴责萨达特犯了"现代史上无人所犯的历史罪行"。

整个事件中，还有两

这两幅照片仿如梦魇中的可怕意象，捕捉到1981年10月6日埃及总统萨达特遇刺的经过，手持步枪的士兵从检阅队伍中的一辆军车跳下，冲向检阅台，乱枪扫射。在惨剧发生的三星期前，据说英国赫尔市的巴巴拉·格威尔曾经梦到在中东发生的这宗行刺血案的情景。

个令人生疑的地方没有解开：一个是当萨达特阅兵时，他的身边有好几名卫兵，枪击开始时，这些卫兵以及其他保安人员在什么地方？有什么反应？另一个是萨达特中弹后，于中午 12 点 40 分被人抬上飞机送往医院，可是直到下午 1 点 20 分才到达，中间整整花费了 40 分钟，可是这只是一段通常 5 分钟就能飞完的路程，为什么会耽搁这么久呢？

萨达特总统逝世的噩耗传出以后，全世界都为他哭泣，人们把他的逝世比喻成"中东一颗政治巨星的陨落"。联合国安理会为他默哀，各国领导人也纷纷发表谈话，痛悼他的不幸遇难，不少国家还专门为他举行悼念仪式。萨达特总统被安葬在纳赛尔城胜利广场的无名战士墓地，10 月 10 日在那里人民为他举行了国葬，来自世界 80 多个国家的总统、总理和特使参加了下葬仪式，站在最前面的是当时美国所有活着的 3 个前总统——尼克松、福特和卡特，还有以色列总理贝京。

"甲壳虫"创始人列农遇刺身亡之谜

著名的"甲壳虫"乐队曾经风靡全球，至今仍然深受人们的喜爱。1980 年 12 月 8 日，乐队的创始人列农在纽约的达科寓所内遭遇枪击身亡。全世界都震惊于列农之死。热爱列农的人们对他的死充满了疑惑和不解：凶手为何要杀死列农？这是一次蓄意谋杀吗？

关于列农被杀的原因，目前尚未取得一致意见，主要观点有：

第一种观点认为，列农因拒绝为人签名而被人枪杀。以列农为代表的"甲壳虫"乐队在 20 世纪 60 年代主宰了摇滚乐，风靡全世界。他们的音乐、服饰吸引了众多的歌迷，也受到各种音乐爱好者的重视。这支独特的乐队成为英国利物浦的代表，很快便风靡欧美全各国。列农是乐队的核心成员，他不但演唱出色，而且创作了不少美妙的歌曲，许多代表作品在国内外发行流传，这些使得列农拥有了越来越多的歌迷和崇拜者，这些人都以能得到列农的签名为荣。因此，有可能当列农拒绝为可能是歌迷或崇拜者的凶手签名时，便遭到了恼羞成怒的凶手的枪杀。

第二种观点认为是某些人想用制造轰动的事件来使自己出名，于是，凶手选择了

演出之前乐队要进行紧张的排练

乐队到达美国时的情景

"甲壳虫"乐队在演出

声名显赫的约翰·列农。持这种观点的有约翰·列农的遗孀小野洋子。但是,赞同或附和这种观点的人不多。

第三种观点认为列农的被刺是一次蓄意谋杀,而且,凶手在谋杀前还做好了周密的布置。1981年,美国学者杰伊·科克斯在《时代》周刊撰文认为:"有官方的记录,列农之死将被称为谋杀。这是一次暗杀,是他们无法理解的有意的凶杀。"科克斯认为是谋杀的理由有二,一是:事后查明,谋杀列农的马克·查普曼于谋害列农前两天赶到纽约,住在离列农家有几个街区的基督教男青年会里。但查普曼在谋杀列农前一天晚上离开了青年会,搬到谢拉顿中心的一家饭店,并且大吃了一顿,仿佛是为了取得某种值得自豪的成就预先慰劳自己。二是:在12月8日夜晚,查普曼在列农的公寓门口等到了列农。他从阴影里冲了出来,举枪朝列农射击,接连4发子弹击中了列农。警察抓住他之后,发现他身上还带有列农签名的纪念册。但科克斯没有说明查普曼为什么要杀死列农。有人推测查普曼可能是个患有歇斯底里症或是偏执狂一类的患者,这些人在情绪激动后便无法控制住自己的行为。

第四种观点在艺术界得到承认。艺术界人士认为列农被害的主要原因在于他的艺术实践和艺术主张。列农清楚地认识到摇摆舞音乐是一种巨大冒险和感情丰富的应用艺术,他们所创作的歌曲会使更多人起来反对摇摆音乐的欢乐和奔放。"甲壳虫"之所以在全世界轰动,是因为他们的理想主义走在时代前面,激励时代前进。列农的艺术实践和主张,具有鲜明的挑战意义,很容易遭到反对派的攻击和嫉恨。以上说明,列农常会处在易受攻击的地位,甚至有被杀的可能。而且,列农曾多次遭到别人的恐吓和攻击。1964年在法国举行第一次"甲壳虫"音乐会时,列农收到一张条子:"我要在今天晚上9点钟把你打死。"据此，很多人推断查普曼很可能是一个言行和列农大相径庭的人，故而枪杀了列农；或者是受雇于人的凶手。

列农离开歌迷们已有30多年了，每年在列农的忌日都有歌迷组织各种活动来纪念这位欧美摇滚巨星，然而有关他的死因至今仍没有确切的答案，歌迷们都为之遗憾。

日本作家川端康成为何自杀身亡?

日本诺贝尔文学奖获得者川端康成因其独具特色的作品而享誉全世界，在功成名就之后，川端康成却以自杀结束了自己的生命。关于他自杀的原因人们众说纷纭：

第一，摆脱病魔缠身说。川端康成自杀的第二天，《朝日新闻》刊登了一篇报道说："他死后已经过去一夜，但他的亲朋好友们似乎仍然满腹狐疑，许多人猜想说或许是得了'癌症'。"

第二，安眠药中毒说。川端开始服用安眠药是在第一高等学校学习时，他年轻时就睡觉轻，神经敏感，不得不服用安眠药。这个习惯即使在结婚后也仍然没有丝毫好转。根据川端康成的这些安眠药中毒症状，日本一些学者和研究人员认为，川端康成是死于安眠药中毒。

第三，思想负担过重说。1968年川端康成获得诺贝尔文学奖后，日本举国上下为他欣喜若狂，媒介连篇累牍地报道此事，而且裕仁天皇通过宫廷的一位高级官员以及佐藤首相亲自打电话

川端康成像

古朴典雅的日本传统建筑

川端康成获诺贝尔奖时的情景

向他表示祝贺。这以后，川端康成未能再写出传世之作，作为社会名人的川端因而思想负担过重，自杀成为他摆脱负担的方法。

第四，精神崩溃和文学危机说。在日本帝国主义发动侵华战争期间，他充当日本帝国主义侵略军的新闻记者，窜到中国进行罪恶活动。日本投降后，他为日本帝国主义的失败而惋惜不已，在《悼岛木健作》《武田麟太郎和岛木健作》等文章中写道，日本投降后，他的"忧伤"已沁入骨髓，他要用文学创作活动，使日本人去"感觉什么是真正的悲剧和不幸"，流露出对日本战败投降的惋惜和悲伤。学者们着重指出："川端在政治上的堕落必将招致精神上的崩溃和文学上的危机，这使他必然走上自杀之路。"

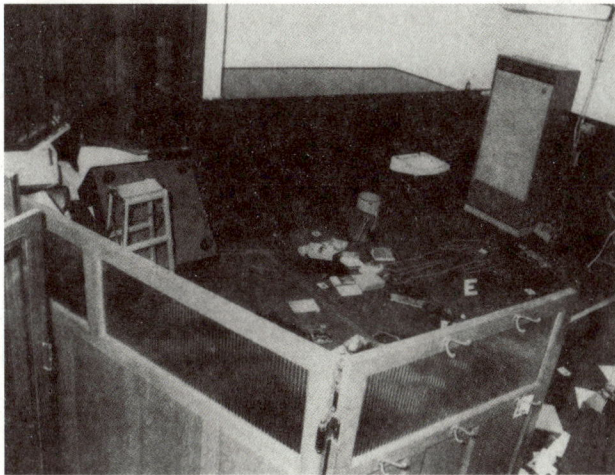

川端康成自杀现场

川端康成个性敏感脆弱，他的自杀并不奇怪，但究竟因何而起呢？

第五，三岛由纪夫自杀打击说。日本有的学者和文学家在推测川端的自杀动机时，认为三岛由纪夫的自杀最终导致川端走上绝路。

第六，支持秦野竞选失败说。很多日本学者支持这种观点。川端曾公开支持警察头子秦野竞选东京都知事。川端原以为凭自己的地位和名望，秦野竞选定能成功，岂料却以失败告终，川端受不了这个打击，只好在自杀中求得慰藉。

有关川端康成自杀的原因，研究者直到现在还不能给出明确的结论。

谁杀害了女科学家黛安？

在非洲"心脏"卢旺达深林密得维龙加山"卡里苏克研究中心"，这是一个研究大猩猩的科研机构，在一片低矮的棚屋后面，有一片墓地，那里埋葬的大多是死去的大猩猩，在中间的一块墓碑上刻着"尼依拉玛西比莉"，这是卢旺达当地的语言，

图为黛安参观卢旺达大猩猩研究先驱者的坟墓，她遇害后也葬在这里。

意思是单独住在树林里的妇人。这块墓碑的主人是研究中心的创始人，美国卓越的野外猩猩观察家、科学家黛安，"尼依拉玛西比莉"是她的专用名。她在卢旺达密林中研究大猩猩已经有18年的时间，一生没有结婚，把自己的全部精力和爱情献给了相貌凶恶的大猩猩，可是令人无法接受的是，她最后竟是惨死在同类的屠刀之下。

1967年，在美国科学界已经小有名气的黛安毅然放弃了丰厚的年薪和舒适的生活，一个人来到了位于非洲卢旺达的深山密林中，开始研究人类的近亲——大猩猩。在研究中，黛安倾注了自己的全部心血，最终成为世界上最知名的动物学专家，很多人把她称作"大猩猩们的妈妈"。但是面对当地部落的偷猎者们疯狂捕杀大猩猩的行为，黛安的心都碎了，就好比眼看着自己心爱的孩子惨遭屠杀一样，心痛

黛安将自己短暂的一生献给了无比热爱的大猩猩。

黛安在卢旺达的大猩猩研究中心。黄昏的森林中笼罩着一层白雾，是正常的自然现象，还是一种死亡的预兆？

之后燃起的是无比的愤恨，她转而把一部分精力投入到了与偷猎者展开斗争中去。因此，她常常以警惕的目光搜寻周围的一切，摧毁了数千个诱捕大猩猩的陷阱，没收数十种捕捉器材和长矛短刀等武器。一旦抓到偷猎者，对他们的愤恨使她失去了冷静，吩咐她的巡逻队员用带毒汁的荨麻枝鞭打他们。她还没收偷猎者的不义之财，有一次她追赶一个偷猎者，最后竟在一怒之下把他居住的茅草棚子烧了个精光。

对大猩猩的爱和对偷猎者的恨使她变得比许多男人还要凶狠，身上常携带着一把自卫手枪，毫无畏惧地与成百名出没无常的偷猎者孤军作战。黛安还拍摄了许多有关大猩猩的影片并写了不少她与大猩猩在一起生活的文章，送到英国和美国许多城市去放映和发表。为了呼吁人们关心大猩猩，她不得不离开卢旺达回国去作报告，但是她总是很快就回到心爱的大猩猩们身边。卢旺达政府把她的影片作为旅游广告，到处宣扬；《国家地理杂志》不断登载图片介绍黛安的活动，很快卢旺达就成了闻名遐迩的旅游胜地。黛安想方设法通过各种新闻媒体扩大影响，拼命制止偷猎事态的恶化，保护她心爱的大猩猩孩子们的生存。

1985 年 12 月 27 日凌晨 5 点多钟，研究中心的卢旺达雇工坎西拉加纳和科学家麦圭尔来到黛安的研究室里，只见屋内一片混乱，床单、衣箱、衣物扔得到处都是，还有一盏油灯被打碎了。而屋子的女主人黛安血肉模糊地仰面躺在床边，身上穿着睡衣，脚上还套着拖鞋，却已死去多时了，她的右手伸到了床下，那里放着她的一支 9 毫米口径的手枪和没有动用的子弹夹。消息很快传到卢旺达政府那里，警方、军方和政府三方组成联合调查团前来调查，法医的检验结果是：黛安的头部有 6 处刀痕，是被非洲人通常使用的两尺长的砍刀劈死的，在床下找到的被丢弃的凶器证明了法医的判断。

黛安被害很显然不是因为谋财害命，因为抽屉里的 1300 美元现钞、1700 多美元的旅行支票和照相机以及桌子上的收音机、几瓶酒都放在那儿没有动，甚至她的自卫手枪也没有被拿走。屋内其它比较值钱的东西和黛安没收的偷猎者的长矛短刀等各种武器也都一件不少，唯一丢失的物品就是黛安的护照。从现场情况来看，凶手从黛安卧室的墙上割了一个大洞，然后钻进室内，而且凶手很熟悉室内的布局，事前有过周密的布置，究竟是什么人在深夜偷袭她呢？联想起黛安对那些曾杀死她心爱的大猩猩的偷猎者的仇恨，显然，她对他们的阻止与惩罚给她带来了杀身之祸。偷猎者们认为这位白人妇女断了他们的财路，非常愤恨，但无数次地与她交手都败下阵来，积怨日久，

黛安作为美国卓越的野外猩猩观察家，十八年如一日投入到对大猩猩的研究中。

一直扬言要干掉她。只是没有想到这一天来得这样快。著名的野生动物摄影师鲁特说过："黛安的致命伤是她自己当了一个执法者，最终导致了她的惨死。"

也有的人认为黛安没收了一个偷猎者的护符，而护符对于一些当地人来说是比生命还珍贵的东西，他的同伙为了找回护符而潜入黛安的居所，因此与黛安起了冲突，最后凶残地杀死了女科学家。但凶手搜遍了整个房间，也没有找到要找的东西，最后只得仓皇离开了。

可是令人大为吃惊的是，1986 年卢旺达警方声称：根据全面调查，他们认为凶杀案的真正嫌疑犯是黛安的同事和助手、美国动物学家麦圭尔，在黛安营地工作的 5 名

卢旺达警方指控黛安的同事和助手韦恩·麦圭尔是杀害黛安的凶手，理由是：麦圭尔曾出现在凶杀现场。不过，卢旺达警方的推测基本上是没有道理的：麦圭尔是黛安坚定的合作者与跟随者。

当地人被指控犯有同谋罪。卢旺达警方认为，麦圭尔的杀人动机是为了非法攫取黛安多年积累的、独一无二的研究成果。但是，黛安和麦圭尔的许多同事、好友对卢旺达警方的这一指控表示怀疑。因为，在黛安死后，麦圭尔又继续在营地留驻了七个多月，并且麦圭尔只会讲几句当地话和法语，不可能与当地人合谋。

直到现在，杀害黛安的凶手还是没有查获，但是黛安为大猩猩所做的一切，她的胆略和勇气，永远赢得了后人的尊敬。

科 技

宇宙是由大爆炸产生的吗？

宇宙是怎样起源的？这是当今最大的谜。目前，在这一问题的研究中，大多数科学家接受的是"大爆炸宇宙学"。这一学说认为，一个温度极高、体积极小的奇点是形成宇宙的最原始物质。在距今 150 亿～ 200 亿年前，由于某种特殊的物理原因，这个火球发生了大爆炸。物质的密度随着空间膨胀、温度降低逐渐减小，原始存在的质子、中子等基本粒子结合成氘、氦、锂等元素，这些元素又逐渐形成星系、星系团，并逐渐形成恒星、行星，而且在漫长的历史时期里，一些天体上还出现了生命现象，成为今天这个样子的宇宙。

有利于大爆炸学说的证据越来越多。在 1991 年 4 月 23 日的美国物理学会会议上，天文物理学家乔治·穆斯特宣布，他领导的科学小组发现了宇宙诞生初期的物质云团，从而给大爆炸学说以强有力的支持。他们的这一发现引起世界科学界的极大关注，斯蒂芬·霍金被认为是继爱因斯坦之后最杰出的物理学家，他于 4 月 24 日发表声明说："这是本世纪最重要的发现。"

观测到的很多现象都可以用大爆炸学说来解释。例如，天文学家

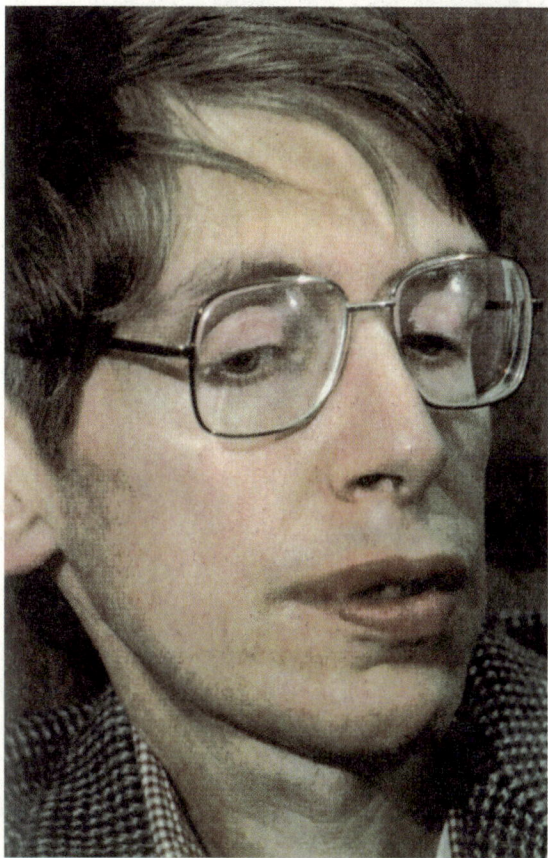

霍金像

宇宙背景辐射信号图
美国的两位射电天文学家——彭齐亚斯和威尔逊宣称发现一种来自太空一切方向而又无法消除的均匀微波噪声。

观测到远处的天体总是远离地球而去,这证明宇宙仍在膨胀;各种天体的年龄都在200亿年以内,这也符合该学说有关大爆炸后才形成各种天体的推论。另外,宇宙背景辐射的存在也在大爆炸理论中得到了成功的预言。该学说预言在大爆炸之后、星系形成之前宇宙的结构应当是云团。这一巨大云团的发现证实了大爆炸学说的预言,通过对这一云团的观测,科学家可以对宇宙初期的情景作进一步的推测。

而且,这一巨大云团的发现也使科学家的另一个预言得到了证实,即宇宙质量的90%存在于"暗物质"中。以往天文学家观测到的宇宙总质量远小于理论上计算出的宇宙总质量。这些"消失"了的物质被称为"暗物质"。宇宙的未来直接决定于"暗物质"的多少:如果宇宙总质量小于某一数值,那么它将像现在这样无限制地膨胀下去;如果它的总质量大于这一数值,那么天体之间的引力将使宇宙停止膨胀,并且慢慢收缩,形成宇宙"大坍塌",直至再一次成为一个温度极高、体积极小的火球。

远方星体爆炸产生的巨大亮光

外星人之谜

外星人在驾驶飞碟飞行于地球上空或者到地球上时，免不了发生事故，因而有些飞碟的残骸以及外星人的尸体，甚至是活外星人就落到了地球上。

1950 年美国在新墨西哥州回收了几具外星人尸体。这是地球上的人类首次有记载的发现外星人尸体的事件。这年年底，在该州的一个空军基地，降落了一个不明飞行物。二三辆吉普车迅速朝那个不明飞行物驶去，发现那是一个非常典型的圆状飞碟。飞碟里走出一个乘员，上了一个军官的吉普车，接着就开往了该基地的指挥部。这个乘员在指挥部待了约一个小时就回到了飞碟上，不久飞碟垂直起飞离开了地球。这显然是一次面对面的直接接触，但是没有人出来证实这件事。直到 40 年后，即 1989 年11 月末，才有一位科学家出来证实此事。这位科学家曾参与外星人的尸体处理工作。他说，有 4 具外星人的尸体一直保存在俄亥俄州的空军基地里。当时在任的杜鲁门总统曾下令所有相关人员严守这一机密，并同意对外星人的尸体进行研究。

透露这条消息的科学家叫斯通·弗里德曼，当年他直接参加了对外星宇宙飞船残骸及外星人尸体的处理工作。据他讲，这 4 个外星人个头很小，呈深灰色的皮肤满是皱纹，但头和眼睛都很大。他们的耳朵和鼻子深陷于脸内部，从手肘到手腕的那截手臂特别短。很明显，外星人与人类长得很不一样，看起来也很恐怖。

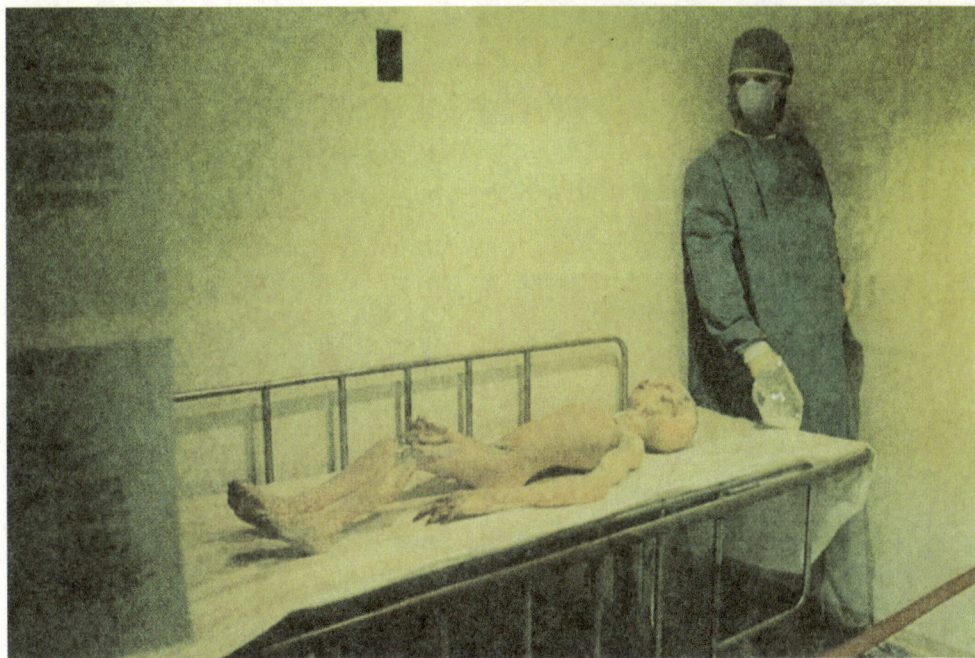

美国新墨西哥州 UFO 博物馆中陈列的死亡外星人模型，表现了 1947 年发生的一次引起广泛争论的 UFO 事件。

图片右上角的发光圆盘被认为是 UFO，飞机遮住太阳的光线让它显得更为明显。

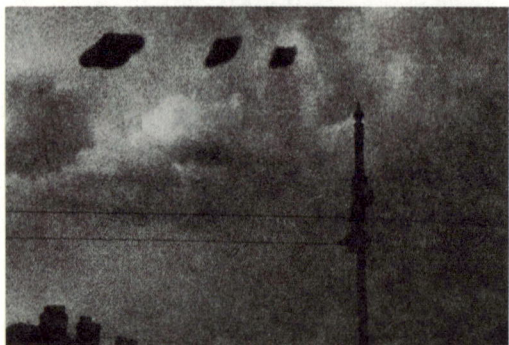

事实或是科幻？

三个据说是 UFO 的黑色盘状物盘旋在英国约克郡的一个小镇上空，这张不甚清晰的照片拍摄于 1966 年。

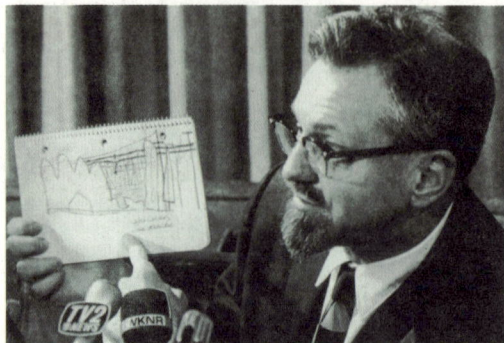

在 1966 年 3 月的一次记者招待会上，美国空军蓝皮书作业组织的顾问海奈克展示一幅密歇根 UFO 目击者所绘的草图。美国政府自此开始调查 UFO 事件。

此后，美国又发现了数具外星人尸体。1953 年夏，在美国亚利桑那上空一个飞碟发生了故障，其中一部分碟体陷在沙子里。美国军方派人赶到时，发现里面有 5 个外星人。这几个人和地球人长得比较像，只是胳膊特长，而且每只手只有 4 个手指，指间还有蹼，看起来像青蛙的蹼。其中一个还活着，但伤得很重，不久就死了。

另一艘坠毁于 1962 年的飞碟直径有 17 米，由一种在地球上找不到的金属制成。在飞碟残骸里发现两个类人的生命体，身体比地球人矮，只有 1 米左右，但头比地球人的头大，鼻子只有小小的突起，嘴唇很薄，还有一对没有耳廓的小耳朵。

据美国"20 世纪不明飞行物研究会"主席巴利先生透露：目前，美国回收的外星人尸体并被冷藏处理的至少有 30 具，分别放在几个秘密的地方。

外星人的尸体在世界其他许多地方也被发现过。1950 年有一个飞碟坠毁在阿根廷荒无人烟的潘帕斯草原。这个飞碟的圆盘高约 4 米、直径约为 10 米、座舱高约 2 米，有舷窗，表面光亮严整。这个飞碟正好被驱车经过的建筑师塔博博士发现了。在强烈的好奇心的驱使下，他停车走近物体，他从圆形物体的舷窗往内看，发现舱内有四张坐椅。其中三张各坐着一个小矮人，他们一动也不动，显然已经死了。这些小矮人长得与地球人差别不大，有鼻子、眼睛和嘴巴，头发呈棕色，长短适中，皮肤黝黑，穿一身铝灰色的服装。只是第四张坐椅空着。

根据专家的判断，这张拍摄于1967年俄亥俄州村庄上空的照片展示的是一架外星人的交通工具。

第二天，等到他与朋友们再来看时，地上只留下了一堆灰烬，温度很高，站在旁边也能感觉到。他的一个朋友抓起了一把灰，手立刻就变紫了。后来，塔博博士患上了一种非常怪的疾病，连续发高烧，好几个月不退，皮肤破裂，像老树皮一样，一直无法治愈。

这三个外星人的尸体被人们发现却未能回收到。于是就有人推测，可能第四张坐椅上的那个外星人当时还活着，为了不让自己和飞碟落入地球人之手，就把飞碟和三个外星人的尸体悉数烧掉了。

苏联科学家杜朗诺克博士在南斯拉夫宣布：苏联一支科学探险考察队于1987年11月在戈壁沙漠中发现了飞碟。当时，它的一部分已埋在沙堆中，直径有22.78米。让人吃惊的是，这次发现的外星人尸体达14具之多，而且都没有腐烂，可能是沙漠中气候干燥的缘故。

设在法国巴黎的"UFO报告真实性科学协会"主席狄盖瓦曾经在喜马拉雅山峰的冰雪中发现一个飞碟残骸和6个外星人的遗体。当时法国政府大力支持他们回收外星人遗体和飞碟残骸的工作，回收工作持续了数月才结束。从回收的外星人遗体看，它们身材矮小，只有1米左右，四肢瘦弱，但头和眼睛都比地球人大很多。他们还收集到许多金属残片，大的有2～3平方米，而这些金属在地球上仍没有发现。

在这一回收过程中，他们还找到了一些动物，如马、牛、狗、鱼，甚至还有一头大象和几百个鸟蛋，这让人感到莫名其妙。由于这些残骸都是被冰雪封冻起来的，因此很难确定其失事的时间，可能是几年前，也可能是在几千年甚至上万年前。

回收飞碟和外星人尸体数量最多的美国，但由于这涉及科技和军事机密，美国政府总是千方百计地掩盖事情的真相。日本著名作家矢追纯一，曾经拜访过一些回收过外星人尸体的科研人员，从而掌握了大量相关资料，写成了《外星人尸体之谜》一书。该书受到世界飞碟研究界的高度重视。在这本书中，他详细叙述了自己在美国调查访问的情况。他认为这些年来美国回收飞碟和外星人尸体的事件有46起之多，现在存放在美国的外星人尸体仍有数十具，他们被冷冻在地下室的秘密器皿中，美国对外星人的尸体进行过解剖等等。

由此似乎可以判断，外星人的存在是确定无疑的，然而他们到底来自何方呢？据参加解剖的人说，外星人的肺与地球人是一样的，由此断定，他们的"家乡"也是一个氮气多于氧的地方。哪个星球有这种条件呢？目前尚未找到答案。

神秘冰人奥兹之谜

冰人的发现地点在奥兹山谷，因此人们将他称为冰人奥兹。他年约30岁，身上有很多纹身，对于当时恶劣的环境来说，他的服装显得较完整。由于他看来较完整，被冻在冰层里，人们一开始以为他刚刚死去，甚至没有想到要咨询考古学家的意见。

结果研究发现奥兹属于青铜时代（公元前3500年～公元前1000年）。他死时埃及的金字塔还未建好，欧洲人正在尝试车轮的发明。他死后不久被冻结在冰中，当人们发现他时，阿尔卑斯山上的冰雪已经把他制成了木乃伊。他身体上皮肤的孔仍清晰可见，甚至连眼球都保存完好。他身高约为1.59米，身上穿着由羊皮、鹿皮和树皮及草制成的三层服装，戴着帽子和羊皮护腿。他身旁还放置了一把铜制的斧头和一个装有14支箭的箭袋。

研究家们试图利用这些线索发现他以何为生，从何处来，受到什么样的袭击，最后一餐吃了些什么，而死因究竟是什么。奥兹是目前保存最完好的史前人遗体。在奥兹身上不断获得的发现，总会引起广泛的关注，而他的死因则始终是科学家争论的一

1991年9月发现冰人时，尸体仍然半裹在冰中，第一次挖掘只挖出了到臀部的上半身，在尸体运到因斯布鲁克法医学院后才弄清他的真实年龄及其重大意义。

大焦点。一些科学家认为奥兹在死后不久就被冻结在冰中，所以遗体才能保存得如此完好。他们发现奥兹的结肠里有花粉，由此猜想他死于夏末。最后被秋季的一场突如其来的暴风雪袭击，在寒冷恶劣的天气里变成了冰人。

但奥地利因斯布鲁克大学古人种学家奥格教授的研究使得从前有关奥兹死因的猜测受到了质疑。他通过对冰人结肠内的物质用显微镜分析发现，从奥兹结肠中提取的内容物含有完整的蛇麻草角树的花粉颗粒。这种树在 3 ～ 6 月开花，并且只生长于低海拔的温暖地区。由于花粉在空气中分解得很快，因此可以推断奥兹应该死于春季或初夏。花粉应是在奥兹离开蛇麻草角树后才被吸收，附近最近的蛇麻草角树位于南边的一个山谷，徒步走大约需 6 个小时。另外，对他的皮肤分析表明，奥兹的躯体在冻成冰人前，曾在水中浸泡了几个星期。奥格教授相信，奥兹在死前 8 个小时正通往山谷，在那里吃的最后一餐是未发酵的单粒小麦面包，一种草或绿色植物、肉。由于单粒小麦并非天然在欧洲生长，这说明当时农业社会的一些状况。小麦是被研成粉做成面包，而不是做成麦粥。

新的证据还促使研究人员重新思考奥兹是如何陈尸于高山之上的。奥兹的死亡之旅依然显得相当神秘。一些研究人员甚至猜测，他是作为新石器时代的某种献祭被拽到那里的。然而奥格教授的思绪并没有走那么远："我们可以肯定的是，在奥兹死前的 12 小时中，他曾在长有蛇麻草角树的山谷底部待过，他是在一天之内来到他的长眠之地的。"

另外，科学家们还吃惊地在冰人的身上发现了 47 处纹身，其背部和腿部的纹身甚至接近于或者就在缓解背疼或腿疼的针灸位置。X 射线分析表明奥兹的骨关节炎曾对针灸有过

全身披挂的冰人复原图

芦苇或秸秆制的大氅在 18 世纪欧洲部分地区仍被人们穿用。

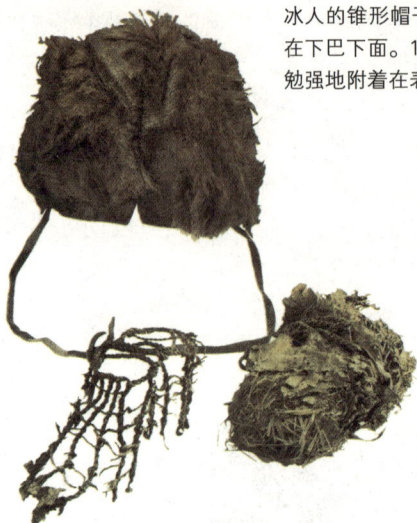

冰人的锥形帽子是由小的皮毛块缝在一起做成的，它还有两根皮带可以系在下巴下面。1992 年 8 月对冰人遗体进行第二次发掘时，帽子外面的毛还勉强地附着在表面上。

冰人的鞋里塞了草团来保暖，它可能是他亲手制作的。牛皮鞋底与毛皮鞋帮绑在一起，上面还有结实的鞋带。鞋的内部由扭曲和打结的绳子织成网状，可以把草团固定住。他的右鞋比左鞋保存完好，在冰人被送到实验室时还穿在脚上。

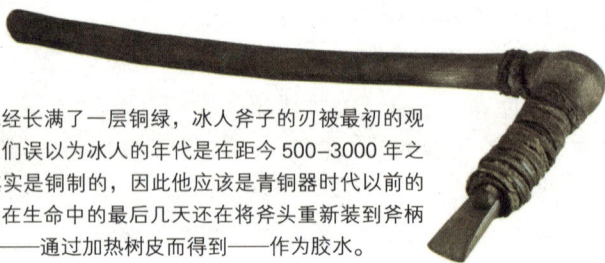

由于水的原因使斧刃上面已经长满了一层铜绿，冰人斧子的刃被最初的观察者认为是铁制的，并使人们误以为冰人的年代是在距今 500–3000 年之间。但 X 光检测发现斧头其实是铜制的，因此他应该是青铜器时代以前的人。显微镜分析还显示冰人在生命中的最后几天还在将斧头重新装到斧柄上，并使用了白桦树的焦油——通过加热树皮而得到——作为胶水。

这是两支带有箭头较完好的箭

冰人的皮制箭套。其中两支箭还带有箭头，但其他几支只剩箭杆了。冰人的弓并没有完成，这些迹象似乎表明冰人是在没充分准备的情况下匆忙离家的。

肿胀的关节表明他生前曾经深受关节炎所带来疼痛的折磨。

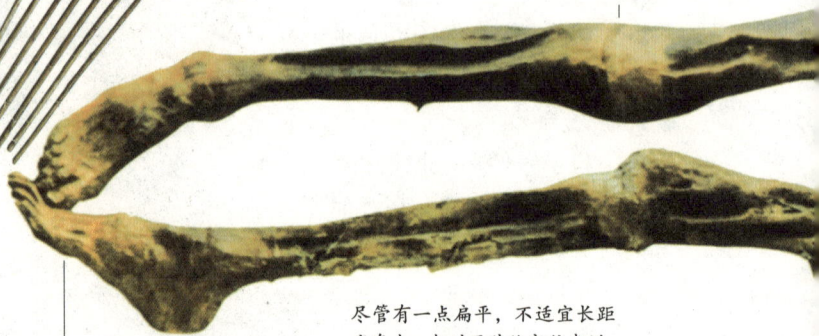

尽管有一点扁平，不适宜长距离奔走，相对于其他部位来说，他的脚是保存得最为完好的。

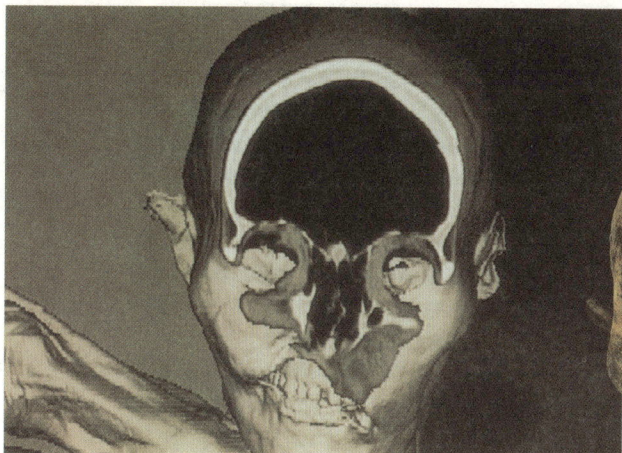

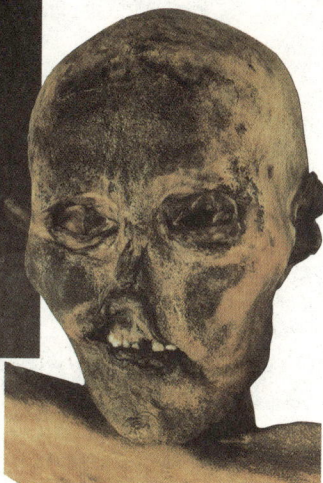

通过使用三维计算机模型，科学家们能够在不破坏尸体的情况下对冰人的头颅做出详细的测量。研究表明他的大脑已经如现代人那样完全发展起来了，面部的破损并不是由于冰人在生前受到灾祸所造成的，而是由于覆盖在尸体上面将近 5000 年的冰川的压力和运动引起的。然而计算机轴面 X 断层照相技术对尸体进行扫描显示出一些不正常的现象：除了其他方面以外，他没有生智齿，并且只有 22 根肋骨而不是 24 根。

冰雪的作用使他的手扭曲伸向右侧，半握的手说明冰人生前可能握着什么东西。

紧握的拳头表明冰人在死时显得特别痛苦。

冰人的身体还保持着他被发现时的姿势。虽然死的时候他全身伸展躺在左侧，但冰雪的压力使他脸朝下，迫使他伸开的左臂向右侧扭了过来。研究表明，尽管冰人死的时候年龄在 30 岁左右，但他已经出现了衰老的迹象，他的动脉开始硬化，还忍受着早期关节炎的折磨。

研究发现，冰人生前不仅生有浓密的胡须，还有满头的黑色鬈发。

或是由于长期裸露在外，遭受风吹日晒，或是挖掘时的意外，冰人腿上的部分纤维已完全消失了。

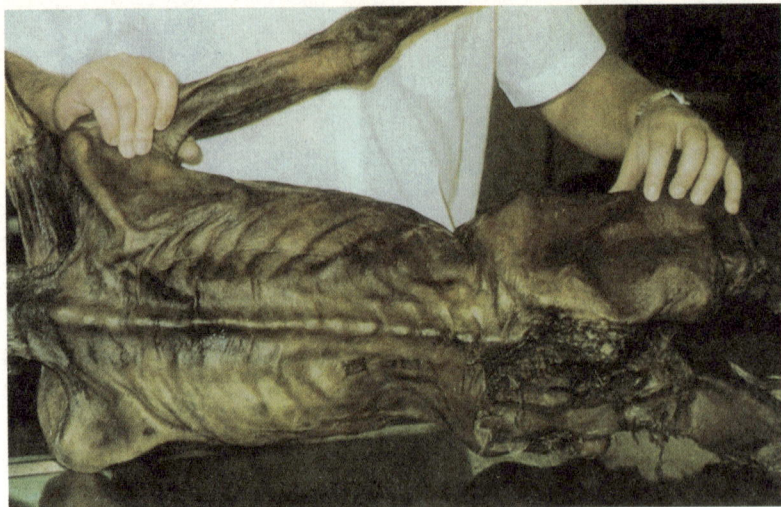

冰人身上的脚踝、膝盖、脚等部位还发现了类似于他后背上的这种纹身。X光透视显示这些区域的骨骼都有恶化的迹象。这些纹身是由炭粉糅进割开的小口形成的，可能它被认为是一种减轻痛苦的治疗手段。

反应。问题是针灸起源于2000～3000年前的中国，冰人的发现说明针灸或类似针灸的治疗法在5300年前就在远离中国的地方出现。

奥兹的帽子是由熊的皮毛制成，当时此地较现在有更多的熊出没，人们也许会组成狩猎队猎捕熊。奥兹的鞋引起了研究者的较大兴趣，其具有较佳的保暖性、保护性，在高山上还能防水。其底部较宽，且防水说明是专门用于在雪地行走用的。鞋底用熊皮制成，鞋面则是鹿皮制成。

奥兹身上最令人吃惊的莫过于那把铜斧。因为科学家们一直以为人类在4000年前才掌握这样的熔炉及成型技术。此外，对奥兹头发的分析显示他参加过冶炼铜的工作。这个冰人令考古学家不得不重新考虑青铜时期的问题。这把铜斧长2英尺，斧把由浆果紫杉木制成。斧的顶部不到4英寸，斧头边略弯。斧头表面的分析表明其含99%的铜、0.22%的砷、0.09%的银。含砷和银说明此种铜来自当地的铜矿。

据意大利考古博物馆的研究人员认为，奥兹是在雪地里睡着了冻死的或是死于雪崩。而一份《华盛顿邮报》的报道则称，在对冰人经过一种被称作层面X线照相术的技术测试后，科学家发现冰人的左肩下有一枚箭头，在骨骼上还发现箭头射入他身体后留下的痕迹。

研究人员称，奥兹很可能是死于战争，因为他身上武装着斧头、刀和弓箭。箭头进入体内的角度表明他是被人从下方击中。这柄箭不到1英寸长，穿过他的背部，切断臂上的神经和血管，停在肩膀和肋骨之间。由于箭没有射到任何重要器官，研究人员估计奥兹流了很多血，最后在痛苦中死去。

迄今为止，神秘的冰人不仅因其神秘的死亡留给了科学家发挥想象的巨大空间，还因而留下了无休无止的争论和无穷无尽的探索。路漫漫其修远兮，攀登科学高峰的道路是无止境的，关于冰人死亡的争论和猜测还会进行下去。重要的，也许不是结果，而是这种在追求真理过程中所感到的快乐。

寻找消失的大西洲

　　公元前4世纪，柏拉图曾在他的两本对话集《蒂迈乌斯篇》、《克里提亚斯篇》中提到一个大西洲的故事。这个故事立即引起了人们的兴趣：世界上真的有大西洲吗？大西洲是一个什么样的陆地呢？

　　柏拉图在故事中讲道：远在古代，在海的对岸，有一个名叫亚特兰蒂斯的岛屿。它是海神波塞冬赐给长子大西的礼物，后来大西在岛上建国，取名为大西国。于是，亚特兰蒂斯岛变成了大西洲，而大西洋就是大西洲四周的海。

　　据柏拉图说，大西洲的所在地位于直布罗陀海峡对面的大西洋中部。根据这一说法，大多数大西洲学专家推测，失落的大西洲应该就位于大西洋中部。和其他后来的许多学者一样，美国考古学家康纳利认为亚速尔群岛一定是这片湮灭大陆的唯一的幸存者，它之所以幸存，是因为它是全城的最高峰。但是，尽管考古学家们对亚速尔群

柏拉图的著作中说道，大西洲经过了空前的辉煌后，"大西洲人内心充满了过于膨胀的野心和权力"。大西洲人不再视美德高于金钱，陷入了道德的沉沦。他们派出大量军队去征服雅典和东部，以攫取财富，无休止的奢华终于迎来因果报应。众神之王宙斯对他们发出了令人颤栗的惩罚，"恐怖的地震和洪水一夜之间突然降临，大西洲……被大海吞没，消失了"。

康纳利像

美国人，于1882年出版了《大西洲：大洪水前的世界》一书。他研究过大西洋两岸古文明在神话、语言和习俗方面的相似之处，认为在新世界与旧世界之间陆沉的亚特兰蒂斯是两地文化的桥梁。他又把大西洲沉没的时间定在冰河时期末，约公元前8000年，当时冰河融化，海面上升至前所未有的高度。

拍摄于20世纪初的照片中，康纳利把自己的肖像挂在家中书房，在这里他写出了《大西洲：大洪水前的世界》。

岛进行过详细勘探，海洋学家也对毗邻的海床进行了认真勘察，但还是没能找到任何能够证明那里曾经有一个王国或大岛的证据。

柏拉图在书中对大西洲的描述几近完美：大西洲位于副热带，全岛面积大约在40万平方千米左右，人口估计有2000万。岛的北部有绵延不断的崇山峻岭，是全岛的天然屏障。大西国的鼎盛时期大约在公元前1.2万年左右，当时风调雨顺，国泰民安，因此很快成了文明世界的中心。

对岛国的情况柏拉图是这样描绘的：大西洲的面积大于小亚细亚和利比亚之和。那里物产丰富，人们会冶炼、耕作和建筑。那里道路四通八达，运河交错成网，交通发达，贸易兴盛。他们凭借强大的经济势力四处扩张，他们的船队，曾经征服了包括埃及在内的地中海沿岸的大片区域。

但盛极必衰，就在此时，大西洲突然间天降灾祸，一场强烈的地震和随之而来的海啸铺天盖地，使整个大西洲遭到了毁灭性的打击。一切曾经代表繁荣的都市、寺院、道路、运河及所有的国民，在顷刻间沉陷海底，不复存在。

柏拉图2000多年前的描述使人们一直为大西洲的神秘所深深吸引。人们一直在问：大西洲真的存在过吗？如果存在过，那么究竟是什么力量使得大西洲毁于一旦呢？

1882年，依内提乌斯·康纳利写了一本名叫《大西洲：大洪水前的世界》的书。在该书中，他十分肯定地认为大西洲确实存在，而且他还指出，大西洲位于大西洋上，世界文明最早就是在这里发祥的。

通过对欧洲和美洲的动植物以及化石的大量比较，康纳利发现了一个有趣的现象：在大西洋两岸都有骆驼、穴熊、猛犸和麝牛的化石；埃及的金字塔也并非独一无二，在它的对岸，墨西哥、秘鲁也有与之相似的金字塔；西班牙的巴斯克人和南美的玛雅人都有一个大大的鹰钩鼻，而且所使用的松土泥锹一模一样……所有这些，都不

大西洲想象图

这是依据柏拉图的描述绘制的。

❶ 中心岛上有王宫与海神庙
❷ 内港
❸ 小环岛有运动区与庙宇
❹ 大环岛有赛马道与兵营
❺ 大港
❻ 运河
❼ 外城
❽ 外城城墙
❾ 海上运河入口

难证明世界上有过这样一个大陆，它将欧洲、美洲和非洲全都联系起来了。

1898 年，人们又意外地发现，在亚速尔群岛周围海域有一块海底高地，其大小、形状都与柏拉图笔下的大西洲十分相像。勘探人员将取出的岩石送到科研中心鉴定，结果证明这一带海域在 1 万年之前确实是一片陆地。

1968 年，在巴哈马一带海域的水面下人们发现了规模很大的城墙和金字塔，其中城墙约有 1600 米长，金字塔约有 200 米高，底边长达 300 米。1974 年，苏联的一艘海洋考察船又拍摄了这一带的许多海底照片。从照片上人们可以清晰地看到许多古代建筑的断墙残垣以及从墙缝中长出的海藻。

这一切似乎已经证实了大西洲的真实存在。如果真是这样，大西洲又怎么会突然沉没了呢？

康纳利认为同时发生的火山爆发、地震和洪水泛滥是大西洲毁灭的原因。但是现代物理学家对此提出了质疑，他们认为这一类灾变不可能毁灭整个大洲，更不可能使一片大陆在 48 小时内毁于无形。而德国物理学家穆克则认为大西洲的毁灭源于火星和木星轨道间的一颗大行星的撞击。但这些都是无法证实的假设。

尽管大西洲的存在已经证据确凿，但也有不少人对此持否定态度。他们指出，如果真如柏拉图所说，大西洲当时已经达到高度文明，并且也已经懂得使用金、银、铜制品，那么为什么考古学家至今找不到这方面的任何证据。另一方面，如果大西洲的确存在，那么必然会有一些商品，诸如陶器、大理石雕刻、戒指和其他装饰品等随着商品贸易流通到邻近地区，可类似的遗物人们一件也没找到。而且根据大陆漂移说，现有的大陆都能巧妙吻合连接成一个完美的整体，这样大西洲似乎又成为多余的了。

地质学家认为大西洋里是不可能存在着沉没的大陆的。按照地质学说，在 1.8 亿年至 2 亿年前，南北美洲与欧洲、亚洲、非洲是连在一起的整块大陆，之后，由于天体引潮力的作用，熔融物质从地壳的一条巨大裂缝中涌出，它不断推动大板块分裂开来。熔岩穿过海底裂缝从炽热的地球中心向上涌出，在这个过程中，熔岩逐渐冷却变成岩石，堆积在两边，新涌上的熔融物质不断堆积，造成岩石沿东西向不断延伸，形成海底平原。由于冷却熔岩不断增长所产生的推力与天体引潮力的共同作用，整块的大陆开始逐渐分裂，裂缝越来越大，最终形成了今天的五大洲。从这种理论出发，那么大西洋里是不可能存在沉没的陆地的。

目前，大西洲之谜仍然没有完全被人类解开，各种各样的争论仍在不断进行，但结果并不重要，人类对未知事物强烈的好奇心和执着顽强的探索精神才是永远闪耀的珍宝。

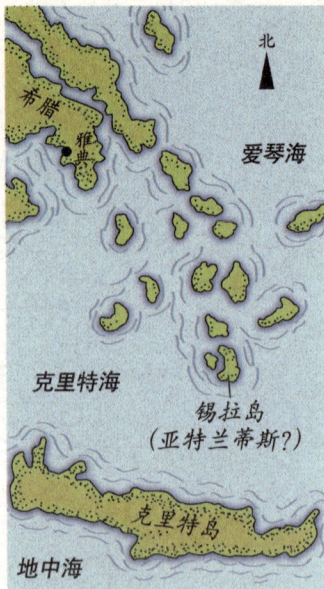

亚特兰蒂斯推测位置示意图

这里标示的亚特兰蒂斯推测地点是希腊的锡拉岛。根据考古发现的爱琴海青铜器时代（公元前 3000—公元前 1500 年）文物，与柏拉图有关亚特兰蒂斯的描述，有颇多相似之处。而在公元前 1500 年左右，锡拉岛火山爆发，被大海吞噬。

| 2.5 亿年前 | 1.75 亿年前 | 现在 |

过去 2.5 亿年间各个大陆变化图示

古印度人制造宇宙飞船之谜

在人们的印象中，高速飞行器械肯定是现代人的发明。但是，考古学家的发现却给出了不同的答案。因为，考古发现，古人不但能够造飞行器械，还能造宇宙飞船。

近年来，人们竟然根据印度古文献仿造出了飞行速度达5.7万千米／小时的飞船。当然，从现代科技的角度去看，也许这是小事一桩。这份文献是从一座倒塌的史前时代的庙宇地下室中发现的，这份资料以古代梵文木简写成。而这种飞船就是大名鼎鼎的"战神之车"。

这份资料详细记载了"战神之车"飞船的驱动方式、构造、制造飞船的原料乃至飞行员的训练与服装等众多细节，篇幅达6000行之多。据记载，"战神之车"的飞行速度如换算成现代计算单位应为每小时5.7万千米。

这就是说，当人类发明了火车、飞机、飞船并为自己的发明所陶醉的时候，他们根本就没有想到，这些看来非常现代化的工具在几千年前就可能已经存在了，这真让科学家们尴尬了一回。

说起"战神之车"，还要从印度南部古城甘吉布勒姆的424座神庙说起。这些神庙据说最多时曾达到1000座，因而"寺庙之城"就成为这座城市的当之无愧的称号。在这些神庙中，除了湿婆、毗湿奴、黑天、罗摩等众多古印度的神灵雕像外，还有一种飞船的雕塑。这种被雕成不同样式的飞船上面刻有众多神话人物，但"战神之车"却是它们共同的名称。据说这些飞船就是这些神话人物乘坐的坐骑。

研究者们发现，"战神之车"是一种多重结构的飞船，绝缘装置、电子装置、抽气装置、螺旋翼、避雷针以及喷焰式发动机都装备在了飞机上。文献中多次指明飞船呈金字塔形，顶端覆盖着透明的盖子。这简直就是传说中的飞碟。

神像

小泥塑像为一个头上戴着装饰的妇女，它是在摩亨佐·达罗被发现的。这非常像生育或者母神的代表。

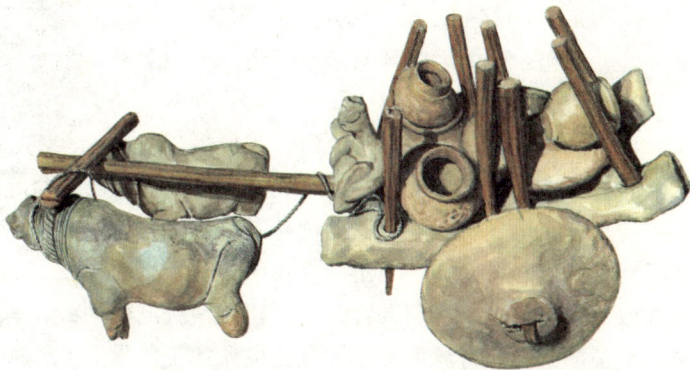

车模

这样的泥土模型由两头牛拉着，证明印度人已使用车轮。他们使用大型的车运载粮食与其他产品。

这份文献是 1943 年从印度南部的迈索尔市梵语图书馆一座倒塌的庙宇地下室中发现的。这些神话故事因为它的发现开始变得更加扑朔迷离了，究竟这些人是神话人物还是真实人物？究竟这种飞船是地球人所造还是外星人所造？连科学家们也无法回答这些问题。

驾驶方法也被记在这份文献中，也就是说早在史前时代，飞船和飞船驾驶员就出现在了印度这个地方，这样看来，人类的科技真像魔鬼一样神奇。

当然，人类科技的发展是从当代和现代才开始的，这已被众多的事实所证明，那么，对古印度的飞船就只有一种解释看上去显得合理一点，那就是根本就不是人类建造了这些飞船。也许那时的人们看到了一个这样的飞船，而这个飞船却是外星人乘坐着到地球上来考察的，然后根据这个也许被外星人废弃了的飞船，当地人仿造出了其他的飞船，而他们将那些外星人当成了神仙供奉起来了。

神—王

一个半身石头像显示了一个人戴着带花纹的发箍。这个石刻的质量以及沉思的表情意味着这个人可能是一个古印度的神或者是国王。

古希腊人制造过齿轮计算机吗？

在 20 世纪初，一位采集海绵的希腊潜水员在安蒂基西拉海峡的水底看到一个巨大的黑影。他游过去一看，发现是一艘古代沉船的残骸，这令他大吃一惊。这个突然的发现使他十分激动，他又一次潜下水，仔细察看，发现有大理石雕像和青铜雕像装在古船里面。

不久人们打捞上这条沉船。经专家考证，这艘古船沉没在水下已达 2000 年之久。也就是说，它沉没于公元之初。有关组织马上采取措施保护船上珍贵的古代艺术珍宝。

然而，又发生了另一奇迹，而它的价值，所有雕像都不能及。

在工作人员分析、清理船上物品时他们发现有一团沾满锈痕的东西夹在无用的杂物中。在认真的处理后，人们发现那里面有青铜版，还有一块上面刻有精细的刻度和奇异的文字，有被机械加工的铜

古希腊出土的青铜太阳系仪

在古老的希腊就有精密的机械装置。

圆圈残段。专家们马上意识到这圆圈意义重大，这种东西怎么会出现在古代船上呢？

在认真地拆卸、清洗它2次之后，专家们更加惊异了。那许多的细节部分清洗后竟是一台由复杂的刻度盘、活动指针、旋转的齿轮和刻着文字的金属版组成的机器，经复制发现它由20多个小型齿轮、一种卷动转动装置和1只冠状齿轮组成，一根指轴在一侧，指轴的转动会带着刻度盘以各种不同的速度转动。青铜活动版保护着指针，版上面有供人阅读的长长的铭文。

美国学者普莱斯用X光对这台机械装置进行了检查，最后断定它是一台计算机，太阳、月亮和其他一些行星的运行都可以用它来计算。据检测，它制造于公元前82年。世人都为之惊异。要知道，是在1642年帕斯卡才发明了计算机，而且当时他制造的计算机械十分不准确。虽然希腊人被人们公认是古代最有智慧的民族，但人们对这台古代计算机的出现，还是感到不可理解。

海底打捞起来的古希腊青铜塑像

还有，这个机械装置全部是由金属制成的，精密的齿轮转动装置也在其中使用。而人们都知道是在文艺复兴时代才使用金属齿轮转动的。这涉及到必须具备钳、刨、铣等机械加工工具才可以制作它，而在古希腊是根本就不存在这些工具的。

于是人们又提出这样一个问题：到底是谁制造了这台"安蒂基西拉机器"？

有人说，如果确是古希腊人制造了它，那么恐怕要彻底改写古希腊科学技术的历史。但又无法进

帕特农神庙遗址

157

阿波罗战车出征画

在太阳还停留在神话中的希腊，居然已经有了测量日月星辰运动的计算机，实在令人惊奇！

行这样的改写，因为只有这个计算机的证据，人们并不知道它的制造者。在古希腊和其他一切古代民族的文献中，关于计算机机械的记载也从未发现过。

如果不是古希腊人制造了它，那么必定是远比古希腊人更聪明、工艺水平和科学技术水平也要高得多的智慧生命制造了它。

印第安人的人头缩制术是怎样发明的？

全副武装的印第安人泥塑像

威风凛凛的印第安战士，连同充满恐怖色彩的人头缩制术，令敌人闻风丧胆。

西方人想躲避灾祸，会敲敲木头或采取一些什么魔法对付给自己造成威胁的人，你会认为他们的做法很可笑吗？可能你的嘲笑十分有道理。但有时不少抵挡敌人的原始仪式和方法又似乎能起作用，或者以前曾经起作用，也许正因为大家知道这些方法被别人用过，所以可以恫吓敌人。希瓦罗族印地安人的事例就说明了这一点。南美洲被西班牙人征服之后，希瓦罗族是少数残存下来而且保留自己民族特征的印第安部族之一。

公元前 1450 年前后，姆卡部队在尤潘基的率领下攻打基多王国南厄瓜多一个省份，当时军中传说这一次征战意义重大。本来印卡士兵全部训练有素，勇猛好战，但这一次是一帮特殊的希瓦罗族战士作为他们的对手，因此印卡部队不免有点犹豫。希瓦罗人对缩制敌人人头很在行，并且满足于砍下敌人

印第安民族的传统服饰

印第安人面具

脑袋留作战利品，这人头被他们缩成拳头那样大小，死者不散的灵魂也永不得翻身。

　　印卡人倒不怕被人砍掉脑袋拿去当战利品炫耀，因为这也是他们的惯施之技。3000年前这种习俗在南美洲十分普遍，没有什么可奇怪的。但印卡人相信头脑内藏有灵魂，所以最怕灵魂受制不得脱身。希瓦罗人缩制人头为的正是要把敌人的灵魂牵制住。希瓦罗人在把人头缩制之前，仿佛要举行某种仪式，以使脑袋里的灵魂不能报复杀死他的人。

　　尤潘基取得了那场战争的胜利，可是希瓦罗人并不屈服，希瓦罗人原在丛莽中居住，打败后随即躲入丛莽中。

　　为了炫耀胜利，别的部落民族战士才砍下敌人脑袋，而希瓦罗人却要举行仪式来缩小敌人的脑袋，使干瘪头皮困住敌人的灵魂，不再兴风作浪。否则，死者的灵魂即会报复杀害他的人。希瓦罗人相信死者灵魂若不用这种方法禁锢起来，自己将永无宁日。因此，如果说希瓦罗人也有害怕的事物，那就是敌人那逃掉的灵魂。

　　希瓦罗人割取的脑袋大都是近邻阿希亚利族人的，因为这两个部落水火不容，世世代代互相仇杀。如果找不到阿希亚利人，希瓦罗各部落之间也会爆发战争，但是战斗中只限一般的打斗，一条规定被双方严格遵守，就是不得把脑袋砍掉。缩制猎回的人头通常要好几天的时间，或者是在武士回乡后，再进

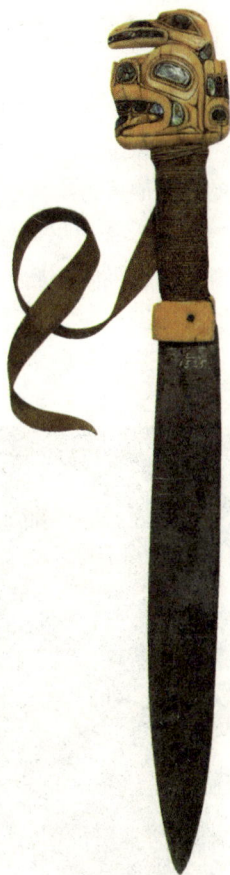

锋利的匕首

159

印第安人的头饰

印第安人花鞋

行缩制工作，不然就常在凯旋途中举行缩制仪式。在每一次缩制过程中，都要有大吃大喝和跳舞的仪式。缩制好的人头，要缝合两眼上下眼皮，以使一心想报复的灵魂无法看到外间世界。

莱布尼茨发明二进制与《周易》有关吗？

莱布尼茨是德国自然科学家、唯心主义哲学家、数学家。世人都称他和牛顿是微积分的创造人。他对帕斯卡的加法器进行了改进，设计并制造了一种手摇的演算机，提出了他认为吻合中国"先天八卦"的二进制，后代计算技术的发展受到影响。

关于莱布尼茨发明二进制与《周易》是否有关，至今仍说法不一，几种观点较为常见：英国剑桥大学的李约瑟——《中国科学技术史》的作者，曾经深入地研究过莱布尼茨的生平，认定二进制应起源于八卦和《易经》。李约瑟说正是受到了东方这些古老图书的启示，莱布尼茨才完成了他的创造。传说莱布尼茨年轻时，曾在巴黎游

莱布尼茨像

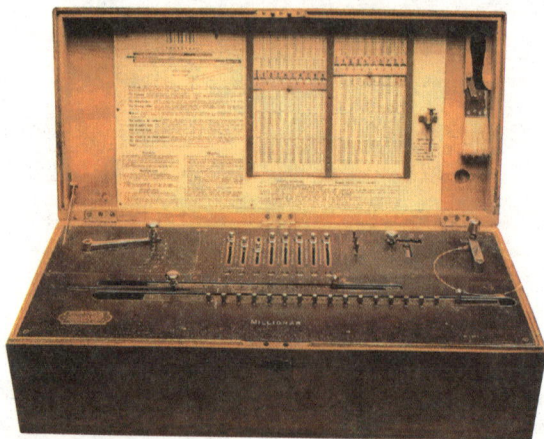

一种早期的加法机

历，在那里发明了对数表，感觉自己非常伟大，恰好一个曾经到过中国传教的教士带了一轴以拉丁文翻译的名为《伏羲六十四卦方位图》的画卷送给他。对此莱布尼茨非常感兴趣，他认真地研读它，经常苦思其中的奥秘，终于有一天他想通了，想到建立二进制，并将自己的数学发明弃置一旁，对东方人的智慧赞不绝口。他以二进制数学把六十四卦的奥秘说得很明白；八卦中一两个符号及其排列方法，可以使等比级数、等差级数、二元式（二进位）、二项式定理、逻辑数学以反电磁波、音响、连锁反应等原理贯通起来。

另一种观点认为，17世纪末叶，与在华传教士白进、闵明我等人的通信联系中莱布尼茨知道了八卦图和《周易》。

还有一种观点认为，莱布尼茨发明二进制与《周易》无任何关联。这种观点认为，《周易》卦序与二进制数学毫无关系，甚至有学者指出宋代邵雍所创制的六十四卦方位图"不能算二进制数学"，它们"只不过可以译成二进制数码，却没有二进制算法蕴含其中"。郭书春在1987年11月17日《科技

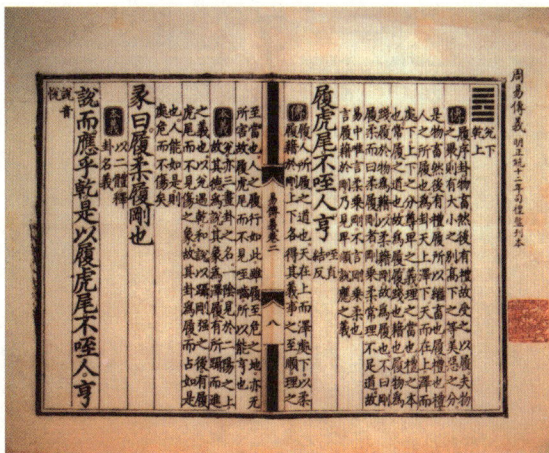

《周易》内文
古老的《周易》真的包含了二进制思想吗？

古老的德国城堡

日报》著文认为只要把莱布尼茨发明二进制与他和传教士白进的交往时间表列出来，一切都可解释清楚。1679 年 3 月 15 日，莱布尼茨的《二进制数学》初稿完成，1696 年，莱布尼茨对二进制问题再次给予了关注，送给奥古斯特大公一枚以二进制表为背面图案的纪念章。他还向赴中国的传教士详细介绍了二进制原理。莱布尼茨与在中国的法国传教士白进交往始于 1697 年。1701 年 2 月 15 日，莱布尼茨给白进写信，对二进制原理进行了详细说明，白进收到信后发现了中国的六十四卦图与二进制的共同之处。4 月 7 日，莱布尼茨将他的论文《关于仅用 0 与 12 个记号的二进制算术的说明，并附其应用及据此解释古代中国伏羲图的探讨》进行修改补充后再送到巴黎科学院，要求公开发表，二进制才被众人所知。然而，莱布尼茨和白进都不知道，他们所说的"伏羲六十四卦图"既不是伏羲创造，更不是《周易》的，而是北宋哲学家邵雍创作的。

火箭是哪个国家最先发明的？

首先在《兵法十二篇》中提出拜占庭皇帝列奥六世 (公元 866 ~ 912 年) 时士兵用的一种投火器，很有可能是火箭，是意大利人瓦尔图在 1450 年提出来的。这便是火箭源于拜占庭说而开始。此后有不少英法学者对这一观点表示赞同。

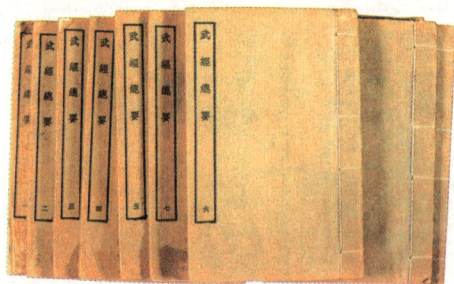

宋朝官修《武经总要》书影
书中已有使用各种火器的记载。

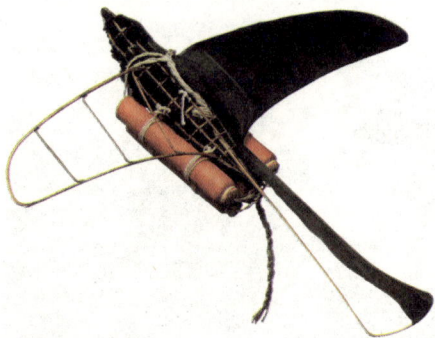

明朝神火飞鸦
现代火箭的动力结构仍然没有脱离其原理。

18 世纪的英国东方学者哈尔海德则提出了印度是火箭发明国的说法。1776 年，在哈尔海德翻译印度《摩奴法典》时，有"火炮或任何种类火器"、"火炮"的句子。《摩奴法典》汇编了古印度的宗教、哲学和法律，编成时间大约在公元前 3 ~ 前 2 世纪间。如果那时已有火炮或其他种类的火器的话，火药的产生当比此时早。众所周知，世界公认火药是中国古代的四大发明之一。与唐初炼丹家和药物学家孙思邈最早记录火药的配方时间相隔千年，众多学者因此对之提出质疑，印度学者赖伊即指出哈尔海德的译文中存在错误。

美国学者维特认为以上是因为传说、神话被学者当成了史料，因而结论自然是错误的。他这样分析是不无道理的。但那些相信印度起源说的人并不以之为然，因而也只能代表一种观点。在《论火箭的起源》一文

元朝军队使用的铜火炮

火器已是蒙古军队征战中经常使用的武器，由此火器传到欧洲和亚洲的许多国家。

中潘吉星认为在1222年印度本土最早出现火箭，那时火箭曾被蒙古军在对花剌子模国王札兰丁实施追击时曾在北印度使用过。这就是说，在1222年以前印度人根本搞不清楚火箭是怎样的东西。

对火箭源于中国这一观点表示赞同的中外学者，一般认为宋代是火箭的最早发端年代。

在鱼豢的《魏略》中始见"火箭"一词，《魏略》中记载魏明帝太和二年十二月，诸葛亮攻郝昭，郝昭射诸葛亮的云梯的武器即是火箭。不过那时的火箭并非用火药来推进的，而是在普通的箭上扎上一些耐烧的艾叶、松香和油脂一类的东西，然后用弓箭射出。

印度火器史学家戈代认为火药和火箭的起源地均是中国，是在14世纪以后才陆续传入印度，而这时中国的火箭已出现很长时间了。

著名的科技史学家李约瑟也说："中世纪中国的最伟大的成就之一是火药和火药武器的发展。"在中国古代典籍中关于火箭的记载也有很多，诸如《宋史·兵志》、《武经总要》等。但仍有人质疑中国是火箭发明国的说法。质疑的根据是丘濬的《大学衍义补》，丘濬（公元1420～1492年）这样说："宋太祖时始有火箭，真宗时始有火球之名，然或假木箭以发，未知是今之火药否也？历考史制，皆所不载。不知此药于何时

希腊之火

在抵抗阿拉伯人的多次海战中，拜占庭成功地使用了一件秘密武器——"希腊之火"。这表明当时欧洲已开始运用火器了。

仿于何人？意者谓在隋唐以后始自西域，与俗谓烟火者同至中国欤？"中国火箭西来说是由英国汉学家梅辉立首先提出的，他认为公元6世纪火箭才传入中国。然而仅凭此一条史料，似乎又有点势单力薄，难以说明问题。因此火箭到底起源于哪一国，还有待于进一步深入研究。

"泰坦尼克号"沉没之谜

影片《泰坦尼克号》取得了十几亿美元的票房佳绩，轰动世界每一个角落。观众们在被电影中壮观的沉船场面所震撼并深深地为露丝和杰克的爱情所感动之余，不禁对"泰坦尼克号"沉没故事本身发生了浓厚的兴趣，那么，这到底是怎么回事呢？

准备远航的泰坦尼克号

1912年4月15日凌晨2点20分，"永不沉没的泰坦尼克号"连同1500多名乘客的船员，一起葬身大西洋底，灾难发生后，西方国家媒体迅速对沉船事件予以大篇幅的报道，对于沉船的原因和场景有许许多多的说法。而世界上许多国家的船舶设计工程师们也对这一沉船事件极为关注，为了揭开这个谜，他们搜索并分析了当时

泰坦尼克号上的幸存者

各种报道，推断造成泰坦尼克号沉船的原因应该是部分船舱施工建造不符合要求，以至于船遇到冰山后船体内的钢板被撞得变了形，撞松了铆钉，并从接缝处将船体撕开了一个大口。当然，也并不是所有工程师都认同这一观点，这也只是一种可能。

海洋地质学家在1985年8月找到了泰坦尼克号的残骸。他们发现，泰坦尼克号沉没时船体已被分裂成船头和船尾两部分。可喜的是，1991年，海洋地质学家史蒂夫·布拉斯科和他的同伴们在泰坦尼克号沉没现场又把一块船壳钢板打捞上来，他们发现，这块钢板碎块的边缘参差不齐，随后，他们在实验室里检验了这块钢块，冶金学家肯·卡利斯利用charpy（即简支梁部击试验）技术检测了该钢板的易碎性。实验结果显示，泰坦尼克号船壳钢板的质地出奇地脆。人们由此认定，是冶炼技术问题导致了船体的沉没。因此史蒂夫"那时的造船技术超前了，但冶金技术没有跟上"的说法得到了证实。

这些观点都是基于科学和事实认定的。对于泰坦尼克号沉没的原因，还有其他带有迷信性质的说法，那就是被"诅咒沉没"的说法，其中最有名的说法是沉没于"木乃伊的诅咒"。

大约在 1900 年前后，考古学家在埃及古墓中发掘出一具石棺，石棺上有"凡是碰到这具石棺的人，都会遭难"这样的咒语，可科学家们才不会理会这些，他们打开了石棺，一具木乃伊在他们的面前展现。

石棺很快被运回英国并在大英博物馆中展出。10 年后，一位富有的美国人希望英国能将石棺和木乃伊卖给他，英国人也真把它卖给了这位美国人。正当他考虑如何将这"宝贝"运回美国的时候，恰逢泰坦尼克号首航，于是他便将他的"宝贝"带上了泰坦尼克号。可惜谁都没有注意到，在石棺上刻着的最后一句咒语是"将被海水吞没"，与前面的连在一起就是"凡是碰到这具石棺的人，都会遭难，将被海水吞没"。

不管怎样，泰坦尼克号毕竟沉没了，作为人类航海史上的一大悲剧，其原因虽然到今天还是一个谜，但它的沉没给人类带来的却是极大的警醒。

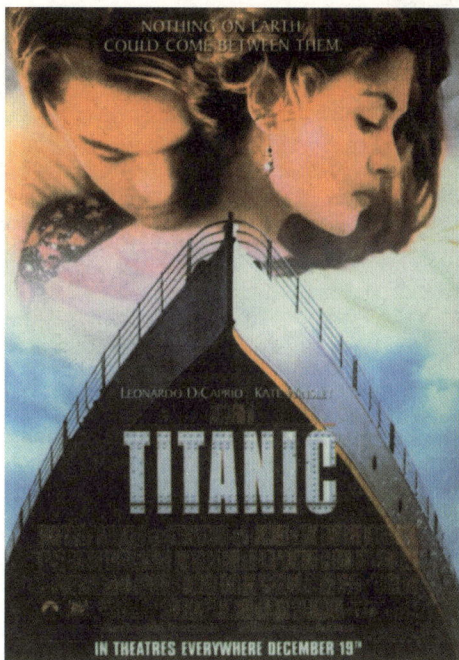

《泰坦尼克号》电影海报

拉美西斯二世的木乃伊石棺

泰坦尼克号的沉没是现代技术的一种失败呢，还是古老诅咒的显灵呢？

美国"阿波罗号"到底登没登上过月球？

宇宙飞船"阿波罗号"登上月球，一直都作为人类航天史的一大里程碑而载入史册，更使冷战中的美国一下在航天领域让苏联望尘莫及，它不仅仅是美国人的成就，更是全人类的骄傲，随着时间的消逝，人们在感受到这一前所未有的狂喜之后，似乎更关心这一壮举的真实性，究竟是伟大的成就还是弥天大谎。

1961 年 5 月 25 日美国总统肯尼迪代表美国政府向国会宣布在这 10 年内，将把

阿姆斯特朗即将踏上月球表面的一刹那

一个美国人送上月球，并使他重返地面。这就是20世纪著名的美国"阿波罗"登月计划。

这一计划是当时在应对苏联空间技术挑战的形势下提出的。

可是自从20世纪70年代以来，一直有人怀疑登月只不过是美国政府一手导演的一个骗局。怀疑者认为，当时美国在与苏联的太空竞赛中始终处于劣势。美国政府在当时技术条件不具备的情况下，一手导演了美国人首次登月的骗局来重振国威，欺骗国际舆论。

还有一些人公开怀疑整个"阿波罗"登月计划本身就是一个大骗局，人类从来没有登上过月球。据美国盖洛普公司在1999年的民意调查，有6%的美国人怀疑"阿波罗"登月是否真的发生过。

2000年7月中旬，墨西哥《永久周刊》科技版刊载了《20世纪最大的伪造》一文，作者俄罗斯研究人员亚历山大·戈尔多夫对美国31年前拍摄的登月照片提出质疑，立刻引起了广大读者的密切关注。

戈尔多夫认为，所谓美国宇航员在月球上拍摄的所有的照片和摄像记录，都是在好莱坞摄影棚里制造的。他的主要理由如下：

第一，"阿波罗"宇航员在月球表面拍摄的照片，背景都没有星星。月球没有大气遮掩，天空又是乌黑的，星星跑到哪儿去了呢？

第二，照片上物品留下影子是多方向的，而太阳光照射物品所形成的阴影应该是一个方向。

第三，摄像记录中那面插在月球上的星条旗在迎风飘扬，而月球上没有空气，根本不可能有风把旗子吹得飘起。

第四，从摄像记录片中看到宇航员在月球表面行走犹如在地面上行走一样，实际上月球上的重力要比地球上的重力小很多，因而人在月球上每迈一步就相当于人在地球上跨越了5～6米长。

戈尔多夫说，他并不否定当年美国宇航员登月的壮举。他认为，美国宇航员当时是接近了月球表面，但由于技术原因未能登上月球。可是，美国为了表功，为了压倒苏联的锐气而伪造了多幅登月照片和一部摄影纪录片，蒙蔽和欺骗世人几十年。

2001年2月15日，美国的福克斯电视台播放了《阴谋论：我们登上月球了吗？》，通过采访"专家"出示"证据"，最终向大众"披露"了美国航空航天局于

20世纪六七十年代在内华达州的沙漠中伪造"阿波罗"登月的真相。

不过，更多的人认为"阿波罗"登月是不可能造假的，最确凿的证据就是历次登月带回来的300多千克月球岩石。月球岩石非常独特，在许多方面和地球岩石不同。

此外，美国传媒神通广大，假如美国政府有欺骗行为，不可能会保密如此之久。

在各方争执不休时，美国于1999年7月20日在华盛顿国家航空航天局博物馆举行仪式，纪念人类首次登月30周年。这也多少表达了美国政府对争论的态度。但是，首次登上月球的尼尔·阿姆斯特朗拒绝参加任何记者招待会、签名或合影，第一个踏上月球的人却如此沉默。这种行为给人们留下了更多的迷惑和不解。

美国宇航员阿姆斯特朗像

如此看来，真假登月仍是未解之谜，证明登月的只有美国政府，有谁撒过弥天大谎会轻易认错的，提出反驳的最权威的戈尔多夫又是俄罗斯人，谁知道其中又掺杂了多少政治的或个人的因素？解开这个谜团，还有待更多的材料和参与者的证明。

破译人体辉光之谜

在自然界里，很多东西都能发光。除了我们所熟知的海洋里的鱼类和浮游生物能发光外，一些腐败的细菌菌丝也能发光。现代科学证明：每个人的身体都能发出不同程度的辉光，只是一般人发出的光太弱了，肉眼根本无法看见。

人们曾在中国古代的一些宗教画中发现一些周身总是笼罩着一层薄薄光辉的圣人形象。在早期的西方，基督徒将他们神圣的始祖——耶稣用美丽的光环来围绕。在其他一些国家的古老宗教图画中这种光环也会被看到。

那些圣人们是否周围真的有一层辉光，我们不得而知。但是到了近代，却屡屡有人发现人体辉光的现象。

拿石榴的圣母　意大利　波提切利

在圣母子头顶有一层光环笼罩，表现了基督教的神圣与肃穆。

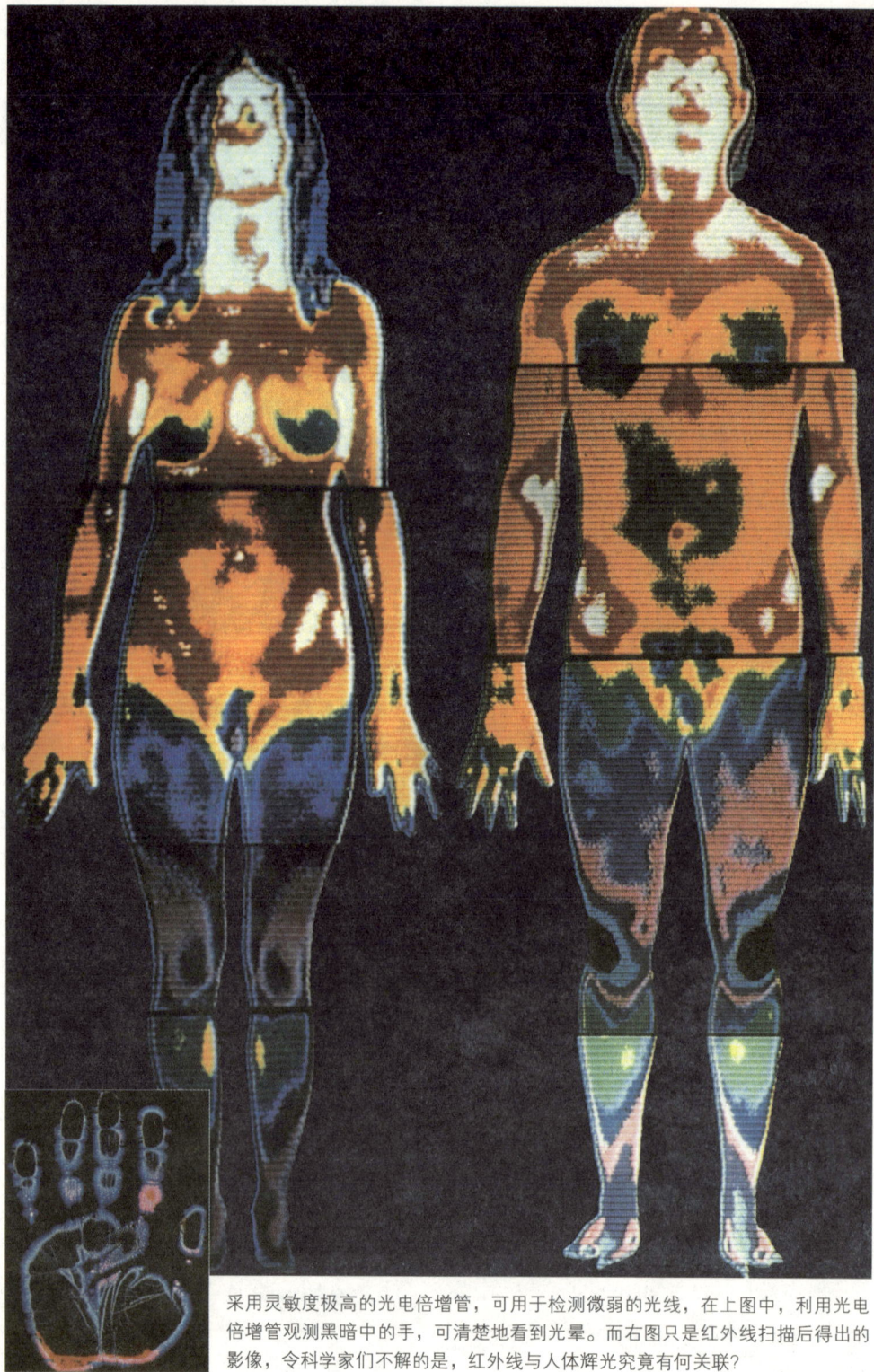

采用灵敏度极高的光电倍增管，可用于检测微弱的光线，在上图中，利用光电倍增管观测黑暗中的手，可清楚地看到光晕。而右图只是红外线扫描后得出的影像，令科学家们不解的是，红外线与人体辉光究竟有何关联？

丹麦著名医生巴尔宁早在 1669 年就发现一个身体会发光的意大利女子。意大利在 20 世纪 30 年代，也发现过一个发光的女子。她的全身好像有光环环绕，特别在她晚上外出时，光环就更为明显。

这些奇特的现象引起了人们极大的关注。

为了证明人体光环是否存在，英国伦敦的华尔德·基尔纳医生做了一个实验。他用一块用一种双青花染料刷过的玻璃观察人体，结果发现的确有一圈约 15 毫米宽的光晕存在于人体周围，若隐若现，色彩丰富，非常奇妙。而且随着人的健康状况的变化，光晕的具体形状和色彩也会发生改变。

后来很多仪器被科学家们发明出来，用来观察人体辉光。在对人体辉光的进一步研究中，科学家们取得了不少成果。

在 20 世纪 80 年代以后，美、日等国的许多科学家在对人体辉光的研究中大量使用了高科技仪器。日本的科学家就成功得到了人体辉光的图像显示，他们所采用的光电倍增管和医学装置，是世界上灵敏程度最高的，可用于检测微弱光线，现在这一学术研究成果已被医学和保健所广泛采用。

苏联生物学家塞杰耶夫用其发明的一种仪器将与心电图相连的静电和磁场变化进行了完全记录，这种仪器发现了人体某些部分显示出明亮闪光点，而令人惊奇的是针灸图上的 741 个穴位与这些点的位置完全一致。

科学家们对人体辉光的研究已不仅仅作为一种出于好奇所作的人类探索或科学研究，而是一种具有很高的实用价值的科学行动。

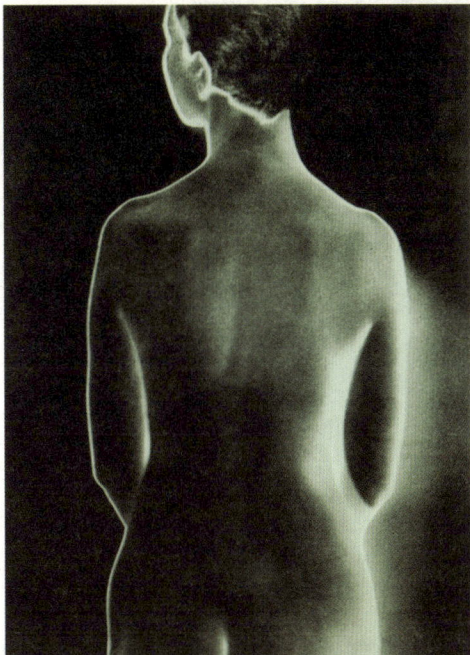

人体辉光
人在情绪不稳定时其辉光的颜色和明亮程度也会相应地发生改变。总的来说，人体躯干发出的辉光要弱于四肢和头部的辉光。

研究表明，经常参加锻炼的运动员身体发出的辉光要强于普通人的辉光。

有人曾对一个饮酒者的手指进行辉光拍摄，结果发现在饮酒过程中，此人的手指辉光是逐步变化的。开始饮酒时，此人手指辉光发亮、清晰，而后辉光逐渐不调和，并开始向暗淡发展，随着饮酒者饮入酒量的增多，辉光便无力地闪烁。

日本医学专家稻场文夫教授发现饮食不同的人其辉光也不相同。他是通过一种能准确计算物质光子个数的仪器得到这一结果的。北欧、北美人生活水平高，其辉光较亮；生活水平低的南美人，其辉光则相对较暗。

科学家们随后又发现，人体不同部位、同一人体所处不同状况时，辉光都存在着巨大的差异。如手臂辉光较人的头部浅蓝色的光晕稍深，为青蓝色，胳膊、腿、躯干的辉光亮度相对手脚辉光亮度要弱。人在不同精神状态下辉光也不同，如平静的时候，为浅蓝色辉光，发怒时呈橙黄色辉光，恐惧时辉光为橘红色。另外，年龄的变化也会使辉光发生相应变化，辉光会随年龄的增长而增强，到中年以后辉光呈减弱趋势。此外，普通人的辉光弱于身体强壮的运动员的辉光。

有趣的是，人体辉光还可用以衡量爱情达到的程度。美国学者曾在一家照相馆用一种高科技微光检测仪对准备结婚而来拍结婚照的男女进行观测，发现女性指尖上的辉光会在双方挽手时特别亮，并向男方的指尖延伸；男性指尖上的辉光顺应女性光圈向后缩。双方彼此的辉光在拥抱接吻时格外明亮。还有一个同样有趣的发现，当单恋的人与对方在一起时，两人的辉光会一暗一亮，一弱一强，出现正好相反的现象。因而科学家们得出结论，可以利用人体辉光检测出恋人是否真心相爱或能否组成家庭。

科学家还发现，随行为意向、思维方式的改变，人体辉光也会相应变化。若一个人产生用刀子去捅死另一个人的想法时，会有红色的辉光出现在他的指尖；与此同时，有预感的受害者会在指尖出现一团橘红色，产生十分痛苦的弯曲状，此人的身上也会出现蓝白色的辉光。当犯人说谎时，身上则会交替闪耀各种色彩的辉光。

辉光呈红亮色说明身体健康，辉光呈灰暗色则说明病情严重。健康状态下的人体辉光类似太阳的

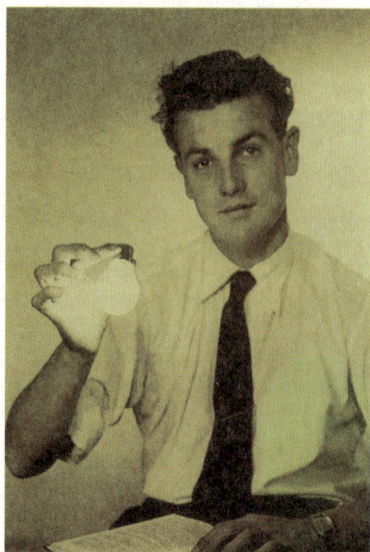

能使灯泡闪亮的人

威廉·布莱恩有一种奇异的功能，他在没有电源的情况下，仅靠摩擦几下自己的身体就可以使灯泡闪亮，而本人与常人无异。不知这种能力是否与辉光有关。

"日冕"，辉光为很强的"之"字形则表明此人已得了癌症。

教练员在体育比赛或训练时，可利用人体辉光了解运动员的身体状况。然而科学家们至今也无法解释神秘的人体辉光是怎么产生的。

有的科学家持这样的观点，认为人体发光仅仅是荧光现象。原因是这些人血液里含有特别强的有丝分裂射线，这种射线能激发体内的某些物质，于是荧光便产生了。还有人认为，人体辉光的产生是由于体表的某种物质射线和空气的复合。有的科学家则提出，辉光产生于人体盐分和水汽以及人体高频电场的作用。当然也有人认为，当虔诚的信徒全神贯注在宗教信仰之中的时候，神经系统高度兴奋，皮肤也会发出光来。另有观点认为，人体的光导系统或经络系统的外在显现是产生辉光的原因所在。在心灵学家看来，辉光是人的灵魂不死的精神证明，但这显然是一种具有迷信色彩的说法。

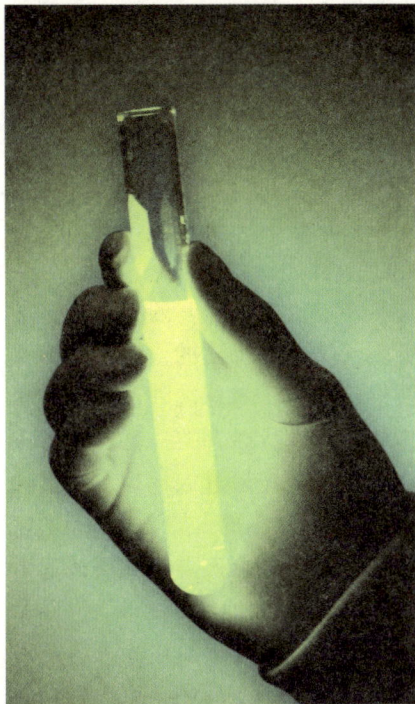

尽管关于人体辉光目前仍无确切定论，但随着研究的不断深入，总有一天会找到答案。

无论何种解释，都没有充分的科学证据来说明辉光的真正成因，至于为什么只有少数人才能发出可见光来，更是一个不解之谜。

艾滋病来自何方？

艾滋病是由名为"人体免疫缺损病毒"引起的被科学界称为"20世纪的瘟疫"。从20世纪80年代正式发现第一位艾滋病患者以来，其蔓延速度之快，患者死亡率之高都令人谈"艾"色变。而到目前为止，人类还不能生产出有效的预防和治疗艾滋病的药物。

那么，这种被认为人类有史以来最凶悍的病毒究竟是来自何方呢？

起初人们认为同性恋是致病的根源。可是，研究发现，在西方，同性恋问题早在希腊罗马时代就有记载，东方国家古代

死于艾滋病的人群的线描图
关于艾滋病的起源一直众说纷纭，但真正的源头，仍然无从得知。

也有士大夫养娈童的轶闻。如果同性恋导致艾滋病的产生，那么必定古代就流行了，为何直到当代才传播开呢？于是，科学家认为同性恋只是艾滋病传播的一个途径，艾滋病另有根源。

目前，人们在研究艾滋病时，提出了以下几种可能的致病原因：

一种是"外空传入地球"的假说，这种推断是由英国天文学家提出的，他们认为艾滋病毒可能早已存在于地球之外，但因千百年来缺乏传播媒介，所以人类一直没有感染上。后来这种病毒随流星进入地球，将这种可怕的病毒带给了地球上的人类。

另一种是"猴子传给人类"的假说，法国学者在中部非洲大湖地区研究艾滋病时，偶然了解到当地居民有将猴血注入人体的习俗。然而，这种假说的不足在于无法解释艾滋病的历史，这种奇特的习俗的历史比艾滋病史长得多。研究者进而假设，可能在很早以前，猴子就将艾滋病病毒传给人类，但缺乏必要的传播途径，因偶然的原因几度自生自灭。在现代，由于大量欧美人员到过非洲，

联合国举行防治艾滋病的专门会议

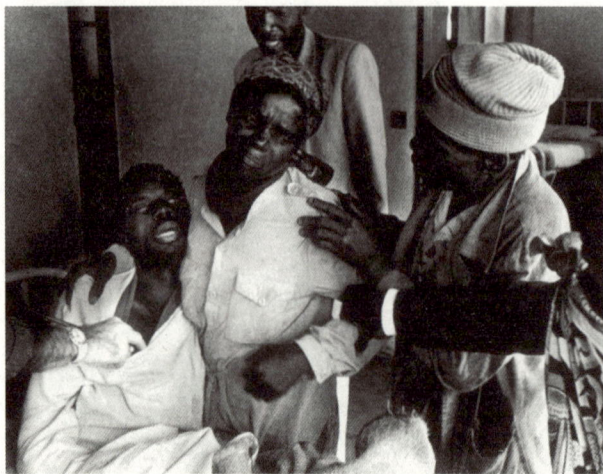

非洲的艾滋病病人

教皇保罗二世和患有艾滋病的男孩

防治艾滋病的宣传
共有 50 个州和 12 个国家的 8288 个艾滋病人的被单陈列在华盛顿纪念广场上，占地 15 万平方英尺。

令人"谈虎色变"的艾滋病病毒

于是艾滋病病毒就随之到了欧美，加之性生活混乱和吸毒等的流行，所以艾滋病在欧美地区就广泛传播开来。

还有一种是"美国制造"的说法。20 世纪 80 年代中期，有报纸声称是美国研究细菌武器制造了艾滋病。后来，英国一家素来以消息来源可靠著称的报纸刊载了英国反对活体解剖学会的看法。该学会成员声称：美国在制造一种新型生物武器，艾滋病是美国生物研究中心利用遗传工程基因重组的新技术制造出来的新病毒，研究者首先在中非的绿猴身上做试验，后来又以减刑为条件在一些服重刑的囚犯身上试验病毒，囚犯中不少是同性恋者。他们回到社会后，艾滋病病毒也就开始了泛滥，这是试验者和被试验者始料不及的后果。这一消息见诸报纸后，至今已被数十个国家和地区的报纸转载，并引发了一场轩然大波，对此，美国有关方面也断然否认。

20 多年过去了，人类已经迎来了 21 世纪的曙光，而对艾滋病的研究也已取得了重大成就，但研究它的起源问题依然摆在科学家的面前，人们只有充分地认识它，才能更快更好地消灭它，人类应有理由相信，凭着人类的智慧力量一定能消灭这"世纪瘟疫"。

是否存在"野人"？

千百年来，关于"野人"的记载，在许多的历史古籍中都出现过，而且还有许多的人坦言目击过"野人"。"野人"既是古代神话和民间传说的题材，也是自然科学的研究对象，人类揭示了很多的真理，但是"野人"之谜至今仍未揭晓，现有的我国和

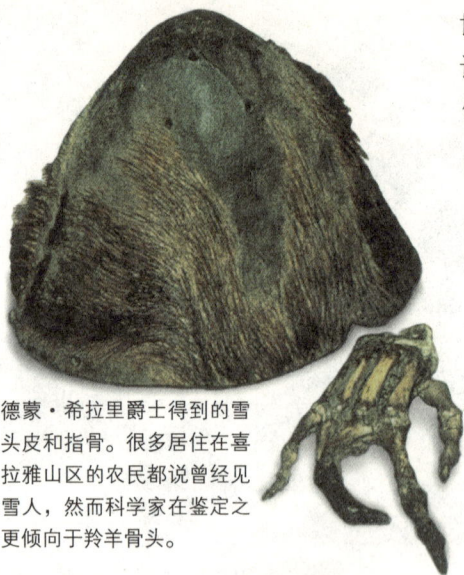

埃德蒙·希拉里爵士得到的雪人头皮和指骨。很多居住在喜马拉雅山区的农民都说曾经见过雪人，然而科学家在鉴定之后更倾向于羚羊骨头。

世界研究"野人"的状况、材料、证据，让科学家们既不能肯定也不能否定，它仿佛是一个"半睡半醒的梦"。人类持之以恒地探索"野人"的问题，是因为"野人之谜"的揭开将对研究人类的起源具有重要的科学价值。无数考察人员、科学工作者和人民群众，为了披露"野人"的秘密，有组织地或自发地进行了长期而艰苦的努力。

中国是世界上传闻"野人"比较多的国家之一。"野人"在我国流传的历史大约有3000多年。有人考证，在世界上有关"野人"最早的传说，是我国古代的《周书》。《周书》中记载说，周成王曾抓到过"野人"。在比《周书》稍晚的《山海经》中，也出现过"野人"的记载。

尽管关于"野人"的记载出现得很早，但是对于"野人"的研究却是近几十年的事。我们所谓的"野人"究竟是怎么来的呢？

在我国明清两代编纂的湖北《房县志》中，多次提到在房县一带有"毛人"出没的传闻。这种"毛人"身材高大，满身是毛，并且经常"食荤"，"时出啮人鸡犬"，《房县志》中所描绘的"毛人"的子孙或许就是现今传疑的"野人"。但是还有的人认为，

法国杂志上的雪人画像
每个人都对雪人感兴趣——而且现在的书籍和报纸里有许多关于它们的故事，一些比较严肃，一些却只为了取乐。

174

雪人脚印

人们在亚洲的其他山脉上也见到过雪人的脚印——不只在喜马拉雅山区。这幅照片上的雪人脚印是朱利安·弗里曼·阿特伍德在蒙古的一条冰川上看到的。阿特伍德特意在脚印旁放一把冰斧以示大小比例，这幅照片使人们更加留意传说中的雪人。有些科学家说雪融后，足迹变形和扩大，但是他们无法指出哪种已知的动物能有这样的脚印。

人类学家格洛伐·克朗兹拿着据说是大脚板的42厘米的脚印石膏模型和他自己的30厘米的鞋底作比较。克朗兹从石膏模中推断那只脚的骨骼结构和人类不同——他认为那样的结构才能承受有大脚板那样巨型动物的重量。

这种说法是毫无科学性的，他们认为，"野人"是人类远祖腊玛猿或南猿残存下来的后代，也有人认为它是人猿科范围的生物，更有可能是在中国南部地区繁盛的巨猿或褐猿残存的后代。

我国对于野人的考察也进行了多年。在刚刚解放的时候，国家组织了对野人的大规模的考察，虽然历尽千辛万苦，但是却没有得到令人满意的结果。

1959 年的 5 ~ 7 月，我国派出的考察队在西藏进行了调查，据说曾获得了一根"雪人"的毛发，长 16 厘米，经过显微镜的检定，认为它和猩猩、棕熊、牦牛的毛发在结构上都不相同，但是也没有办法证明它就是"雪人"的毛发。

1961 年，传说在西双版纳的一个筑路工人击毙了"野人"，据说这个"野人"身高在 1.2 ~ 1.3 米之间，全身覆盖着黑毛，能够直立行走，手、耳、乳等都和人类相似。但是，经过中科院有关单位的考察没有获得直接的证据。有人认为，传说中的"野人"有可能是生活在原始森林中的长臂猿。

1977 年中科院组织考察队对鄂西北、陕南地区进行了为期一年的考察，但是只是获得了一些疑为"野人"的脚印、毛发和粪便，并没有找到关于"野人"真实存在的证据。

在欧洲，关于"野人"的文字记载开始于 12 世纪，进行形象的描述却开始于 13 世纪中叶。1820 ~ 1843 年，英国派驻尼泊尔的驻扎官霍奔森首次在西方的文献中提

罗杰·柏特逊 1967 年拍到的雪人片段

片中一只巨型的长毛动物在加利福尼亚一条小河的河床旁大步跳跃向前跑。专家们虽然判断这段影片并无假造的迹象，但柏特逊未能提供重要的技术资料——他拍摄影片时采用的速度。若有这项资料，分析工作就可以更方便准确。

在这个镜头中，在大约 40 米远处，"野人"似乎有意地回头望了镜头一眼，研究人员估计这生物身高约 1.8 米，体重约 127 千克。

到"野人"。1953 年，英国的约翰·亨特勋爵曾经率领探险队到珠穆朗玛峰地区考察"野人"的踪迹。他确信有"野人"的存在。他在一本关于"野人"的书中写到，"我相信有'耶提'，我看到过他们的足迹，听到过'野人'的喊叫声，还吸取过当地有声望的人提供的第一手资料……这些证据迟早会起作用，使那些持怀疑看法的人放弃成见。"

但是，仍然有人对于亨特勋爵确信有"野人"存在的证据——那些印在雪地上的脚印，表示了不同的看法，认为那些脚印不过是印度的朝圣者们留下的。因为这些不穿衣服的苦行僧们在西藏很少见，他们住在高山的洞穴中，依靠瑜伽功来抵御严寒。修炼的地方离住处是很远的，所以，这些僧人留下的脚印，很可能就被登山运动员发现，误认为"野人"的脚印。

随着科学技术的发展，世界各国关于"野人"的研究已经不仅仅是局限于目击者的表述，而是采取了一些科学的手段。1972 年，一位加利福尼亚州的记者艾伦·贝利，用录音机录下了一段"沙斯夸之（流传于美国北部的野人）"的叫声。录下来的叫声听起来音域很广，有些像人的声音，又有些像口哨的声音，通过对磁带的研究，从音调的范围和呼叫的长度上看，可以得出这个动物的发音系统比人的发音系统宽广得多的结论。

无独有偶，在 1978 年的 9 月，一位妇女开着小车在俄亥俄州西边的一个地方，与 3 米多高的野人相遇，并且录下了

这是美国华盛顿州的一名森林巡逻官在执勤时拍摄到的野人照片。当时"它"正在水边玩耍，看到人也很吃惊。但这些照片是否真实，专家们仔细考察后仍无结论。

他的声音。他的声音听起来像狗叫，又好像是人在痛苦的时候的叫声，很难听。经过专家的鉴定认为，这种声波的范围属于动物，不是机械声或人声，有可能是一种灵长类动物的叫声。

到目前为止，现有的资料还不能证明"野人"的存在，但是关于"野人"的传说和资料又找不到可以

雪人似乎很善于在冰冷的雪山上独自生活。（这张照片上的雪人不是真的——它是个模型。）

否定的依据，所以，"野人"的存在与否仍然是一个未解之谜。但是我们相信，随着时间的推移，"野人"之谜终究会被人们揭开的。

"魔鬼三角"百慕大的"魔鬼"是谁？

素有"魔鬼三角"之称的百慕大迄今为止仍为众多科学家们日思夜想，百思不得其解。特别是近几十年来，许多飞机、战舰常常会无故失踪。谜底何在，众说纷纭。

苏联科学家最早提出海底水文地壳运动说。他们说，由于百慕大海底地貌十分复杂，这样就造成了百慕大海域的洋流纵横交叉，变幻不定，形成了多个巨大的旋涡

赴百慕大探险的科学家在地图上指出百慕大的位置。

流。后来，美国科学家又进一步证实了这种说法。他们认为，百慕大海域不仅有巨大的旋涡，而且这些涡流在阳光照耀下会产生极高的温度，这是使飞机爆炸、船舰沉没的原因。

那么，为什么会找不到沉船和失踪的飞机的残骸呢？持海底水文地壳运动学说的学者们分析说，在百慕大地区的海底地壳上有因天长日久而形成的一个个地陷坑或空穴，这里地壳运动十分频繁，百慕大附近的陆地地震不断，原因就在于此。当地震发生，这种空穴的顶部就会坍塌，其状如同海底突然"张开大口"，碰巧航行此地的轮船、舰艇随之被卷入，沉入"大口"之中，这样，舰艇就会沉没而不留任何痕迹。

次声波地磁引力说。苏联地球物理学家 B.B. 舒列金在 20 世纪 30 年代提出次声波由海浪产生的。他们认为，在火山爆发、地震、风暴等自然灾害发生的同时，次声波也随之震荡，次声波虽然是人耳听不见的一种声音，但是，它的破坏力却大得惊人，当人处在振荡频率为 6 赫左右的环境中，便会产生强烈的疲劳感，随后又出现焦躁不安和本能的恐惧，而当人处在频率为 7 赫时，人的心脏和神经系统陷入瘫痪，而百慕大正是次声波最活跃的地区，导致种种惨剧发生的"魔鬼"就是这一致人死地的次声波，它是罪魁祸首。

"天外来客说"。
1965年6月5日，一架大型双引擎军用飞机"飞行车厢CI19"号，在飞越百慕大时，突然失踪。正在这时候，美国宇宙飞船"双子座—4"也

正好飞越此地，宇航员麦克维特发现了一只触手外露的类似"飞碟"的不明飞行物正在离他不远处飞行，他立即用电影摄影机把那飞行物拍摄下来。据此，美国天文学家M.K.杰塞浦以及一些其他学者认为，神秘失踪的飞机和船舰可能是"天外来客"乘坐飞碟所为。

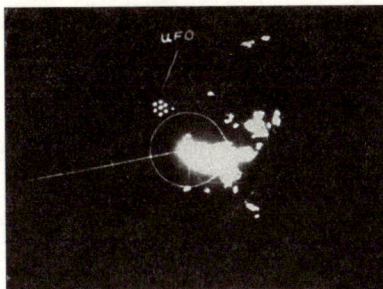

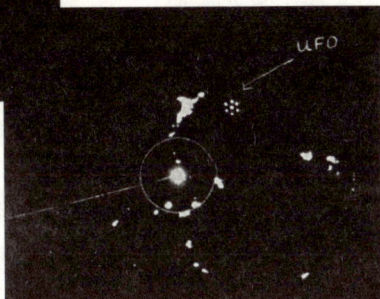

用雷达探测到的百慕大上空的不明飞行物

20世纪70年代中期，美国科学家拉里·库什提出了"虚幻之谜"说，他说，在百慕大三角发生的这些奇异现象，并不只是近几十年来才发生的事情，是在16世纪哥伦布探险时期就有记载。这些记载大多说，凡在此遇到空难或海难均是由于遇上了飓风、狂浪、海啸等自然灾害所造成的，这些记载；很多从事研究百慕大的学者也知道，但并没有引起重视，甚至于有些学者为了猎奇，有意或无意地删去这些情节，更有些人为了一鸣惊人还把本不在百慕大发生的海难、空难事故的发生地移花接木，欺骗世人。

在百慕大神秘失踪的飞行中队合影

鲸 "集体自杀" 之谜

百余头伪虎鲸于 1970 年 1 月 11 日冲上美国佛罗里达州皮尔斯堡附近的海岸的海滩。海岸警卫队为了救助这批搁浅的鲸，从中午 1 点到深夜，尽一切努力想把它们往海里赶，可是它们屡次重新冲上海滩。最后，150 头伪虎鲸全部死去。

同样的情况也发生在 1979 年 7 月 16 日加拿大波林半岛上。当时，上百头鲸拼命地冲上海滩。渔民奋力挽救这些鲸，把它们硬往海里赶，但是徒劳，这些鲸在原地不动，直到死去。

在荷兰、墨西哥和美国等地的海岸上这种类似的情况也时有发生。

关于鲸自杀的记载始于古希腊哲学家普卢塔赫（公元 46～126 年）写的《各种动物的才能》一书。

暴风雨前夕，鲸群发狂般地游在海面上。

因为海水落潮而搁浅了的白鲸

鲸是因为被狂风大浪推到海滩上，是因为被凶恶的鲨鱼或受到其他动物的威胁而仓皇逃命窜上海滩，是因为在海滩觅食或一时贪玩而在海滩上搁浅而要"集体自杀"？人们对此百思不得其解。

生物学家们为了揭开这个谜，多年来一直进行广泛探索。

荷兰科学家范·希尔·杜多克是研究鲸自杀原因的专家，1962 年他研究了包括成群的和单只的 26 种鲸的 133 桩"自杀"事件。研究发现，鲸一般选择低洼的海滨浴场、海岸、浅滩和凸出的海角作为"集体自杀"的场所。

鲸又为何要在这些地点"自杀"呢？

原来，鲸的视觉并不发达，其判别方向和识别东西主要是靠它身上的一套回声定位系统具有反射声音的作用而进行的。

在低洼的海岸等地，使鲸回声测位的条件恶化，妨碍了鲸对反射信号的接收，有时鲸鱼不能

1984 年，95 头鲸因不明原因集体冲上美国马萨诸塞州海滩，随后全部丧生。

收到落到缓斜砂质的海底的信号，而水浅使鲸的喷水孔不能浸没在水里，这也减弱了它的回声定位能力，因此，在这些地方，鲸鱼常因飓风、暴雨而搁浅。

这种说法是单头鲸"自杀"的原因，但是鲸为什么"集体自杀"呢？

苏联科学家托米林认为鲸的集体自杀牵涉到动物学和生理学的因素，即鲸之所以会"集体自杀"是为了保护同类。

由此可以推测到鲸"集体自杀"：首先，个别鲸因环境条件原因而使回声定位系统失灵，落入海滩；其次，搁浅的鲸为求生而向同伙发出遇难的信号，其他的鲸接到信号后为救护同类而上海滩；最后，所有的鲸都投入了死亡的深渊，造成"集体自杀"。

但是，法国、英国、美国的一些科学家对鲸"集体自杀"的原因作出不同的解释：军舰产生的发动机声音、爆炸声等噪声以及军舰上的回声测探仪和水声测位仪（声纳系统）发射的声波，扰乱了鲸的回声定位系统，鲸即因发生这种紊乱而发生搁浅。他们举例说，1986 年在兰沙罗德岛附近正在进行军舰演习时，有 4 条鲸在该岛搁浅；1989 年，在

海边风干的鲸骨

加那利群岛的一个海岛附近游弋的军舰导致不同种类的 24 条鲸在该岛边集体搁浅。此外，委内瑞拉湾发生的鲸"集体自杀"与当时水下爆炸几乎同时发生。他们认为这是证明他们观点的力证。

不论如何，鲸的搁浅只是环境条件以及它们的习性造成的无意的结局，而不是它们有意识的自杀。鲸"自杀"的说法只是古代人们对鲸搁浅的一种不科学的说法。

尼斯湖怪兽之谜

在苏格兰北部，有一个尼斯湖，湖深 200 多米，是一个终年不冻的淡水湖。表面上看，尼斯湖与其他湖泊毫无异处，但传说中湖里却住着一种不为人类所知的动物——尼斯湖水怪。早在距今 1500 多年前，就开始流传尼斯湖中有巨大怪兽常常出来吞食人畜的故事。古代一些宣称曾经目击过这种怪兽的人把它描绘得多种多样，有人说它长着大象的长鼻，浑身柔软光滑；人有说它是长颈圆头；有人说它出现时泡沫层层，四处飞溅；有人说它口吐烟雾，使湖面有时雾气腾腾……各种传说颇不一致，既神奇，又恐怖。

1972 年，美国应用科学院专家赖恩斯带领他的研究组，在对尼斯湖进行探险时，曾利用水下照相机，拍下了一个珍贵的镜头，这张照片上现出了一只活怪兽的轮廓（躯体和头部）：躯体呈菱状，一个细长的脖子成拱形地伸展，脖子的一部分被阴影挡住而模糊不清，最后是一个斑点，表明是怪兽好奇地转向照相机的头部，两个鳍脚从躯体上端伸出，整个画面看上去像是怪兽正吃惊地扑向照相机。据估计，这只怪兽大约长 6.5 米。不久怪兽向水下照相机发起了一系列的攻击和碰撞，并将其打翻。有些学者根据这张水下照片来证明尼斯湖里确实存在着怪兽。

后来，美国隐蔽动物学会会长贝佐宣称他"已发现尼斯湖怪兽"。贝佐长期以来一直力图尝试证实尼斯湖怪兽的存在。这一消息究竟是否真实可靠？因为缺少证据而不能被得到肯定。

事实上，从古至今，虽然有许多人宣称自己亲眼看到过此怪兽，但都只能粗略地说出怪兽露出水面的只鳞片角，都不能准确地说出怪兽的全貌，因为谁也没有见过。

近一二十年来，为了找到尼斯湖水怪，人们用尽了各种方法，有的潜水员潜入尼斯湖，但混浊的湖水阻挡了人的视线，人眼难以辨认水下的世界；有的使用潜水艇，也毫无收获；有的使用自动摄影装置，仍徒劳无效；有人想起了海豚，因为海豚有非常灵敏的声呐系统，在任何条件下它都能够准确无误地分辨出 3000 米以内的水中生物，但由于尼斯湖是淡水湖，海豚也难以施展技艺，因此，尽管海豚是海洋动物中最机灵的动物，它对探测尼斯湖怪兽也是无能为力的。

文化

挪亚方舟的传说真有其事吗?

挪亚方舟的故事流传很广,人类似乎也经过了一次劫难。《圣经·旧约》"摩西五书"的记载很详细:人类祖先亚当和夏娃被逐出伊甸园后在大地上繁衍生息,罪恶充满了世间。上帝非常生气,要用洪水淹没人类,但因见挪亚是位义人,于是让挪亚造了一条船带上家人和所有种类的动物逃命。洪水暴发后,方舟终于在漂浮 150 天之后搁浅在亚拉腊山巅。有关挪亚方舟和世纪洪水究竟是确有其事还是仅仅是传说引起了许多人的好奇,人们纷纷对其进行研究和考证,几个世纪以来研究不断。

荷兰人托伊斯早在 17 世纪就曾写过一本名为《我找到了挪亚方舟》的书,书中还附有方舟的插图。

1883 年,亚拉腊山发生大地震,对灾情进行评估和考察的人员来到亚拉腊山,在亚拉腊山被地震震裂的地段内发现了一艘大木船,由于船体大部分在冰川内嵌着,所以它的具体长度人们无法估计,估计船体高约 12 米 ~ 15 米。

法国的琼·费尔南·纳瓦拉在 1955 年 7 月,带着儿子拉法埃尔登到亚拉腊山顶峰,找到了嵌在冰川中的方舟残片,便把一块木板带回,经法国、西班牙、埃及等国科学家研究,这一块木板曾经被特殊防腐涂料处理过。通过碳—14 测定,它的年代至少在 4484 年前。

当然,地球曾发生过特大洪水也得到了相当多的科学家的认同。土耳其科学家指出,大约在 1.3 万 ~ 1.4 万年前,特

挪亚方舟

当"大洪水"威胁世界时,挪亚将饲养在地球上的动物雌雄各一只载入方舟。

上帝创造世界 壁画

大洪水汹涌的浪潮从今天的黑海越过马尔马拉海进入到地中海，并且许多人类居住地在高达数百公尺甚至数千公尺高的地方在巨大浪潮冲进地中海时即被淹没了，今日星罗棋布的爱琴海岛屿形成的原因就在于此，许多传说中陆沉的"亚特兰蒂斯城"可能也被埋藏进了海底。

马尔马拉地区在 1999 年连续两次发生大地震之后，挪威及法国探测船曾对马尔马拉海底的断层进行探测，证实马尔马拉海底原本是座面积很大的山谷，谷底有许多洼处，似乎是昔日湖塘的痕迹。

因在 1985 年找到泰坦尼克号残骸而在探险界颇有声名的罗伯特·巴拉德在 2000 年宣称，在距土耳其沿岸 12 英里远的黑海海平面以下 310 英尺处，他率领的一支远征小队发现了一个呈长方形的地基。他猜测在被大水吞噬以前，那里可能曾经是一座建筑的旧址。根据近来的科学发现，科学家们断言，地球上曾发生的世纪大洪水和《圣经》里讲述的挪亚方舟的故事有一定的联系。

有关挪亚方舟的真实性人们还在不断地研究着，但愿科学的发展能早日给人们一个确切的答案。

大洪水 壁画

人类文字是怎样起源和发展的?

人类自从有了文字才进入了一个相对文明的发展阶段。世界上各个民族有关文字的起源都有许多美丽的传说,如中国的"仓颉造字"简直可以惊天地泣鬼神。由此,汉字成为迄今为止使用历史最长的文字,而其他一些使用过的古文字中,很多早已湮没在历史的典籍中了。因此,人们要探索人类文字的最早起源,最好从人类文明古国的浩瀚历史中去仔细寻找。

文字其实就是人与人之间通过约定俗成的可见符号进行交流的媒介,它是人们记录语言的书写符号系统。人类文字历史贯穿了从早期图画文字到字母文字的整个视觉联系的历史。也就是说,图画文字是文字发展的最初阶段,虽然它处在不断变化发展之中,但是世界上很多民族的文字从没有超越这个阶段。

最原始的非书面的联系手段是与利用参照物紧密联系在一起的,如中国的结绳记事等。而确切地称之为文字,始于当标记刻铸在参照物上被描绘和雕刻出来作为"文字"符号的语言。在旧石器时代早期的洞穴绘画中可以看到这种情况。古文字学家所确认的最古老的图画文字出现在公元前3500年人类文明的发祥地之一——美索不达米亚地区,这种作为原始文字的图画描述是独立于语言之外的,因为它既不想也不能达到复制声音的水平。

因为这种以"物"表达的文字与人类社会活动的扩大和智力的发展不相符合,所以当人们对这种起初带有非凡想象力的创造发明不满意时,一种新的能表达复杂概念和含义的图画就应运而生了。

它使得简单的描绘概念成为可能;使之能够一定程度地体现人类的抽象思维能力。那么,真正代表发音的符号是何时出现的?多数古代文字学家主张是公元前1800年。居住在两河流域的古美索不

一篇以楔形文字书写在陶片上的苏美尔人的哲学文章,有4000年左右的历史。

公元前5世纪希腊哥尔泰法石板上的文字

185

达米亚地区居民的创造的发展使人类文字的历史迈进到了音节文字阶段。

音节文字应是字母形成前的最后一个阶段。公元前3100年的苏美尔文字、公元前3000年左右的埃及文、公元前2200年的原始的印度文、公元前2000年的克里特线形文字、公元前1500年的

蒙图霍泰普二世法老神殿上的埃及象形文字，距今约4000年历史。

赫梯文以及公元前1300年前后的中国甲骨文都处在这一阶段。随着文字的发展，发音符号的抽象性逐渐加强，大大超出了符号的具体性，它们愈发灵活了。

文字发展的最后一个阶段是字母文字，字母文字标志着文字规范化的到来。美国语言学家格尔帕认为，第一个能被公正地称为字母文字的应该是希腊语。希腊语在公元前9世纪充分接受了闪米特语的音节表，发展了元音制度，而且，首创元音与辅音的结合，第一次导致了完备的字母文字体制的问世。

最早的文字是公元前3000年初期苏美尔人印刻在泥板上的图画。后来，当文字的发展较为显著时，削尖的、楔形形状的茎杆笔成为常见的书写工具，这样楔子形状的文字本身逐渐地被称为"楔形文字"。这种文字最早是从上至下在圆筒上书写的，后来到了公元前2600年就改为在水平面上从左到右书写。

人类文字发展到现在经过了由复杂到简单的发展阶段，表音文字成为文字发展的最高阶段，它将越来越方便于人类的交流和发展。

英国巨石阵遗址是天文观测仪器吗？

在英国古老而广漠的平原上矗立着许多奇特的巨石建筑，它们经历了几千年的风雨洗礼，也见证了人类历史沧海桑田的变迁。这片建筑被人们称为"古代巨石阵遗址"，它也是令人难以破解的世界之谜。

根据科学家实地考证，巨石阵最早建于约公元前2800年的新石器时代后期，那时已建成了圆沟、土冈、巨大的踵石和"奥布里坑群"的巨石阵的雏形。约公元前2000年，巨石阵建筑的第二阶段已基本完

巨石阵局部

黄昏中的巨石阵
远古的巨石阵真的是天文观测仪器吗?

成了整个巨石阵。蓝沙岩石柱群和长长的通道是这一阶段的主要建筑。最为重要的是巨石阵的第 3 期建筑，时间大约在公元前 1500 年，这时沙石圈和拱门已建成，巨石阵已全部完工，这就是人们现在所看到的雄伟壮观的巨石阵遗址的全貌。很重要的一点是，整个巨石阵的工程需要 150 万人工，而整个建筑遗址中，始终找不到用牲畜和轮载工具的痕迹。

几百年来，人们一直被神秘的巨石阵遗址困扰着，然而为了将巨石阵的谜底揭开，有众多的科学家投入到了这方面的研究。1126 年，英国史学家杰弗里编写的《中世纪编年史》是关于巨石阵的最早记录，认为巨石阵是由亚瑟王的谋臣梅林用魔法从爱尔兰运到英格兰作葬地材料用的。

对于巨石阵的研究，几百年来一直没有停止过，然而人们始终没有搞清巨石阵原先的建造目的究竟是什么。以往的考古学家大多数认为：巨石阵是举行祭祀活动的宗教场所，或是当时英格兰早期居民的基地。"奥布里坑群"里发掘出的人类遗骨能够有力地证明这种观点。但是，类似这样的巨石阵分布在地中海沿岸，其中主要是英国和法国的广大地区，这又说明它们不可能都是祭坛或墓地。

巨石

巨石阵

另有一些天文学者认为巨石阵是远古时代的天文观测仪器，这种观点比较令人信服。的确，巨石阵的神秘色彩与天文学有着不同寻常的联系。巨石文化专家阿特金森指出：当时蒙昧落后、没有任何先进计算工具的史前人类建造如此精密的天文仪是不可能的。英国天文学家霍伊尔提出反对意见：作为天文观测仪的材料为何不用轻便的材料和泥土而使用难以开采的大沙岩？这样不是要耗费大量的劳力吗？而且奥布里坑群中的人类遗骨与天文学也很难联系起来。况且，如果是高度发达的史前文明的结晶，为什么又消失了呢？人们因此又回到宗教这个传统观点上去，甚至有人认为巨石阵与外星人有关。

英国巨石阵遗址究竟是进行祭祀活动的宗教场所？还是古人用来观测天象的天文观测仪？还是外星人在地球活动的遗迹？抑或是其他？对于这些，人们目前都无从知晓，也许它将永远是个谜。

美洲金字塔是模仿埃及金字塔建造的吗？

提起金字塔，大家自然会想到矗立在尼罗河畔的壮观的法老陵墓，但是我们今天所说的，却是耸立在美洲大陆上的金字塔。

埃及金字塔给我们留下了数不清的谜团，无独有偶，美洲金字塔也令我们在奇迹面前像个弱智者，对其难以理解。在众多谜题中，人们最感兴趣的是：为什么在美洲也会有金字塔，美洲金字塔同埃及的金字塔有关系吗？

许多人认为，美洲金字塔是模仿埃及金字塔建造的，其理由有：第一，现在的考古已经证明，在几千年以前，人们凭借当时的技术条件，完全可以跨越大洋进行交流。例如中国的商朝和墨西哥的奥尔梅克、秘鲁的查比因文明都相当崇拜美洲虎神，并且虎神的造型和风格也相当接近。这说明新旧大陆居民是有往来的。第二，美洲金字塔和埃及金字塔无论外形和功用都大有相似之处。1958年，考古学家在墨西哥帕伦克的一个被称作"铭记神庙"的金字塔内部，发现了一个高7米、宽4米的墓室，石棺内放着一具有大量陪葬饰品的尸骨。据此，一些学者作出了这样的推测：很久以前，有部落从埃及迁徙到美洲，向美洲居民传授金字塔的建造技术。著名学者伊凡·范瑟提玛在《哥伦布以前到来的人们》中，就持这样的观点。

另有一种与之针锋相对的意见认为：美洲金字塔是美洲土著文化独立发展的结果，美洲金字塔和埃及金字塔毫无承继上的关系。通过目前所出土的文物看，早在2万至3万年前，美洲最早的居民是经白令海峡从亚洲东北部进入美洲的亚洲人，他们依靠最简单的工具和武器，创造了颇具特色的灿烂文化。因此他们完全有能力独立建造出神奇的金字塔。

持此种观点的学者认为：虽然有些迹象已经表明，几千年前，人们利用当时的简陋工具，偶尔可以横渡大洋，从古代埃及跑到美洲是可能的，或者说从美洲跑到埃及也是可能的，但是问题的关键在于：谁能证明，在埃及出现金字塔之后和美洲出现金字塔之前的这段时间里，古埃及和美洲的居民有所来往呢？恐怕没有人可以证明这件事，因此说美洲的金字塔仿照埃及金字塔就毫无根据。另外，美洲金字塔和埃及金字塔在许多地方都大不相同。古代印第安人信奉多种自然神，如太阳神、月亮神、雨神、河神、天神等。他们登上高山之巅进行祭奠活动，以示更靠近神灵，而生活在平原、河谷地带的印第安人则在平地建起土丘，在土丘顶端筑起庙宇，用以祭礼。随着筑坛祭神活动的盛行和发展，神坛的规模也越来越大，逐渐建成为金字塔形，而且金字塔的建筑艺术也越来越高超。整个金字塔和塔顶庙宇与神坛中的神像、石碑及其他

美洲金字塔近观

石雕艺术品，反映出不同时代和地区的古印第安人的政治、经济、文化的特点与风貌，同时也是美洲古代印第安人社会的神权中心。由于美洲金字塔原来是印第安人举行宗教仪式的地方，所以平台上的神庙是其主要部分。而埃及金字塔从一开始就是安葬法老的墓穴。当然有的美洲金字塔也具备墓室功能，但一是数量不多，二是一般是后来从外面挖入，而不是一开始就是墓穴。美洲金字塔和埃及金字塔在外形上虽然有相似之处，但是也有很多不同，例如美洲金字塔不像埃及金字塔，多为四棱锥形，而是多为四棱台形，而且美洲金字塔的正面是台阶形的，也就是说人们可以沿着台阶一层一层地走到塔顶上。如果我们从建筑学的角度看，就会发现把巨大的建筑建成金字塔形是最

蒂卡尔金字塔

蒂卡尔位于美洲危地马拉北部佩藤地区的热带丛林中，是玛雅古典时期出现的第一个城市。金字塔是蒂卡尔最主要的建筑成就，它的基座一般不如埃及金字塔大，所以形成高峻奇峭的外部轮廓，从外观上来看，它与埃及金字塔有较为明显的区别。

埃及金字塔有许多奇妙的地方。正方形底面的边正对着东、西、南、北四方。这说明古埃及人已能确定方位。据说，把金字塔底面正方形对角延长，恰好能将尼罗河三角洲包括在内。

为稳固的。并且无论是作为祭神场所的美洲金字塔还是作为法老陵墓的埃及金字塔，都具有浓郁的宗教色彩，而金字塔这种建筑是一种体现稳固性和永恒性的建筑，当然也是最为理想的宗教建筑样式，这种样式，聪明的埃及人会选取，智慧的美洲原始居民也同样有可能选取。

这两种意见谁是谁非，目前仍无定论，也许要解开这个谜，需要更多资料的发掘。

迈锡尼文明是如何毁灭的?

大约公元前 2000 年左右，希腊人开始在巴尔干半岛南端定居，从公元前 16 世纪上半叶起，在爱琴海诸岛逐渐形成一些奴隶制国家，因当时最强大的王国的首都叫迈锡尼，所以人们称之为迈锡尼文明。1876年著名考古学家谢里曼发掘出了迈锡尼文明遗址，其中发现了大量的线形文字——泥版文书。这些泥版文书大多出于公元前 13 世纪，每块上的文字，少的三四个，多则达百余，以简短者居多。从这些文字上我们可以了解到当时迈锡尼文明的人口状况、牲畜和农产品的数量、土地的数量、祭品的多寡、武器数量等，据此又可以推断出当时的经

迈锡尼纯金面具
据说是依照阿伽门农的面部特征而制成的。

济、政治、宗教和社会结构，人们惊讶发现当时已经是奴隶制国家的成熟阶段，自由民已经有了很大的贫富悬殊。

迈锡尼遗址还出土了数量惊人的精美手工艺品、青铜武器、金器和陶器以及以战争题材为主要内容的壁画。公元前 1400 年以后的一百多年内，迈锡尼文明各中心与地中海地区的许多地方有频繁的商业联系。随着与海外先进文明地区交往的密切，迈锡尼的经济与文化迅速发展起来，国力日强，逐渐成为一个无人可与之抗衡的大邦。公元前 1400 至前 1200 年，迈锡尼文明达到了全盛时期。

考古发现迈锡尼遗址主要是国王居住的城堡，它的城墙用巨石环山建成，厚达 5米，高 8 米，城堡有宏伟壮观的"狮门"（因刻有双狮拱卫一柱的浮雕得名），城内建豪华王宫。城堡下面平川地带有广阔的市区，富商大贾和市民工匠居住其间。

然而昔日如此繁荣的文明世界，今天却变成了一堆断壁残垣，不禁令人生出无限的感慨和疑问：迈锡尼文明究竟是怎样毁灭的?

女性陶俑

有人认为迈锡尼文明的衰亡与著名的特洛伊战争有关。虽然最后希腊人赢得了这场战争，然而他们围攻特洛伊城长达 10 年之久，浪费了大量的人力物力，同时特洛伊城在被围困的 10 年内其实已经相当贫困，因此当希腊人最后攻破特洛伊城后，并没有得到多少实惠，也不够补偿他们的战争消耗。所以在得胜的诸国（以迈锡尼为首）敲锣打鼓而回后，等待他们的是"黄雀在后"的厄运：迈锡尼诸国元气大伤，北方游牧民族纷纷南下攻城略地，最终导致了迈锡尼文明的衰亡。

另有人说"罪魁祸首"是北方的游牧部落中的多利人。在著名的荷马史诗中，便记述了远在特洛伊战争之前，北方的游牧部落就逐渐南下进入迈锡尼世界的势力范围，其中多利人就从伊庇鲁斯到达了罗得斯等属迈锡尼的岛上。但是很多人反对这种观点，认为在多利人入侵之前，迈锡尼事实上已经衰落了。据考古学家考证，在公元前 13 世纪后期，迈锡尼文明的统治已经开始动摇，大量的城市已经荒弃，公元前 12 世纪迈锡尼的居住地有 320 个以上，到了公元前 11 世纪仅剩下了 40 多个。

迈锡尼古墓

13世纪中叶，由于青铜不足，青铜业衰落，从而激发了城市各阶层之间的矛盾。国家经济组织呈现松散无力的状态，税收无法保证，国库空虚，另外神权也受到极大挑战，在这样的情况下，派罗斯的中央集权已经受到了严重的破坏。而这可能是导致迈锡尼毁灭的根本原因。

还有人说迈锡尼世界是在海上民族的入侵下灭亡的。在公元前13世纪末，东地中海的海上民族陆续破坏了小亚细亚、叙利亚、巴勒斯坦、埃及等许多城市，自然也影响到了迈锡尼。但是我们从泥版图书上并未发现国家有特殊的军事行动，另外就算派罗斯王宫没有防御工事而遭毁灭，但是像迈锡尼等许多城邦都有巨石筑成的高墙，可谓戒备森严了，又怎么会遭受这等厄运呢？

爱琴海锡拉岛上的壁画——决斗的少年

另外，直到今日，考古学家也没有找到多利人入侵的证据。甚至有人猜测，多利人在早期是臣服于迈锡尼人的，多利人在很早以前就已经居住在迈锡尼世界，只不过他们是被统治者。在荷马史诗中这样记述：赫拉克里特在迈锡尼服了12年苦役，80年后，也就是在特洛伊战争之后，他的子孙返回，带来了多利人推翻迈锡尼人统治的消息——这只是内部的阶级斗争，而不是民族入侵问题。例如迈锡尼世界的另一个强大的城邦派罗斯，公元前

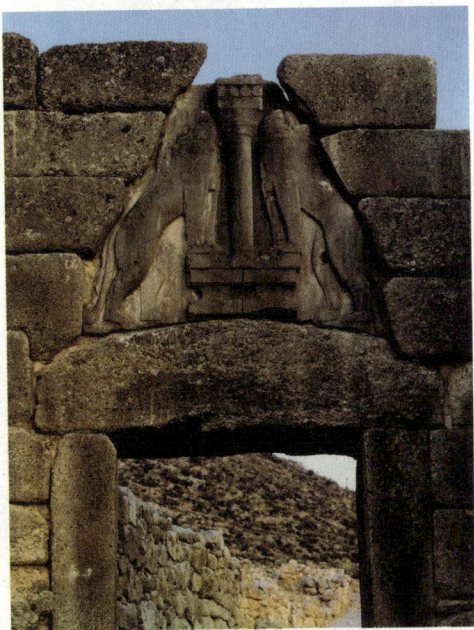

狮子门
位于迈锡尼城堡的入口处，除了防御功能，城门还具有浓厚的宗教色彩：门楣上方的石狮分立在巨柱两侧，时刻守护着女神。

也有人说是因为天灾的缘故，迈锡尼文明才消亡的。有考古学家认为，当时发生了连年的干旱，造成食物短缺，人口锐减，并且到处都是饥民暴动，在这样的情况下，迈锡尼文明自然逐渐式微，以致为异族所吞灭了。

但是这些说法目前还需要进一步的考证，要解开这个千古之谜，只能寄希望于更多新资料的挖掘和研究。

复活节岛上的石雕人出自谁手？

复活节岛属于智利，在太平洋南部，距离智利海岸约3700千米，是一个呈三角形的火山岛，仅仅100多平方千米的小岛上遍布着各种各样的死火山。如今岛上当地居民波利尼西亚人不到全岛居民的三分之一，其余大多为混血种人。

复活节岛的发现是很晚的。1722年，荷兰航海家雅各布·罗杰文在智利海域上航行，突然发现前方地平线处出现了一个绿点，起初他认为是海浪在阳光下的色变，等靠近了才知道是一个小岛。由于那一天刚好是复活节的前一天，于是雅各布·罗杰文就把它命名为"复活节岛"。

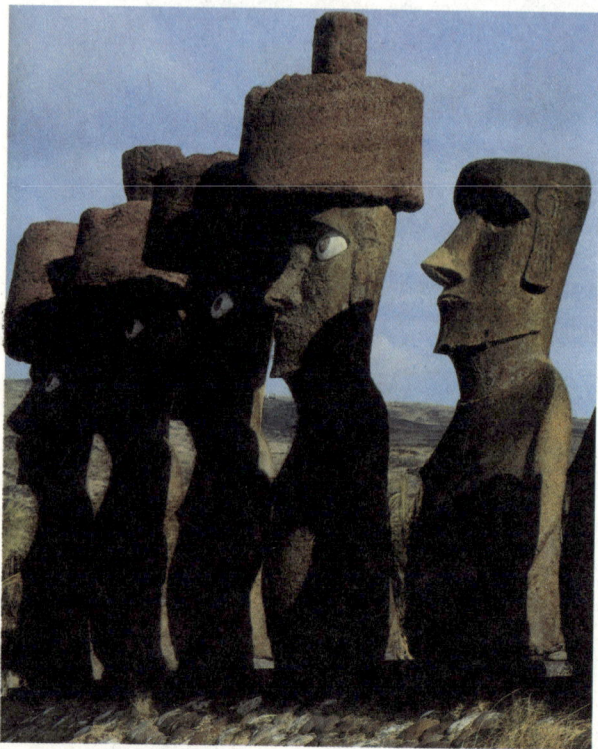

图为复活节岛国家公园石雕人，有些头上戴着圆柱形红帽子的石雕人被当地人称为"普卡奥"石像。所有的石雕人像的造型一致，他们表情呆滞，脸形瘦长。这些石像所表现出的奇特风格，充分说明它是未受外来文化影响的本地作品。

在雅各布·罗杰文踏上复活节岛的一刹那，发现岛上有许多神奇的巨型石雕人，他立刻被这些鬼斧神工般的艺术慑服了。之后到这个小岛上参观、考察石雕的人越来越多，竟使这样荒凉偏僻的小岛成了世界著名的旅游胜地。

到目前为止，岛上共发现了约1000座石雕像。这些石雕像异常高大，一般都在7米以上，有的甚至超过了10米。这样高大的石雕，自然也就相当重——有的达到了90多吨！最轻的也有五六十吨重。石雕的艺术水平也相当高，造型多种多样，有的昂首挺立，默默注视着大海；有的翻倒在地，似乎要与大地作最亲密的亲吻；有的身首异处，在残缺中显出一种维纳斯神像的美感……但是都有一个共同特征，那就是石雕都只有从臀部以上的上半身，并且身躯笔直，手臂自然下垂，双手按在稍微凸起的肚子上。其中最具魅力的当属一尊原乌里乌伦加神庙的石雕，他呈现出一幅思索的模样，眼睛望向脚下延伸着的土地，目光炯炯有神。让人感到奇怪的是在他的腹部有四只手在那儿放着，好像是雕刻家不满意原来的两只手，就又刻上了两只，却忘了把以前的两只抹去了。

在这个几乎与世隔绝的孤岛上，出现了这么多的神奇雕刻，不能不让人想到这样一个问题：这些石雕是怎么一回事？究竟它们是在什么时候产生、又是如何产生的？为此，人们进行了种种猜测与研究。

有人认为，复活节岛是曾经存在高度文明的古代亚特兰蒂斯大陆的一部分。古

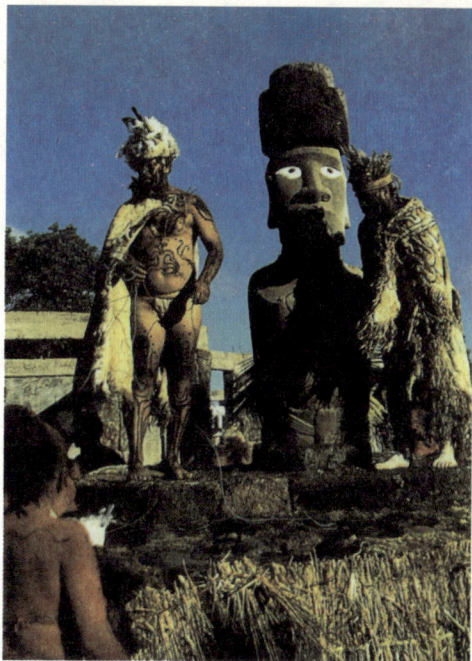
复活节岛上的土著居民还保持着传统的习俗与装束。

希腊著名哲学家柏拉图在《对话录》里曾经提到过亚特兰蒂斯大陆。大约在 10000 年以前，由于地壳变动的影响，南太平洋这个拥有灿烂文化的古大陆，和它的几千万居民一起沉到了海底。而当时属于大陆一部分的复活节岛，因为种种原因，逃过了这一劫，因此古文明的冰山一角——复活节岛上的千尊石雕人像得以保存下来。

还有人认为这些石雕是印第安人的手笔。因为复活节岛的住房样式与智利、秘鲁这些国家大同小异，而这些国家的最早居民则是印第安人。几千年前他们在这里创造了包括文字、图画、雕刻、系统的天文知识和风格独特的建筑等在内的高度文明。在

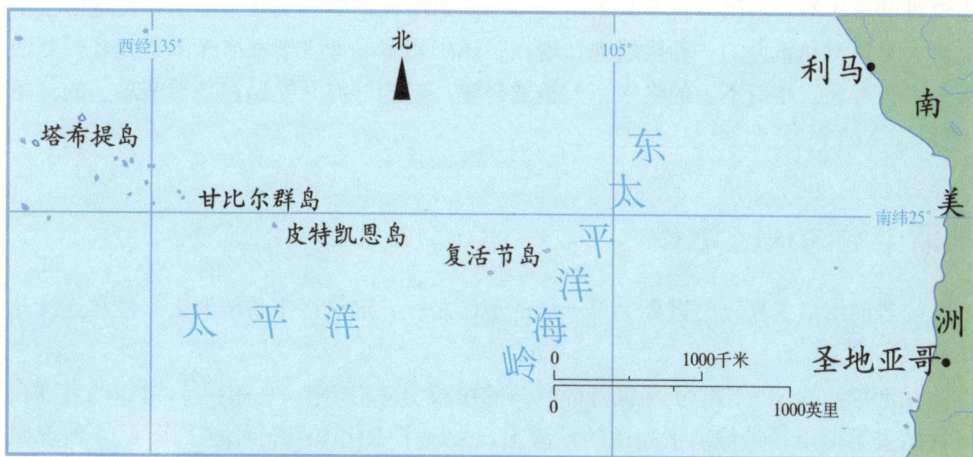
复活节岛距智利约有 3700 千米。

瞪目而视的石雕

复活节岛的南部石雕像里，有一个显然与众不同，他是坐着而不是站在那里，因此当时很可能已经出现了阶级社会。但后来不知道出于什么原因，这一切统统神秘地消失了，于是只留下这些石雕作为对已逝文明的缅怀。

另外有人认为，当时岛上的文明程度再高，他们的劳动工具只不过是粗笨的玄武岩扁铲，并没有铁器，而且人数又少，这么巨大的石雕，他们怎么可能完成呢？就是把石头从雕刻地运到海边，也不是一件简单的事，要知道，这些石雕高达10米，重几十吨啊！所以这些石雕绝对不是岛上的远古居民完成的，而很可能是外星人的作品，说不定这神秘的复活节岛曾是外星人的一个基地呢！

其实本来存在一把打开复活节岛石雕人之谜的钥匙，那就是当地土著居民说的"天书"或"会说话的木板"。岛上有许多刻着奇怪符号的木板，系用鲨鱼齿刻写而成，有的像人，有的像鱼，有的像工具，还有的像花草树木。当地人说从这些符号中可以知道复活节岛的历史，那么有关神秘石雕的问题也就迎刃而解了。可是，第一，这些木板曾经遭到传教士的掠夺，遗失大半，现在已经所剩不多了；第二，这些符号变化太少；第三，这些符号与岛上居民现在使用的文字没有丝毫联系，所以全世界的古文字学家都拿之毫无办法。据说关于这些"会说话的木板"还有这样一个故事：复活节岛上曾经有一个叫加伯利尔的人懂得这些符号，可是没等他传授给别人，就因麻风病死去了。从此这些"会说话的木板"变成了永远的哑巴。而要找到石雕的答案，也就难上加难了。

就连岛上的当地居民，也说不清楚关于复活节岛石雕的来历。他们没有从祖辈那里获知关于石雕的任何事情，只知道在很古老的时代就有这些石雕了。事实上，他们连对自己居住的岛的历史也不是很清楚。历史留给我们的谜实在太多了，但这何尝不是对人类智力和毅力的一种挑战呢？现在，越来越多的考古学家络绎不绝地赶到复活节岛进行考证，相信不远的将来，人类的科学一定能够揭开笼罩在复活节岛上的神秘面纱。

纳斯卡地画从何处来？

秘鲁的纳斯卡高原是世界上最干燥的地区之一，这里终年骄阳似火，经常连续几年滴水不降。

几十年前的一天，位于秘鲁首都利马的民族学博物馆来了一位飞行员，他自称在秘鲁的安第斯山一带纳斯卡高原的沙漠上，发现了古代印第安人的"运河"。他拿出一张用铅笔勾抹着一些奇形怪状线条的地图，作为自己的证据。

几年过去了，这张地图辗转到历史学家鲍尔·科逊克的手里。科逊克带领一支考察队来到纳斯卡高原。在黑褐色的高原上，他们的确发现了十分明显的"白带"。在这条"白带"上，有的沟形状怪异，沿途也崎岖不平；有的沟则笔直，会长达 1.5 千米至 2 千米。顶多深 15 厘米至 20 厘米左右的河床，即使在如此平坦的原野上，水也不会安然流淌在这样的运河里，用运河来命名它，似乎有些夸张。所以，用"沟"来称呼这条"白带"似乎更为准确和到位。考察队的队员们手拿指南针，沿着弯曲的沟行走，同时在地图上记下沟的形状与方位。一段时间过后，他们完成了这个有趣的实验，沟的形状和方位图画成了。

许多平行的直线像飞机跑道一样，图中所示的浅沟，让人联想到太空船降落时留下的痕迹。

令人惊奇的是，这图就像一只喙部突出的巨鹰。与一条长约 1.7 千米的笔直的沟相连的是鹰的尾部。

在当时的情况下，人们是怎样画出这幅巨鹰图的呢？又是怎样确定线条方向和准确地制定鹰身各部位的比例呢？当时采用的测量仪器又是什么样的呢？纳斯卡高原沙漠在考古学家面前展现了它迷宫的一角。

发现于纳斯卡石谷中的地画

猴子巨画

非常形象地展现了猴子的外貌特征，但在纳斯卡高原究竟是谁完成了如此巨大的工程，结论尚未确定。

紧接着，一些巨大的人工平行线和许多奇异的图案被发现。当考古学家们乘上飞机以一定的角度在纳斯卡高原上空缓缓盘旋时，数千条方向各异的线条，分别组成三角形、螺线、四边形等多种几何图形。真是一组奇妙的画面！而且，人们还发现这里面有一幅章鱼图，章鱼伸展着八条弯弯曲曲的触角，非常形象。

人们还发现了这些地上画的规律，即完全相同的动物画，就像盖图章一样，每隔几十千米就出现一批。同时，比这些动物画大数十倍的人物画也被发现。其中一个长620米，躯干挺直而且双手叉在肋下的人像，令人称奇；还有一幅没有脑袋，却画有六个手指的人物等等。

还有许多沟更令人不解，它们有十分精确的南北走向，误差不超过一度。史料中没有记载南美居民持有指南针，而且北极星根本不会出现在南半球，在这样的条件下，画家怎么能画得如此精确呢？

以上种种原因和迹象，使纳斯卡高原上的地上画引起了人们的惊叹与关注。有些学者认为它可以与埃及金字塔和巴尔贝克神殿相媲美，将之称为世界第八大奇观。

科逊克等人在将星相图和纳斯卡高原平面图进行对照之后，发现整个四季的天文变化在这些地上画中也有明确的显示。有的标记代表月亮升起的地点，有的画还指出了最明亮的星的位置。在这部地上"天文历"上，太阳系的各大行星，都被标上了各自的三角形和线。在形状的帮助下，点缀在南半球空中的众多星座也能够在地上画中一一找到。

尽管人们对这些巨大的地上画有不同的解释，但大多数人都同意一点，即只有拥有高度发达的测量仪器和计算仪器的人才能制作出这些画，而且由于只有在空中才能看到它们的形状，所以它们是为专门从空中看才制作的。

据说印加人的部落曾经观察过在这里出现的让他们终生难忘的外星生物（或外星人），他们极其热切地希望这些外星生物（或外星人）能够回来。在年复一年的等待中，当他们的愿望实现不了的时候，他们便开始像外星生物（或外星人）一样在平地上构建图案。

但是，诸神一直没有光临，在这期间人类周而复始地出生死亡，起初人们借助划

蜘蛛巨画

线方法并未将诸神召回，就开始刨出巨大的动物形象：首先是人们描绘各种各样象征飞行形象的鸟；后来在想象力的驱使下又去描绘蜘蛛、鱼和猿猴的概貌。

另外一些考古学家则持否定态度，认为这些图形和线条是半神半人的"维拉科查人"遗留下的作品，并不是出自凡人之手。这个族群在好几千年之前也将他们的"指纹"遗留在了南美洲安第斯山脉其他的地区里。

专家们对镶嵌在线条上的陶器碎片进行了检测，同时对这儿出土的各种有机物质通过碳－14进行测度，结果证实，纳斯卡遗迹年代十分久远，大概是从公元前350年到公元600年不等。至于这些线条本身的年代，由于它们跟周围的石头一样，本质上都是无法鉴定年代的，所以专家没作任何推测。我们只能这么说：年代最近的线条至少也有1400年的历史，但在理论上，这些线条可能比我们推测的年代更为久远。如果是后来的人携带这些我们据以推断日期的文物到纳斯卡高原，也是很有可能的。

以上的种种假设都存在着一些问题。首先，这些线条的坐标和动物的标志只有从高空中才能看出来，地面上的人如果没有先进的技术，根本无法画出来。其次，位于秘鲁南部的纳斯卡高原是一个土壤贫瘠、干燥荒凉、五谷不生的地方，长久以来人烟非常稀少，恐怕将来也不会有大量人口移居这里，在这种地方谁会去完成如此巨大的工程？

直到今天，人类仍然无法知道纳斯卡线条的真正用途和真正年代，更别说是谁画的。这些线条和图形是一个谜团，越仔细观察，就越觉得充满了神秘。

撒哈拉沙漠史前壁画谁人为之？

  1850 年，德国探险家巴尔斯到撒哈拉沙漠进行考察，无意中发现有些岩壁上刻有水牛、鸵鸟及各种各样的人物像。1933 年，法国骑兵队又来到这荒漠之地，在中部的塔西利台地、恩阿哲尔等地方发现了长达几千米的壁画群——在受水浸蚀而形成的岩壁上绘满了五颜六色的壁画，色彩精致、工艺精良，远古人们的生活在这里栩栩如生。此后不断有考古学家、冒险家到撒哈拉沙漠觅宝寻奇。1956 年，法国探险队在亨利·罗特的率领下在撒哈拉沙漠勘探到了 1 万件壁画，随后他们将总面积约 11600 平方英尺的壁画复制品及照片带回巴黎，这个事件轰动了整个欧洲，引来无数艺术爱好者前往巴黎参观。

鳄鱼母子 利比亚

  撒哈拉沙漠是世界上第一大沙漠，气候非常干燥、炎热。然而让人们大为不解的是：本是寸草不生的地方，竟然有过高度繁荣的远古文明。沙漠中发现的这些绮丽多姿的壁画，就是远古文明的结晶。

  考古学家认真研究了发掘出来的大量文物，认为大约在 1 万年至 4000 年以前，撒哈拉是一个大草原，是草木茂盛的绿洲，当时估计有许多部落和民族生活在这片富饶的土地上，所以才能创造如此高度发达的文化。从壁画中我们可以得知，这些撒哈

非洲是人类文明的发源地，原始时期非洲人创造的各种古老的艺术文化，经历岁月的沧桑和风雨的磨洗，依旧充满生命活力，撒哈拉沙漠的史前壁画就是最好的证明。

羚羊与人

大羚羊的形象较为写实，造型准确，姿态优美；而人物形象则采用了夸张手法，图案性较强，富有节奏感。

拉"绿洲文明时期"的人类主要使用磨光的石器，他们已经学会了制造陶器，并且有了自己的文字。令人惊奇的是，尽管历经几千年的风吹、日晒和雨蚀，这些壁画的颜色还是相当鲜艳夺目，经过科学家分析，认为主要跟壁画使用的颜料有关。壁画所用的颜料是这样制成的：将许多不同的岩石和泥土，例如红色的氧化铁、白色高岭土、赭色或蓝色的页岩磨成粉末，然后用水拌在一起而成。壁画画成之后，在漫长的时间里颜料水分充分地渗入岩壁内，又在长久接触中发生了化学变化从而融为一体，因此画面的鲜明度才能保持这样长的时间。

壁画中最多的人物形象是武士。他们有的手拿弓箭追赶猎物，有的手持长矛、盾牌冲锋陷阵，大多体格健壮，表现出一种凛然不可冒犯的英武之气。也有不拿武器的，他们或者身缠腰布，头戴小帽；或者敲击乐器；或者作献物状，像是欢迎"天神"降临的样子——这些都是祭神的舞蹈。从画面上看，舞蹈、狩猎、祭祀和宗教信仰是当时人们的主要生活内容。

壁画群中动物形象千姿百态，各具特色，特别是对动物受惊后到处狂奔的刻画，真可以说逼真之极。这些动物从古老的水牛到鸵鸟、大象、羚羊、长颈鹿等草原动物，基本上按时间先后排列，反映出撒哈拉地区气候越来越干旱的特点。

在今天已是"一毛不拔"的沙漠里，为什么会出现这些足以称得上是世界奇观的艺术品呢？科学家利用目前所有挖掘到的材料，进行了种种猜测。

不少学者提出，要揭开这个谜，必须对撒哈拉的气候变迁作更为细致的考察。大约6000年前，撒哈拉沙漠到处是湖泊和草原，气候高温多雨，各种动植物迅速繁殖生长。到了公元前300～前200年左右，气候变异，湖泊干涸，草原变为沙漠。这就意味着，如果这些壁画是撒哈拉文明时代的人们所创造，那么他们至少存在了3000年！可是今天我们面对这一望无垠的大沙漠，不禁会想：创造了这伟大文化的远古人类到哪里去了呢？

撒哈拉沙漠岩石水彩画

狩猎、放牧、马匹、骆驼这四个时期是撒哈拉古代岩画的重要阶段。这些岩画所绘制的年代不同，所体现的人物形象也各不相同。此画表现的是正在放牧的早期牧人，它的人物形象富有动感，不画五官，但形态动作生动而逼真。

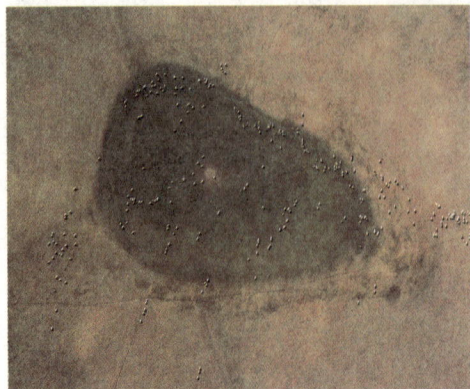

神奇的沙漠绿洲

当湖泊和草原被沙漠所吞噬，那些由原始非洲黑人所创造的艺术珍品——撒哈拉岩画只能在寸草不生的沙漠中沉寂，上万年后，它们才在现代人面前展现出来。

在这些壁画群中，有这样一幅独特的壁画，画中的人物都戴着圆圆的类似现代宇航员的头盔，并且穿着极为笨重的衣服。而美国宇航局对日本陶古的研究结果，竟然和这些壁画的人物形象不谋而合。日本陶古，是在日本发掘出来的一种陶制小人雕像。以前人们普遍认为这些陶古是古代日本妇女的雕像。而美国宇航局的这一研究，推翻了这个结论，认为陶古是穿着宇航服的宇航员，因为这些看起来笨重臃肿的服装不仅有呼吸过滤器，而且还有因为充气而膨胀起来的裤子。日本民族的一个神话，也表明了陶古是宇航员的可能。在古老的日本，不知什么时候出现了一个关于"天子降临"的传说，接着在这个传说流传 100 年后，日本就有了陶古。难道二者之间仅仅是巧合？然而这样的"巧合"也未免太不可思议了。如果不是巧合，那么这件事只能这样解释了：很远古的时候，天外来客乘坐宇宙飞碟来到了地球，他们在日本的国土上着陆。当日本古代人民看到这些穿着"奇装异服"的来客后，便认定他们是天国的特使，因此"天子降临"的神话诞生了；外星人走了之后，出于敬畏，人们塑了他们的形象来膜拜。

如果说日本陶古真的是宇航员，那么撒哈拉壁画中的与此相似的奇特人物形象，也大可以理解为天外来客留下来的另一遗迹吧？我们是无神论者，我们知道所谓"神"都是超出人们目前认识

骑着骆驼的人 阿尔及利亚
骆驼时期的壁画。

能力的事物。在 100 年前，如果有人说月球上有人类的踪迹，那么会立刻被人送进精神病院；可是仅仅 50 多年后人类就在另一个星球上留下了足迹；我们相信，很可能在不远的另一个 50 年，我们会踏上另一个星球。既然我们地球人可以跑到别的星球，

反映人们生活风貌的壁画
牛时期的壁画，它主要表现游牧民族的生活。

象 利比亚
马匹时期的壁画。

牛群和狩猎的舟 阿尔及利亚
狩猎时期的壁画。

那么外星人（宇宙实在太大，有生命的星球应该不只地球一个）又为什么不可以在地球上留下踪迹呢？当然，这仅仅是一种猜测。我们期待着科学早日解开撒哈拉沙漠上的壁画之谜。

狮身人面像之谜

在古老的埃及，应当说金字塔是最吸引世人注意的，其次就应属胡夫金字塔旁的狮身人面像了。

那么，狮身人面像究竟建造于什么时间？建造者是谁？所谓人面是何人之面？它建在胡夫金字塔旁边，与胡夫有什么关系呢？

狮身人面像全景

一种观点认为，狮身人面像是在埃及古王国时期建造的，第四王朝的法老卡夫拉（其在位时间是公元前2520～前2494年）是建造者，理由是：狮身人面像的面孔与卡夫拉本人十分像，当时卡夫拉法老正是以自己的肖像为模型让人塑造狮身人面像的面部的。但是迄今为止，人们也从未见到过卡夫拉的尸体，仅凭卡夫拉的雕像不足以作出以上判断。

美国一位学者约翰·安东尼·韦斯特通过研究狮身人面像发现："这尊矗立在基沙西部高崖上的雕像，除头部之外，整个狮身都现出无可争辩的水浸迹象。"韦斯特进一步推测，理论上并没有将狮身人面像受过浸蚀的可能性排除。因为大家早就一致认为，埃及过去曾多次受到尼罗河特大洪水和海水的困扰。就在不那么遥远的古代还出现过一次这样的洪水，人们把这次洪灾归因于最后一次冰季冰川融化。一般人认为，最后一次冰季的时间是在公元前10500年前后，而尼罗河周期性特大洪水就在这之后发生。在公元前1万年前后发生的是最后一次大洪灾。据此可以推断，如果狮身人面像受过水浸，那他一定建成于洪水发生之前……如果韦斯特的推测能够成立，有关狮身人面像的建成时间则可以追溯到公元前1万年以前。

随着岁月的流逝，狮身人面像胶泥剥落，遍体斑驳。尤其是它的鼻子不知什么时候不见了，结果留下了一个难看的伤疤。有人说，拿破仑下令炮轰狮身人面像只是为了找到通往金字塔的秘密通道。也有人说，它是被拿破仑的士兵当作靶子用大炮轰掉的；而另据中世纪阿拉伯著名的史学家马格里齐记载，石像的狮身部分一

画家笔下的狮身人面像

胡夫金字塔及狮身人面像

阿蒙内姆哈特法老的狮身人面像

度曾为沙土所覆盖，经常有人前来对它顶礼膜拜。有一位名叫沙依姆·台赫尔的苏菲派教徒为了反对偶像崇拜，就爬上石像的头部，用斧头将它的鼻子砍下，造成石像被毁容。马格里齐还说，狮身人面像被毁容以后，飞沙把附近的农田掩埋，造成了十分严重的自然灾害，当地老百姓将其视为太阳神发怒的结果。

当然也有人认为，将狮身人面像鼻子毁去是自然力作用的结果而并非人为的。狮身人面像由一块完整的岩石雕成，而雕像的鼻子部分由于石质较差，更容易受到风沙侵袭。

"空中花园" 真是古巴比伦国王所建吗？

作为世界古代七大奇迹之一，古巴比伦的空中花园让人惊叹不已，"想象其形而心向往之"。然而，正因为没有见到其实物的存在，从而让人对其真实性产生了怀疑。

传说巴比伦空中花园是新巴比伦国王尼布甲尼撒二世所建。因为他美丽的王妃塞米拉米斯常常思念她那山清水秀的故乡，加之，她也不习惯于巴比伦炎热干燥的气候和单调的平原景色。所以，尼布甲尼撒二世下令在巴比伦城中建起立体式的空中花园，以博取王妃的欢心。

但是，现在对于空中花园为尼布甲尼撒二世所建的说法，不少人产生了质疑。他们认为空中花园更可能是在尼尼微而不在巴比伦。建国者不是新巴比伦国王尼布甲尼撒二世，而倒有可能是早他100年的亚述国王辛那赫瑞布了，为什么有如此说法呢？

伊什塔尔门
伊什塔尔门用珍贵的蓝宝石装饰，守卫着进入巴比伦城的圣道。

泥塑狮子
狮子是王权的常见象征。这个泥塑狮子守卫在一个巴比伦庙宇外面。精美的细节显示了巴比伦人是熟练的雕塑者。

空中花园
尼布甲尼撒二世为他的妻子修建了著名的空中花园，目的是让她怀念起她家乡米底的绿色丘陵景色。这是古代著名的奇观之一，但现在没有人亲眼看到过这座花园是什么样子。

被誉为"历史之父"的希罗多德在其书中对巴比伦金碧辉煌的宫殿和神庙建筑以及房屋、街道、商贸甚至连浮雕、装饰等多处细节都作过仔细描述，并且盛赞巴比伦的"美丽远远超过了世界上的任何城市"。可是书中他却单单不提空中花园，这是一个疑点。

同样也是罗马史学家的色诺芬在其著作中赞美了巴比伦城墙的雄伟壮观，但对空中花园却也是只字不提。难道根本没有存在过这样一个建筑？

而且，人们至今没有找到有关尼布甲尼撒建造空中花园的记载，不过在有关亚述国王辛那赫瑞布的许多文献记载中却不止一次地提到他在尼尼微城中建有一座美丽的花园，并引城外的河水入城中浇灌花木。而辛那赫瑞布的后代也常常提及，他们常在尼尼微的这个人造山形花园中以捕杀从笼子里放到园中的狮子和野驴为乐。

尼布甲尼撒二世死后 23 年，波斯人出兵占领新巴比伦城，他们还改变了幼发拉底河道，使河道远离了巴比伦城。按理说，巴比伦空中花园的花木肯定会因为缺水而枯萎，在百年之后不可能会还保持郁郁葱葱。可是在尼尼微的浮雕却表明，亚述人不仅采用"水泵"抽水浇灌人造花园，还用水槽将山泉引入园中。即使无人灌溉，花园依然可以苍翠如初。

以上两种说法都是言之有理，证据确凿，看来，今天的人们不仅不能看到那美丽的空中花园的"倩影"，连它的存在也只能是一个谜了。

古希腊奥林匹克运动会是怎样诞生的?

举世闻名的世界性的体育盛会——奥运会现已风靡全世界，4 年一届的盛会已在人们的生活中占有极其重要的位置，也成为国家间增进友谊的纽带。人们都知道现代奥林匹克运动会是在古希腊奥林匹克运动会的基础上形成和发展起来的。然而古代奥运会又是如何起源和发展的呢？它的源头及形成年代又是什么地方什么时候？这些问题留给人们很多值得思考的地方，有关它的见解也各不相同，众说纷纭。

一种起源说认为，奥运会起源于神的谕示。古希腊神话中说，公元前 884 年，希腊国王为平息战乱，消灭疾病，派使臣去向太阳神阿波罗求签。阿波罗发下神谕：要想避免战祸，获得和平，一定要使奥林匹克赛会再兴。于是，4 年一届的奥运会便创立了。这些毕竟只是美丽的神话，毕竟不是历史的事实。迄今，唯一能提供奥运会起源的文献资料，只有荷马史诗《伊利亚特》和《奥德赛》。这部古典名著比较全面地反映了公元前 11～前 9 世纪的希腊人的社会生活，史称这一阶段为"荷马时代"。《伊利亚特》中的"帕特洛克罗斯的葬礼"一章中，记述希腊将领帕特洛克罗斯在攻打特洛伊城时不幸战死。阿喀琉斯为他举行殡葬仪式时，就举行了战车、拳击、角力、赛跑、决斗、掷铁饼、射箭、投标枪等内容丰富的竞技赛会，并发重奖给优胜者。在《奥德赛》一书中，记述了该书的主人公奥德赛，在宴饮时举行的竞技会上，曾亲自参加投石比赛，他臂力过人，获得这个项目的第一名。通过以上材料，人们可以推测，早在"荷马时代"，古代奥运会作为葬礼或宴饮的组成部分就在希腊出现了。

近几年来，考古学的发展使得许多专家和学者对古代奥运会的起源又做过不少研究，并提出

奖品
在古希腊运动会上，赛跑获胜者的奖品是一只盛满了圣油并绘有赛跑场面的土罐。

奥林匹亚古建筑遗址

黎巴嫩巴勒贝克城遗址

最早建于腓尼基时代，腓尼基人曾在这里修建神庙，供奉太阳
神巴勒。据说最早的奥运会就是为纪念它而举行。

了许多不同看法。这些看法主要有 3 种：一是古希腊奥运
会起源于克里特岛。公元前 15 世纪，希腊人在米诺斯王国
覆灭后继承了克里特人的文化传统，建立起奥运会。英国
考古学家伊文斯在 1900 年，对诺萨斯城进行考古发掘，发
现了男子角力、赛车、斗牛等壁画，为这一看法提供了生
动的实物资料。二是希腊奥运会是由腓尼基传入的。不久
前，贝鲁特大学考古学家拉比·鲍罗斯，通过对地下体育
场遗址的发掘发现许多铸有运动员形象的硬币和腓尼
基人的史诗，从而考证出首届世界性体育比赛，早在
公元前 15 世纪的腓尼基（今黎巴嫩一带）就举行了。
他认为当初之所以举行这种体育竞赛，是为了对古腓

掷铁饼者

尼基人信奉的太阳神和他们所崇拜的英雄赫拉克里斯及其祖先梅尔卡特表示歉意。这
种每 4 年举行一次的体育竞赛后来传到希腊，促使古希腊人建立起自己的奥运会。三
是 20 世纪 80 年代初，国外考古学家对奥运会的起源问题，提出了新的见解。考古学
家在雅典西南 130 千米处的涅柏亚布，发掘出一座可容纳 4 万多观众的运动场遗址，
并有可供 13 名田径运动员同时起跑的 177 米长的跑道。专家考证：早在公元前 1256
年，在这座运动场里就举行了运动会。这么看来，古代奥运会早在荷马时代之前就诞
生了，比第一次有记录的首届运动会（公元前 776 年）提早了约 500 年。

　　奥运会的规模现在已越来越大，能举行奥运会也成为一个国家国力的象征和骄
傲，在几千年后的今天探讨古代奥运会的起源和发展仍具有很高的价值，人们期待着
能对它进行深入的了解。

"断臂女神"维纳斯之谜

有关断臂维纳斯的故事在世界上广为流传，人们在惊叹维纳斯之美的同时，也对她充满了疑问和困惑。

"断臂维纳斯"神像是由一希腊农民发现的。1820年4月的一天，爱琴海中米洛岛上，农民伊沃高斯带着他的儿子在耕地。正当他们打算铲除一丛矮灌木时，突然发现了一个大洞穴，走进这座山洞，一座优美绝伦的半裸女大理石雕像展现在他们眼前。这就是"断臂维纳斯"神像。

这个消息很快便被法国驻希腊代理领事路易·布莱斯特得知。于是，他赶快把这一消息报告给了法国公使利比耶尔侯爵。侯爵从伊沃高斯手中以2.5万法郎的高价买下了这座雕像，偷偷地把它装上法国军舰，运往法国。雕像现陈列于法国巴黎著名的卢浮宫美术馆，成为卢浮宫的珍品之一。

"断臂女神"的再生使人们产生了一连串的疑问。她是谁？谁是她的制作者？她的手臂哪儿去了？断臂之前的姿态又是怎样的呢？

镀金水瓶
花瓶上的雕饰表现的是战神阿瑞斯和他的恋人阿佛洛狄忒的故事。

维纳斯的诞生
全裸的维纳斯从海中贝壳里升起，据说她是宙斯和大海女神狄俄涅的女儿。

有关"维纳斯"名字的来源是这样的：在古希腊人神话传说中有一个专司"美"和"爱"之职的女神：阿佛洛狄忒。当这位"美"和"爱"的女神传到古罗马时代，罗马人将她称为"维纳斯"。当然，谁也没有见到过这位女神，所以自然也不可能知道她的形象是什么样的。然而，这尊在米洛岛上发现的雕像却成了她公认的形象，并被命名为"米洛的维纳斯"。有些人并不愿意使用她的这个"外国化"名字，因此将之正名为"米洛的阿佛洛狄忒"。他们这样命名的主要根据是：这座石像的脸型很像公元前4世纪古希腊名雕像家普拉克西德雷斯的作品"克尼德斯的维纳斯"的头部，所以这件作品又叫作"克尼德斯的阿佛洛狄忒"。

正因为有了这个相似之处，很多人断言她的创作者就是普拉克西德雷斯。但是也有相当一部分人认为这么优美的作品应该是公元前5世纪古希腊更伟大的雕塑家菲底亚斯或菲底亚斯学生的作品，因为作品的风格属于这个时代。时至今日，比较盛行的看法认为这是一件晚至公元前1世纪希腊化时期的作品；还有一种看法认为这只是一件复制品，仿制公元前4世纪某件原作的复制品，原件已经消失了……总之，对此说法甚多，众说纷纭。

然而，现在人们最感兴趣的可能是她的断臂：美人的手臂在何处呢？

人们曾经在发现石像的同一座洞穴里找到过一些臂与手的残碎石片。但这些究竟是不是这座雕像的手和臂的残片呢？对此，有人认为是，有人认为不是。

一些考古学家、艺术家曾经尝试着为"神像"修复手臂。对于她原先的手臂形状与姿态是什么样子，人们又各持己见。

德国考古学家福尔托温古拉设想，女

米洛的维纳斯

神的在手向前伸，小臂搁在一根柱子上，并且她的手掌里握有一个金苹果；右手下垂按住已坠落在下腹部的衣裙。还有一种较为流行的意见是：她左手前伸，握着一面盾牌，右手腾空略向下垂，但是并不按住衣服。

　　"断臂"给这座雕塑笼罩上了一层神秘色彩，也更增添了她的残缺美。人们在发挥无穷的想象力试图去解开"断臂"之谜，也许这个谜永远都不会有答案。

忒修斯传说和克里特文明之谜

黑皂石雕成的公牛状酒器
此器皿是米诺斯人用来盛圣液的，而公牛具有特殊的宗教意义。

忒修斯找到父亲的信物 油画

　　在古希腊神话传说中，忒修斯因其英勇而成为亮点人物。他有过许多英雄的壮举，但他最伟大的行动却是杀死牛头人身的怪物米诺陶洛斯。

　　米诺陶洛斯是帕西菲王后与一头公牛交配后产下的怪物。当时，强大的国王米诺斯在克里特统治着希腊，他和帕西菲结婚，但帕西菲却爱上了一头漂亮的公牛。帕西菲让发明家代达罗斯为她制作了一只木制的母牛，以便于她可以藏在里面与公牛交配。以后她生下了可怕的米诺陶洛斯———一个半人半牛的怪物。

　　米诺斯便求助于代达罗斯，修建了一个巨大的迷宫来囚禁这头牛头人身的怪物。每隔9年，国王都要送14个雅典童男童女到迷宫喂这头牛头人身的怪物。这也是为死于雅典人之手的米诺斯之子安德罗奇斯报仇。在忒修斯以前，从来没有一个年轻人生还。忒修斯是雅典国王埃勾斯的儿子，他自愿前往。忒修斯承诺父亲他会回来，并且将升起白色的风帆来表明他的胜利。忒修斯杀死了牛头人身怪物，走出了迷宫。这样就结束了雅典年轻人被残害的无谓牺牲，克里特对雅典的统治也就结束了。

　　对于忒修斯的故事和克里特文明，后人曾做过深入研究。1900年，牛津阿尔莫宁博物馆的理事亚瑟·伊文思来到了克里特。他的发现证明克里特不仅仅是伟大帝国的中心，而且有关忒修斯的故事远远不像曾经看起来的那般充满幻想。

　　19世纪20年代的艾伦·瓦斯和

陶瓶画
忒修斯杀死牛首人身的怪物。

克里特母神
这位神是米诺斯宗教的核心。落在头上的鸽子象征着她的神圣,手中紧握着扭动的蛇则是提醒信徒记起她与地狱的联系。

19世纪30年代的卡尔·布利根,发现了与克里特文明同时存在的"迈锡尼"文明的证据,这种文明明显独立于克里特文明。他们认为,在公元前1500年后某些时候,迈锡尼人征服了克里特人并接管了诺塞斯。至此,迈锡尼文明得以繁荣发展。

这些材料,在某种程度上似乎进一步证实了忒修斯的传说是有一定历史根据的。和迈锡尼人一样,雅典人是希腊人,所以忒修斯的胜利可能意味着在某次(或者连续几次)实际的战斗中迈锡尼希腊人击败了牛头人身的克里特人。

在迈锡尼人如何替代克里特人这一问题上,考古学家斯皮里宗·马里那多斯有自己的观点,他相信是自然灾害削弱了克里特,以致为迈锡尼人打开了方便之门。他认为,是锡拉岛上的火山爆发行使了这一使命。火山爆发可能源于地震,反过来又引起海啸毁灭了克里特。他坚持,地震和海啸的破坏足以迫使克里特人向迈锡尼人敞开大门。实际上,在克里特的考古学证据似乎表明,是火而不是火山灰或洪水引起了这里大多数的毁坏。

所以大多数科学家——虽然不是所有的——都否定锡拉岛火山在克里特文化衰败中扮演过重要的角色。那是否就意味着忒修斯扮演了替代者的角色呢?是忒修斯(或是他作为希腊人的象征)杀死了牛头人身的怪物(或者怪物是克里特人的象征)?由于年代久远,此外也没有众多的史料可考,也许进一步的发现和研究能为这个看似完全虚构的故事增加一点可信度,从而解开克里特文明之谜。

213

希腊智慧女神为何从父身诞生？

在希腊神话传说中，智慧女神雅典娜集其父母的智慧于一身，她的出生成为后代许多专家学者们研究的对象。

雅典娜是天神宙斯和智慧女神墨提斯的女儿。临产前墨提斯对宙斯说，将要出生的孩子一定会比宙斯更强壮、更聪明。宙斯唯恐降生后的孩子会危及他在奥林匹斯山的统治地位，于是他就将墨提斯吞到肚子里去了。不料，宙斯突然感到头痛欲裂，急忙让火神赫菲斯托斯用斧子劈他的脑袋，这时满身铠甲的雅典娜就从宙斯脑袋里呼叫着蹦了出来。这就是她那不寻常的诞生。

那么，雅典娜为什么不是脱胎于母腹，而是由父亲产出呢？她为什么偏偏从脑袋里蹦出来呢？

当然，对于神话，人们没必要探究其真实性，而应关注它的社会背景。长期以来，许多学者对此做了深入探讨，并从各种不同角度提出了不同的看法，归纳起来主要有以下三种：

雅典娜女神头像
她头戴羽盔，身披缠着蛇的斗篷。这是战神的形象。

有人认为，这段传说只是想说明雅典娜是宙斯的化身。在希腊早期神话中化身法是常用的造神手法。这种方法可使彼此孤立的神之间产生一种类似于人类的血缘关系，从而构成一定的体系，增强了神话的故事性和神秘色彩。

但是，更多的人则认为，这个传说反映了早期人类一定的历史状况。他们认为这段传说实际上反映了人类父权制开始取代母权制的情况。而且，雅典娜就曾经说过："我不是母亲所生的人。我，一个处女，是从我父亲宙斯的头里跳出来的。因此，我拥护父亲和儿子的权力，而反对母亲的权力。"这意味着女人已经依附于男子，母权制已被父权制所取代。这种说法看来论证比较严密，但也是有漏洞的。这种观

神的王国
宙斯主宰大地和天空，波塞冬统治着海洋，他们的兄弟哈迪斯则是冥府之神，和其妻珀尔塞福涅共同控制着冥界。

点如果要成立，还必须解决如下两个问题：第一，据传说宙斯的妻子是宙斯的同胞姐姐，他们在洪水灾难中死里逃生，并结为夫妻。从这里可明显看出族内婚的痕迹，如果说父权观念在人类族内婚阶段就已出现那是绝对不可能的。第二，希腊父权制取代母权制是在英雄时代，这早已成定论。从神话描写中可看出雅典娜出生距英雄时代还有相当长的一段时间，是否能说这一过程自雅典娜诞生时已经开始，尚待探讨。

还有一种观点认为，这段传说应该与雅典娜在希腊神话传说中的地位和作用有关。雅典娜在希腊神话中是聪明过人的智慧女神，所以把她说成是智慧女神和天神宙斯的女儿。为了让雅典娜没有对手，神话的创作者又煞费苦心地让宙斯把这位老智慧女神吞进肚子里，于是聪明的母亲"隐居"了。这样一来，会更显示出其女儿过人的智慧。当然，这种推论虽然圆满地解释了这段传说中令人费解的情节，但没有涉及复杂的社会背景，是否正确也很难说。

上述三种观点各有道理，但都不能成为定论。之所以如此，可能有这样一些原因：第一，早期神话产生于非理性的、原始的心理状态。第二，神话本身具有两重性。其一是历史的、现实的，它是有其历史现实基础的；其二是虚幻的，即非历史的部分。两者交织在一起，因而神话中的历史与宗教、想象与现实的界限总是模糊的。

美洲人修建太阳门目的何在?

在世界上最高的淡水湖喀喀湖东南的安第斯高原上耸立着美洲古代最著名最卓越的古迹之一——太阳门，它是蒂亚瓦纳科文化的杰出代表。太阳门因其神秘性成为专家研究的目标。

太阳门高 3.048 米，宽 3.962 米，由重达 100 吨以上的整块巨型中长石雕镌成，中央凿一门洞。据说每当 9 月 21 日黎明时，第一缕曙光总是准确无误地从门中央射入。门楣正中间刻制着一个人形浅浮雕。从这个人形神像的头部会放射出许多道光线，他的双手各持着护杖，在他两旁平列着 3 排 48 个相对较小的、生

太阳门
太阳门的石雕用独块巨石雕琢而成，在正前方的上端雕着太阳神的形象。

黄金饰品
在美洲人心目中，黄金是太阳的象征。

蒂亚瓦纳科的巨石雕像

动逼真的形象，3 排中的上下两排是带有翅膀的勇士，他们面对神像；中间一排是人格化的飞禽。这块巨石在发现时已残碎不堪，1908 年经过一番整修，恢复了旧观，放在了今天人们看到的基地上。

那么，在古代美洲居民还没有制造出带有轮子的运输工具、也没有使用驮重牲畜的情况下，到底是什么人，在什么时候，又是为什么在这云岚缭绕、峭拔高峻的安第斯高原上建造了这座雄伟壮观的太阳门呢？这个问题至今还没有正确的解答。

为了弄清这些问题，许多国家的考古工作者进行了巨大的、艰苦卓绝的研究工作。

美国考古学家温德尔·贝内特用层积发掘法证明蒂亚瓦纳科文化最早年代是在公元 300～700 年，而太阳门和其他一些建筑应是在公元 1000 年前正式建成的。他认为，这儿曾是一个宗教圣地，朝圣的人们在这儿举行朝拜仪式并建造了这些建筑。

蒂亚瓦纳科考古研究中心主任、著名的玻利维亚考古学家卡洛斯·庞塞·桑西内斯和阿根廷考古学家伊瓦拉·格拉索用放射性碳鉴定，蒂亚瓦纳科建筑应该是开始于公元前 300 年，而建成美洲这一灿烂辉煌文明的时间大约是在公元 8 世纪以前，一般看法认为是在公元 5～6 世纪。建筑者可能是居住在安第斯山区的科拉人，他们认为蒂亚瓦纳科建筑是一个举行宗教仪式的中心场所。太阳门极有可能是阿加巴那金字塔塔顶上庙堂的一部分。

美国历史学家艾·巴·托马斯也同意遗址是科拉人建立的这一理论，但他却并不以为这里曾是一个宗教中心，他说那里没有宗教和武功纪念碑，看起来却像是一个商业中心。阶梯通向的地方是中央市场，石门框上的那个人形浅浮雕是雨神，辐射状的线条是雨水，两旁的小型刻像象征着他们朝着雨神走去，以承认他的权威。

太阳门是外星人制造的吗？如若不是，那美洲人建造它的目的何在？专家们对于这些问题众说纷纭，无一定论。但人们相信，随着考古资料的不断发掘和科学技术的进一步发展，人们终会撩开笼罩在太阳门身上的迷雾的。

古罗马人为何沉溺于沐浴？

在罗马共和国建立初期(约公元前400年)，上流社会突然兴起了大修澡堂之风。罗马帝国版图日益扩大并强盛后，各城镇也继而扩展，公民生活优裕，社会各阶层盛行沐浴之风。其时，公共澡堂很受欢迎。罗马城内的澡堂是最豪华的，其内有热气室、热水浴池、冷水浴池和凉气室。如果一个人跑去洗澡，往往先在特设娱乐室里打球或者做些别的锻炼，随后脱光衣服在热气室内直到全身热汗淋淋，再用油洗净，然后洗热水澡，凉了之后便跳进冷水浴池以强身健体。热澡堂就像一间附设芬兰蒸汽浴或土耳其浴及公共游泳池的现代健身室。

但这并非罗马热澡堂的全部内容。罗马和其他城市的大型热澡堂规模宏大且气派，内有大理石柱、精美拼花地板、穹隆天花板、喷水池和塑像。罗马城内名喀拉凯拉皇帝修建的澡堂，方圆11公顷，可供1500多人同时洗澡。罗马市中心戴欧克里兴皇帝的热澡堂占地更广。很多热澡堂除游戏室、热气室和浴池外，还有酒吧、商店和咖啡座。

罗马热澡堂因获得国家和私人捐助，通常收取很低的入场费，有些甚至无须交费。所以无论是富人还是穷人，只要是公民便可拥往热澡堂去过过瘾，或者夸耀一番。

澡堂是拥挤巨大的喧嚷场所，为何人们还会乐此不疲地沉湎于泡澡堂呢？人们从旧电影及盛传的传说中，知道罗马人祭祀酒神的秘密宗教仪式通常在个人领域悄悄地举行。但在澡堂里有更多足以诱惑人异想天开的事物，想染指的人也很容易发现捷径。在很长的一段时间，许多澡堂允许男女共浴，因此经常招致大群娼妓大肆交易。其他公共澡堂里，许多男男女女赤身裸体，在热气室和浴池里动手动脚，也引发不少今日称为换妻的放浪行为。澡堂终致丑事频出、臭名远扬，所以公元2世纪哈德里安皇帝颁布了禁止男女共浴的禁令，而从此男女两性洗澡时间就不同了。

澡堂也成为狂饮者的最佳场所。不管在运动室或热气室里，总会感觉口干舌燥，那就更易借口喝上几大杯酒。酒使人迷失本性，结果口角和打

罗马浴室
罗马城有大型的公共浴室建筑。浴室里有不同温度的不同浴室间。既有冲凉水澡的地方，也有蒸汽按摩的房间。人们到浴室不仅仅是为了洗澡，也是为会见朋友与社交。

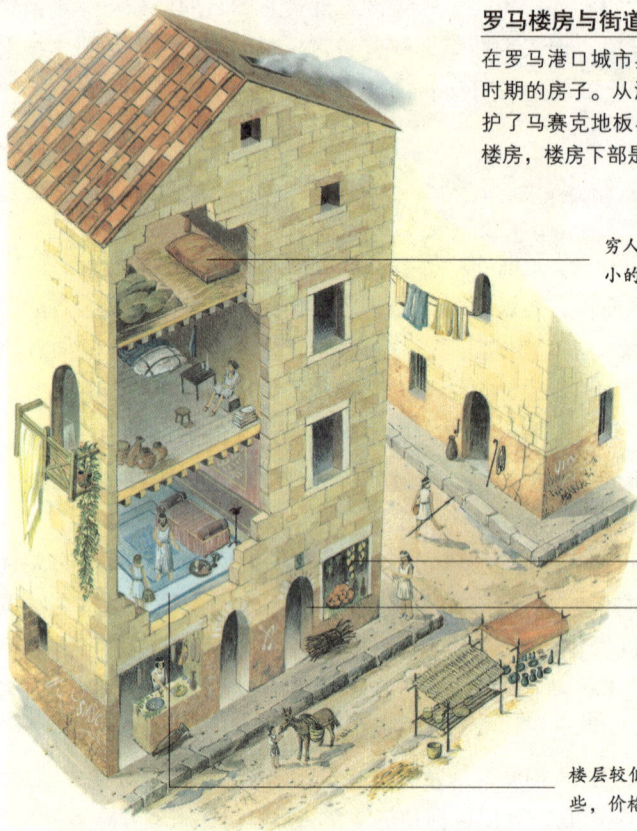

罗马楼房与街道景观

在罗马港口城市奥斯提亚，完好地保存着古罗马时期的房子。从海岸吹来的沙子覆盖了房屋，保护了马赛克地板与墙。这座城市满是铺着地板的楼房，楼房下部是商店与酒馆。

穷人住在楼上相对狭小的阁楼里。

手工艺品的制作者在一楼的作坊里制作并售卖他们的物品。

一处大门引导着结束买卖的店铺主来到楼梯处，走到楼上的公寓住宅。

楼层较低的公寓住宅的房间更加宽敞一些，价格也因此更贵一些。

架之类事情不断发生，喝得烂醉的人较受人注意，小偷扒手也趁机下手，流氓又借机抢劫，因此澡堂安全也成为人们头疼的事情。

不少罗马人也从沐浴风俗中看到堕落腐化的迹象。富人们喜欢夸耀财富，他们华衣盛装来到公共澡堂，带一群奴隶在两旁伺候，替主人宽衣，用油脂为主人身体按摩，再用金属或象牙制成的上有槽纹的刮板把皮屑刮净，然后全身抹上珍贵的香水。有些年老有德的人看到沐浴前的体操和游戏及涂油脂刮皮屑的夸耀行为，不禁皱起眉头。

现在，曾经辉煌奢华的罗马澡堂已成为众人观赏的废墟，罗马大厦在穷奢极欲中坍塌了。人们在追寻古罗马昔日遗风的同时不能不感慨世事的变迁和历史的无情！

罗马竞技场上的猛兽来自何处？

巨大的竞技场内，群兽涌动，人声喧闹，欢呼声、惨叫声不绝于耳，这是人们在影片中经常能看到的罗马帝国竞技场的一角。要想知道罗马帝国昔日的繁盛，从这小小的竞技场一角便能窥见一斑了。

捕捉野兽 壁画
罗马人将野兽圈住，试图捉住送往斗兽场。
此画描绘的就是人兽相斗时的紧张场面。

竞技场表演的节目多种多样，野兽相搏便是其中一种。例如野牛与熊互斗，先把两兽用绳子分别拴住，为避免野兽跑开，把绳子末端系在地上的柱子上，然后观者在旁边挑拨，使两头野兽互相抓咬撕扯。另外一种表演是由一个或几个斗兽士与豹、狮子或其他野兽角斗，把猛兽打得筋疲力尽后才杀死。如果到后来野兽不但没死，反而把人咬死了，也无关紧要，因为大多数格斗士都是由奴隶充当的。当然也有例外，公元2世纪的罗马皇帝柯摩连是一个特殊例子，他喜欢亲自到竞技场内表演；有一次，他用弓箭从竞技场上的御座上射杀了100只鸵鸟，得意了一阵子。

一般的年头，罗马帝国每年合计要杀死几千头野兽，要把那么多的野兽在竞技场上杀死，那就使不断地输入野兽成为必然。在罗马各行省的竞技场上，一般用当地容易捕捉的兽类(如北欧多用熊和豺狼)，有时用上一头豹或老虎就可算做是特别节目了。但是在罗马，由于斗兽表演需要皇帝下旨方能举办，因而必须使用能突显罗马皇帝君临世界的威严的外来异兽。然而由于输送量如此庞大，所以运来定量的老虎、狮子、象等野兽是相当困难的事。即使拥有现代的交通工具，输送野兽也必定是花费大而困难的工作。因此，古时候以帆船和牛拉大

古罗马斗兽场遗址

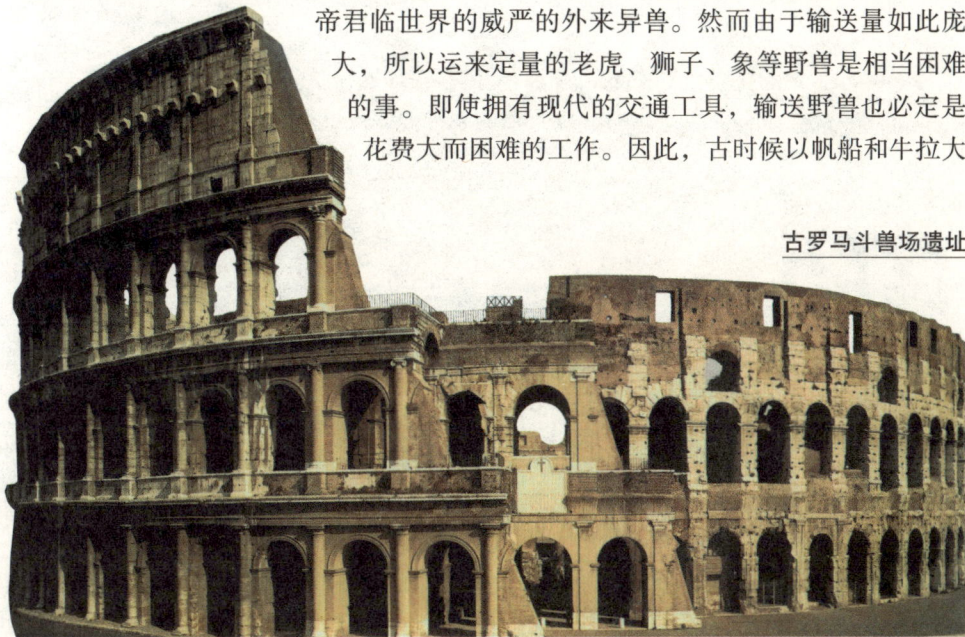

219

人兽相搏 壁画

吐火怪

这只青铜像塑造的是一只狮头、羊身、蛇尾的吐火怪，可见罗马人对动物的喜爱和勇猛好斗的性格。

斗兽浮雕

车把野兽从好几百里外运送至罗马，并且每年运送数以千计，一定更加不易。

非洲野生动物种类繁多，成群结队，当然是绝佳的捕兽地方，但非洲没有老虎，罗马人只得远赴波斯和印度狩捕。一般每一支驻扎在某一地区的罗马军队都以捕兽为首要任务，当地猎人有时也协助捕捉。当时的人捕捉野兽时，旨在捕兽，所以施用饵诱或设陷阱等方法用尽，全然不顾滥捕滥杀。有一个方法是把酒倒入小水洼中，等动物出来喝得醺醺然或醉倒的时候，很轻松地就可用绳捆绑了。另一个捕兽方法是把一只小动物丢进挖好的坑中，利用小动物的惊叫把狮子、老虎等大食肉兽引来，这些野兽一旦落入坑中，便立刻被诱入装有诱饵的笼里。有时也用这种方法来捕捉大象。

捕获野兽后要由陆地和水路运送到罗马。为避免野兽中途死亡，如若是从陆路运送，总要停在好几处地方休息一周左右，因为被关在牛拉的笼车里的野兽，一路颠簸，极易消瘦劳累，要休息些许才能恢复。皇帝诏令罗马帝国境内所有城镇，必须无偿为运兽车队提供食物。即便这样，大多数野兽不是中途死了，便是运到罗马时已羸弱不堪，奄奄一息。那些在罗马时仍活着的野兽都被送至御兽园以生肉喂养，使之保持凶猛状态。最后，把整群养精蓄锐的野兽驱入满是坡道、笼子和大升降台等设施的竞技场地下室。不过，进入竞场后能活着回来的野兽就没多少了。

玛雅文明为何如此先进？

智慧的玛雅人创造了灿烂的玛雅文明，但直到 1576 年，由于西班牙王室使者迭戈·加西亚的发现才使得在中美洲丛林中沉睡达几个世纪之久的玛雅文明浮出水面。几个世纪以来的研究表明，玛雅文明已达到了令人吃惊的先进程度。

公元前 1000 年，玛雅人在危地马拉、洪都拉斯、墨西哥等地过着定居的农业生活，从此，玛雅文化开始形成。

据研究，玛雅人有独特的年表体系，他们把各个重要的历史日期记载在石碑、绘画里，甚至陶器上，通过对年表象形文献的分析研究，人们能准确地知道发生的历史事件，知道在玛雅各个城市中几个主要历史人物的名字及其出生、登基、去世的日期和地名。

雨神
雨神是众多玛雅神中极其重要的一个，被称为"察"。

根据传统的年表，玛雅文化史可划为三个阶段：（一）前古典时期，约从公元前 1500 年到公元 317 年；（二）古典时期，从公元 317 年到公元 889 年；（三）后古典时期，从公元 889 年到 1697 年，至此，最后一批有组织的玛雅人被西班牙人征服。在不同的时期，玛雅文明呈现出不同的特征。

在前古典时期，已经出现了玛雅历法。南部玛雅人在制作陶器、石雕艺术等方面取得了巨大的发展。中部玛雅人建有房基，也制作陶器；建有拱顶和添加灰浆的毛石工程；还竖有一系列初期的古碑。北方玛雅人不仅可以制作简陋的原始陶器，而且还建有大型的宗教中心。

大约在公元元年前后，玛雅人独立地创造了象形文字。玛雅人以石碑作年鉴，每 20 年立一块石碑，以记载发生的重大事件。令人遗憾的是，用玛雅文字撰写的典籍都被西班牙殖民者入侵美洲时当作"异端邪说"而烧毁了。现得以幸存下来并公认的只有 3 本，即《玛雅三抄本》。

泰可城
泰可城是玛雅文明中最大的一个城市。它的遗迹在现在危地马拉北部的热带雨林中。

玛雅城市

玛雅城市的中心是高耸的金字塔形状的庙宇。在庙宇建筑群内包含了特别的庭院，用以进行玛雅人喜爱的游戏。

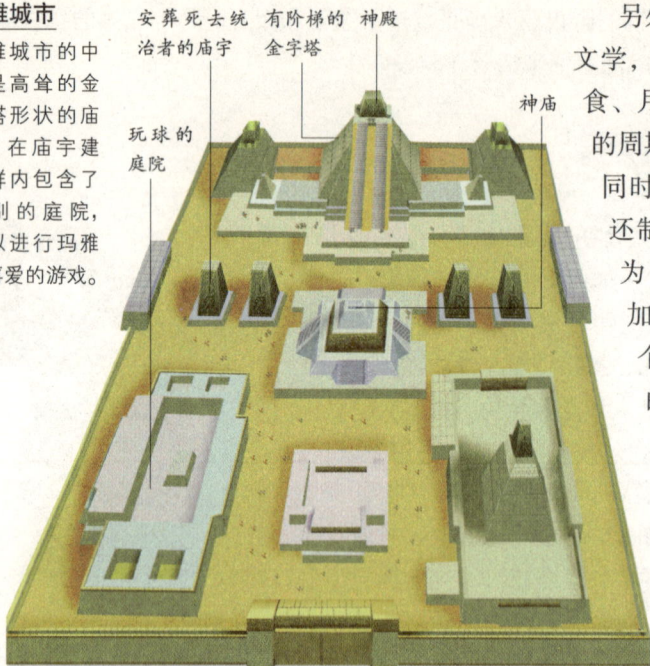

安葬死去统治者的庙宇　有阶梯的金字塔　神殿　玩球的庭院　神庙

另外，玛雅人也十分精通天文学，他们能准确地预测到日食、月食，并计算出金星公转的周期，其数据的精确度超过同时期的中国和欧洲。他们还制定了太阳历，将一年分为18个月，每月20天，外加5天的1个月，共计19个月计365天，对时间的计算其准确度超过了当时世界上通用的格列历。玛雅人在数学上也成就斐然。早在公元前3000年，玛雅人就发现和使用了0这个数字，这比世界上其他民族要早800年。

在古典时期，南方玛雅人产生贸易交换并得以繁荣。到后期，除了北方地区之外，大都出现了文化衰退。在中部地区有美丽的彩陶和石雕，还出现了更为精美的毛石工程、加工精细的尖顶石碑雕刻和特佩乌陶器。

在建筑、雕刻和绘画上，玛雅人更是堪称一绝。在他们建造的宏伟壮观的宫殿与欧洲最大的宫殿不相上下，巧夺天工的石砌金字塔、太阳庙堪与埃及金字塔媲美，而且镶嵌在每一建筑物上的巨型石雕精美绝伦而又含意深邃。更有意思的是装饰在建筑物正面的蛇形神面具与中国商朝时代祭皿上的饕餮纹十分相似。

在后古典时期，南方玛雅人被托尔蒂克人征服。这里的玛雅文明出现了陶制塑像，在山岗顶上建有防御工事。后来，北方玛雅人也被托尔蒂克人征服；并在奇钦伊察形成了一个巨大的统治中心，人们崇拜"库库尔坎"——长羽毛的蛇神；制成精致的器皿。奇钦伊察后被遗弃，玛雅人迁都于玛雅潘。

玛雅文明现已成为人类文明史上一颗璀璨的珍珠，尽管它被湮灭在历史的洪流中，然而它的光辉将永远闪耀着。

古印加人为何将"空中之城"弃之而去？

神秘的"马丘比丘"这座空中古城在被废弃了近1个世纪之久后又重新展现在世人的面前，它位于乌鲁班巴河峡谷中，马丘比丘山的山顶，它的雄伟壮丽让世人惊叹不已，但对它的种种疑问也时时萦绕在人们的心头。

鱼形容器

根据传说，"马丘比丘"是印加帝国的缔造者曼科·卡帕克的出生地。它位于印加帝国首都库斯科以北 118 千米处，名字取自它所在的山峰，字面意思是"老山峰"。它三面临河，一面靠着白雪皑皑的萨而坎太山，地势极为险要。正是因为如此，它才躲过了西班牙征服者和天主教士的侵扰与破坏，得以完整保留。

城中建筑极具宗教色彩，凡是磨制光滑、对缝严整的建筑均为神庙，且都配备 3 扇窗，缝与缝之间没有任何黏合物粘接，连最锋利的刀片也插不进去。墙上的每一块石头都像是在玩拼图一样被巧妙地连接起来，与其他印加遗址的风格大相径庭。

在城市中间的"神圣广场"，矗立着一座巨大的日晷，马丘比丘人通过它来测定每天的时刻。在古城的一端还有著名的太阳神庙和"拴日石"，印加人希望用拴日石永远留住他们心中至高无上的神——太阳——万物生命和希望的起源。

勤劳的马丘比丘人还在城堡对面的山峰上筑出一层层梯田，并在每一层上开凿了引水渠，引来雪水浇灌农田，企望获得丰收。

拥有如此美丽而逍遥的空中之城，马丘比丘人为何离开自己理想的家园？没有任何留恋，没有任何先兆，到底是什么原因呢？很多人认为是因为西班牙征服者的原因。可是，根据历史记载，当年侵略者的铁蹄并未能够踏上这里，并且，考古学家在研究中还发现，早在 1533 年，西班牙人征服印加帝国之前，马丘比丘人就已经离开了这座美丽的"空中之城"！即使真的是因为西班牙人的入侵，想想印加帝国的雄厚实力，拥有万骑精锐的印加人，居然不敢和 100 多人的西班牙入侵者作殊死的战斗？这种解释恐怕站不住脚。

今天的考古学家在绵延的安第斯山脉中，陆续发掘到许多印加帝国的遗迹，证明印加人确实是抛弃了他们美丽的家园，而在荒芜的山地中重建了他们理想的国度。

马丘比丘人在云雾缭绕的山顶建造了美丽的空中家园，他们在此安居乐业，可是他们

马丘比丘遗迹

坚固的建筑
图中墙上的壁龛是印加建筑共有的特征，可以起装饰作用。印加帝国的砖石匠把石缝做得非常严密，即使地震，石墙仍能回到原位。

印加人像

又离开了这方他们赖以生存的乐土去重建家园，到底是为了什么？是上苍的旨意，还是部落之间的侵袭与纷争，还是奴隶们的反抗使其统治坍塌了？目前没有任何证据能解释他们为何弃家而去，印加人和马丘比丘人给人们留下了一道无法解答的难题。

吴哥古城建立和湮没之谜

吴哥古城大约建于 12 世纪前半叶吴哥王朝全盛时期，当时，高棉国王苏利耶跋摩二世信奉婆罗门教，为了祭祀"保护之神"毗湿奴，便建造了著名的吴哥窟（也称小吴哥）。吴哥古城独特而永久的魅力吸引了全世界的目光，它与埃及金字塔、中国

吴哥窟

长城、印度尼西亚的婆罗浮屠并称为"东方四大奇观"。

大吴哥位于吴哥窟的北部，是阇耶跋摩七世统治时期建造的新都。吴哥城规模非常宏伟壮观，护城河环绕在周围。城内有名式各样非常精美的宝塔寺院和庙宇。在吴哥城的中心是巴扬庙，它和周围象征当时 16 个省的 16 座中塔和几十座小塔，构成一组完美整齐的阶梯式塔形建筑群。

重现于世的吴哥古迹，具有独特和永久的魅力，这使世人为之倾倒、赞服，同时又使人们产生了无穷的遐想和许多疑点。由于有关柬埔寨中古时代的史料极其缺乏，所以这些疑点就成了千古之谜。

疑点之一是，何人建造了美妙绝

吴哥城中的岩石
丝棉树的树根和岩石生长在一起，仿佛和石头融合了。

伦的吴哥古迹？它的每一块石头都是精雕细琢，遍布浮雕壁画，其技巧之娴熟、精湛，想象力之丰富、惊人，使人难以置信，以至于长时间流传吴哥古迹是天神的创造，不可能出自凡人之手。在垒砌这些建筑时，没有使用黏合剂之类的物品，完全靠石块本身的重量和形状紧密相接，丝丝入扣。时至今日，吴哥古迹的大部分建筑虽历经沧桑，却仍岿然不动。吴哥古迹充分向人们展示了柬埔寨人民高超的艺术才能和过人的智慧。

疑点之二是，通过对吴哥城的规模进行估计，在这座古城最繁荣的时候，至少100 万居民生活在这儿。可是为什么这样一座繁荣昌盛的都城竟然淹没在茫茫丛林里呢？它的居民为什么都不见了呢？有人猜测，流行瘟疫或霍乱之类的疾病，使他们迅速地在极短时间内全部死去；还有人猜测，可能是外来的敌人攻占这座城市后，将城里的所有居民赶到某一地方去做奴隶了。

疑点之三是，在柬埔寨历史上放弃吴哥是一个具有重要转折意义的事件，它标志着一度强大的吴哥王朝的瓦解。那么，是不是有别的因素呢？中国有一些学者认为，这种结局与暹罗人的不断入侵有关，这使得高棉人作出了撤离吴哥的最终决定。自从暹罗人不断强大后，使高棉人蒙受了深重的灾难和巨大的损失。日益衰竭的国力使高棉人无法应付暹罗人的挑战，只好采取回避的方法。O.W. 沃尔特斯博士也有相似的看法。但是他认为，吴哥王朝的衰弱和抵抗力的丧失，并非完全是暹罗人所造成，而是高棉王族之间内部矛盾斗争发展的结果。这时，暹罗人入侵，从而导致了吴哥王朝放弃古城之举。

15世纪上半叶，吴哥王朝被迫迁都金边，曾经繁华昌盛的吴哥城，杂草灌木丛生，逐渐被茂密的热带森林湮没。从此，它留下了一系列的问号和悬案，有待后人去探索研究。

《源氏物语》的作者是日本皇宫中的一个寡妇吗？

日本文学史上最早、最优秀的长篇小说是《源氏物语》，它影响了整个日本的文学发展，被人们誉为世界文学长廊的经典之作。

这本书虽然是日本文学的奠基之作，但对本书的作者人们所知甚少，甚至都不知道她的真实姓名。一般人把她称为紫式部，主要是因《源氏物语》女主人公紫姬为世人流传，而其兄长又曾任式部丞一职，此名即是集紫姬的紫及式部的官衔而得名的。她之所以不愿透露真实姓名，最主要的原因是她是11世纪时晶子宫中的一位女官。当时贵族妇女的名字除了公主之外，一般是不公开的。尽管她的大部分具体事迹和她的姓名仍然是个谜，但许多学者已在过去数百年间对她的生活方式和生平勾画出了一个十分清晰可靠的轮廓。其中部分资料，从《紫式部日记》中取材。这部日记她写了4年之久，至今仍然保留着，其内容不是十分明确。

紫式部出身于势力极大的藤原家族旁系的一个家庭。她大约在公元1000年与御林军军官藤原宣教结为夫妇，生下一个女儿。藤原在结婚一两年后就去世了。

年纪尚轻就已经成了寡妇的紫式部在家中静居，相传《源氏物语》就是在这时开始动笔写的。她通过父亲的关系在1005年或1006年进宫做了女官，主要是给一条天皇19岁的皇后晶子讲解白居易诗及《日本书纪》。一条天皇于1011年驾崩后，晶子便和她的侍女搬往一座较小的宫殿。

《源氏物语》对许多文学工作者而言，最不理解的一点，并不是作者的隐姓埋名，

紫式部扇面画像

《源氏物语》屏风画

日本叙事画中的天皇与爱妃

而是作者竟是一个女人。当时的妇女，即使是贵族也没有几个能看明白文学著作，更不用说执笔进行创作了。那么一名女子又如何能写出日本最伟大和最早的小说呢？不过，较之有关紫式部的其他谜团，这点很容易解答。在那个时代，汉文多是日本男人阅读、书写的内容。汉文在当时是标准文字，日文则只用在日常琐务方面以及供女人使用，故而用日文书写的大体上是女人。

与其他小说相比，想象力丰富和规模庞大是《源氏物语》的特色。全书大致围绕年轻皇子光源氏和他周围各色人物展开情节。在丈夫死后，紫式部可能要找点事做以打发时间，因而着手写《源氏物语》；随后她入宫侍奉晶子皇后时，仍没有间断写作。

尽管紫式部的身份正逐步浮出水面，但有关《源氏物语》的许多细节仍然是一个谜团，比如紫式部多大了，什么时候完成《源氏物语》等问题还是不能确定，人们只能这样想，距今大约 1000 年前，日本一位文静腼腆的少妇把砚笔墨纸备好，握笔蘸墨，写下了"不知何朝何代……"

凡·高画过多少幅《向日葵》？

凡·高（公元 1853 ~ 1890 年）是荷兰画家，现代印象派绘画艺术的杰出代表。

《向日葵》是凡·高的代表作之一，但终其一生共画过多少幅油画《向日葵》呢？据不精确的统计，约有 6 幅。早先凡·高画过 4 幅油画《向日葵》，画面上的向日葵数目不一，其中一幅画面上只有 3 朵向日葵，另一幅画面中有 5 朵向日葵，另 2

向日葵 油画

阿尔的吊桥 油画
在阿尔生活期间，凡·高创作了多幅《向日
葵》，是其创作的高峰期。

幅画面中分别有 12 朵和 14 朵向日葵。其中画
有 14 朵向日葵的那幅画于 1888 年创作，它也
就是曾被认作凡·高所作并拍得 3950 万美元
的那一幅油画《向日葵》。

　　享誉法国画坛的法国印象派画家高更 (公
元 1848 ~ 1903 年) 与凡·高相交甚密，他向
凡·高索画，凡·高便把画面上向日葵为 12
朵的画和画面上向日葵为 14 朵的画送给了高
更，得到这两幅画后高更非常兴奋。见高更如
此欢喜，凡·高于是又画了两幅《向日葵》送
给了高更。至此，凡·高所画的 6 幅《向日
葵》油画作品应该已经齐全了。这个数字与
凡·高的书信中所提到的共有 6 幅《向日葵》
这个数字完全符合。

　　1911 年，即凡·高谢世 11 载后，在法国
巴黎的一个画展上，一幅署名为凡·高的油画
《向日葵》引起了人们的关注。这幅作品的拥
有者是与凡·高同时代的法国三流画家许费纳

克。当时，没有一个人怀疑它是伪作。

1987年，在一次拍卖会上日本安田保险公司见到了这幅凡·高名作《向日葵》，便把这幅稀世名作以当时世界第一高价3950万美元拍得，震惊了整个画坛。当时，这幅画的拥有者是切斯特·贝蒂家族。

但是，英国人诺曼经过调查研究，在10年之后发布了令人震惊的消息，他指出：被日本安田保险公司拍得的这幅凡·高名作是出自三流画家许费纳克之手的赝品，并非凡·高所画。诺曼称，因自己的画无人赏识、少人问津，许费纳克为证明自身的价值，证明自己的水平，曾一度痴迷于模仿名师名画，其以假乱真程度，连绘画鉴赏家都没办法识别。

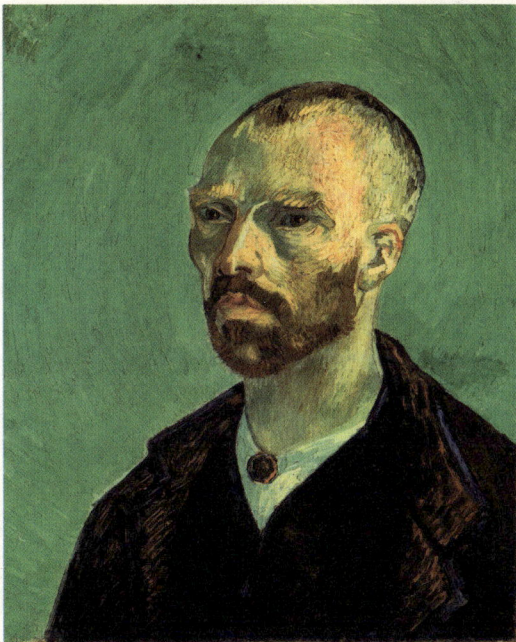

凡·高自画像

有意思的是，虽多家报纸转载报道了诺曼的上述怀疑，这幅《向日葵》的主人——日本安田保险公司却没有任何反应。这不仅是因为对此说安田保险公司本身持有怀疑，就连一般读者也抱有怀疑：证据不充分。

有3点原因：其一，没有充分证据表明凡·高究竟画过几幅《向日葵》，虽在信中凡·高提到过"6"这个数字，在以后凡·高会不会再画一幅《向日葵》或者更多就不得而知了。其二，称日本安田保险公司所拥有的《向日葵》是许费纳克伪造的，证据也不充分，仅限于猜测而已。一个三流画家是否能造出大师手迹值得怀疑。其三，许费纳克与切斯特·贝蒂家族究竟有何关系？1901年许费纳克在巴黎展出的这幅画与日本安田保险公司拍得的那幅《向日葵》是否是同一幅画呢？

这终究还是一个谜，谜底仍有待于后来人揭开。

莎士比亚诗中的"黑肤夫人"原型是谁？

莎士比亚是欧洲文艺复兴时期最著名的剧作家。莎士比亚一生创作了包括《哈姆雷特》、《李尔王》、《奥赛罗》等剧在内的许多惊世骇俗的剧作，并以其独到的表现手法和深邃的思想内涵享誉全球。除此以外，他所创作的十四行诗，也以其隽永、清新的风格在世界文坛上独树一帜。

"黑肤夫人"就是莎士比亚十四行诗中颇令世人注目的一个形象。

作家笔下的"黑肤夫人"是一位绝色美女，极具诱惑力。后人挖空心思想弄清楚这位黑眼睛、黑皮肤、黑头发的"黑肤夫人"的生活原型到底是谁。

西方一些研究者认为，那位迷人的"黑肤夫人"就是位于斯特拉特福与伦敦之间的一家客栈老板的妻子。

因为莎士比亚诗中描绘的内容与这家客栈的情形相当吻合，而且私下里客栈老板的儿子曾自称是莎士比亚的私生子。

但经过调查研究后，研究者们发现，那家客栈在"黑肤夫人"问世之时并不存在。显然这在时间上就有些出入。

大部分人认为，宫女玛丽·菲顿就是作品中"黑肤夫人"的原型。玛丽·菲顿是美艳照人、放荡不羁的佳人，许多风流男子及达官

装有莎士比亚画像的饰品
让人浮想联翩的是，莎士比亚握着的女士的手到底是谁的？

显贵与她的关系都极为暧昧，她经常无所避讳地跟她的小情人幽会。后来尽管被逐出王宫，但她一刻也没有停止对浪漫、风流的追求。

但是，"黑肤夫人"是一位有夫之妇，身份与独身的玛丽·菲顿大相径庭。

也有一些人认为，其实，莎士比亚的妻子安娜就是"黑肤夫人"，安娜在莎士比亚的眼中是最多情、最美丽、最令人销魂的女子。真相到底如何呢？那就不得而知了。

中国篇

帝　王

越王勾践到底有没有卧薪尝胆？

越王勾践卧薪尝胆的历史故事，已经是尽人皆知了。这个历史故事说的是：传说在春秋时期的一场战争中，吴国打败了越国，吴军把越王勾践包围在会稽山上，致使越王在走投无路的情况下忍辱求和。从那以后，越国成为吴国的臣国，并受控于吴国。越王勾践像奴隶一般在吴国宫中服役3年，后来吴王免去了勾践的罪，让他回国去了。为了不忘亡国之痛、报仇雪恨，勾践在屋顶上面吊了一个苦胆，无论是出是进、是坐是站，就连吃饭睡觉，也要尝一尝苦胆之味，用来激励自己的斗志；他还既不用床，也不用被褥，累了，便睡在硬柴堆砌的"床"上，以此锻炼自己的筋骨。越国最终灭了吴国，就是因为勾践这十多年的磨炼并实行了各种得力措施。

但历史上的越王勾践是不是真的用卧薪和尝胆两种手段来激发勉励自己的呢？首先从历史典籍来看，《左传》和《国语》成书年代较早，并且其中记载的史实也较为可信，因而较具有参考的价值。但两本史籍中无论哪一本，在讲述勾践的生平事迹时，都根本没有记载越王勾践卧薪尝胆的行为。另外，在《史记》中的《越王勾践世家》中，司马迁说："吴既赦越，越王勾践反国，乃苦身焦思，置胆于坐，坐卧即仰胆，饮食亦尝胆也。"其中，没有写到越王勾践卧薪之事。东汉时期，袁康、吴平作《越绝书》，赵晔作《吴越春秋》，这两本书虽然是专门记录关于春秋时期吴越两国的历史，但它们却只是以先秦历史为基础，又加上了小说家们的荒诞想象。《越绝书》中卧薪、

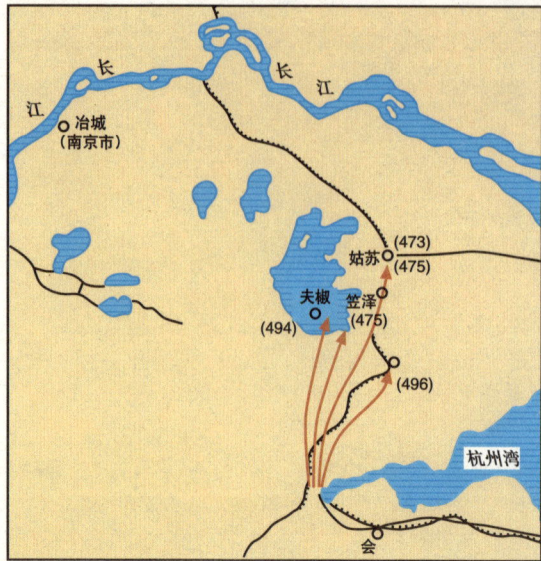

越国灭吴国示意图

尝胆都未提及；《吴越春秋》中的《勾践归国外传》，也仅说越王勾践"悬胆在户外，出入品尝，不绝于口"，而根本没有卧薪之事。由此看来，在西汉的《史记》中最早出现了越王尝胆一事；而在东汉时期的史料中还没有出现卧薪之事。

有人考证，在北宋苏轼所写的《拟孙权答曹操书》中"卧薪尝胆"首次被

勾践卧薪尝胆图

作为一个成语来使用。但苏轼起草这封信时带有很强的游戏性，信中的内容与勾践无关，而是设想孙权在三国平分天下时曾"坐薪尝胆"。南宋时期，吕祖谦在《左氏传说》中曾经谈到"坐薪尝胆"的事情，但说的却是吴王。明朝张溥在《春秋列国论》中也说"吴王即位，卧薪尝胆"。以后，《左传事纬》和《绎史》两书中，都说是吴王夫差卧薪尝胆。但与此同时，南宋的真德秀在《戊辰四月上殿奏札》、黄震在《古今纪要》和《黄氏日抄》两书中，又说是越王勾践曾卧薪尝胆。然而，到北宋的苏轼提出了"卧薪尝胆"一词后，这事究竟是夫差还是勾践所做，从南宋直到明朝都没有结论。明朝末年，在传奇剧本《浣纱记》中，梁辰鱼对越王勾践卧薪、尝胆二事大加渲染。清初的吴乘权在《纲鉴易知录》中写道："勾践叛国，乃劳其凝思，卧薪尝胆。"后来，明末作家冯梦龙在其刊刻的历史小说《东周列国志》中也多次提到过勾践卧薪尝胆的故事，直到现在越王勾践卧薪尝胆的故事，才广为流传。但其真实性却需要考证。

另有一些学者认为，早在东汉时代成书的《吴越春秋》中的《勾践归国外传》中就有越王勾践"卧薪"之事的记载。该文说越王勾践当时"苦身焦思，夜以继日，用蓼攻之以目卧"。蓼，清朝马瑞辰解释说是苦菜。蓼薪，意思就是说蓼这种苦菜聚集得非常多。勾践准备了许多蓼菜一定是用来磨炼意志，"攻之以蓼"也可以说是"攻之以蓼薪"。这样，上述《吴越春秋》中的话的语意就十分明显：那时勾践日夜操劳，眼睛十分疲倦，就想睡觉，即"目卧"，但他用"蓼薪"来刺激自己，以便能够忍耐克服，避免睡觉。卧薪、尝胆分别是让视觉和味觉感到苦。后人把"卧薪"说成是在硬柴上睡觉，是曲解了《吴越春秋》的意思，因为"卧薪"是眼睛遭受折磨而不是身体遭受折磨。这种说法的结论是：勾践确实有过卧薪尝胆的行为，尽管后人误解了这个词语的意思。

若说卧薪尝胆这个故事是真的，为什么历史上这么晚才有记载？若说是假的，它却在民间广为流传，而且这两种说法都有根据。因此，它成为中国历史上的又一个未解之谜。

奇货可居——秦始皇身世之谜

秦始皇像

秦始皇嬴政是中国数千年专制时代的第一位君临天下、叱咤风云的皇帝。六国养尊处优的君主嫔妃、王孙公主、皇亲国戚无一不胆战心惊地揖首跪地、俯首称臣。然而，傲视天下的秦始皇内心却是异常脆弱，因为他对身世一直讳莫如深。

秦始皇是继秦庄襄王（子楚）之位，以太子身份登上王位的。秦始皇之母赵姬，据说曾为吕不韦的爱姬，后献予子楚，被封为王后。那么，秦始皇到底是子楚的儿子，还是吕不韦的儿子，后人争议不休。

《史记》中记载秦国丞相吕不韦本为河南濮阳的巨富，是远近闻名的大商人。但他不满足这种拥有万贯家私的地位和生活，野心勃勃，对王权垂涎三尺。

于是，吕不韦打点行装，到了赵国的国都邯郸，精心策划一个大阴谋，将正在赵国当人质的秦王的孙子异人，想法过继给正受宠幸的华阳夫人，转瞬之间，异人被立为嫡嗣，更名为子楚。

不久，国事生变。秦昭王、孝文王相继去世，子楚堂而皇之地登上王位，吕不韦被封为丞相。之后，吕不韦将自己的爱姬赵姬献给子楚，生下嬴政，被封为皇后，不料子楚仅在位三年就死掉了，于是他的儿子嬴政就顺理成章地继承了王位，这就是后来的秦始皇。

吕不韦认为嬴政是自己的亲生儿子，让嬴政喊自己为"仲父"，自己则掌管全国政事，成为一人之下、万人之上、权倾朝野、一手遮天的大人物，吕不韦在邯郸的秘计实现了。

认定吕不韦和秦始皇有父子关系的说法，其原因是：

其一，这样可以说明秦始皇不是秦王室的嫡传，反对秦始皇的人就找到了很好的造反理由。

其二，是吕不韦采取的一种战胜长信侯嫪毐的政治斗争的策略，企图以父子亲情，取得秦始皇的支持，增强自己的斗争力量。

其三，解秦灭六国之恨。"六国"之人吕不韦不动一兵一卒，运用计谋，将自己的儿子推上秦国的王位，夺其江山，因此，灭国之愤就可消除。

其四，汉代以后的资料多认为嬴政是吕不韦之子，这为汉取代秦寻求历史依据，他们的逻辑是，秦王内宫如此污秽，如何治理好一个国家，因此秦亡甚速是很自然的。

后世人也有认为上述传说并不能成立的。

其一，从子楚方面看，即使有吕不韦的阴谋，但其实现的可能性也很渺茫。因为秦昭王在位时，未必一定将王位传于子楚，更不能设想到子楚未来的儿子身上。

其二，从秦始皇的出生日期考虑，假若赵姬在进宫前已经怀孕，秦始皇一定会不及期而生，子楚对此不会不知道。可见，秦始皇的生父应该是子楚，而非吕不韦。

其三，从赵姬的出身看，也大有文章。《史记·秦始皇本纪》记载，秦灭赵之后，秦王亲临邯

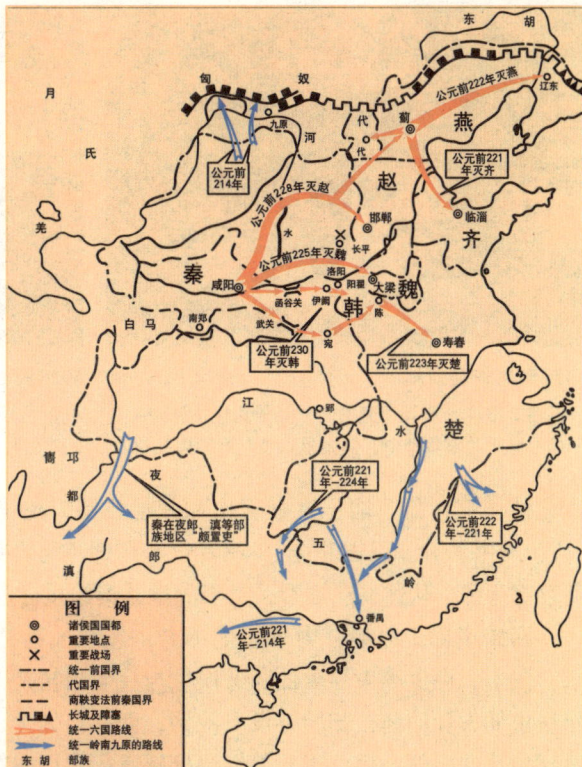

秦统一形势图

郸，把同秦王母家有仇怨的，尽行坑杀。既然赵姬出身豪门，她怎么能先做吕不韦之姬妾，再被献做异人之妻呢？这样，就不会存在赵姬肚子里怀上吕不韦的孩子再嫁到异人那里的故事了。

身世之谜也只有留于后人去推测了，而"奇货可居"这个成语却由此流传于世。

秦始皇"焚书坑儒"之谜

提起秦始皇，人们就会想起"焚书坑儒"这一典故，但是秦始皇到底有没有"坑儒"呢？

秦始皇统一六国以后，采取了一系列的措施，以便加强中央集权。在完成政治上的诸多加强控制的举措之后，秦始皇便开始了精神上的控制。公元前213年，秦始皇在咸阳宫为群臣及众多的儒生大排酒宴。在宴会上，围绕着是否实行分封制，众多儒生之间发生了激烈的争论。丞相王绾、博士生淳于越等人主张实行分封，而丞相李斯等则赞同郡县制，并指责淳于越等"不师今而学古"，"道古以害今"。最后秦始皇支持李斯的观点，并采用、实施李斯的"焚书"建议，下令：除了秦纪（秦国史书）、医药、卜筮、农书以及国家博士所藏《诗》、《书》、百家语以外，凡列国史籍、私人

山东曲阜鲁壁遗址

公元前 213 年，秦始皇焚书时，孔子九世孙孔鲋将孔子的书藏于孔宅墙壁中，使大量珍贵文献得以保存。

秦坑儒谷

坑儒谷是秦始皇镇压不同政见者的地方，在西安市临潼区韩峪乡洪庆堡。

所藏的儒家作品、诸子百家著作和其他典籍，统统按时交官焚毁。同时，禁止谈及《诗》、《书》和"以古非今"，违者定当严惩乃至判其死罪。百姓如想学一些法令，可拜官吏为师。从这一点来看，焚书的举动秦始皇肯定做过。

秦始皇称帝以后，力求长生不老，迷恋仙道，不惜动用重金，先后派徐福、韩众、侯生、卢生等人寻求仙药。侯生与卢生当初是秦始皇身边的方士，由于长期为秦始皇求仙人和仙药，却始终没有找到，而心急如焚，忐忑不安。依照秦国的法律，求不到仙药就会被处死。因此他们深发感慨：像这样靠凶狠残暴而建立威势并且贪婪权势的人，不值得给他求仙药。于是，侯生、卢生悄悄地远走他乡。

这件事使秦始皇十分恼怒，于是他下令，对所有在咸阳的方士进行审查讯问，欲查出造谣惑众的侯生、卢生两人。方士们为保全自己的性命，只得相互告发，秦始皇最后把圈定的460 余人，都在咸阳挖坑活埋。

秦始皇的"坑儒"是"焚书"的继续。至于坑杀的人究竟是方士还是儒生，学术界各持己见。从分析"坑儒"事件的起因看，秦始皇所坑杀的

秦始皇焚书坑儒图

这幅帛画向我们展现了秦始皇当年焚书坑儒的情形，图中在朝堂之上秦始皇巍然高坐，腐儒战战兢兢求命于下，朝堂之外已有许多儒士被系，或被杀入坑中，或被押在坑边。

人应该是方士；但从长子扶苏的进谏"众儒生都学习孔子的学说"来看，秦始皇所坑杀的又好像是儒生。

而且东汉卫宏在《诏定古文官书序》中记载，秦始皇在骊山温谷挖坑用以种瓜，以冬季瓜熟的奇异现象为由，诱惑博士诸生集于骊山观看。当众儒生争论不休、各抒己见时，秦始皇趁机下令秘杀填土而埋之，700多名儒生全部被活埋在山谷里。于是有人便根据这一点而偏向于传统的说法，认为秦始皇确实有过"坑儒"的行为。

但有人研究诸史籍，认为"焚书"有之，"坑儒"则无，实是"坑方士"之讹。"坑方士"事见始皇三十五年，因为侯、卢二人求仙药不成，他们惧"秦法不得兼方，不验辄死"，骂了秦始皇一番后逃走。既然事端由方士引起，那么就只能是"坑方士"，当然不能说被杀的460余人中没有儒生，而全是方士，但是由其代表人物可推知，被杀的主体应该是方士，而被杀的原因更与儒家的政治主张和学派观点无关。所以即使被杀者有儒生，也并非因其为儒生而得罪，总是与方士们有某种牵连之故。因此绝无理由说秦始皇"坑儒"。尽管秦始皇早因"坑儒"之举背上千古骂名，然而，直到今天，秦始皇究竟有没有"坑儒"这一谜团还是没有解开。

曹操为何要建72座陵寝?

曹操在丧葬上有别于历代帝王，他对自己的身后事，提出了"薄葬"。他是中国历史上第一位提出"薄葬"的帝王。

当时，曹操虽未称帝，但权力与地位不比帝王低，为什么他不但提倡"薄葬"，而且身体力行呢?

据说，曹操一生提倡节俭，他对家人和官吏要求极严。他儿子曹植的妻子因为身穿绫罗，被他按家规下诏"自裁"。宫廷中的各种用过的布料，破了再补，补了再用，不可换新的。有个时期，天下闹灾荒，财物短缺，曹操不穿皮革制服，到了冬天，朝廷的官员们都不敢戴皮帽子。

又据传，曹操早年曾干过盗墓的勾当。他亲眼目睹了许多坟墓被盗后尸骨纵横、什物狼藉的场面，为防止自己死后出现这种惨状，他一再要求"薄葬"。

为了防止盗墓，在力主和实践"薄葬"的同时，他还采取了"疑冢"的措施。布置疑冢，当然也和他生性多疑有关。生前，他因多疑，错杀了许多人；死后，他的多疑也不例外。传说，在安葬他的那一天，72具棺木从东南西北四个方向，同时从各个城门抬出。

这72座疑冢，哪座是真的呢? 曹操之墓的千古之谜随之悬设。

曹操像

千百年来，盗墓者不计其数，但谁也没发掘出真正的曹操墓。

传说，军阀混战年代，东印度公司的一个古董商人为了寻找曹操的真墓，雇民工挖了十几座疑冢。除了土陶、瓦罐一类的东西外，一无所获。

1988年某报发表一篇文章《"曹操七十二疑冢"之谜揭开》说，"闻名中外的河北省磁县古墓群最近被国务院列为第三批全国重点文物保护单位。过去在民间传说中被认为是'曹操七十二疑冢'的这片古墓，现已查明实际上是北朝的大型古墓群，确切数字也不是72，而是134。"关于疑冢的说法便被确证不是准确的了。

但是，关于曹操尸骨到底埋于何处，仍然是个谜。据诗曰："铜雀宫观委灰尘，魏之园陵漳水滨。即令西湟犹堪思，况复当年歌舞人。"由此推断，曹操墓是在漳河河底。

邺城遗址

行刑图·议事图 汉

又据《彰德府志》载，魏武帝曹操陵在铜雀台正南5公里的灵芝村。据考察，这也属假设。那它还有可能在哪呢？

还有一种说法是，曹操陵在其故里谯县的"曹家孤堆"。

据《魏书·文帝纪》载："甲午（公元220年），军治于谯，大飨六军及谯父老百姓于邑东。"《亳州志》载："文帝幸谯，大飨父老，立坛于故宅前树碑曰大飨之碑。"曹操死于该年正月，初二日入葬，如果是葬于邺城的话，那魏文帝曹丕为何不去邺城而返故里？他此行目的是不是为了纪念其父曹操？《魏书》还说："丙申，亲祠谯陵。"谯陵就是"曹氏孤堆"，位于城东20公里外。这里曾有曹操建的精舍，还是曹丕出生之地，此外，又据记载：亳州有庞大的曹操亲族墓群，其中曹操的祖父、父亲、子女等人之墓就在于此。由此推断，曹操之墓也当在此。

但这种说法也缺乏可信的证据，遭到许多人的质疑。

面对"曹墓不知何处去"的感

叹，人们对曹操的奸诈多疑可能有了更深的认识。曹操一生节俭，带头"薄葬"，是有积极意义的。这样做，既保护了自己，也使盗墓者无从下手，这也算是他的明智之举吧。

2009年12月27日，河南省文物局公布，高陵经考古发掘得到确认河南省安阳市安丰乡西高穴村南，最终得到确实就是曹操墓。之后，国家文物局认定河南安阳东汉大墓墓主为曹操。至此，这一困扰人们多年的千古谜题终于得以真相大白。

晋武帝传位傻太子之谜

司马炎，字安世，西晋开国皇帝，谥号武皇帝，史称晋武帝。晋武帝司马炎，纵横沙场，果敢英武，为晋王朝耗尽了自己的半生心血。但是，他却将辛苦打下的江山交给一个傻儿子继承，致使宫廷内外血雨腥风，西晋王朝昏暗动荡，成了一个短命王朝。英明的晋武帝为何做出如此糊涂的事情呢？

从史料看，司马炎虽称得上英武果敢，但在感情上却柔若女子，有妇人之仁。他一生共有26个儿子。不幸的是，26个儿子当中虽不乏聪慧之辈，但长子司马轨却不幸夭折，因此次子司马衷成了事实上的长子，按中国的继承人法则，司马衷要被立为太子，而司马衷却是个白痴，不谙世事。司马衷的痴愚朝野皆知。

晋武帝司马炎像

太子司马衷在吃饭时对粮食很不爱惜，师傅李熹看不过去，就婉转地对司马衷说："殿下，碗中的米饭，一粒粒都是农民辛勤耕作得来的，殿下可知道稼穑艰难？如今旱荒严重，老百姓都没有粮食吃，都在忍饥挨饿。"司马衷听了这话，觉得十分奇怪，脱口说道："没有饭吃，干嘛不吃肉粥？"师傅李熹哭笑不得。

太子司马衷的低能，武帝是十分清楚的，他知道这个儿子难以担负国家重任。但是杨皇后反对更易太子。杨皇后名

陶俑群 西晋

239

八王封国略图

汝南（今河南东南）　长沙（今湖南）
楚（今湖北中部）　成都（今四川）
赵（今河北西南）　河间（今河北东南）
齐（山东省）　东海（今山东南部）

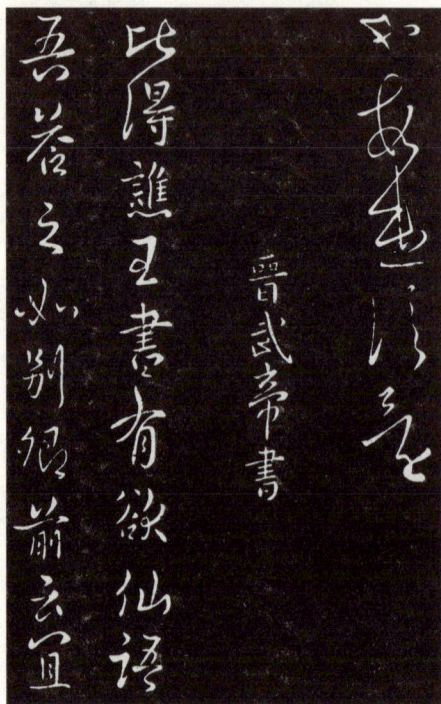

晋武帝司马炎墨迹

艳，字琼芝，是陕西华阳人，父亲杨文宗是魏国贵族，以功封蓨亭侯。杨皇后十分美丽，出自豪门大族，替武帝生下了三男三女，长子早逝，次子便是这司马衷。武帝数次担心地说太子不长进，天性愚钝，难以胜任大事。杨皇后每次都和颜反驳，儿子虽不聪明，但却忠厚纯良，好生教导，会有长进的。武帝试探地说，现在更易太子，还来得及。杨皇后摇头，说太子的名分已定了，决不能轻易改动，无论立嫡立长，都应是太子，破坏了这项法制，日后岂不乱了套？我坚决反对。

优柔寡断的武帝就将希望寄托在两个派去考察太子的大臣和峤和荀勖的身上。

果敢刚毅的武帝司马炎在美人面前优柔寡断，下不了决心。武帝信任荀勖，尤其佩服荀勖的高深学问和不世之才。后来荀勖进奏，说太子有了进步，于是武帝相信了荀勖，放下心来，不再考虑更易太子。

天熙元年（公元290年）四月，晋武帝司马炎病死，其子司马衷即位，是为晋惠帝。不过一年，皇后贾南风发动政变，杀死总揽朝政的大臣杨骏；接着又发生了"八王之乱"。建兴四年（公元316年），刘渊的侄子刘曜攻破长安，俘获末代皇帝司马邺，西晋亡国。时距司马炎之死只有25年。

"和尚皇帝"梁武帝为何饿死于宫中？

"千里莺啼绿映红，水村山郭酒旗风。南朝四百八十寺，多少楼台烟雨中。"这是唐代诗人杜牧的名作，诗中以生动的语言描绘了南朝佛教的兴盛。南北朝时，佛教大盛，南朝梁武帝萧衍是位吃斋信佛、极力倡导发展佛教的皇帝，他曾四次舍身到同泰

梁武帝萧衍像

佛祖造像 南北朝

寺 (今南京鸡鸣寺) 当和尚。所谓舍身，一是舍资财，即把自己的所有身资服用，舍给寺庙。还有一种是舍自身，就是自愿加入寺庙为众僧服役。梁武帝于公元 527 年、529 年、547 年三次舍身。舍身第一次是 4 天，最后一次长达 37 天。而每一次都是朝廷用以重金将其赎回。寺庙因他又获得了可观的收入。他在位时，佛教在梁朝盛极一时，光当时的建康城内外就有佛寺 500 多所，僧尼 10 万余人。公元 504 年，他亲自率领僧俗 2 万人在重云殿的重云阁，撰写了《舍道事佛文》。

　　梁武帝一心崇佛，荒废了朝政，社会矛盾不断激化。梁武帝早年无子，过继侄儿萧正德为嗣子做太子，后来梁武帝生了个儿子，取名萧统，随即被立为太子，而侄子萧正德被改封为西丰侯。这让萧正德心里愤愤不满。正在此时，东魏大将侯景因与政敌高欢不合，转投了梁朝，梁武帝封他为河南王。侯景为人阴险奸诈，他看到皇族矛盾重重，认为有机可乘，于是勾结萧正德起兵发动政变，答应事成之后让萧正德做皇帝。最后叛军攻进了建康城，困住了宫城，后又引武湖水去漫宫城。梁武帝这位和尚皇帝被困在宫里。一筹莫展，也没有人去过问他，这位皇帝最后竟被活活饿死在宫里，无独有偶，《中华野史镜鉴》上也曾记载："太清三年 (公元 549 年) 三月，侯景攻下宫城。萧衍饮食断绝，口中苦涩，连呼："蜜！蜜！"最后饿死于净居殿，时年 86 岁，萧正德最终也没做成皇帝，事成后就被侯景杀死了。

江苏南京鸡鸣寺 南北朝

江苏南京鸡鸣寺位于今南京城内，为清代重修。原为梁朝同泰寺址，在梁宫城之后，梁武帝曾四次舍身于此，都被臣下以重金赎回。当年同泰寺比现鸡鸣寺约大一倍。

唐太宗篡改过国史吗？

唐太宗李世民是唐代开国君主李渊的第二个儿子，是唐代难得的治国之君。在其统治期间，唐太宗知人善任，察纳雅言；执法慎刑，重农恤民，使国家形成了历史上人人称道的"贞观之治"局面。他的雄才伟略、勤于政事甚为后人称道。但即使是这样一位旷世圣人，他的一生仍是有很多瑕疵的，"玄武门兵变"内情历来让人生疑，而他后来的修改国史也为后人议论不休。

那么，李世民为什么要修改国史呢？对此，史学家们有不同的说法。《新编中国历朝纪事本末·隋唐卷》是这么写官修正史的——设史馆修前朝史制度的确立是在唐初李世民统治的贞观时期。贞观君臣为唐皇朝的"长治久安"，十分注意"以古为镜"，总结历史成败的经验教训，尤其注重隋亡的教训。鉴于武德年间萧瑀等人尚未修成前朝著史，唐太宗深感改组旧史馆、建立一套新制度的必要。

唐太宗像

贞观三年（公元 629 年），太宗下令在中书省特置秘书内省专门负责修撰前五代史。同年闰十二月，太宗又下令将史馆移入禁中，设于门下省北面，由宰相监修。从此以后，原著作局不再具有修史职责，史馆成为皇帝直接控制的门下省的一个常设机构，专门负责修撰当朝国史。

还有一种说法认为唐太宗的皇位并不是由合法继承得到的，而是其杀兄逼父的结果。这一行为不合乎封建法统和封建伦理，在封建统治者看来，也就不能贻示子孙，垂为法诫。因此，唐太宗夺得皇位之后，就着手修改国史，为自己辩护。这种说法认

唐太宗昭陵

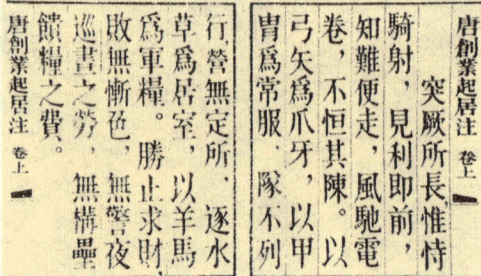
《唐创业起居注》内页

李世民《温泉铭》石刻

为贞观史臣在撰写《高祖实录》和《太宗实录》时，大肆铺陈太宗在武德时的功劳，竭力抹杀太子建成在唐朝创建过程中的功绩并极力贬低高祖的作用。但是这样仍不足以说明太宗继承皇位的合法性，于是他们又把修改国史的着眼点放在晋阳起兵的密谋上面。他们把晋阳起兵的密谋杜撰为太宗的精心策划，而高祖则完全处于被动地位，其目的在于把太宗说成是李唐王业的真正奠基人，使其皇位的获得近似于汉高祖自为皇帝而尊其父为太上皇那样的合法性。

唐太宗究竟出于何种动机要修改国史？这个问题迄今为止仍未有确定的答案，给历史留下了一桩疑案。

秦王破阵乐图 唐

千古功过任人评——武则天无字碑之谜

武则天，是中国历史上唯一的一位女皇帝。她从一个才人一步步爬上皇后宝座，直到最后建立大周朝。登上帝位之后，武皇一方面消灭异己，一方面却也励精图治。在她统治时期，整个社会倒也安定，而关于武则天的传说民间有很多。武则天本人也从不是个甘于寂寞的人，即使死了，也要留下一块无字碑，千百年来引得人们纷纷猜测。

唐高宗李治和武则天的合葬墓乾陵位于西安市西北占地80公顷的乾县梁山上。墓前有两块高均为6.3米的石碑，西面的为"述圣碑"，碑文主要是歌颂唐高宗的功绩，由武则天撰文、唐中宗书写。该碑由7节组成，榫卯扣接，故又称为"七节碑"，碑宽1.86米，重81.6吨。东面是武则天的"无字碑"，碑由一块巨大的整石雕成，宽

2.1 米，重 98.8 吨。碑头雕有 8 条互相缠绕的螭首，饰以天云龙纹，碑座则用骏马饮水、雄狮、云纹等线刻画而成。如此精细的雕刻，在历代墓碑中都是极为罕见的。

人们纷纷猜测武则天立无字碑的原因，最主要的说法有三种，一说武则天认为自己功高德大，不是文字所能表达的。在武则天看来，自己虽是女人，但高宗平庸，自己的才能绝对优于高宗，而且她统治期间政治清明，社会安定，人民安居乐业，这应该算是她的一大政绩。可惜的是，当时有很多人认为武皇是抢了大唐江山，是叛臣逆贼，对于她的功劳视而不见。因而，武则天要把自己的功劳让后人去评述、去记载，于是就有了无字碑。二说武则天自知罪孽深重，立了碑文恐怕更招世人骂，还是不写为好。有的说法是，武则天建立大周朝之后，内心感觉愧疚不安，一心想在自己死后将江山归还唐氏。但由于自己称帝的这段经历，使她对自己死后的境遇没有信心，更害怕世人责骂其篡位之罪，因而留下无字碑借以自赎。三说武则天想让后人去评说她的一生。这种说法与前一种说法恰恰相反。武则天对自己一生还是颇感自豪的。作为一个女流之辈，却能在政治斗争中脱颖而出，并到达了权力的巅峰。她要后人客观地评价她的文治武功，雄才大略，而与自己有利益冲突的儿子李显肯定不会对自己作出客观、公允的评价。鉴于此，武则天要将自己的一生的功过是非交与后人，就是要让后人对自己的一生作出评价。这三种说法似乎每一种都很有道理，至于哪一种说法是她的本意，现已无从考证。

武则天像

武则天墓前无字碑
空白的碑面任由后人去评说。

值得一提的是，宋金以后，人们开始在无字碑上面添补题识，现在上面共有 13 段文字。令人惊异的是，这些文字中还有一种少数民族文字，而且长期以来一直没有人能识别。这种早已废绝的少数民族文字，被日本学者山路广明视为"20 世纪之谜"。经考证，金太宗的弟弟于 1134 年在无字碑上刻了《大金皇帝都统经略郎君行记》（简称《郎君行记》），且在旁边配有汉字译文。这种失传了的文字并不是金文，但究竟是

唐高宗与武则天合葬墓

什么文字呢？明代金石学家赵山函在《石墨镌华》中说："(《郎君行记》) 碑字不能辨，盖女真字……字刻乾陵无字碑上。"这种说法一直广为流传。直到 20 世纪 20 年代，考古工作人员在内蒙古巴林右旗附近发现辽代帝后的墓志，才将这一谜团解开。原来这些文字和墓志上的字相同，是早期的契丹文字。契丹文字始创于公元 920 年，但随着国家的灭亡很快消亡，到了元代已几乎没有人认识，到了明代则彻底成为一种无人能识的"死文字"了。这一失传的文字作为一份极为珍贵的文字史料被保留下来，却是武则天的无字碑的一大贡献。

唐玄宗为何被奉为"梨园领袖"？

人们习惯上称呼戏班、剧团为"梨园"，戏曲演员为"梨园弟子"。"梨园"是怎么和戏曲艺术联系在一起的呢？"梨园"在什么地方？其性质如何？这些都是值得研究的。唐玄宗前期，全国统一，经济繁荣，文化昌盛，许多亚非国家的使臣、学者、商人纷纷齐集长安。在中外文化交流的影响下，唐朝的音乐得到空前发展。唐玄宗本人素喜音乐，在公元 741 年原来隶属太平寺的倡优杂技人才划出来，设立左右教坊；又挑选好乐工数百人，在蔡苑的梨园进行专门训练。

有关这个艺术组织——"梨园"的建立，《旧唐书·玄宗本纪》载道："玄宗于听政之暇，教太常乐工子弟三百人，为丝竹之戏，号为皇帝弟子，又云梨园弟子。以置院近于禁苑之梨园。"

唐玄宗像

登科升平乐舞图 唐

小忽雷 唐

《新唐书·礼乐志》则说："玄宗既知音律，又酷爱法曲。选坐部伎子弟三百，教于梨园。声有误者，帝必觉而正之，号'皇帝梨园弟子'。宫女数百，也为梨园弟子，居宜春北院。梨园法部，更置小部音声三十余人。"从此，"梨园"成了唐代一个重要的艺术活动中心。它究竟在什么地方呢？清人汪汲《事物原会》卷三十七"教坊梨园"条说："今西安府临潼县骊山绣岭下，即梨园地也。"关于梨园的出处，一般都认为它原是唐代长安的一个地名，但在具体地点上发生了分歧。有人指出在长安县西南香积寺附近今黄良乡立园村，此村最早叫梨园村或栗园村。还有人认为是在今西安城东南隅曲江池附近汉武帝所造宜苑旧址旁的春临村一带。第三种说法认为梨园在今西安城东北唐

鹡鸰颂 唐玄宗

大明宫东侧附近三华里的午门村。第四种说法指出它在今西安临潼县骊山绣岭下。

　　另外还有人认为唐代长安有两个"梨园"。陈寅恪在《元白诗笺证稿》中说一个在光华门北面，一个在蓬莱宫的旁边。《辞海》也持有"梨园"说，指出唐代长安"梨园"有"禁苑梨园"，在长安城北芳林门外东北的禁园中；"乃唐代真正梨园所在"。"宫内梨园"，分男女二部，皆称"皇帝梨园弟子"。

　　对于梨园的性质的研究，《辞海》曰："唐玄宗时教练宫廷歌舞艺人的地方。"《中国大百科全书·戏曲曲艺》谓为"唐玄宗时，宫廷内专门训练乐工的机构"，"主要职责是训练器乐演奏人员"。李尤白提出："梨园"是既训练演员，又肩负演出的"皇家音乐、舞蹈、戏剧学院"，为我国第一所综合性艺术学院，李隆基则是其院长（崔

宫中乐舞俑 唐

这组乐舞俑均跪坐或盘坐，手中分别持箜篌、拍板、横笛、排笙、琵琶、箫等乐器，作演奏状。唐代宫廷的表演艺术融会了中外许多民族的乐舞，新编乐舞极为活跃。

公），在他之下有编辑和乐营将两套人马。前者的职责，类似现在的创作人员，后者相当于现在的导演和教师。

在"梨园"研究方面，算得上权威的是李尤白写的《梨园考论》，此书全面考证了与"梨园"有关的问题，而且还提出在西安建立"中国唐代梨园纪念馆"的建议。

南唐后主李煜亡国之谜

李煜是南唐的末代国主。他即位时，南唐国力已呈衰颓之势，这位性格懦弱的国主时时刻刻都在感受着国破家亡的威胁。他仇恨宋朝的压迫，但又没有能力用武力与宋朝相抗衡，只要能以小邦苟且偏安，他甘愿贡物称臣最后沦为阶下囚。

李煜的父亲李璟是词坛高手，李煜从小便生活在这么一个浓厚的文化环境中，对词也极为喜爱。即位时，南唐国力日益衰落，他所面临的是"无可奈何花落去"的局面，因此使他这时期的词一部分表现为对宫廷奢华生活的迷恋，一部分则饱含着沉重的哀愁。被俘以后，身为阶下囚的李煜，天天过着以泪洗面的生活。面对春花秋月、良

李煜像

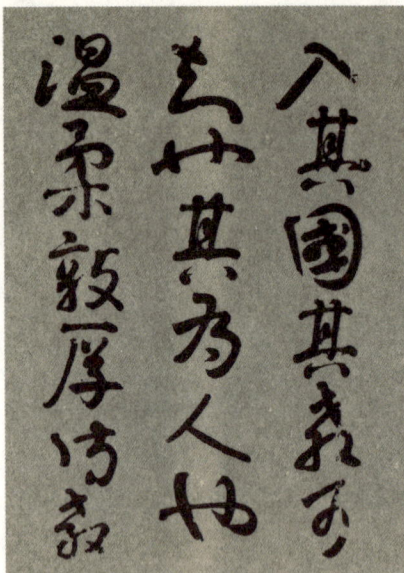

李煜墨迹

辰美景，缅怀故国之情油然而生，于是他创作了一首千古传诵的《虞美人》："春花秋月何时了，往事知多少！小楼昨夜又东风，故国不堪回首月明中。雕栏玉砌应犹在，只是朱颜改。问君能有几多愁，恰似一江春水向东流。"没想到这首诗竟成了他获罪的证据，不久便被宋太宗赵光义派人毒死在狱中。

李煜不仅善填词，而且善音律，并因此荒废政事。皇后周娥皇是司徒周宗的女儿，通书史，且能歌善舞，尤其弹得一手好琵琶。当时早在盛唐时曾广为流传的《霓裳羽衣曲》早已被人淡忘，周娥皇找到了一份残谱。她根据自己的理解，重新创作，通过努力，最终恢复了《霓裳羽衣曲》的原貌，开元、天宝之音得以重回人间。周娥皇自己另外还创作了两支曲子，一为《邀醉舞破》，一为《恨来迟破》。李煜和她二人常常会随歌而舞。周娥皇不但擅长音律，于采戏、弈棋也无所不精。对于这样一位多才多艺的知己，李煜是宠爱不已，朝朝暮暮与她一起，整日沉浸在轻歌曼舞中。周娥皇死后，李煜还常常会情不自禁地思念她。

周娥皇有个妹妹，史称小周后，长得风姿绰约，风情万种。

小周后的音律才能虽比不上姐姐周娥皇，但却是弈棋的高手，酷爱围棋与象棋，

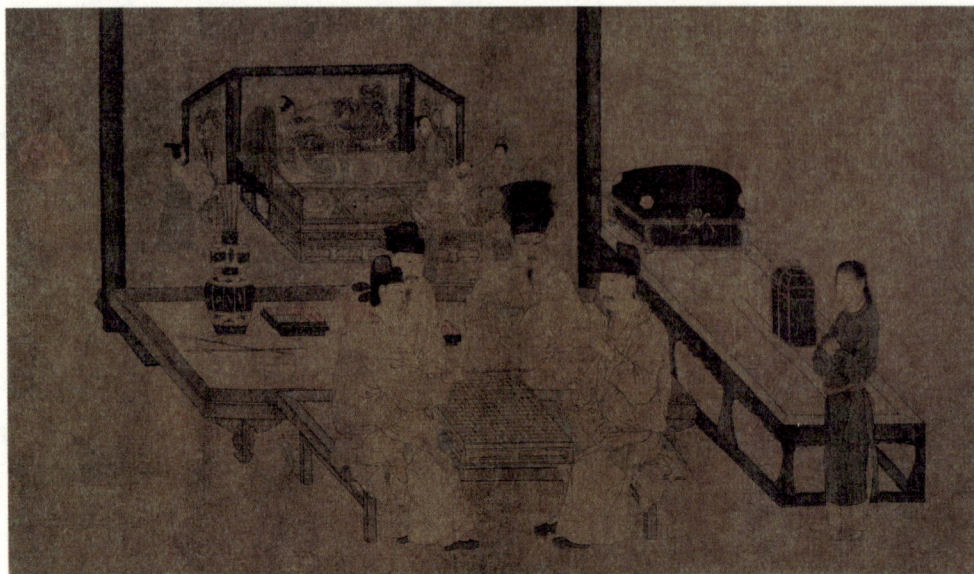

重屏会棋图卷 五代 周文矩
此图描绘的是南唐皇帝休闲娱乐、下棋玩乐的情景。

因此而备受李煜的宠爱，二人常常布局厮杀，以此消遣时光。一天，李煜与小周后正在对弈，且杀得难解难分。为了不受任何干扰，李煜下令卫士守住宫门，对前来奏事的大臣一律不予接待。一位大臣向李煜奏报国家收支的状况已入不敷出，国库空虚，一位大臣奏报宋朝正在调兵遣将，随时来犯，提醒李煜应早做准备，但是都被卫士挡在了宫外。

开宝八年，宋军攻破金陵，李煜率几位大臣肉袒出降。开宝九年正月，李煜到达汴京，宋太祖封他为"违命侯"。后宋太宗即位，封陇西郡公。太平兴国三年（公元978年）七月初七，李煜被宋太宗赐服牵机药而死，时年42岁，赠太师，封吴王，葬于洛阳北邙山。史载，牵机药乃是一种慢性毒药，毒发，最后头足之相就如牵机之状，故名。

大弦琵琶 南唐

"烛影斧声"与宋太祖之死

赵匡胤于公元960年发动陈桥兵变，黄袍加身，做了17年皇帝，到公元976年便撒手归西了，正史中没有他死亡的明确记载，《宋史·太祖本纪》中的有关记载也只有简单的两句话："帝崩于万岁殿，年五十。""受命杜太后，传位太宗。"因此他的死一直是一个不解之谜，为历史留下了又一桩悬案。

司马光的《湘山野录》中记载，开宝九年十月，那天天气极为寒冷，宋太祖赵匡胤急唤他的弟弟晋王赵光义进入寝宫，宋太祖斥退旁人，只留下他们两人自酌自饮。酒过三巡，已是夜深了，他见晋王赵光义总是躲在后边，极其害怕，自有几分得意。见殿前雪厚几寸，便用玉斧刺雪，还不时对他弟弟说："太容易了，真是太容易了。"当夜赵光义依照没走，留宿于禁宫。第二天天快亮时，禁宫里传出宋太祖赵匡胤已经死了的消息。赵光义按遗诏，于灵柩前即皇帝位。

历史上所谓"烛影斧声"的疑案就指此事。有人认为"烛影斧声"也许不是疑案，只是晋王赵光义弑兄夺位的借口。宋太祖安排后事是宋朝的国家大事，不可能只召其弟单独入宫，并且赵光义又在喝酒时退避。用玉斧刺雪，这正是赵匡胤与赵光义进行过争斗的状态，晋王一狠心杀死宋太祖。要是不这样写，这段史料也许会被封杀。

不过，关于光义弑兄的原因，史书上另有一种说法。

宋太祖像

249

宋太宗像

《烬余录》称，赵光义很喜爱已归降的后蜀主孟昶的妃子花蕊夫人费氏。孟昶死后，花蕊夫人被宋太祖赵匡胤纳为自己的妃子，而且特别宠爱。赵匡胤因病卧床，深更半夜时赵光义胆大妄为，以为宋太祖已熟睡，便趁机调戏花蕊夫人，可没想到太祖惊醒，要用玉斧砍他，等到皇后、太子赶到之时，赵匡胤已经只剩一口气了。赵光义趁机逃回自己的王府，第二天太祖赵匡胤就升天了。由此可知，赵光义趁夜黑无人，赵匡胤昏睡不醒的时候调戏他觊觎已久的花蕊夫人，谁知赵匡胤突然醒来发觉了，也许是他盛怒之下欲砍赵光义，可是因为病体虚弱，体力不足，未砍中赵光义。赵光义觉得自己只有死路一条，不管用何种方式都不能取得其兄的原谅与宽恕了，预料到自己将会死得很惨，于是一狠心便杀死了自己的同胞兄弟，然后慌忙逃回府中。宋太祖赵匡胤是病怒交加而死，还是他弟弟杀死的呢，谁也不知其详。不过十分清楚的是，赵匡胤之死与其弟赵光义当夜在皇宫内院的行为有一定的关系。

对于这个疑案，也有一些人为赵光义开脱罪责，司马光的《涑水纪闻》记道："太祖初晏驾，时已四鼓，孝章宋后使内侍都知王继隆召秦王德芳；继隆以太祖传位晋王之志素定，乃不召德芳，径趋开封府召晋王。见医官贾德玄坐于府门……乃告以故，叩门与之俱入见王，且召之。王大惊，犹豫不敢行，曰：'吾当与家人议之。'入久不出。继隆促之曰：'事久，将为他人有。'遂与王雪下步行至宫门，呼而入……俱进至寝殿。宋后闻继隆至，曰：'德芳来耶？'继隆曰：'晋王至矣。'后见王愕然，遂呼官

皇后骂殿 年画

民间传言太祖皇后曾在殿前大骂宋太宗弑兄篡位。

家曰：'吾母子之命，皆托于官家。'王泣曰：'共保富贵，无忧也。'"从这一记载来看，宋太祖赵匡胤过世时，他弟弟赵光义并不知晓，也没在宫中待过，似乎可以洗去"烛影斧声"的嫌疑了。

但是，自从赵光义继帝位后，赵匡胤的长子德昭于公元979年被迫自杀，次子德芳又于公元981年无故而死来看，宋太宗赵光义还是摆脱不了"烛光斧影"、"戕兄夺位"的嫌疑。

朱棣生母之谜

明成祖朱棣是朱元璋的第四个儿子，洪武三年被封为燕王，拥有重兵，镇守北平。建文元年，朱棣以"清君侧"为名举兵，这就是历史上有名的"靖难之役"。经过三年多的兵戎相争，建文四年，朱棣终于攻占了南京，即皇帝位，改元为永乐。他又于永乐九年迁都北京，以南京为留都，朱棣统治期间继续执行明太祖的削藩政策，巩固中央集权，为以后的"仁宣之治"奠定了基础。可以说，朱棣是历史上一位较有作为的皇帝，但是由于他是夺权上台，所以被正统思想家们斥为"燕贼篡位"。有关他的各种传说不胫而走，甚至连他的生母是谁，也成为争议的内容。其说不一，难以断定。

有说法认为朱棣的生母为马皇后。

旧钞本的《燕王令旨》中记载说："顾予匪才，乃父皇太祖高皇帝亲子，后孝慈高皇后亲生，皇太子亲弟，忝居众王之长。"《明太祖实录》说，"高皇后生长子，长懿文皇后标，次秦愍王，次晋王，次周定王。"《明史·成祖本纪》也说："文皇帝讳棣，太祖第四子也，母孝慈高皇后。"与前说如出一辙。从这些官方材料看，可以肯定朱棣是朱元璋的第四个儿子，为马皇后所生。但是后世学者认为这其中有窜改之词，不能信以为真，一生致力于明史研究的学者吴晗就这样认为。

另外有一些史籍说马皇后并非生了五个儿子，只承认四

明成祖像

大明皇帝之宝 明

251

明太祖朱元璋像

朱元璋 (1328～1398)，幼名重八，兴宗，字国瑞，濠州（今安徽凤阳）钟离太平乡孤庄村人。早年入皇觉寺为僧，后投奔红巾军，元至正二十八年，于应天称帝，国号大明，建元洪武。朱元璋道：天下之治，天下之贤共理之；天下始定，民财力俱困，要在休养安息，得贤为宝。

明太祖妻马皇后像

马后自幼聪明贤惠，心地仁慈，性格坚强，是朱元璋的得力助手。马后一生保持俭朴之风，待人宽厚，且常谏于太祖。洪武十五年病逝，太祖心痛不已，未再立后。

子朱棣与五子周王为马皇后所生，而懿文、秦王、晋王则为妃子所生。《鲁府王牒》也说："今鲁府所刻玉牒，又以高后止生成祖与周王。"《皇朝世亲》、《鲁府王牒》皆已早佚，这个说法难辨真伪。但是这些材料虽然说皇太子等人不是马皇后所生，却也都承认朱棣是马皇后亲生的儿子。

也有人说朱棣的生母是达妃。

明代黄佐的《革除遗事》中说，懿文、秦、晋、周王都是高皇后所生，而太祖朱棣为达妃所生。王世贞《二史考》也曾引用这一说法。但是后人分析，黄佐把明成祖说成是达妃所生是别有用心的，不足为信。例如清代史学家朱彝尊在著作中指出，"黄佐《革除遗事》与当时记建文事诸书，皆不免惑于从亡致身二录。盖于虚传妄语，就未能尽加芟削"，也就是说，黄佐的书对建文帝下台表示深深的同情，而对明成祖夺权大加贬斥，明显有个人感情色彩，所以记载的事情难免"虚传妄语"。故不可信。

三是生母为碽妃。

明朝末年何乔远的《闽书》、谈迁的《国榷》、李清的《三垣笔记》等人根据《南京太常寺志》认为明成祖的生母是碽妃。这种说法也得到了近人傅斯年、朱希祖、吴晗等人的赞同。此志以明孝陵奉先殿的陈设为旁证，奉先殿中间南向列太祖、马后两神座，东边排列的是诸妃神座，而两边则独列碽妃神座。为什么碽妃会得到如此尊重？无疑因为碽妃是明成祖的母亲。清初的学者潘柽章、朱彝尊等也肯定这个说法。朱彝尊还考证了碽妃是高丽人。然而碽妃的来历历史上并没有任何记载，要知道这种说法是否可靠，就要考察《南京太常寺志》的可靠性。此记述是否来自第一手资料？是否真实？实在是难以说清楚。根据考证，《南京太常寺志》被收入《四库全书总目》，是明代人汪宗元所撰写。汪宗元是明嘉靖己丑进士，曾经任总理河道右副都御史，此书是他任南京太常寺卿时所撰，与明成祖生年元至正二十年 (1360) 相距了 170 多年。这样看来，他在记述朱棣生母时很可能是道听途说，而不是第一手资料。尤其可疑的是，《南京太常寺志》的说法在其它的史籍都没有记载，因此其真实可靠尚难以说清。

还有一种说法认为朱棣的生母是元妃。王世懋《窥天外乘》记载："成祖皇帝为高皇后第四子甚明。而《野史》尚谓是元主妃所生。"王世懋所指的"野史"，是指《蒙古源流》。《蒙古源流》说，明成祖是元顺帝之妃瓮氏所生，是元顺帝的遗腹子。"先是蒙古托衮特穆尔乌哈噶图汗（元顺帝）岁次戊申，汉人朱葛诺延年二十五岁，袭取大都城，即汗位，称为大明朱洪武汗。其乌哈噶呼图汗第三福晋系瓮吉喇特托克托之女，名格呼勒德哈屯，怀孕七月，洪武汗纳之，越三月，是岁戊申生一男……"刘献廷在《广阳杂记》中则说："明成祖非马后子也。其母瓮氏，蒙古人，以其为元顺帝之妃，故隐其事，宫中别有庙，藏神主，世世祀之，不关宗伯。有司礼太监为彭恭庵言之，余少每闻燕主故老为此说，今始信焉。"近人傅斯年所见的明人笔记则以为明成祖是元顺帝高丽妃所遗之子（《明成祖生母记疑》）。这些野史、杂记都说得煞有其事，但是它们毕竟只是野史、杂记，说得再神乎其神也难以令人相信。近年更有人说，明成祖朱棣生母确实是马皇后。"硕"是瓮吉喇氏略语的不同译音，硕妃或瓮吉喇氏生明成祖的传闻，实属于无稽之谈。这其实是一则蒙古人编造出来的离奇的事，为的是以此证明元代国运不衰，后继有人。

说来说去，明成祖朱棣的生母之谜，到今天仍然没有确切的说法。

南都繁会图 明

元至正十六（1356）年，朱元璋率军攻克集庆，改名应天府（今南京市）。明朝建立后，即以应天府为国都，直至永乐年间国都方迁往北京。而南京依然作为陪都，典章制度的功能同于北京。明成祖朱棣幼年即在南京生活。此卷描绘了明中期南京城市商业繁荣的景象。

明建文帝生死之谜

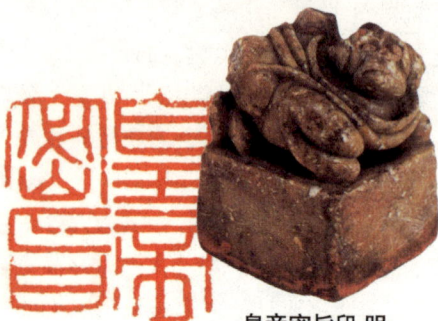

皇帝密旨印 明

明朝开国皇帝朱元璋死后，由于皇太子朱标已于洪武二十五年（公元1392年）先他而死，乃由皇太孙朱允炆即位，这就是建文帝，后世也称为明惠帝。然而，在惠帝刚即位不久，燕王朱棣就夺取了帝位，以讨伐齐泰、黄子澄为名，起兵北平（今北京），发动了历史上有名的"靖难之役"。1402年，燕兵攻陷了京师（今南京），燕王即位，是为成祖。就在朱棣攻入南京时，皇宫已是一片大火，建文帝下落不明。此后，有关惠帝已经出逃的传闻颇多，明成祖对此总是不放心，这件事也几乎成为他的一块心病。数百年来，建文帝的下落也是一桩争讼不决的历史悬案。综合各家说法，主要有"焚死"说和"逃亡"说。

一种说法认为建文帝是自焚而死的，据永乐年间修撰的《明太祖实录》中记录，燕王朱棣发动历史上有名的"靖难之役"。经过四年的征战，燕王获得全胜，建文四年（公元1402年）六月十三日，燕王统领大军开进南京金川门。当燕王军队开进皇宫时，宫中已是一片火海，建文帝也没了踪影。与此同时，建文帝所使用的宝玺也毫无踪影。正史记载建文帝死于宫中的大火中。《太宗实录》卷九记载："上（即明成祖朱棣）望见宫中烟起，急遣中使往救，至已不及。中使出其尸于火中，还白上，上哭曰：'果然，若是痴骏耶！吾来为扶翼不为善，不意不亮而遽至此乎！'……王申，备礼葬建文君，遣官致祭，辍朝三日。"仁宗朱高织御制长陵后碑也说，建文帝殁后，成祖备以天子礼仪殓葬。成为明成祖的朱棣后来在给朝鲜国王的诏书中说：没想到建文帝在奸臣的威逼下纵火自杀。但是，太监在火后余烬中多次查找，找到马皇后与太子朱文奎的遗骸，建文帝是死是话无从得知。燕王为让天下知建文帝已自焚，曾作有祭文，但其坟墓处于何处，无人可知。明末崇祯帝就曾说过：想给建文帝上坟，却不知在何处。

另一种说法认为在南京攻破之时，建文帝曾想自杀，但在其亲信说服下，削发为僧，

郑和下西洋路线图

据说，郑和下西洋之目的，是奉明成祖之命，寻找建文帝的下落。

从地道逃出了皇宫，隐姓埋名，浪迹江湖。明成祖死后，他又回到京城，住进西内，死后葬于京郊西山。朱棣登位后，感到建文帝对他有一种无形的压力，因此多次派心腹大臣到处访问。永乐年间郑和下西洋的陪同官员中，有锦衣卫士，这显然就是用于暗中察访建文帝的。明成祖曾向天下寺院颁布《僧道度牒疏》，将所有僧人名册重新整理，对僧人进行了一次全方位的调查。从永乐五年（公元 1407 年）起，还派人以寻访仙人张邋遢为名到处查找，涉及大江南北，前后共 20 余年。民间流言中，在许多地方都有建文帝的踪迹与传说。有的说建文帝逃到云贵地区，而且辗转到了南洋地区，直到现在，云南大理仍有人以惠帝（建文帝）为鼻祖。也有现代学者认为，当年建文帝潜逃后，曾藏于江苏吴县鼋山普济寺内，接着隐匿于穹隆山皇驾庵，于永乐二十一年（公元 1423 年）在此病亡，埋于庵后小山坡上。

至于建文帝的下落到底如何，以上两种说法都无法提出令人满意的答案来。

崇祯帝究竟如何死去？

天启七年（公元 1627 年）八月，熹宗病危，召信王入宫受遗命。不久熹宗撒手归天，年仅 17 岁的信王朱由检即位，大赦天下，次年改为崇祯元年（公元 1628 年）。年轻气盛的崇祯皇帝面临的是一种风雨飘摇的局面。这位明朝最后的一位皇帝很想凭借自己的一腔热血力挽狂潮，重建太平天下。他即位后铲除阉党魏忠贤、一心想要中兴，但是最终李自成的农民起义军冲破了京城，明朝覆灭了，他自己也落了个自缢的下场。崇祯帝朱由检生性懦弱、无主见，而且他继位时的明朝已是政治腐败。崇祯皇帝也回天乏术，大臣们个个明哲保身，少有为社稷着想者。而且崇祯为人极易猜疑，大臣们更是小心翼翼、很少发言。就是到了起义军进逼京城的时候，也没有主动站出来为崇祯分忧的大臣。

崇祯帝像

当李自成的起义军猛烈进逼，崇祯帝惊慌得完全失了主见，处处寄希望于大臣们，希望他们能提供妙计良策，甚至替他决断，但是危急之中，大臣们又能有什么办法呢？

崇祯十七年（公元 1644 年）三月，每天崇祯帝都要召见大臣，有时候竟达到一日三次。起初大家都认认真真地替崇祯帝谋划，提出"南迁"、"撤关"等，可崇祯帝总是拿不定主意，大臣们也渐渐没招了。召见中，大臣总是惶恐地说："为臣有罪，为臣有罪！"然后就不再说话，实在被问急了，只是用些"练兵"、"加饷"等话来应付崇祯帝。每次召见，崇祯帝都非常不满，常常是中途拂袖离去，回宫后痛哭并且大骂："朝中无人！朝中无人！"

崇祯帝思陵石五供明

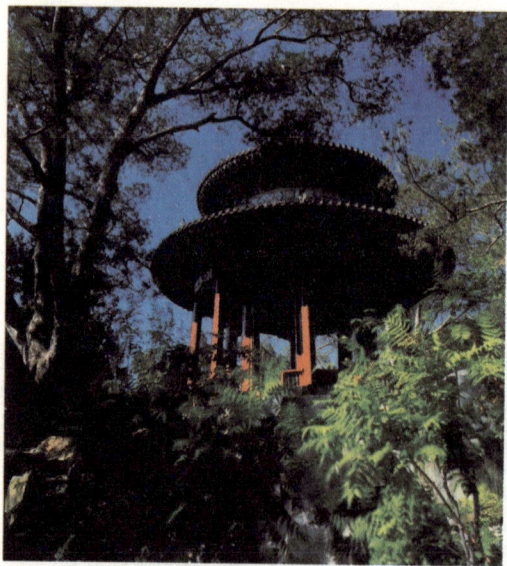
景山周赏亭——明崇祯帝自缢处

大明灭亡的前三天上午，崇祯帝来到东左掖门，召见了新考选官32人，问他们以急策。崇祯帝本想能从新臣中寻找到良策，可一见答卷，也全是些套话。召见未及一半，忽然有一太监送进一个密封，崇祯帝拆视后脸色突然大变，原来这是昌平（今北京市昌平区）失守的总报。李自成军已经攻到昌平。但是惊慌的崇祯帝仍无法从众大臣那里得到一计良策。

次日早晨，崇祯帝再次召见文武诸臣，半响大家都沉默不语。崇祯帝流着泪恳请大臣们想办法，大臣们也是泪流满面地回应。忽然有位大臣大梦初醒一般，凑向前欲奏对，崇祯帝一见，马上将泪水收住，准备细听，只听这位大臣说："当务之急为考选科道。"原以为是什么良策，不想又是老套话。可这位大臣一开头，许多大臣也跟着说这人当起，那人该用。崇祯帝早就不耐烦了，俯首在御案上写了七个大字："文武官个个可杀。"起身示意退朝。

关于崇祯的死，历来众说纷纭，计六奇《明孝北略》卷二十记载道："丁未五鼓，上御前殿，与二人手自鸣钟集百官，无一至者。遂散遣内员，手携王承恩，入内苑，人皆莫知，上登万岁山之寿皇亭，即煤山之红阁也。亭新成，先帝为阅内操特建者……遂自尽于亭下海棠树下，太监王承恩对面缢死。"又有《明史》卷三百九《流贼传》说："十九日丁未，天未明，皇城不守，鸣钟集百官，无至者。乃复登煤山，书衣襟为遗诏，以帛自缢于山亭，帝遂崩。"而《明之述略》中却说："丁未，内城陷，帝崩于西山。"可见，对崇祯究竟怎么死，死于何地至今还是个谜。一个力图中兴的君主竟落得如此凄凉的下场，令人深思。大臣们还是一副唯唯诺诺、支支吾吾的样子，出的计策无非是什么巡街闭门、不许出入等。这时候守城者来报，守城军队不敌。见城陷就在眼前的崇祯帝，不禁大哭，边哭边道："诸臣误朕至此！"自己拿不定主意，却要埋怨大臣。大臣们见形势"不可为"，便俯首同崇祯帝一起恸哭，哭声响彻大殿，甚为悲惨。到了中午，崇祯又召见大臣，此时大臣们已彻底看透了这位

256

年轻且毫无主见的皇帝，干脆以沉默来回答崇祯帝，崇祯帝不禁大吼道："既然这样！不如大家一起在奉先殿统统自尽吧！"此话倒是说中了，19日晨，崇祯帝在走投无路中自尽身亡。

顺治帝出家之谜

　　在清朝第二位皇帝顺治短短的一生中，他一共娶了19个妻妾，差不多是每年一个，但是最讨他欢心的，只有董鄂妃一人。

　　在顺治眼里，董鄂妃就是他的心。虽然两人不曾有过任何誓言，但是，那种难舍难分的感情的确能感天地、泣鬼神。顺治十七年八月十七日，皇贵妃董鄂氏因病去世，顺治痛不欲生。为哀悼董鄂妃，他5天不理朝政。没过多久，他又亲自给礼部下了一道圣旨，特意采用追封的方法，给董鄂妃加封谥号：孝献庄和至德宣仁温惠端敬皇后。至于追加皇后应举行怎样的大礼，他命礼部要认真、详细、迅速商讨并递交他审议。

顺治帝像

　　董鄂妃死后，顺治的心也随之而去，正如元稹所写的那样："维将竟夜长开眼，报答平生未展眉。"他不仅辍朝5日，而且将她晋封为皇后。在蔡东藩的《清史演义》里写道："顺治帝经此惨事，亦看破世情，遂于次年正月，脱离尘世，只留重诏一张，传出宫中。"此外，还有《清稗类钞》、《清代野史大观》等书中均有关于顺治帝因董鄂妃去世而削发出家的故事。

山西五台山佛光寺

257

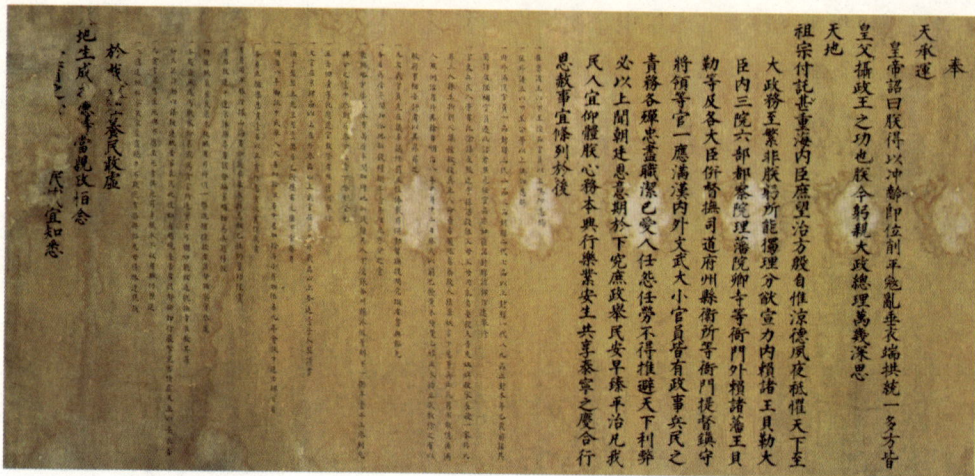

顺治帝亲政诏书

顺治帝的离家出走，令清宫上下惊慌失措。他们为了不引起世人的非议，只得向外宣布：顺治皇帝驾崩。但是，这种谎言也瞒不了多久。很快，堂堂的大清皇帝为了一个女人而削发为僧的事就在民间广为流传了。

顺治一向好佛，宫中奉有木降忞、玉琳琇二禅师，印章有"尘隐道人"、"痴道人"等称号。他对木降忞曾说："愿老和尚勿以天子视朕，当如门弟子旋庵相待。"他早有削发为僧的念头。临宣布他去世前几天，他还叫最宠信的内监吴良辅去悯忠寺削发为僧，因此一些人认为顺治出家之因是与孝惠皇后不合，所以宠爱的董鄂妃一死，他就以此为借口皈依了净土。据说清圣祖康熙亲政后，曾经以进香为借口，多次到五台山看望顺治，希望顺治能回到宫中，但是顺治不为所动。康熙帝有诗哀悼："又到清凉境，巉岩卷复垂。芳心愧自省，瘦骨久鸣悲。膏语随芳节，寒霜惜大时。文殊色相在，惟愿鬼神知。"语气十分悲恸。又传说在康熙年间，两宫西狩，经过晋北，地方上无法准备供御器具，却在五台山上找到了内廷器物，这似乎又是一个顺治出家的证据。但民国时，明清史专家孟森的《世祖出家事考实》举出《东华录》等史书的记载，认为清世祖死于痘疹，没有出家；又认为吴梅村诗中"房"为天驷，"房里竟未动"是指顺治将幸五台山而忽然去世，后几句诗孟森认为是自责之词。所以顺治出家与否，仍然是一个谜。

秘密立储始于康熙吗？

康熙是清代有名的圣君，有子 35 人，女 20 人，嫡出最长者为胤礽，康熙十四年曾被立为皇太子，后玄烨在康熙五十一年（公元 1712 年）十月，第二次废黜胤礽；第二年二月左都御史赵申乔上奏请求再次册立皇太子，这是二次废太子后，朝臣第一次为此事上奏请求。玄烨看罢奏疏后，特别召集群臣说明此事。他说："立储大事，朕岂忘怀，但关系甚重，有未可轻立者……今欲立皇太子，必然以朕心为心者，方可立之，岂宜轻举。"谕旨表明，接受了两次废立太子的沉痛教训，又面临着错综复杂的储位之争的局面，玄烨正在深入思考皇储关系、储君标准、建储方式等重大问题，力图寻找一个较好的办法，避免以往的失误；在没有找到可行方法之前，决不草率册立。他向群臣公开陈述他的观点，表明他在晚年已开始拟订新的建储计划了。

玄烨在经过4年多的总结、思考以及对储君的精心选择后，开始实施他的建储计划了。

第一次建储之议出现于康熙五十二年（公元1713年）。据《清世宗实录》载："康熙五十六年冬，圣祖仁皇帝召诸王子，面询建储之事。"朝鲜使臣于康熙五十七年（公元1718年）四月从中国返回朝鲜后，禀告朝鲜国王："臣来时问太后葬后，当有建储之议。"建储之事虽然到处流传，反响很大，但人们对其具体内容却毫不知晓。这表明玄烨只是就建储一事征询皇子与重臣的意见，他本人并未表露态度，更未作出任何决定。可见他对储君人选、册立日期等重大问题，已开始有意识地采取保密措施了。

"长篇谕旨"出现于康熙五十六年（公元1717年）十一月二十一日。玄烨在皇太后病危，自己也重病缠身的情形下，召集全体朝臣，商讨建储的有关问题。"长篇谕旨"的说法便由此而来。

康熙五十二年二月及五十六年十一月两个谕旨构成了新的建储计划。与嫡长子皇位继承制度相比较，它的具体的方略，如皇帝全权决定储君人选，"有德者即登大位"、"择贤而立"的择储标准，对储君人选以及建储的有关问题的保密原则等等，都比较新颖，而且秘密色彩浓厚，因而可称之为秘密建储计划。如果这个计划能贯彻执行，并且形成制度，将会减少传统建储制度的某些弊端，进一步加强中央集权。玄烨对实施两千多年的建储制度进行了改革，尽管他本人并未认识到这样做的意义。

康熙皇帝老年像

这一秘密建储计划的核心是皇帝全权决定储君人选，完全排除统治阶层中任何集团或个人对建储的干扰。从一定意义上讲，也是其他三部分得以实施的先决条件。这一点得不到保证，其他三部分也无法实施。

虽然玄烨通过"择贤而立"的方式选择储君，但其主观上并无废除嫡长子继承制的意图。玄烨的宗法观念浓厚，认为诸子之中，"允（胤）礽初居

皇太子宝印及印文 清

乾清宫内景
清帝秘密立储的镭匣就放在乾清宫"正大光明"匾后。

贵"。在胤礽被废后，他已无嫡子，皇长子胤禔也获罪幽禁，所以只能把目光投向其他庶子。

再者，对储君暗中进行培养、考察，储君如果表现不佳予以撤换时，由于没有让其知道这件事，不会引起任何不良后果，这样皇帝在对储君的选择上，就完全抓住了主动权。

秘密建储在康熙朝晚期出现，是形势的需要，也有其历史的必然性。为了解决复杂、尖锐的储位之争，玄烨只能总结经验，吸取教训，博采众长，另辟蹊径。不过对于他来说，这种做法只是一种权宜之计，他并未意识到自己正在开拓一条新的建储道路，更无将此立为定制、世代遵行之意。新制度的建立是一个不断摸索、逐步改进并完善的过程，秘密建储制度也不例外。据说虽然玄烨是秘密建储的开创者，但直到雍正、乾隆二帝才把它的不足加以改进，把它的疏漏加以补足，并作为一种制度最终确立下来。

雍正帝嗣位之谜

清康熙帝驾崩以后，第四皇子胤禛在激烈的皇位争夺中登上了皇帝的宝座，这就是历史上有名的雍正帝。但雍正帝究竟如何嗣位至今仍是一个谜，是按遗诏之言登位还是篡位，众说纷纭。

官书中记载，康熙六十一年（公元1722年）十一月冬至（初九）前，胤禛奉命代祀南郊。当时，康熙患病住在畅春园疗养，"静摄"政权。胤禛请求侍奉左右，但康熙因祭天是件大事，命他应在斋所虔诚斋戒，不得离开。到了十一月十三日，康熙的病情突然恶化，这时才不得不破例把胤禛召到畅春园来。而未到之前，康熙命胤祉、胤祐（七阿哥）、胤禩、胤禟、胤䄉（十阿哥）、胤祹（十二阿哥）、胤祥和理藩院尚书隆科多至御榻前，向他们宣布："皇四子胤禛人品极好，令人敬重，与朕很相似，因此他肯定能够继承大统，继承皇位。"此时，恒亲王胤祺因冬至奉命在东陵行祭典、胤禄（十六阿哥）、胤礼（十七阿哥）、胤禑（十五阿哥）、胤祎（二十阿哥）等小皇子都在寝宫外候旨。当胤禛来到康熙面前时，康熙还能够说话，告诉胤禛他的病情日益恶化的原因，但是到了夜里戌时，康熙就归天了。隆科多即向雍正宣布"遗诏"。胤禛听后昏扑于地，痛不欲生，而胤祉等其他兄弟则向胤禛叩头，并劝他节哀顺变，因此雍正就履行新皇帝的职权，主持康熙的丧葬之事。雍正曾特别强调：当日情形，"朕之诸兄弟及宫人内侍与内廷行走之大小臣工所共知共见者"。

雍正朝服像

从上面的情况来看，雍正的即位是由父皇康熙的寿终正寝后才开始的，是属于正常并且合乎法理的。对此，清代官书众口一词，都是同一个口径。后世有人根据雍正在品格、才干、年龄和气质上的众多特点以及雍正本人在皇宫中深藏不露、暗自修炼多年的特征，康熙对雍正的认识和父子感情基础，当时诸子争储互斗的背景，还有康熙在死之前留下遗诏的在场人物、地点、时间以及情节等来综合分析，认为雍正根据皇父"仓促之间一言而定大计"，是合法即位的，可信的。

但是民间传说中，雍正即位却是非法的，是篡位夺权。

早在雍正帝在世时，社会上就盛传：康熙帝要将皇位传给胤禵，在他患病的最后

圣祖仁皇帝谥册 清

雍和宫万福阁 清

几日，曾经下旨要召胤禵回到京城，但是胤禛的死党隆科多却隐瞒了谕旨。致使康熙去世当日，胤禵不能赶到。隆科多于是假传圣旨，拥立胤禛为皇帝。此所谓"矫诏篡立说"的由来。另外有一种说法讲，康熙原来就有了手书，要把皇位传给十四阿哥胤禵，是胤禛把"十"改成了"于"字，于是遗旨明明传位于胤禵，却变成了传位于胤禛，此所谓"盗改遗诏说"的来源。那么，是谁来盗改了这个遗诏呢？有传说是雍正本人改的；有的说康熙把遗诏写在隆科多的掌心，而隆科多将"十"字抹去了；也有的说是由一些雍正府中所收养的武林高手所改写的；又有的说是雍正的亲生父亲卫某参与改的……

还有人认为，康熙原本要在胤禛和胤禵两人中选立皇储，而最终胤禛被选中，胤禵被任命为抚远大将军，确实说明康熙选择皇太子时他是候选人之一，而胤禛在康熙四十八年晋封为亲王，在皇子中的地位日益提高，先后22次参与祭祀活动，次数比其他皇子都多。此外，康熙对胤禛之子弘历宠爱有加，称赞其母是"有福之人"。由此可见，雍正是后来居上的皇太子候选人。也有人认为，临终时康熙本想让胤禵继承皇位，但他远在边疆，若将他召回再宣布诏书，在空位阶段必定会引发皇位纠纷，无奈之下只好传位于雍正。

总而言之，雍正继承皇位有着种种让人难以理解的疑点。这些问题使一些清史专家耗费了很多的精力，直到现在也没有能够得到很好的解释。可以说，在没有获得新的可靠材料之前，雍正的即位是否合法，仍然是个谜。这不仅仅是因为雍正在继承皇位上有很多令人费解的问题，而且他即位后的很多言行，尤其是与大肆诛戮贬斥功臣、兄弟、文人等事连在一起，更令人感到扑朔迷离。

雍正帝暴死之谜

一代枭雄雍正帝，于雍正十三年（公元1735年）八月二十三日清晨突然暴死在圆明园离宫中。官方记载说他是忽然发病身亡。作为第一手资料的《起居注册》中是这样记载的："八月二十一日，上下豫，仍办事如常。二十二日，上下豫。子宝亲王、和亲王终日守在身旁。戌时（午后七时至九时）皇上病情加重，急忙在寝宫发布遗诏给诸王、内大臣及大学士。龙驭上宾于二十三日子时（夜十一时至翌日一时）。由大学士宣读朱笔谕旨，着宝亲王继传。"

然而民间却流传着雍正遇刺身亡的故事。例如《满清外史》、《清宫遗闻》、《清宫十三朝》等等记载说吕留良的孙女吕四娘刺杀了皇帝。吕留良文字狱于雍正六年发生。十年十二月，留良、葆中父子被处死。其亲人也被严加处置，另一子毅中斩决，孙辈发配极边为奴。传说四娘以宫女身份混入皇宫侍奉皇上，伺机行刺。还有传说四娘在吕案发生后逃亡外地，练就一身功夫潜入宫内，以飞剑砍去清帝脑袋。还有人传说除四娘外还有一位名为鱼娘的女子做帮手。即使下笔谨严的学者，在提到世宗死时，也会提及这些传闻。但有人认为这种行刺

雍正帝行乐图

之说纯属谣言。首先，吕案发生后，其家人皆受罚，无漏网之鱼。

其次，四娘根本不可能混进宫。虽然曾经也有过罪犯眷属特别是15岁以下女子，没收入宫为奴，像株连在吕案中的严鸿逵、黄补蓄，其妻妾子妇即服侍于功臣家，然而吕氏的孙辈在宁古塔成为奴隶，犯大罪的人犯多是这样下场。所以四娘不可能混入宫内。

还有，皇帝实际上一年之中的三分之二都驻跸在圆明园这个离宫。紫禁城内明令整肃，与有"亭台园林之胜"称号的圆明园根本不可比较。因此，他"自新正郊礼毕移居园宫，冬至大祀前始还大内"，"盖视大内为举行典礼之所，事毕即行，无所留恋也"。园内内阁及各部院等机构之规模宏大与大内不相上下。雍正二年起，便设护军营，一个女子根本不能飞檐走壁，穿过昼夜的巡逻和森严的戒备，轻易地就进入寝宫，刺杀皇帝。因而，雍正遇刺身亡的说法便受到了一定的质疑。

又有人认为世宗既不是遇刺身亡，也不是寿终正寝，他可能是服丹药中毒而亡。这是从宫中档案等资料中推出的结论。世宗生前，在宫中曾蓄养了一些僧道异能之士，他死后第三天，也就是八月二十五日，嗣主乾隆忽下了驱逐炼丹道士出宫的谕旨。

新君刚登基，尚有众

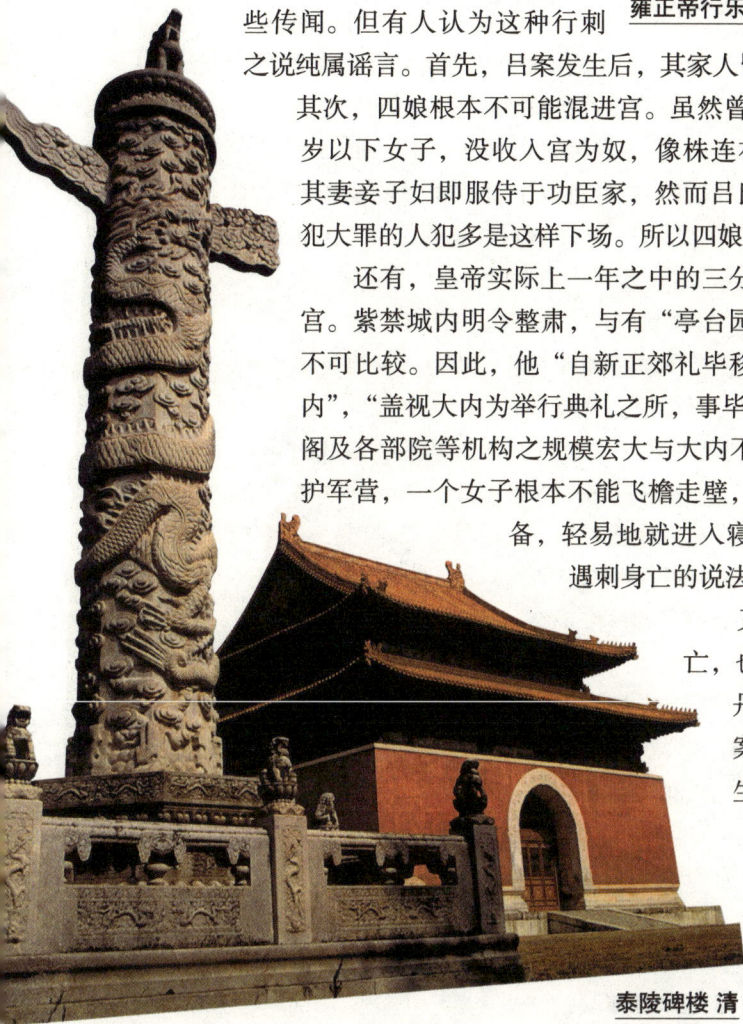

泰陵碑楼 清

多事务待理，而紧急驱逐数名道士，这种做法确有奇怪之处，乾隆说其父视僧道如俳优，未听一言，未服一药，这显然在为父亲辩解。否则又怎会突下逐客令？他又说这几个道士早就该受驱逐，但为何世宗容忍他们在宫中？乾隆如果为的是崇正道、黜异端，就应该加以排斥，然而他却沾沾自喜地称："朕崇敬佛法……仰蒙皇考嘉奖，许以当金法会中契超无上者，朕为第一。"而且，还善待超盛、元日两僧让他们来京瞻仰梓宫。

驱逐道士的同日，乾隆另降一道谕旨谕令内监、宫女，告诫他们不许妄行传说国事，"恐皇太后闻之心烦"，"凡外间闲话，无故向内廷传说者，即为背法之人"，"定行正法"。此事也值得注意，"中毒身亡"论者认为此事必与世宗横死有关，否则为何皇太后所见外间闲话会心烦。

雍正帝的死因被这种种说法蒙上了层层的神秘面纱，变得更加扑朔迷离，让人难以看清其中的真相。

吕留良画像
野史记载，吕留良的孙女吕四娘，为给祖父报仇，刺杀了雍正帝。

乾隆帝的父母是汉人吗？

看过金庸小说《书剑恩仇录》的人对书中的一个说法一定很好奇，因为书中说乾隆是陈家洛之兄。其实，小说中的说法并非空穴来风，是有一定来历的。

清末，上自官僚缙绅，下迄妇孺百姓，几乎人人皆知这么一个传说，清初的某个皇帝是浙江海宁陈家的儿子。这个皇帝是谁呢？有人便说是乾隆皇帝弘历。这一传说也见于一些私家所写的稗官野史之中。《清朝野史大观》卷一《高宗之与海宁陈氏》一文有这样的记叙：雍正帝胤禛当皇子时，与海宁陈氏很好，两家来往频繁。这一年恰巧两家在同月同日同时辰生子。只是胤禛家为女孩，陈家为男孩。胤禛命人抱来看看，但却偷偷把孩子换了。陈家发现孩子被换，大惊失色。但迫于对方权势，不敢追究，也不敢声张。不久康熙去世，传皇位于

乾隆帝朝服像

胤禛。胤禛即位后，陈氏一门数人也都官至显要。以后乾隆帝即位，对陈氏更是礼遇有加。乾隆六次南巡江浙，其中四次都到过海宁陈家，最后一次临走时步至中门，对陈氏说："以后若非皇帝亲临，这门不要轻易打开。"从此这座门就再也没被打开过了。

持上述观点之人还提出另外一些证据，海宁陈氏的宅堂中有两方皇帝亲笔书写的匾额，一方题为"爱日堂"，一方题为"春晖堂"。"爱日"一词，是从汉辞赋家杨雄《孝至》一文"孝子爱日"中来的，后世把儿子侍奉父母之日叫爱日。"春晖"一词是从唐代孟郊《游子吟》"谁言寸草心，报得三春晖"的诗句中来的。后人常以春晖来比喻母爱。这两方匾额的题词内容都有儿子尊敬和孝顺父母的意思。后来，与海宁陈氏的儿子相交换的那个女孩便在海宁陈家成长，到了婚嫁年龄便嫁与江苏常熟蒋氏，蒋氏专门为她筑了一座小楼，后世称之为"公主楼"。这些史料更让人坚信乾隆是汉人之子。

然而，也有人提出了反对的意见。

雍正帝有皇子十个，公主六个。乾隆帝是其第四子，推及情理根本没有把别姓的孩子换来当自己孩子来继承皇位的必要性。这是最有说服力的论证。

其次，从清代皇帝与海宁陈氏的关系来看，纯是君臣友谊。陈氏是清初的名门望族，在康熙、雍正、乾隆三朝，陈家历代都仕途通达，官居高职，煊赫一时。雍正初年，为了满足钱塘江下游经济发展和人民生活的需要，大举修建浙江海塘。但雍正帝忙于政务，而且海潮冲刷堤岸的危害还未到十分严重的程度，因此未能亲自前往。乾隆即位后，对这项工程非常重视，数次南巡，有四次来到海宁勘察，那么既到海宁，总得有个合适的住所，而陈氏是康、雍、乾三朝宰辅，其家园是海宁名胜，亭台楼榭，花木扶疏，自然就成为接驾驻跸之处。这个园子本叫"隅园"，乾隆帝把它改名为"安澜园"。"安澜"即水波不兴之意，由此也可以看出，乾隆帝临视海宁，是为了巡视海塘工程，而不是为了探视父母。

至于那两块匾额，据史学家孟森考证，清国史馆编纂的《陈元龙传》中说：康熙三十九年(公元1700年)四月，康熙在便殿召见群臣，说："你们家中各有堂名，不妨当场写给我。我写出来赐给你们。"陈元龙奏称，父亲年逾八十，故拟"爱日堂"三字。《海宁州志》还提到，康熙五十四年(公元1715年)六月，因陈元龙胞弟陈维坤的妻子黄氏

乾隆帝威鹿图

寡四十一年，（公元 1715 年）便御书"节孝"两字赐之，又赐以"春晖堂"匾额。这就是说，两方匾额的题词，是康熙帝根据臣下的请示书写的，与孝敬父母的意思根本没有任何联系。因而，说乾隆是汉人之子只是无稽之谈。

《清宫词》中有一首词说："冕旒汉制终难复，曾向安澜驻翠蕤。"词中暗指乾隆与海宁陈氏关系，然而，这其中关系究竟怎样，乾隆身世究竟如何只能成为未解之谜了。

天花还是梅毒——同治帝死因之谜

清入关后第八代皇帝同治，是叶赫那拉氏（慈禧）于咸丰六年（公元 1856 年）所生，同时也是咸丰皇帝（奕詝）的独子。同治六岁时即咸丰十一年（公元 1861 年）登基称帝，同治十二年（公元 1873 年）亲政。但他于同治十三年十二月初五日即病逝，此时距其亲政日期不到两年。

对于载淳的死因，众说纷纭，有的说载淳是死于天花，有的说是死于梅毒。

近来，在清代档案中发现了属于清代皇帝脉案档簿（以下简称"脉案"）的《万岁爷进药用药底簿》一份。

据记载，载淳于同治十三年十月三十日得病卧床。当天下午，太医院判李德立和御医庄守和诊断，结果是："脉息浮数而细。系风瘟闭来，阴气不足，不能外透之症，以致发热头眩，胸满烦闷，身酸腿软，皮肤发出疹形未透，有时气堵作厥。"御医只请第一次脉就能做出上述的明确诊断，主要是因为载淳之病来势很凶，"疹形"表发得较显著。御医对此开出了用生地、元

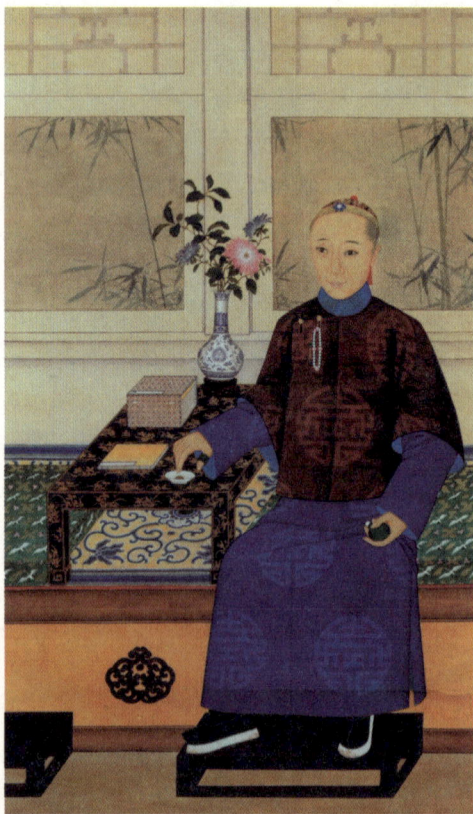
同治帝便装像

参、牛蒡子、芦根等十二味药配制的"益阴清解饮"，进行避风调理。同治仅服了一次药，效果便显出来了。第二天早上，夹杂着瘟痘的疹形即透出，也不似昨日那样烦闷堵厥了。但是，疹痘初发，未至出透，致使"瘟热熏蒸肺胃，以致咽喉干痛，胸满作呕，头眩身热，气颤谵言"。御医议用"清解利咽汤"对此进行调理。巳初三刻服药后，效果明显，是日午刻即"脉息浮洪，头面周身疹中夹杂之痘颗粒透出"。

这样，经御医们精心医治护理不足两天，痘颗虽然开始表发了，有些症状也有减

退的迹象，但是由于瘟热毒滞过盛，以致头面、颈项发出的痘粒很稠密，而且痘颗颜色紫滞，又有咽痛作呕，身颤口干，便秘溺赤之内症。很明显，痘料透出后过盛的毒滞并没完全随之表发出来，最后用药无效，以至于身亡。

根据这些记载，有人便认为同治是死于天花，但这些记载只是宫廷里的片面记载，而民间的大多传闻却说同治帝是死于梅毒。

在一些正规学术著作里都记载着同治帝微服出宫，嬉戏游乐，甚至出入烟馆妓院的故事，如萧一山所著《清代通史》中就有同治因出游而患梅毒终致死亡的记载。

据记载，同治帝与皇后阿鲁特氏相亲相爱，但慈禧太后不喜欢阿鲁特氏。慈禧开始常命皇后等人陪她看戏。但皇后文静、不爱热闹，每次看到男女私情，则面壁而坐。慈禧本来对皇后就不满意，这样就更加不喜欢她了。皇后多次受责怪，依旧我行我素，慈禧便觉皇后故意不给她面子。而皇后对同治帝则是笑脸相迎，慈禧更认为她狐媚惑主，于是限制同治帝宠爱皇后，强令其移爱慧妃。而同治偏偏讨厌慈禧所喜欢的慧妃。于是，同治帝与太监佞臣常常微服外出寻花问柳。但同治怕臣下看见，不敢去京中较大的妓院名楼，专门找隐蔽的小妓院、暗娼等处。起初，人们对他的身份毫无所知，后来知道了也佯装不知。

一些王公大臣注意到同治帝微行纷传于内外，屡次劝谏同治而毫无成效。一次，同治帝对醇亲王奕譞当面劝谏一再抵赖，醇亲王只好把时间、地点一一指明，同治帝却一再追问他消息的来源。

虽然这些传闻的真实性还有待考证，但这些传闻传扬甚广，而同治帝又死得可疑，因此许多人怀疑他死于梅毒也就不奇怪了。

据说，载淳从烟花巷院染上梅毒，开始时毫无察觉，后来脸面、背部显出斑点，才召太医诊治。御医一见大惊，不知如何是好，因此请命于慈禧。慈禧传旨，向外界宣布说皇上只是染上天花。于是，御医们按照出痘的医法开药，没有效果。皇帝大怒，责问："为何不按我的病医治我？"太医回奏："太后命之。"而且《翁同龢日记》中记载说："风声过大，且非两宫圣意。"载淳愤恨不已。梅毒在当时是绝症，以天花治之，显然是为了掩盖丑闻，以免丢皇家脸面。所以同治后来就日益病重，下部溃烂而死。

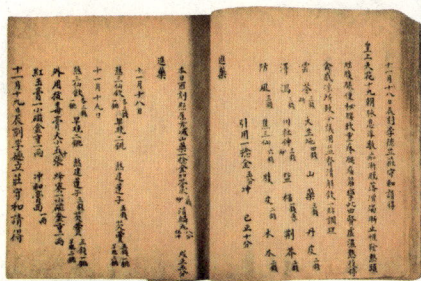

同治帝患天花进药档 清

同治皇帝用过的金碗、金碟和嵌玉金筷、金勺 清

同治究竟是死于天花还是死于梅毒，这两种说法各有各的来源，而且都能找出各自的证据，让人难以辨明，遂成清宫又一疑案。

袁世凯猝死之谜

1916年（民国五年）6月6日，窃国大盗袁世凯在亿万民众的声讨中魂归西天。

在互相庆贺的同时，人们也不免产生疑问，是什么原因造成了这个窃国大盗的猝死呢？有人认为他是病死的，有的认为他是被气死的，而在这两种说法中又衍生出多种猜测。

一种说法称袁世凯患尿毒症，摄护腺肿胀，在医疗方案上，袁世凯的两个儿子意见分歧，大儿子袁克定相信西医，主张动手术；二儿子袁克文则竭力反对，相持不下，贻误时机，终致不治。

与此相近之说，则有袁世凯患病后不肯服药而死之说。当年袁世凯在彰德修养时，有术士给他算命，称"袁不得过五十八岁"。袁"问有何禳解否？"曰此事甚难，非得龙袍加身不可，袁世凯听后没说什么，赐酒给术士，术士出门后就死了，大家都猜测是袁世凯害死了术士灭口，从此后，袁世凯便有了称帝之心。1915年称帝后却事事不顺，众叛亲离。称帝于是积忧成疾；昏迷之中，总看见术士来索命。有人服侍他吃药，他总是不吃，因为药汤很像当年他给术士喝的毒药，他周围亲近的人都知道原因，但都不敢和大家说，最后改用针灸治疗，但也没能保住他的性命。

"气死说"论者则认为袁世凯是因帝制失败，众叛亲离而气愤而死的。有人说："袁世凯以称帝不成，中外环迫，羞愧、愤怒、怨恨、忧虑之心理循生迭起，不能自持。""盗国殃民，丧权乱法，在中国为第一元凶，在人类为特别祸首，其致死固宜，益以年老神昏、兵亡将变、人心怨怼、体面无存，袁氏心非木石，顾后思前，能不自疚，此即袁氏死之真相因也。"

对袁世凯本人来说，始终没有向后人交代他为何人所气而难以治愈。这个窃国大盗在咽气前，只是有气无力地说："是他害了我！"但这句话所指的是谁，仍不清楚，其用意和含义更是令人费解，也给后世留下了千古之谜。

袁世凯像

后宫

汉武帝后宫巫蛊之乱新探

在中国古代史上，秦皇汉武被相提并论。汉武帝一生大有作为，但在他在位时又上演了一幕幕巫蛊闹剧，致使皇后、太子、丞相和无数大臣都成为巫蛊的牺牲品，史称"巫蛊之乱"，它成为汉武帝一生洗不清的污点。

汉武帝像

公孙贺是当时汉朝丞相。为了替儿子赎罪，他答应为汉武帝捉拿阳陵大盗朱安世。朱安世被捉后，为了报复，向汉武帝写了一封揭发公孙贺的信，朱安世在信中写出了公孙贺的种种罪行，甚至说公孙贺密谋要取代皇上；在皇上经常出入的甘泉宫路下埋下木偶，巫蛊皇上。很快，这封信便转到武帝刘彻手中。

本性猜忌多疑的刘彻看了这封信，雷霆震怒之下下令火速查究，查究的大事自然由江充负责。江充派手下罗织罪名，趁机把公孙贺的人马一网打尽。公孙贺与敬声一同被捕入狱，严刑拷打，蔓引牵连，使得很多人无端获罪。最终，公孙贺父子惨死狱中。江充还不过瘾，还要灭公孙贺全家，甚至皇后的姐姐卫君儒也未能幸免。

这一巫蛊案使武帝更加疑神疑鬼，总怀疑有人用巫蛊术来暗害他。因此，这种迷信猜忌之心又被江充利用了。江充除去了公孙贺后，把矛头指向别的手握重权的皇亲国戚。诸邑公主、阳石公主、卫青的儿子长平侯卫伉也都受到牵连，并全部被杀。江充非常得意，又把仇恨的利剑指向曾得罪过自己的太子刘据。

一天，武帝神思恍惚，隐隐约约看到几千个木人，手拿着兵器，凶神恶煞般向他袭来。他惊醒后，觉得浑身酸软，毫无力气，锐气精力荡然无存。此后的刘彻，精气散佚，身体一天不及一天。武帝认为此乃巫蛊所致，命江充从速查实。

汉武仙台遗址

位于陕西省黄陵县城北桥山上的黄帝陵内，据说是汉武帝祈仙所用。

江充和心腹按道侯韩说、御史章赣率领大量爪牙进入后宫，对每一个宫都掘地三尺，搜查木偶，甚至武帝御座下的地面也被挖掘了。太子东宫和皇后中宫，也要挖地三尺。

太子刘据和皇后卫子夫恼怒万分，但有圣旨在，太子、皇后也只能听之任之。江充分部挖完之后，奏报刘彻，声称在东宫和中宫挖出的木偶为数最多，并且每个木偶身上都写了许多咒语，诅咒武帝，言辞不堪入目。武帝刘彻龙颜大怒，可仔细想想又不至于此，便召太子入宫，想要问个究竟。

太子得知自己被江充诬告，非常恐惧。刘据清楚武帝偏信江充，打算出城面见父皇，解释清楚。他又有些畏惧，唯恐刘彻不问是非曲直，就置自己于死地。

刘据真的无计可施，在万般无奈的情况下采用了少傅石德的计策，派人佯称天子使者，收捕江充，一举把江充及其死党杀死。

江充被杀死后的当天夜里，太子派心腹假称天子使者，进入皇后居住的未央宫，告知皇后大祸临头，情况危急万分。刘据调用皇后御厩车马、射士，私自派人打开长乐宫中贮备武器的仓库，紧急调用长乐宫卫士，大肆搜捕江充党羽。京师长安乌烟瘴气，宫中血雨腥风，一时天下大乱。

太子刘据最终战败，带着残兵败将逃出京城长安。丞相刘屈耗率军占领京师后，把这次叛乱的主谋全部缉拿，众多的太子宾客和太子少傅石德以及太子家小全部被杀。皇后卫子夫感到脱不了干系，也自杀身亡。

不久太子的行踪被发现，太子被迫自缢而死。

太子刘据全家死亡殆尽，但武帝想不通，依然派人调查此事。一年后，此事才真相大白。太子真的是无辜，皇后也是冤死，这纯粹是由佞臣江充策划的一场宫廷巫蛊冤案。史书记载，汉武

西汉未央宫椒房殿遗址

帝时期的这些巫蛊案使两位太后被杀，两位丞相被腰斩，太子刘据和两位公主、皇孙罹难，加牵连的人前后超过 10 万人，晚年时汉武帝已感到巫蛊术的危害，了解到太子被巫蛊所害，遂诛灭江充家族，继而筑"思子台"，并在太子蒙难处筑"归来望思台"。武帝在思子台上老泪纵横，品尝自己一手酿成的苦果。

北朝众帝后出家之谜

在一般人的心目中，很难将高高在上、享受荣华富贵的帝后与孤独寂寞、陪伴青灯古佛的尼姑联系在一起，然而，在封建王朝中，却有多位早年出自尼庵或是晚年遁入空门的尊贵帝后。而且在北朝的中后期，大概 100 多年之中，仅历魏、齐、周 11 帝，竟然有 17 位帝后出宫为尼，实在是世所罕见。这成为了我国佛教史和北朝发展史上的一个极为奇怪的现象。那么，何以造成这种现象呢？

有人从我国的佛教传说来分析，用帝后侫佛来解释它，认为这是媚佛、迷信佛的结果。

东汉明帝时，佛教传入我国，先始于洛阳。汉末曹魏时期，在河南地区得到了初步的传播，西晋十六朝时期得以迅速的传播和发展，在北魏时达到鼎盛。

南北朝时期的佛教，由于门阀世族的推崇，进一步得到了统治阶级的扶植和推广，获得了广泛的传播。再加上佛教所宣扬的因果报应和六道轮回之说具有很大的诱惑性，因而南北朝历代的统治者，包括皇帝、贵族和世族官僚都信奉佛教，天竺（印度）僧人佛图澄、鸠摩罗什先后被北朝后赵石勒、石虎和前秦苻坚尊为国师。南朝的梁武帝更是一个信奉佛教的虔诚教徒，他曾把佛教定为国教，前后 4 次出家为僧，迫

山西五台山显通寺 南北朝

使朝廷和众大臣出巨资为他赎身。北朝也是如此，以北魏来看，各位帝王都崇尚佛法。根据史书的记载，北魏时的15位皇帝（连同西魏），都倡导佛法并且大兴译经、造寺及刻像之事。文明皇太后冯氏、孝明皇后胡氏、恭帝皇后若干氏及西魏文皇后乙佛氏都在长安出家为尼。在当时，洛阳城里的西域僧人有3000人之多。宣武帝下令建造的永明寺有一时期曾居住外国沙门达3000余人。当时的文人学士，也大多崇尚佛法，这就致使寺庙僧人的发展极为迅速。从这些资料可以看出，正是由于对佛教的盲目信奉，才导致了北朝时17位帝后出宫为尼。

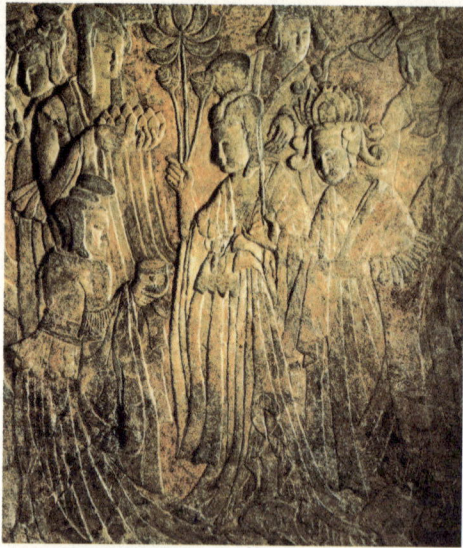

皇后礼佛图 南北朝

在盛装、肃穆的礼佛行列中，我们可以感受到雍容华贵的拜佛者的虔诚和侍从们的恭敬。

然而，另外一些人从北朝17位帝后为尼的背景出发，仔细加以比较，得出了另一种结论，认为佞佛并不是帝后出家的真正原因，以为这些帝后出家为尼的真正原因包括：一是健康的缘故，寺庵的环境有利于染病在身的帝后的康复；二是有的帝后在争宠的角逐中，由于失宠而被逐出宫为尼；三是因皇位更迭或王朝易代而沦为牺牲品的，对这些失败的帝后来说，入尼庵实在是一个很好的去处；四是幼主嗣位后两宫争权的失败者；五是入寺寻求政治避难的。

另外有一些人则认为应该从当时寺院经济的特殊地位来探讨分析这么多帝后出宫为尼的根本原因。北朝中后期，由于统治阶级的扶持，寺院势力得到了迅速的发展，僧尼的人数骤增。佛寺已经遍及全国各地，这其中的不少佛寺是由统治者出资修建的。这些皇帝修建的寺庵，大都富丽堂皇，以收容帝后为尼最多的瑶光寺为例，此寺还有大量的宫女供帝后妃役使。这些寺院都占有相当多的土地和大量的劳动力，渐渐形成了独立的寺院经济和特殊的僧侣地主阶层。寺院都拥有大量的土地财富，不经营生产，通过出租或役使依附农民，经营商业，发放

菩萨交脚像 南北朝

高利贷等。剥削广大的劳动人民，聚集了大量的财富。范缜在《神灭论》中说：人倾尽家财去拜佛求僧，然而那些粮食却被无所事事的众僧吃掉了。大量钱财都流进了寺院，社会上到处都是坏人，但却没有人去制止，人们还都在称颂"阿弥陀佛"。因此可以看出，这些寺院其实是供帝后享乐的另一处别宫，在实际的物质生活上与宫中并无差别。因此，这些人认为，在当时，寺院的特殊地位才是帝后出宫为尼的根本原因。

总而言之，不论这些帝后出宫为尼的真正原因如何，都只是让人们在回顾这段历史时，徒增几声感叹而已。

杨贵妃未被立为皇后之谜

杨贵妃，名玉环，号太真，弘农华阳（今陕西华阳东）人。杨玉环出于世代官宦之家，从小没有衣食柴米之虞，可以无忧无虑地抚琴吟唱，尽情歌舞，从小就受到了良好的艺术熏陶。杨玉环天生丽质，被誉为我国古代四大美人之一，深得唐玄宗李隆基的宠爱。为博得她的欢心，唐玄宗对其要求千方百计地加以满足，不仅让她享尽荣华，连她的家人也都地位显赫，真可谓"一人得道，仙及鸡犬"。

但是为什么如此宠爱她的唐玄宗，只封她为贵妃，而不册封她为皇后呢？这一点比较奇怪，而且皇后的位子已虚悬多年了。而杨贵妃又为什么不恃宠向唐玄宗提出册立皇后的要求呢？

对此，有的学者认为，这是因为唐玄宗看中的是自己儿子寿王瑁的妃子，唐玄宗为得到她，先让她做了一段时间的女道士，但毕竟是公公娶媳妇。在重视礼制的封建社会，这种败坏伦常的妇女哪有资格做"母仪天下"的皇后呢？唐玄宗不能封，杨也不好提。因而直到死，杨贵妃也未被立为皇后。

但也有学者持异议，认为这是宋朝以后的看法，思想较开放的唐朝并没有这种伦常观念，它的婚姻关系也比较自由随便。唐高宗李治便以唐太宗李世民的妃子武则天为皇后，他这是"儿子娶后娘"。儿子能娶后娘，公公当然也可以娶儿媳妇了。所以以上说法是不成立的。

唐宫宴乐图

牡丹亭杨贵妃醉酒 版画

还有一种说法认为，唐玄宗之所以不封杨贵妃为皇后，是从寿王身上考虑的。杨贵妃被夺走，给寿王留下了感情上的创伤，同时也埋下了一颗不定时的炸弹。再加上杨贵妃长期没有生子，皇后的位子很长时间没有人选，一旦发生重大变动，很可能引发宫廷政变，因而，考虑到多种因素，唐玄宗在过完 61 岁大寿的时候，就将册立杨玉环的诏书公布天下，立其为妃，而不是册立其为皇后。

尽管杨贵妃未被立为皇后，但宫中称她为"娘子"，礼仪与皇后相同。以其当时的地位来看，实际就是六宫之主，对于"集三千宠爱于一身"的杨贵妃来说，恐怕立不立皇后都是一样的。

杨贵妃真的被缢死了吗？

杨贵妃是中国家喻户晓的一位绝代佳人。她那传奇的一生曾触发无数骚客文人的才情，为之吟诗作赋。然而，这位国色天香的美女究竟归宿如何呢？史书记载天宝十五载（公元 756 年）六月，洛阳沦陷，潼关失守，盛唐天子唐玄宗狼狈地与众臣逃跑，其爱妾杨贵妃死于马嵬驿。可是，文人赋咏与史家记述是相差十万八千里的，因此杨贵妃的最后归宿，至今还留下许多疑问。

一种观点认为，杨玉环或许死于佛堂。《旧唐书·杨贵妃传》记载：禁军将领陈玄礼等杀了杨国忠父子之后，以"后患仍存"为由，强烈要求赐杨玉环一死，唐玄宗无奈，与贵妃诀别后只得下令。杨贵妃"遂缢死于佛室"。

也有人认为，杨贵妃也可能死于乱军之中，这可从一些唐诗中的描述看出。杜牧的"喧呼马嵬血，零落羽林枪"、张祐的"血埋妃子艳"、温庭筠的"返魂无验青烟灭，埋血空生碧草愁"等很多诗句，都认为杨贵妃被乱军杀死于马嵬驿，而不是被强迫上吊而死。

司杏花神杨玉环 版画

　　一些人称，杨贵妃之死存在其他的可能，比如有人说她实际上是吞金而死。这种说法只出现在刘禹锡所作的《马嵬行》一诗。刘禹锡诗中有段写道："绿野扶风道，黄尘马嵬行，路边杨贵人，坟高三四尺。乃问里中儿，皆言幸蜀时，军家诛佞幸，天子舍妖姬。群吏伏门屏，贵人牵帝衣，低回转美目，风日为天晖。贵人饮金屑……平生服杏丹，颜色真如故。"从此诗来看，杨玉环是吞金而死的，陈寅恪先生曾对这种说法颇感新奇，因而在《元白诗笺证稿》中提出质疑。陈氏怀疑刘禹锡听作《马嵬行》一诗，是流于"里中儿"，所以会有很多说法。可是，陈氏也没有排除杨贵妃在被缢死之前，也有可能吞过金，所以"里中儿"才一传十，十传百。

　　还有一种说法是，杨贵妃没有死在马嵬驿，只是被贬为庶人，并被下放于民间。俞平伯先生在《论诗词曲杂著》中对白居易的《长恨歌》以及陈鸿的《长恨歌传》作了考证。他本人认为白居易的《长恨歌》、陈鸿的《长恨歌传》之本意，蕴含着另一种意思。假设以"长恨"为篇名，写到马嵬就不写了，何苦还要在后面假设个临邛道士和玉妃太真呢？从而俞先生认为，杨贵妃并未死于马嵬驿。当时军中正乱，贵妃不明去向，只有金银散落一地。诗中详细说明了唐玄宗"救不得"之因，因此正史所载的赐贵妃一死，当然绝不

杨贵妃墓

风华绝代的杨贵妃真的葬在这里？

会有。陈鸿的《长恨歌传》所言"使人牵之而去"是说杨贵妃被使者牵去藏了起来。白居易《长恨歌》说玄宗回长安后要为杨贵妃重造陵墓，结果是"马嵬坡下泥土中，不见玉颜空死处"，连尸骨都找不到。这就更证实了贵妃也许是被人救出。令人深思的是，陈鸿作《长恨歌传》时，恐怕后人不明其故，所以重点突出"世所知者有《玄宗本纪》在"，而"世所不知"者，今传有《长恨歌》。这分明是暗示杨贵妃没有在马嵬驿死去。

还有一种说法认为，杨贵妃最后逃亡到日本。1984年出版的《文化译丛》第五期，张廉译自日本《中国传来的故事》一文说，当时马嵬驿被缢死的，乃是个侍女。禁军将领陈玄礼为贵妃美色所吸引，不忍杀之，遂与高力士谋，以侍女代死。杨贵妃则由陈玄礼的亲信护送南逃，大约在今上海附近扬帆出海，经海上漂泊，辗转来到日本久谷町久，最终在日本安度晚年。

但其生死情况究竟如何，至今仍令人难解。

明代"壬寅宫变"之谜

自古以来，防备森严的地方不是监狱，而是皇宫。皇帝为防人行刺，日日夜夜命人巡逻守卫。明朝也不例外。

明朝皇帝的寝宫是紫禁城内的乾清宫。除了皇帝和皇后，其余人都不可以在此居住，妃嫔们也只是按次序进御，除非皇帝允许久住，否则当夜就要离开。

嘉靖年间的乾清宫，暖阁设在后面，共9间。每间分上下两层，各有楼梯相通。每间设床3张，或在上，或在下，共有27个床位，皇上可以从中任选一张居住。因而，皇上睡在哪里，谁也

嘉靖皇帝骑马像

不能知道。这种设置使皇上的安全大大加强了。然而，谁又能防备那些守在他身边的宫女呢？

就是这群宫女，干出了惊天动地的大事，这就是历史上的"壬寅宫变"。"壬寅宫变"发生在嘉靖壬寅年（嘉靖二十一年，公元1542年）。当时史料曾有如下记载：

嘉靖二十一年十月二十一日凌晨，十几个宫女决定趁朱厚熜熟睡时把他勒死。先是杨玉香把一条粗绳递给苏川药，这条粗绳是用从仪仗上取下来的丝花绳搓成的，苏

川药又将拴绳套递给杨金英。邢翠莲把黄绫抹布递给姚淑皋，姚淑皋蒙住朱厚熜的脸，紧紧地掐住他的脖子。邢翠莲按住他的前胸，王槐香按住他的上身，苏川药和关梅秀分把左右手。刘妙莲、陈菊花分别按着两腿。待杨金英拴上绳套，姚淑皋和关梅秀两人便用力去拉绳套。眼看她们就要得手，绳套却被杨金英拴成了死结，最终才没有将这位万岁爷送上绝路。宫女张金莲见势不好，连忙跑出去报告方皇后。前来解救的方皇后也被姚淑皋打了一拳。王秀兰叫陈菊花吹灭灯，后来又被总牌陈芙蓉点上了，徐秋花、郑金香又把灯扑灭。这时管事的被陈芙蓉叫来了，这些宫女才被捉住。朱厚熜虽没有被勒断气，但由于惊吓过度，一直昏迷着，好久才醒来。

乾清宫封记 明

事后，司礼监对她们进行了多次的严刑拷打，对她们逼供，但供招均与杨金英相同。最终司礼监得出："杨金英等同谋弑逆。张金莲、徐秋花等将灯扑灭，都参与其中，一并处罚。"

从司礼监的题本中可知，朱厚熜后来下了道圣旨："这群逆婢，并曹氏、王氏合谋弑于卧所，凶恶悖乱，罪及当死，你们既已打问明白，不分首从，都依律凌迟处死。其族属，如参与其中，逐一查出，着锦衣卫拿送法司，依律处决，没收其财产，收入国库。陈芙蓉虽系逆婢，阻拦免究。钦此钦遵。"刑部等衙门领了皇命，就赶紧去执行了。有个回奏，记录了后来的回执情况："臣等奉了圣旨，随即会同锦衣卫掌卫事、左都督陈寅等，捆绑案犯赴市曹，依律将其一一凌迟处死，剉尸枭首示众，并将黄花绳黄绫抹布封收官库。然后继续捉拿各犯亲属，到时均依法处决。"

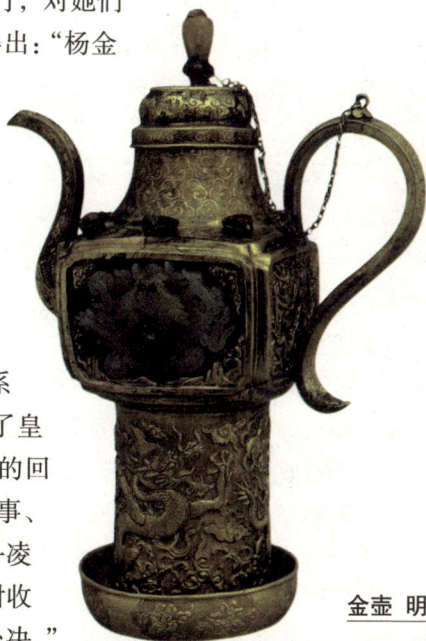

金壶 明

圣旨中提到了曹氏、王氏，曹氏、王氏是谁呢？据人考证，她们是宁嫔王氏和端妃曹氏，因此，有人根据这道圣旨得出结论，是曹氏、王氏指使发动了这场宫廷政变。

司礼监题本中记录了杨金英的口供："本月十九日的东梢间里有王、曹侍长（可能指宁嫔王氏、端妃曹氏），在点灯时分商说：'咱们快下手吧，否则就死在手里了（手字前可能漏一个'他'字，指朱厚熜，或有意避讳）。'"有些人便以这一记载作为主谋是曹氏、王氏的证据。

然而有人则不以为然，认为如果主谋是曹氏和王氏，那么史料上应该记载宁嫔王氏和端妃曹氏的情况，而在以上所述的行刑过程当中，却从未见到过对曹氏和王氏的处置的描述，因此主谋是谁尚不能断定。

"深闺燕闲，不过衔昭阳日影之怨"，是明末历史学家谈迁对此案的看法，但事实究竟如何，无人知晓，因此成为又一桩宫闱之谜。

孝庄太后是否下嫁多尔衮之谜

1644年，皇太极驾崩。一场激烈的皇位之争展开了。有实力的竞争者有三个人：长子肃亲王豪格、皇太极十四弟睿亲王多尔衮和第九子福临。其中豪格和多尔衮都是拥有实力的亲王，得到八旗部队中半数的支持。这时福临的生母博尔济吉特氏看中了两红旗旗主礼亲王代善的辈分和威望具有能够左右大局的力量，便紧紧拉住代善，使两红旗长支持福临。然后又将镶蓝旗拉至麾下。最后，使多尔衮改变初衷，拥戴福临。幼主福临即位后，多尔衮把持国柄，成为摄政王。

《清朝野史大观》这样记载：多尔衮还以顺治的名义向天下颁布诏书：皇叔摄政王现在是单身，他的身份、地位和相貌，皆为国中第一人，太后非常愿意放弃自己的地位嫁给他。因此"太后下嫁"之说自明末清初即已流传，清末排满时重又复炽。

至于太后下嫁皇叔多尔衮，一直以来，史学界有着各种不同的看法。有的根本就不承认此事；有的说这件事是千真万确，也是符合满族传统的。满

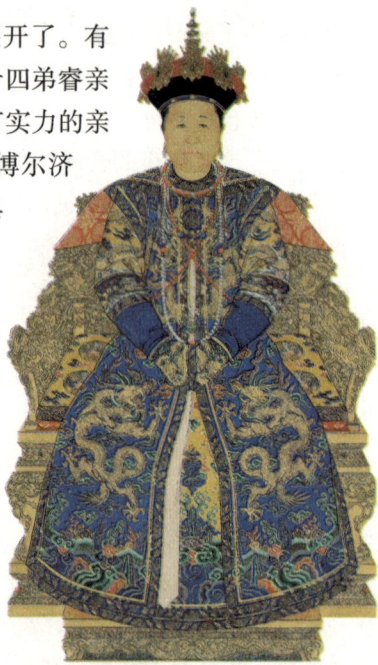

孝庄文皇后朝服像

族入关前由奴隶制向封建制迅速过渡，但还保留着兄死则妻其嫂等遗俗，而且博尔济吉特氏既然要为自己的亲生儿子谋皇位，扩大政治势力是其必由之路，因此用新的联姻来扩大自己的势力还是符合情理的。至于下嫁时的规模怎么样，有没有向天下颁发诏书，这还需要进一步的考证。一些颇具历史价值的史书确切地记载了这件事。清蒋良骐在《东华录》中记载说，多尔衮"自称皇父摄政王，又来到皇宫内院"。假如太后没有嫁给他，假如他没有以皇父的身份对待顺治帝，那么，他经常出入内院，恐怕是皇室宗亲所不能答应的。而且，多尔衮死后，朝廷破格追封他为诚敬义皇帝。

朝鲜《李朝实录》对此事也有记载。书中说，顺治六年二月，清廷曾派使臣到朝鲜递交国书。朝鲜国王李倧从见国书中将多尔衮称为皇父摄政王，便问道："贵国咨文中有皇父摄政王的称法，这是什么意思？"使臣回答："去掉'叔'字，是朝中可喜可贺的事啊。他和皇帝就成了一家人。"

《清圣祖实录》记载说，康熙二十六年十二月，孝庄文皇后得了重病，即将死去

摄政叔父王令旨凡贪赃受贿官吏或傍人或所属下人将事情首告审问得实所犯官吏庆以重法其赃私分作三分。一分赏给首告之人二分入库所告如系虚捏将原告人以盗贼律论罪道府州县卫所城内及城外各乡屯每十家委一人为什长百家委一人为百长如有逃亡许降家首告什长什长转报百长百长查问明白其呈府州县卫所察实申报抚按转报兵部如一户隐匿逃亡凡户十长不行举报致被傍人举首其九户什长百长分别坐罪将隐匿之人处死其家财人口分作三分以一分赏给举首之人二分入官如有先係隐匿之人自来首告斜有傍人首告者将逃亡人口当官估价分作三分人归本主即於本主名下取估价三分之一赏给首告之人特谕

顺治元年十月二十一日

摄政叔父王令旨 清

时,孝庄文皇后对康熙说:"太宗文皇帝梓宫,安放在那里已很长时间了,不可因为我而去打扰太宗皇帝的安息。我迷恋你父皇、皇父及你,不忍远去,所以在附近选一块地安葬了就行了。这样,我也没什么可以遗憾的了。"清朝讲究帝后合葬,显然,孝庄文皇后是觉得下嫁皇叔多尔衮,愧对太宗,于是就借口说不愿葬得太远,单独就近安葬。孝庄文皇后的要求不合情理,但作为孙子的康熙是亲耳听到孝庄文皇后的遗言的,当然得遵守,于是他把孝庄的灵柩停放在东陵。到了雍正继承皇位时,才将灵柩葬入东陵地宫。

南明弘光政权的兵部尚书张煌言在《建州宫词》中也讲述了这样一件事实:"上寿称为合卺樽,慈宁宫里烂盈门;春宫昨进新仪注,大礼恭逢太后婚。"这事在当时很可能是尽人皆知的,否则,张煌言也不会这样撰写。四川师范学院图书馆收藏着一部《皇父摄政起居注》,注后有刘文兴写的跋。跋称:清宣统初年,内阁库坦妃,家君刘启瑞当时是阁读,奉命检阅库藏,得顺治时太后下嫁皇父摄政王诏。于是,这件事便在整个朝野传开了。

另一方面,20世纪30年代,明清史大师孟森著《太后下嫁考实》,力辩此事全无。也有学者认为张煌言诗,不能作为太后下嫁确证。其诗系远道之传闻,故国之口语,诗非信史,不足为凭。而蒋氏《东华录》所记"皇父",是清君主对某个臣下的尊称,或是清世祖封多尔衮为"皇叔父"后以其定鼎功勋显著,无可晋爵,乃以"皇父"为封。"皇父"之于皇帝仍为臣下。而满族旧俗有直呼尊者为父之例,多尔衮前封"皇叔父摄政王",满文直译为"汗(君)的叔父父王",因此这并不表明多尔衮为福临的皇父。

综上所述,"下嫁"是否确有其事,目前难以作出定论,只待新的材料发现和新的研究工作展开,才能解开个中之谜。

董鄂妃身世之谜

清初皇帝顺治是历史上有名的多情种子，他爱美人不爱江山，在自己钟爱的妃子去世后，开始万念俱灰。据民间传说，顺治因董鄂妃去世心灰意冷，遁入空门。而董鄂妃究竟是何人呢？是顺治以一般途径纳入宫中的妃子，还是另有来历？

据汤若望回忆录记载，顺治皇帝狂热地爱上了一位满籍军人的夫人，并在这位军人斥责他夫人时，打了此军人一个耳光，于是这位军人因愤致死，或自杀而死。皇帝于是把这位军人的夫人收入宫中，并封为贵妃，这位贵妃于顺治十七年（公元 1660 年）产下一子，皇帝本预备立他为将来的皇太子。但是这

后妃礼服冠 清

位皇子竟于数星期之后死去，其母不久亦去世。这与《御制董妃行状》中说董妃"后于酉冬生荣亲王，未几王薨"的记载相合。于是有人推测董鄂妃实为这位军人之妻。

不过，谁是那个军人，为什么他的夫人在宫禁中竟能自由出入，实是耐人寻味。从其夫人与皇帝的亲近情形看，必为近臣。有人于是开始猜测上述军人即是顺治之弟太宗第十一子博穆博果尔，即襄亲王。此人卒于顺治十三年（公元 1656 年）七月初三日，终年 16 岁。董鄂妃于同年八月间在其 18 岁时即被册封为贤妃，从时间上推测，正好 27 天的服制刚满。

对董鄂妃进宫时情形，当时诸种史书均没有做过详细的记载，仅仅有顺治在挽词中说她在 18 岁时，以其德优而被选入宫中。可是选秀制度规定，超过 17 岁的女子就没有权利参加选秀了。董鄂氏若 18 岁时才去应选，别说"以德选入掖庭"，就是和众"合例女子"竞争而进宫做侍女的可能性都很小。那时选秀的合适年龄一般在 13 岁至 16 岁之间，若把初选、复选、择配、成婚和与襄亲王一起过日子的时间等因素考虑在内，董鄂妃参加选秀的年龄应在 15 岁左右，也就是顺治十年前后。董鄂氏进宫后没多长时间，顺治便将其赐为襄亲王博穆博果尔的妻子。

清初有各宗室及亲郡王命妇轮番入侍后妃制度，作为

董小宛像

襄亲王妻子的董鄂氏，当然有进宫的资格。长时间周旋于内宫，这样自然而然就有机会与皇帝交往。顺治十一年四月，孝庄太后觉察到儿子与弟媳之间有不正当的勾结，赶忙命令停止命妇入侍后妃之例，说以前根本没有此定制，应"严上下之体，杜绝嫌疑"，这似乎就是针对顺治与董鄂氏的不正当关系而言。

襄亲王与顺治是同父异母的兄弟，而董鄂氏却是襄亲王的妻子。顺治这种强占弟媳的可恶行为当然不但有辱国体、宗门和家法，更严重的是恶化了满蒙贵族的政治关系，因此孝庄太后当然要竭力反对。首先，她废弃了亲王郡王命妇入侍后妃的旧例，以便不让儿子和董鄂氏继续来往，接着册立孔四贞为东宫，想使顺治转而宠幸孔四贞，可是她所做的一切均没有效果。顺治为了得到弟媳，逼死胞弟，夺占弟媳。对于顺治的种种行为，孝庄太后在无可忍耐时终于亮出"杀手锏"，将董鄂妃除去，也因此导致了顺治出家的闹剧。

以上说法只是一些人的推测而已，在民间，关于董鄂妃的来历还有另一种说法，认为董鄂妃即为明清之际江南名妓董小宛。

董小宛姓董名白，字青莲，又字小宛，她在19岁时嫁给了当时有名的才子冒襄，冒襄的《影梅庵忆语》记载了董小宛的生平，《影梅庵忆语》中追述她的生平时不吝笔墨，但对小宛生病及丧葬等事却语焉不详。冒襄写道"到底不谐，今日验兑。"似乎董小宛不是病死，病死应作悼亡之辞，而不至于生出"不谐"之叹。于是有人推测说冒襄以小宛被掳之日作为祭辰，托言小宛已死，实则被掳入宫，赐姓董鄂，晋封贵妃了。

到底董鄂妃是顺治弟媳，还是民间传说之董小宛，尚无人作出肯定的结论，董鄂妃的来历与顺治是否出家一样，成为千古之谜。

东太后慈安死因之谜

在清朝的历史上，作为两宫皇太后之一的东太后慈安是与西太后慈禧一样举足轻重的人物，然而光绪七年三月初十日（公元1881年4月8日），一向健康无病的东太后慈安在12小时内竟突然发病及暴卒，实在出人意料。从此，慈安之死成为清宫的一件疑案。

东太后慈安，姓钮祜禄，谥孝贞显皇后，为满洲镶黄旗人，于道光十七年七月十二日（公元1837年8月12日）出生，其父穆扬阿，曾任广西右江道。咸丰为皇子时，钮祜禄氏就已经是他的侧福晋。由于他的嫡福晋（萨克达氏，后上尊号孝德显皇后）于咸丰即位前已经去世，钮祜禄氏遂于咸丰二年二月（公元1852年3月）被封为贞嫔，五月晋贞贵妃，十月又册立为皇后。1861年11月咸丰帝死后，她被尊为母后

慈安太后之玺及玺文

慈安太后便服像

皇太后，上尊号慈安，与慈禧太后共同"垂帘听政"，众人称她为"东太后"或"老佛爷"，与西太后慈禧相对应。

慈安与慈禧形成鲜明的对比，她是位德高望重的好皇后，因此众人痛惜其暴崩，并对其死产生了怀疑。东太后当时45岁，小西太后慈禧两岁，"体气素称强健"（孔孝恩、丁琪著《光绪传》），而当时西太后慈禧正病卧在床。所以听到噩耗，很多朝臣都以为是"西边出事"了，等得知结果后惊诧不已。许多官员提出怀疑，尤其是左宗棠，立即大喊有鬼。翁同龢的《翁同龢公日记》中记载说："则昨日（初十日）五方皆在，晨方天麻、胆星，按云类风痫甚重。午刻一按无药，云兴脑混乱，牙紧。未刻两方虽可灌，究不妥云云；则已有遗尿情形，痰壅气闭如旧。酉刻一方天脉将脱，药不能下，戌刻仙逝云云……呜呼奇哉！"仅12小时便由发病至死，岂不"奇哉"？

据说，慈安太后在暴卒的当天还曾经视朝。

而当时枢府王大臣奕訢、大学士左宗棠、尚书王文韶、协办大学士李鸿藻等觐见慈安，都见慈安面无病状，仅是两颊微红，犹如醉色，没有什么特别之处。午后，军机诸臣退，内廷忽传孝贞太后驾崩，命枢府诸人速进议，诸大臣惊诧不已。因为以往帝后生病，总是在军机检视之下传御医用药。而此次忽然传太后驾崩之消息，确实非常奇怪。诸臣入至慈安宫，见慈禧坐矮椅，目视慈安小殓，十分镇静地说："东太后素来健康，怎会突然死去？"语时微泣，诸臣皆顿首慰藉，均不敢问其症状。最后草草办完了丧事。

根据慈禧以上的表现，人们便认为是慈禧毒死了慈安，而且，传说咸丰帝留给慈安一封密诏，要她必要时处死慈禧，慈安在慈禧的哄骗下焚毁了密诏，把自己对抗慈禧的一件最大的武器也毁了，慈禧便毒死了她。

对慈安太后暴卒的具体原因至今还存在着争议，除中毒之说外，还有自杀、自然死亡等说。"自杀"说来自《清稗类钞》，书中说："或曰：孝钦实证以贿卖嘱托，干预朝政，语颇激。孝贞不能容，又以木讷不能与之辩。大愠，吞鼻烟壶自尽。"《清朝野史大观》里又用"或曰慈禧命太医以不对症之药致死亡"来说明慈安为用"错药致死"。

不管是"毒死一说"还是"自杀"或"错药致死"说，都有一个共同点，即慈禧害死了慈安。不过也有学者认为慈安为"自然死亡"，徐彻的《慈禧大传》则倾向于

清东陵内慈安、慈禧的陵墓——定东陵

"病死"说。首先，作者认为慈安不善理政，例如召见臣子时说的话分量不足，只会询问其身体状况、行程远近等等，所以她根本不会妨碍慈禧在政治上的权力，慈禧也没必要害死她。

徐彻提出了《翁同龢日记》中的关于慈安发病的两则记载作为证据。一则是慈安太后 26 岁时曾经患了"有类肝厥"疾病长达 24 天，甚至达到"不能言语"之程度。另一则是同治八年（公元 1869 年）十二月初四日，慈安太后"旧疾发作，厥逆半时许"。"厥症"主要表现为突然昏迷、不省人事、四肢厥冷，轻者昏厥时间较短，重者则会一厥不醒甚至死亡。

但这也只是徐彻的一家之言，至于慈安太后暴卒的真正原因，只能是作为清宫的疑案成为人们茶余饭后的话题。

珍妃坠井之谜

珍妃，姓他拉氏，满洲镶红旗人，才色并茂，颇通文史，光绪十四年（公元 1888 年）进宫，后晋封为珍妃。光绪帝与珍妃感情甚好，但慈禧与珍妃一直有嫌隙，后因珍妃支持光绪戊戌变法，因此受到慈禧太后怨恨，最后在光绪二十六年（公元 1900 年）七月八国联军进攻北京、慈禧仓皇出逃前夕，将珍妃溺死于宁寿宫外的玻璃井中，但珍妃是否坠井而死，一直众说纷纭。据《清朝野史大观》记载，八国联军兵临城下，慈禧等人收拾行装准备逃出紫禁城，珍妃进言说皇上是一国之君，应该留京，太后一怒之下命李莲英将其推入宁寿宫外大井中。

珍妃像

这种说法认为珍妃的死是由于她干预朝政，支持变法，惹怒了慈禧，才使慈禧在八国联军进京前西逃西安时，将其除掉。

但是也有人说珍妃并未讲过"皇上留京"一语，珍妃坠井是西太后用封建的贞节观诱逼所致。

太监小德张过继孙张仲忱在《我的祖父小德张》一文中记述了珍妃死时的情景，说珍妃当时患重病，请求回娘家避难，慈禧不准，让崔玉贵把珍妃投入井中。

珍妃井

种种说法各持一端，至今也是个谜。但珍妃死后，引起了人们对她的无限同情，一批正直的士大夫知识分子纷纷托词为悼。

中国古代后宫中的"三婆"之谜

在我国古代，三婆就是稳婆、医婆和奶婆，民间妇女一般是不能进入皇宫的，但宫廷中的这三种妇女可按劳领取薪酬，有的还可免除其全家的终身徭役，同时由于她们有机会接近帝后，更有享不尽的金银财宝及高官爵位。

明代蒋一葵的《长安客话》中最早出现了稳婆一词："就接生婆中预选名籍在宫以待内庭召用，如选女则用以辨别妍媸可否，如选奶口则用等第浮汁厚薄隐疾有无，名曰稳婆。"就这段文字分析，在我国古代宫廷中，稳婆和接生婆这两种职业是可以互换的，稳婆在一定时候是可担任接生婆的职责，因此在古代也把接生婆称为稳婆。由此可见，负责接生是稳婆的第一个职责。稳婆的第二个职责是对宫廷选女"以辨妍媸可否"。就这一方面而言，明代以前就已经出现了稳婆一职，而且这种对入选宫女的辨别事实上是对女子进行裸体检查。东晋时的《汉宫春色》中详细记录了汉惠帝张皇后入选以前被稳婆检查的情况。

由此我们可以得出这样的结论：我国古代至少在秦代时已

养育皇子 明
图中所绘为两个奶妈哺育、抚养皇子的情景。

出现稳婆这一职业，而且稳婆对送选女子进行裸体检查已成为皇帝婚姻中一个必经过程。进而发展到宋明时期，伴随人们对贞操观念的进一步加强，稳婆在皇宫中的地位亦越来越重要，并且对女子的检查也以其是否为处女为主。

稳婆的第三种职责是对入宫的奶婆进行检查，主要检查报名奶婆是否有疾病，是否乳汁厚薄，依奶水的多少而定级别，选择其中奶水最多、质量最好的一个人，为她改变发型、换新衣服入宫，以等待喂养皇子或公主。

医婆这一职业，我们从字面上来看，就是我国古代掌握一定医术技能的妇女。汉代的义姁是我国史书记载的第一位医婆，她悬壶济世，受到了广大人民的欢迎。

古代宫廷中的医婆就是当时的女性御医，由于她们能救人于危难之中，能起死回生，所以皇家对她们是很感激的，义姁弟弟的拜官、冯氏的被封，都是意料之中的事。

古书上称奶婆为奶妈或乳母，从字面含义上看来，指的是用奶水来哺育他人之子的女性。奶婆在上古时代就已出现，《礼记》中就有规定：天子、诸侯、大夫之子有资格可请奶婆，士之子必须由妻自己喂养。宫廷选奶婆要求很严，在年龄、相貌、身体健康等方面都有明确严格的规定，一旦入选，在饮食方面就有限制。

帝王行乐图 清
皇宫之中，帝王、后妃、皇子等需要大量的服务人员，除太监和宫女外，稳婆、医婆、奶婆是能够出入深宫的重要角色。

由于中国古代的宫廷制度要求后妃知礼遵法，有母仪天下的威严，处处表现出一种大家闺秀的肃穆形态，于是，在皇子幼小的心里，亲生母亲成了一种可敬而不可亲的人物，而相反，宫廷中的奶婆肩负着哺乳养育皇子的职责，皇子在宫里，从小接触的就是奶婆，奶婆常常伴他游玩耍闹，皇子对奶婆往往比对生母还亲，长大以后，这份感情仍还存在。以至于在中国古代的史书上我们常常可以见到奶婆被册封、死后厚葬的事例。

政界

周公为什么没有取周成王而代之?

西周时期,周武王驾崩,太子成王年纪尚小,关于周公作为叔父如何处理当时朝中政治局面的这一问题,从春秋时期到现在,一直是众说纷纭。《左传·僖公二十六年》称,周公曾"股肱周室,夹辅成王传";《左传·定公四年》又记,成王在武王之后继位时,"周公相王室以尹天下";《史记·周本纪》也载,由于天下刚刚稳定,成王还在少年时期,"周公……乃摄行政,当国"。从这些可了解周公只是"夹辅"或"相"成王,"摄(代为)行政",并没有篡夺王位的意思。《孟子·万章》说得更为详细,"周公尔有天下"。

然而有些史料中记载,周公的所作所为并不是这样的。

《荀子·儒效》和《淮南子·记论训》都说,周公想要夺取天下。清代王念孙《读书杂志》解释说,周公想要得到天子的皇位。《礼记·明堂位》和《韩诗外传》卷三又称:周公想要坐上天子的位置。《尚书·大传》更明确指出,周公身居要位,管理着天下的国事。据今所考,《尚书·大诰》中的"王"把文王称为"宁王",也称作"宁考"。"考",是对已故父亲的称呼。文王的儿子是周公,文王的孙子是成王,所以只有周公才能称文王为"考。"《尚书·唐诰》又载:"王若曰:孟侯,朕其弟,小子封。"周公的同母弟是康叔,"封"即为康叔之名。《康诰》中的王对康叔称"弟",显然这个"王"又

周公像

周武王像

是周公。据上述条件可知，身居王位的周公的确自称为王。

为什么周公会僭位称自己为王呢？根据《尚书·金縢》的记载，周公曾对太公、召公说："我不管理国家，我没有办法告慰我的先王。"众所周知，武王死后，国家还未统一东方，这就有待于让自己的子嗣完成统一大业。由于成王尚年少，不能担负起这个重任。周公经过深思熟虑，觉得如果自己不称王，则各诸侯就会造反，先王的统一大业将毁于一旦，自己死后无法向先王交待。《荀子·儒效》也说，周公"履天子之籍"的原因是"恶天下之倍（背叛）周"。的确，由于刚创下基业，政局不稳定，成王年幼无知，还没有治理国家的能力；如果想巩固新生政权，就需要经验丰富的君主。其实，武王在临死前也想把王位传给周公。《逸周书·度邑解》记武

成王方鼎　西周早期

此鼎是周文王之孙周成王时铸造的，极为精美，特别是立耳上的雕龙，做工精细，显示了高超的青铜器制作水平。

王曾称赞周公为"大省知"，认为只有周公"可瘳于兹"，能稳定周初的政局，因而主张"乃今我兄弟相为后"，应该由弟来继承王位。当武王把自己的想法告诉了周公时，周公"泣涕共手"，即感激又害怕，并说自己不能这么做。这足以证明，周公并不是想篡权夺位。故《韩非子·难二》说："周公旦假为天子七年。"他也只是代替成王打理国事，等成王长大再主动交出权位。《汉书·王莽传》载，群臣上奏说："周公掌握大权，那么周朝就有道，且王室安稳，如若不然，周朝就有灭国的危险。"正因如此，周公才以天子的身份，对众多的大臣发号施令，常常称为天命。很明显，周公是为整个江山社稷作打算，才会"假为天子"。

但是，有些史料对此还有另一种说法，《荀子·儒效》记载说，周公屏除成王而继接武王来治理天下，有人说"偃然固有之"，这怎么不是想篡位呢？《史记·燕召公世家》又记当时"召公疑之"，《鲁周公世家》也记载周公对太公、召公解释过这个问题。召公、太公都是贤明之人，如果当时周公安分守己，怎么都怀疑他呢？特别是管叔、蔡叔他们都害怕周公的所作所为对于成王会有很大的威胁，所以才会发生暴乱。看着管、蔡的表现，足以证明他们对周王朝的忠心。关于管叔、蔡叔"受赐于王"、"开宗循王"之事，在《逸周书》中的《大匡》、《文政》等篇中都有记载。所以顾颉刚曾说："他们二人确实是武王的好助手。"周公运用计谋让他的哥哥按照"兄弟相为后"应该继位的管叔到京城以外的地方做官，又在管、蔡发动暴乱起兵东征杀死了他。

管仲为何被娼妓奉为保护神？

私妓出现于春秋战国时期。《史记·货殖列传》中记载："赵女郑姬，设形容，揳鸣琴，揄长袂，蹑利屣，目挑心招，出不远千里，不择老少者，奔富厚也。"又说："中山地薄人众，犹有沙丘。纣淫地余民，民俗懁急，仰机利而食。丈夫相聚游戏，悲歌慷慨，起则相随椎剽，休则掘冢作巧奸冶，多美物，为倡优女子，则鼓鸣瑟、跕屣，游媚贵富，入后宫，遍诸侯。"另外《诗经·周南·汉广》曰："汉有游女，不可求思。"上面资料表明，这些赵女郑姬精于打扮，善于歌舞，兼善媚术，色艺俱佳。为了金钱她们不惜出卖肉体和色相，有时甚至长途跋涉。她们的经营方式主要是上门服务。《诗经》中用"游女"一词，将当时私妓的经营特点非常贴切地说明了。

管仲像

营妓(也称"军妓")的最初形式在这一时期已经开始出现。据《越绝书》、《吴越春秋》等书记载，公元前470年前后，"越王勾践输有过寡妇于山上，使士之忧思者游之，以娱其意"。越王勾践为了解决士气低落的问题，让"有过寡妇"为军中"忧思者"提供性服务，这就是典型的"营妓"。尽管当时越王勾践让"有过寡妇"为军士提供性服务，可能是一种应急措施，并没有形成一种制度，但它一直被看作是中国营妓制度的雏形。

但是，真正的国家经营娼妓业，却是由管仲开创的。

管仲，名夷吾，初与友人鲍叔牙经商为生。后来"鲍叔牙事齐公子小白，管仲事公子纠。及小白立为桓公，公子纠死"，管仲被囚，鲍叔牙"遂进管仲"，

街市中的青楼（妓院）

"力陈管仲之贤，桓公于是任管仲为相"。《史记·管晏世家》）管仲在任期间，竭力协助齐桓公治理国家，实行了一系列改革。重新划分行政区域，整顿吏治，严肃军队纪律，利用官府力量发展盐铁业，促进生产，统一管理货币，调整物价，通过"尊王攘夷"，控制各诸侯国内政，抵御周边少数民族进军中原。通过这些改革方案，齐桓公成为春秋时期的第一个霸主。

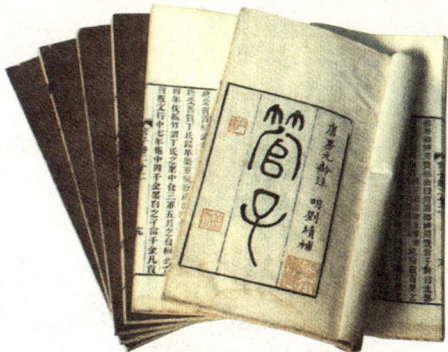

《管子》书影

管仲在位时不但推行一系列改革措施，还设置"女闾"。所谓"女闾"，就是妓院。也就是说，管仲是第一个设置官方妓院的人。管仲于公元前685年被封为"卿"，死于公元前645年，因此设"女闾"制应该是在公元前685年至公元前645年之间。这比梭伦创立雅典国家妓院(公元前594年)至少还要早50年。因此有人说管仲是"世界官妓之父"。

当时妓女数量还是比较多的，如管仲设女闾300，据《周礼》中说"五家为比"，"五比为闾"，一闾是25家，总数当为7500家，若设700，就有1.75万家之多。

"女闾"制开了国家经营娼妓业的先河。作为政治家管仲，其实行"女闾"制，目的有四：一是为了增加国家收入。清代褚人在《坚瓠续集》卷一记载："管子治齐，置女闾七百，征其夜合之资，以充国用，此即教坊花粉钱之始也。"二是为了缓解及调和社会矛盾。三是招揽游士，网罗人才。当时诸侯争雄，齐桓公为了能够称霸天下，借助美女来招引人才。四是供齐桓公淫乐。齐桓公是一个好色之徒，这在文献中有所记载："好内，多内宠，如夫人者六人。"他好色无度，喜欢寻求刺激。但管仲设立妓院，最重要的目的是为了从中收税以作军费。

管仲设立市妓和妓院，对后世中国公共制度产生了非常深远的影响。在他的影响下，春秋各国纷纷效仿，后世的封建统治者也从此让娼妓制度获得合法地位，这恐怕是作为春秋时期的大政治家、思想家的管子始料未及的吧！我们完全可以想象，当时的妓院肯定不像日后那样畏首畏尾，而是在管仲丞相的庇护之下，光明正大地经营。所以娼妓们当然要奉管仲为"保护神"了，这一习惯也延续到了后世。

赵高乱秦之谜

赵高是秦始皇和二世皇帝宠信的权臣，他声势显赫，一时权倾朝野。很多历史学家有这样的看法：秦朝的覆灭，与这个人物篡权误国多少有些关系。

中国历史上著名的史学大师司马迁在《史记·蒙恬列传》中写到了赵高的身世："赵高者，诸赵疏远属也。赵高昆弟数人，皆长隐宫，其母被刑戮，世世卑贱。秦王闻高强力，通于狱法，举以为中车府令。"

赵高像

赵高为什么能平步青云地进入秦王朝中央政权机关呢？这是因为他"通于狱法"，这一点与"喜刑名之学"的秦始皇不谋而合，因而成为秦始皇的心腹。秦始皇出巡途中病重，便让赵高给公子扶苏发送诏书，"以兵属蒙恬，与丧会咸阳而葬"，即让扶苏继承皇位。但是诏书还没发出，秦始皇已死，李斯在赵高的威逼利诱下，同他一起伪造了遗诏，扶助胡亥为二世皇帝，赐公子扶苏自尽。接着，他千方百计陷害并杀死了掌握兵权的大将蒙恬和蒙毅。胡亥继承皇帝大位后，赵高又怂恿他"尽除去先帝之故臣"，结果赵高帮助胡亥除去了许多秦的宗室大臣，连李斯也难免一死。从此，秦朝的中央大权完全被赵高掌握。

关于赵高的身世，历来众说纷纭。清人赵翼在《除余丛考》卷四十一《赵高志在复仇》中曰："高本赵诸公子，痛其国为秦所灭，誓欲报仇……卒至杀秦子孙而亡其天下。则高以勾践事吴之心，为张良报韩之举，此又世论所及者了。"他自称，这种观念出自《史记索引》，得到许多人的公认，郭沫若先生主编的《中国史稿》第二册"秦末社会矛盾的激化"章节中就这个观点指出："赵高原是赵国远支宗室的后代，因其父犯罪被处宫刑，当了宦官……骗取了秦始皇的信任。"其实这种看法没能很好理解《史记》中所说的"生隐宫"。在今本《史记》三家注中有一段"索引"的记载说"盖其父犯宫刑"，指出并非是赵翼认为的"自宫以进"，以苦肉计进行报仇。另外，还有一种较新鲜的说法，认为赵高不是"宫人"，因为京剧传统剧目《宇宙锋》中有赵高逼自己的女儿嫁给二世这一出。

因此，有人认为赵翼的观点本意只不过是为了故作惊人之论，因为今本《史记》三家注中"索引"部分，并无这种内容。就算赵翼真见了什么"孤本秘籍"，此说也很难令人信服，因为这说法和《史记》原文大相径庭，而"索引"是唐人司马贞所作，其史料价值不能与《史记》并论。

秦始皇陵外景

《史记·蒙恬列传》原文说赵高为"诸赵疏远属也",并不是"赵诸公子"。因为"诸赵"一语,犹《史记》、《汉书》中常用"诸吕"、"诸窦","赵"乃姓氏,并非国名。而"诸赵"实际上指的是秦国王室。《史记》中记载得很明确:"太史公曰:'秦之先为嬴姓……然秦以其先造父封赵城,为赵氏。'"《史记·秦始皇本纪》也指出:"秦始皇及生,名为政,姓赵氏。"可见,所谓"诸赵疏远属也"乃指赵高是秦王室宗室,因而所谓"赵高乃赵诸公子,痛其国为秦所灭,誓欲报仇"之说是不能成立的。

综上所述,赵高并非"痛其国为秦所灭,誓欲报仇"而乱秦政。事实上,赵高乱秦政的故事,只能供参考。如前秦王嘉(一说梁萧绮)撰《拾遗记》中记载一则故事说:"秦王子婴立,凡百日,郎中令赵高谋杀之。"秦始皇的鬼魂在梦中对子婴说:"余是天使也,以沙丘来。天下将乱,当有同姓欲相诛暴。"子婴因此"囚高于咸阳狱"。这故事以天道轮回为凭,胡编乱造,当然令人难以相信。

其实,就算赵高是赵国公子,他曾为"宫人",他与秦二世胡亥加紧盘剥百姓,又任意诛灭异己,滥用刑戮,使社会矛盾迅速激化起来,将建立不久的秦王朝推向崩溃的边缘,这一重罪也令他难辞其咎。曾经显赫一时的秦王朝就这样被陈胜、吴广领导的农民起义以排山倒海之势、雷霆万钧之力推翻了。

项羽不肯过江东之谜

"生当作人杰,死亦为鬼雄。至今思项羽,不肯过江东。"这是著名女词人李清照的名作。项羽是秦末农民起义军的领袖,为人刚愎自用,独断专行,因而在楚汉之争中落败,最终落得个自刎乌江的下场。项羽为何不渡乌江呢?两千多年来,人们有种种说法。

有一种观点认为,西楚霸王不过江东,是因为虞姬已死。

项羽的死与虞姬的死有必然联系吗?两者之间有联系,有学者就认为项羽因"虞姬死而子弟散"心生羞愧,因而不肯过江,拔剑自刎。这样说很有道理,单纯说项羽不肯过江东是因为虞姬之死就显得论据不足。而这与《史记》上说的"项王笑曰:'天之亡我,我以何

项羽像

渡为!且籍与江东子为八千人渡江而西,今天一人还,纵江东父兄怜而王我,我何面目见之?纵彼不言,籍独不愧于心乎?'"这段话一致。"子弟散",一方面符合他说的"天之亡我",一方面也是"无颜见江东父老"的原因。项羽即便过江,败局已定。因而,他选择了不渡乌江。

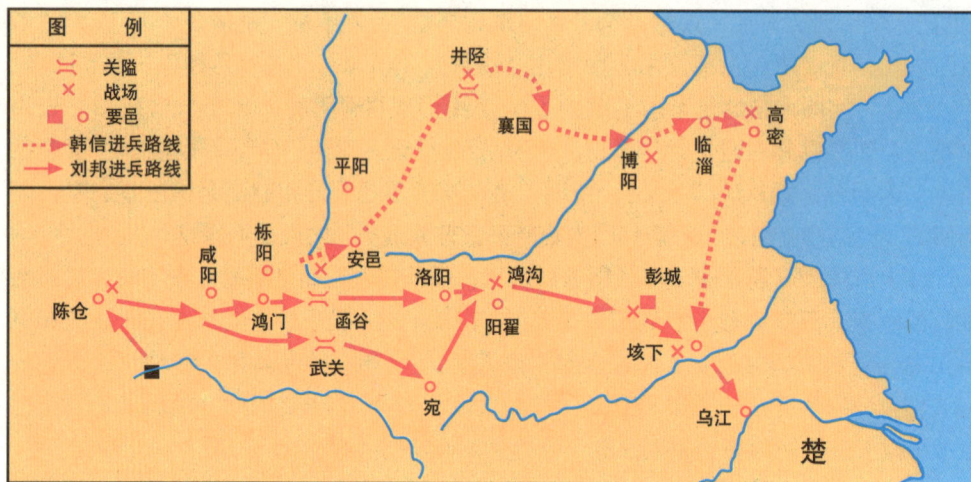

楚汉相争示意图

但有的学者提出，自固陵战败后，项羽连连败退，退到垓下，垓下突围又逃往东南，一直逃至乌江边。由此可见，他早有退守江东之意，并且是一路逃奔。如果说项羽因失败使江东八千子弟葬送性命而愧对江东父老的话，垓下被围时，"虞姬死而子弟散"，他就应羞愧自杀。渡淮之后从骑仅百余人，至阴陵又迷了路，问一农夫，结果被骗，身陷天泽，被汉军追上。如此狼狈的境遇他也没有羞愧自杀呢！逃至东城，汉骑将之包围数重。尽管他"自度不得脱"，但还是把仅剩的二十八骑组织起来作了一番拼杀，又"亡其两骑"。这时候项羽仍"欲东渡乌江"。因而认为他好不容易逃到乌江岸边时却反而感到羞见江东父老而自杀似乎有些说不通。项羽的羞愧之心来得太突然，也不合情理，很可能是司马迁为使情节完整而下笔渲染的情节。

有人认为项羽不渡乌江是出于一种高贵的品质，是从早日消除人民的战争苦难考虑的。认为项羽认识到了长期内战使人民痛苦不堪，希望这场战争尽早结束。项羽确实曾有结束战争的愿望，也曾想过通过他与刘邦的个人决斗来将战争结束，他觉察到"楚国久相持不决"，"丁壮苦军

广武涧
曾是刘邦与项羽争霸对峙的地方。

292

旅，老弱罢鞍漕"，所以对刘邦说："天下匈奴长岁者，徒以吾两人耳，愿与汉王挑战决雌雄，毋徒苦天下之民父子为也。"最后他甚至不惜违背自己个性，想要牺牲自己的利益通过和谈换取刘邦的让步，以鸿沟为分界。但是刘邦却违约出兵追杀楚军。当项羽失利并且认识到自己无法立即消灭刘邦而又无法谈和的情况下，项羽只有牺牲自己以结束数年的残杀。据说，项羽当时还是有可能与刘邦抗衡的。

"汉并天下"瓦当 西汉
为汉高祖初建天下时所造。

项羽为何乌江不渡？2000多年来，无论是文人骚客，还是历史学家都给予极大的关注，但至今难有定论。

"三请诸葛亮"是真是假？

"三顾茅庐"这个成语典故的出处妇孺皆知。我国古代四大名著之一《三国演义》写刘备"三顾茅庐"聘请诸葛亮出山辅助他成就帝业的故事，将刘备的礼贤下士的态度写得栩栩如生，把刘备对诸葛亮的敬仰之情，关羽、张飞的居功自傲描绘得惟妙惟肖，入木三分，这段"三顾茅庐"的故事，是罗贯中根据陈寿《三国志·诸葛亮传》中的记载，加以艺术构思而创作的。但刘备为请诸葛亮出山究竟是不是"三顾茅庐"？学术界各有说法。

诸葛亮像

《三国演义》中关于这第一次见面的记载是：刘备带领军队驻扎新野时，徐庶对刘备说："诸葛孔明者，卧龙也，将军愿见他吗？"刘备说："你带他一起来吧。"徐庶说："可以主动登门去见此人，但不能让他来拜见您。"可见，刘备亲自到诸葛亮那里去请求拜见、赐教。共三次前往，才得以相见。但没有写关公、张飞同往，也没有说明是在茅庐中相见。

诸葛亮自己写的《出师表》中也说："先帝不以臣卑鄙，猥自枉屈，三顾臣于草庐之中……"这几句话，证据确凿。陈寿在《三国志》中写到了《隆中对》，对刘备三次往访以及诸葛亮论天下形势的内容记载得更为详细。刘备"三顾茅庐"一直被当作礼贤下士、重视人才的典范。刘备当时困难重重，急需人才，从情理上看，"三顾茅庐"是极有可能的，所以历代没有人对此事的真实性有过怀疑。

但现在有人提出另一种说法，认为"三顾茅庐"的记载难以令人相信。诸葛亮是

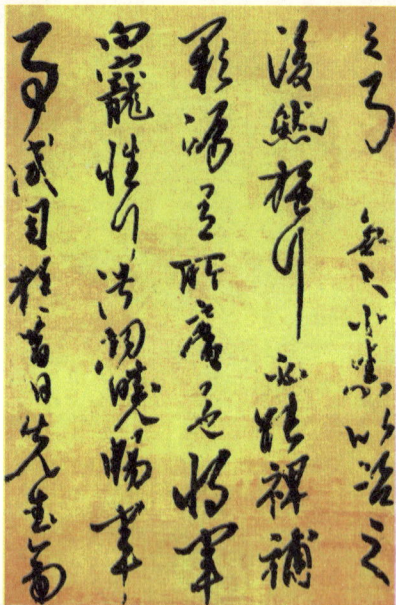

前出师表 明 宋濂

此帖用笔老辣，行气连贯，书卷气跃然纸上。一代学儒宋濂对诸葛武侯的敬仰之情辉映字间。

三顾茅庐图

位胸有宏图之士，刘备请他出山，当然正合其意，他岂能大摆架子，而不抓住这个可能失去的机会？当时的诸葛亮只有27岁，刘备则是个有声望的政治家，对诸葛亮怎能那样低声下气地苦求？虽然前一种说法中以《隆中对》作为证据，但当时，曹操几十万南征大军正威胁着刘备，《隆中对》不提这个紧迫的现实问题，是不合乎情理的。同时，刘备第一次见诸葛亮，不会安排现场记录。所谓《隆中对》，很有可能是后人附会《出师表》而杜撰的。据此，"三顾茅庐"之说就不可信了。

三国人鱼豢写的《魏略》中，也提到了刘、诸葛二人第一次相见的情景。《魏略》中说刘备屯兵于樊城时，曹操方已统一黄河以北，诸葛亮预见曹操马上就要对荆州发动进攻。荆州刘表性情懦弱，不晓军事，难以抵抗。诸葛亮于是北行见刘备。刘备因为诸葛亮年纪小，根本不重视他。诸葛亮通过谈论对当今政局的对策，才使刘备逐渐信任他。最后，刘备才"以上客礼之"。西晋司马彪《九州春秋》的记载也大同小异。

从诸葛亮本身的积极进取的态度来看，《魏略》、《九州春秋》的记载也有一定的可信度。

有人则调和了这两种说法之间的冲突，认为"三顾茅庐"与诸葛亮的樊城自请相见都是真实可信的。清代学者洪颐煊在《诸史考异》中说诸葛亮初见刘备于樊城，刘备虽以上客待之，但没有特别器重他。等到徐庶举荐时，刘备再次相见，才逐渐有了很深的感情。并指出：在建安十二年初见，再次相见是在建安十三年。诸葛亮后来非常感激，因而记入了《出师表》中。

诸葛亮与刘备究竟是"一见"，是"再见"，还是"三见"，这只有当事人知道了，然而，"三请诸葛亮"的故事却流传了下来，吸引了无数人。

曹操为何至死不称帝？

"往事越千年，魏武挥鞭，东临碣石有遗篇"，曹操是毛泽东笔下的风流人物。看一下曹操的一生，不管他自己怎么说，他是由不自觉到自觉地在一条通向帝王的道路上一步步前进着。如果说建安元年（公元196年）前曹操在这方面的努力还只是一种不动声色的铺垫，那么从建安元年起，他就开始在这方面迈出了坚实有力的步伐。建安元年八月，曹操亲至洛阳朝见汉献帝。随即挟持汉献帝迁都许昌。将献帝变成了自己手中的一个傀儡和一张王牌，取得了"挟天子以令诸侯"的优势。献帝任命曹操为大将军，封武平侯，后来因为袁绍不满，曹操才将大将军的职位让给袁绍，自己改任司空，兼车骑将军，并从此开始主持朝政。

曹操像

随着实力的增强，曹操对于朝政的控制也越来越严密，献帝的傀儡化程度也就越来越深了。

建安二十二年（公元217年）四月，献帝诏令曹操设置只有天子才可使用的旌旗，外出时像皇帝那样，左右严密警戒，不让行人通行。五月，曹操修建了诸侯有权享受的学宫泮宫。六月，曹操任命军师华歆为御史大夫。十月，献帝诏令曹操像天子那样头戴悬垂有十二根玉串的礼帽，乘坐专门的金银车，套六马。同时，封长子五官中郎将曹丕为魏国太子。

曹操逼宫 年画

三国鼎立图

就这样，曹操完成了夺取帝位和世袭权力的所有准备，在通向帝王的道路上，几乎已经走到了终点。曹操不但早已在事实上控制了朝廷的一切大权，使自己成了一个实际上的皇帝，而且在形式上，他也同皇帝没有什么两样了。曹操唯一没到手的，只不过是一个皇帝的名号而已。

事实上，曹操的代汉意图早就昭然若揭，但至死他也没有迈出最后的一步。他要把这最后一步让给自己的儿子完成。曹操为什么自己不称帝呢？主要考虑到以下几个方面：

其一，孙权劝他称帝是从自己的利益出发的。首先，孙权认为这样做可以获得曹操的信任，从而实现吴、魏之间的和解，自己就可以专心对付蜀汉。襄樊之役中，孙权为了从刘备手中夺回荆州，从背后袭击关羽，帮了曹操的大忙，但却得罪了刘备。吴、蜀之间长达十年的联盟关系就此结束，这时他比什么时候都更需要缓和同曹魏的矛盾，否则会陷入腹背受敌的不利境地。其实，孙权认为曹操如果真的称帝，拥汉派将会强烈反对，曹操因此陷入困境，减轻对吴国的威胁。因此，孙权阳奉阴违，曹操看穿了孙权的意图，不肯轻易上当。

其二，从当时形势看，如果贸然称帝，确实会给政敌和拥汉派势力一个舆论上的借口，使自己在政治上陷入被动。综观曹操的一生，内部的反对和反叛大都发生在他被封为魏公、魏王之后，就是最好的证明。因此，继续维持献帝这块招牌，对于安抚拥汉派，巩固内部，仍有不可忽视的作用。

其三，至少从建安十五年（公元210年）起，曹操一再"自明本志"，说自己绝对没有代汉自立的意图，言辞恳切，说了差不多十年，现在如果突然改变主意，否定自己，对自己的声誉名节必然会造成不利影响，不如坚持把戏演下去。

其四，更重要的是，曹操是一个讲求实际的人，只要掌握了实权，虚名并不重要，"施于有政，是亦为政"一语，是他内心想法的真实写照。

此外，建安二十四年（公元 219 年）曹操已 65 岁，年纪大了，估计自己将不久于人世了，这也可能是他不愿称帝的一个原因。

总之，曹操不当皇帝，是从策略上全面权衡得失后所作出的决定，是一种周密而明智的谋虑。

诸葛亮娶丑女为妻探秘

诸葛亮像

诸葛亮的名字家喻户晓，成为智慧忠贤的化身，他辅佐刘备共图大业，最终使蜀汉政权成了三国鼎立的一极。他的一生，奇闻逸事很多，"孔明择妇"便是其中之一。

诸葛亮不仅有才，而且相貌俊伟，据《三国志·诸葛亮传》记载，诸葛亮"身高八尺，犹如松柏"。但他却选了一位"瘦黑矮小，一头黄发"的丑女阿丑为妻，诸葛亮为何要娶丑女呢？传统观点认为，诸葛亮重才不重貌，是注重人的内在美。阿丑自幼才识过人，颇有心计，诸葛亮早在成婚前就有所耳闻。这不无道理，但并非全部。其实，诸葛亮娶阿丑，是出于一种政治上的考虑。《三国志·诸葛亮传》裴松之注所引《襄阳记》记载："黄承彦者，高爽开列，为沔南名士。谓孔明曰：'闻君择妇，身有丑女，黄头黑色，而才堪匹配。'孔明许，即载送之。时人以为笑乐，乡里为之谚曰：'莫作孔明择妇，正得阿承丑女。'"

另一种说法是诸葛亮家境贫寒，出身卑微，自幼丧父，少年时代便过着流离转徙的生活，吃尽军阀混战的苦头，深受强宗豪族的压迫。后来跟着在南昌做豫章太守的叔父诸葛玄生活。14 岁时，叔父因官被削而投靠了刘表；17 岁那年，叔父死了，他从此没了依靠，就在襄阳城西 20 里的隆中定居。他虽然住在乡下，但他不想无声无息地隐居一辈子，他时刻关心着国家的盛衰，有着为国家尽忠的抱负，怀着如此壮志雄心，他立志要登上政治舞台而建功立业。

这种政治上的考虑无疑会影响到诸葛亮的婚姻大事，甚至还牵涉到了家人的婚

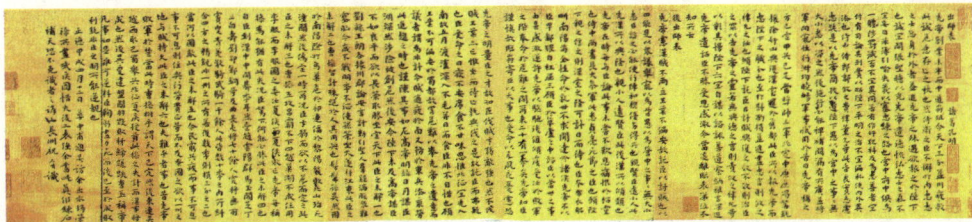

前后出师表（局部）

事。这也是为在地主集团的上层站稳脚跟，以便今后一展宏图。为此，他在家庭婚姻方面，做了三件事：第一，他把姐姐嫁给了荆州地主集团中在襄阳地区颇有名望的首领人物庞德公的儿子，庞德公对其赏识备至，称他为"卧龙"，从此，他就在荆州站稳了脚跟。第二，诸葛亮为弟弟娶了荆州地主集团中在南阳地区数得着的人物林氏之女为妻。第三，也是最重要的，他自己择妇结亲，当然要服从既留荆州又能结交望族这一政治目的，这也就是诸葛亮在荆州而不到其他地方去的原因。所以，诸葛亮娶了那个丑女黄氏。

诸葛亮为何不怕众人耻笑，而娶丑女黄氏呢？换作别人也许他会犹豫，但是黄氏之女他就娶定了，一是因为黄承彦在当地有相当声望；二是因为黄妻蔡氏和刘表的后妻是姐妹关系，做了黄家的女婿，就攀上了刘表这门皇亲。

据《诸葛亮新传》记载：当黄承彦当面问及诸葛亮时，他当即"拜谢泰山"，一锤定音，把从未见过面的阿丑要了过来，从而为诸葛亮进入地主集团开了"绿灯"，他是无论如何也不会放弃这个"进身之阶"的。

从封建历史文化来说，贤妻、美妻、正妻要相夫教子，帮助丈夫治理家业，诸葛亮深受传统文化的熏陶，在自己的婚姻上，自然遵循"贤妻美妻"的风俗，而据《三国志》记载，诸葛亮其后确实又要过一妾。但诸葛亮要丑妇的动机仍有争论，待后人再研究探寻吧。

古隆中牌坊

诸葛武侯高卧图 明

诸葛亮在《出师表》中说："臣本布衣，躬耕于南阳，苟全性命于乱世，不求闻达于诸侯。"回忆当时高卧于南阳的情景。至今，河南南阳诸葛亮故居仍称为卧龙岗。此图即绘诸葛武侯高卧时的悠闲神态。

"金匮之盟" 之谜

宋太祖赵匡胤驾崩后，皇位由其弟赵光义继承，正史认为光义乃合法继位，是奉太后"金匮遗诏"之命行事。但后来有人对"金匮之盟"一事提出质疑，使得这一事件变得扑朔迷离。

《宋史》有好几处提到"金匮之盟"事，《杜太后传》里面记叙："建隆二年（公元961年），太后病，太祖始终在旁服侍不离左右。太后自知命已不长，召宰相赵普入宫。太后问太祖：'你知道怎样得天下的吗？'太祖曰：'我所以得天下者，皆祖先及太后之积庆也。'太后曰：'不然，正由周世宗使幼儿统治天下耳。假如周氏有长君，天下岂为汝所拥有乎？汝死后当传位于汝弟。四海至广，能立长君，国家之福也。'太祖顿首泣道：'敢不如教诲！'太后转过身对赵普说：'尔同记吾言，不可违背也。'赵普于床前写成誓书，普于纸尾写'臣普书'。藏在金匮（同柜），命谨慎小心的宫人掌之。"

宋太宗赵光义像

在司马光《涑水纪闻》、李焘《续资治通鉴长编》等史著中也有大致相同的记载。历史上人们虽然相信有所谓的"金匮之盟"，但却找不到盟约的原文。一千多年来，没有人怀疑"金匮之盟"的真实性，这一盟约就成了宋太祖坦荡无私的例证。直到清代，古文学家恽敬对盟约内容提出疑问。

21世纪40年代初张荫麟曾作《宋太宗继统考实》，后收入《张荫麟先生文集》，认为"金匮之盟"是赵普伪造的，全盘否定此事。除此之外，邓广铭、吴天墀、李裕民、顾吉辰、王瑞来等学者也持同种观点，怀疑它的真实性或断定"金匮之盟"的伪造性。其理由大致如张荫麟所言，建隆二年（公元961年）杜太后病重时，宋太祖只有34岁，正值年轻力壮之时，赵光义才23岁，而太祖长

赵匡胤的母亲宋宣祖后像

子德昭也已经14岁。当时太祖身体健康，没有短寿夭折之象，即使太祖只能再活20年，那时，长子德昭已30多岁，怎么会有幼主之说？杜太后凭什么猜测太祖早死、幼子继位，而宋朝重蹈五代的覆辙呢？实在没有道理！如果确如太后所预料宋太祖中年夭折，人们还可以推测，也许杜太后凭经验或灵感有超前的洞察力，尚可勉强解释。但是，太祖活了50来岁，并没有早逝而面临幼子主政。如果真有遗诏，太祖临终前应该命人打开金匮，就算是突然死亡，皇后也应该知道此事，掌管金匮的宫人同

雪夜访赵普 明

此画描绘的是宋太祖雪夜私访宰相赵普，商议统一大计的故事。

样也知道此事，为什么要等到太祖死后六年才由赵普揭露出来呢？即使公布遗诏，赵光义应该把全文都公布出来，因为这是他继位合法有力证据，而留下来的却仅是一个大概的内容，而且内容还不完全一致。更何况，太祖并未遵守遗诏办事，传位给他的弟弟，而是传位给他自己的儿子。

但对"金匮之盟"持肯定观点的学者们提出了相反的证据。关于立此盟约的条件，持肯定论者认为它符合常理。杜太后亲身经历过五代，这是一个王朝更替频繁的特殊时期，五代君主十三人，在位超过十年绝无仅有，有七人死于非命，杜太后凭什么否认宋太祖可以摆脱"宿命"，而不像周世宗英年早逝、最终幼主执政失国而终呢？杜太后在赵匡胤刚当上皇帝说出了"吾闻'为君难'，天子置身兆庶之上，若治得其道，则此位可尊，苟或失驭，求为匹夫不可得，是吾所以忧也"这一段话。杜太后认为刚刚建国，根基未稳，随时有可能成为短命的"第六代"。尽管当时太祖正值壮年，但政治变化无常，哪里知道宋太祖不会暴死？哪里知道宋太祖不会被人杀掉？假如真的发生了，十多岁的德昭

显然是不足以应付。而拥有丰富政治经验的赵光义，应是理想的继承人。

"金匮之盟"疑案属于皇家禁宫疑案，否定也好，肯定也好，都是根据当时历史事实、政治背景所作出的判断。比较双方的观点，其资料和解释、推断均偏向于对己方所持观点有利的一边，因此越争论疑点越多。

秦桧私通金国之谜

秦桧（公元 1090 ~ 1155 年），字会之，是中国历史上有名的一代汉奸。南宋时期，他把持朝政，通敌叛国，残害忠良。尤其可鄙的是他以"莫须有"的罪名杀害了抗金名将岳飞，留下了千古骂名。他将永远被钉在历史的耻辱柱上，遗臭万年。

秦桧是何时沦为金国的奸细的？据推测，靖康元年（公元 1126 年），他为金人掳获后，由囚徒沦为了内奸。秦桧在金的所作所为，今已无处可查。但是关于秦桧的南归，颇能说明问题。他自己说是"杀监己者奔舟而归"，对此当时人就很怀疑，但因有宰相范宗尹、知枢密院事李回的极力保荐，所以才被高宗接纳，最终令高宗对他深信不疑，并委以重任。绍兴初做过宰相的朱胜非在《秀水闲居录》中说："秦桧随敌北去，为大帅挞懒（又名达懒、达兰，即完颜昌）任用，至是与其家得归。桧，王氏

婿也。王仲山有别业在济南，金为取千缗其行，然全家来归，婢仆亦无损，人知其非逃归也。"另外有记载说，秦桧在金朝献和议书，当时金统治者赐他钱万贯、绢万匹。建炎四年，金朝攻楚州，秦桧竟然被允许用船将全家带回，不是奸细，能得金人如此恩宠？实情是，建炎三年，金兵南侵时，秦桧作为金太宗之弟挞懒的随军转运使同行。临行前，秦桧欲携其妻王氏南下，又恐挞懒不允，于是假装争吵，并故意让挞懒知晓，终于获准。而秦桧此番南下的重要任务就是诱使宋朝与金达成和议。

从金人那里也能找到秦桧投降金人的确凿证据。宋嘉定七年，金宣宗为避蒙古的兵锋，迁都于南京（汴京），著作郎张师颜在《南迁录》中记载过此事，其中两处提及秦桧。一次是讨论是否迁都，直学士院孙大鼎在讲到迁都的必要性时说："天会八年（宋建炎四年）冬，诸大臣会于黑龙江之柳（御？）林，陈王悟室忧宋氏之再兴，其臣如张浚、赵鼎则志在复仇；韩世忠、吴则习知兵事，既不可以威服，复构怨之已深，势难先屈，欲诱以从，则阴纵秦桧以归。一如忠献之所料，及诛废其喜事贪功之将相，始定南疆北界之区划，然后方成和议，确定誓书，凡山东、淮北之民多流寓于江南，及杜充、张忠彦之家属悉令发还，盖惧在南或思归南，鼓煽摇惑，易以生隙，务令断绝，始无后患。"

还有一次在蒙古军攻陷复州、顺州时，被俘的金同知县赵子寅、督运天使张元应二人得以逃脱，他们回来后建议遣使向蒙古乞和，金宣宗下旨封赵子寅为直昭文馆，张元应为总天马飞龙十七监。权给事中兼知制诰孙大鼎封还录黄，奏曰："多事之世，士无常守，外顺内逆，惟利所在。子寅、元应之归，朝廷以其言遣使，遂以为诚，臣深疑之。自天统之中，至今三十年，北兵陷执官吏不知其几多，不知其存亡，传闻戮辱囚苦，皆是求死。独此二人忽然逃归，情态张皇，气貌不改，恐未必非敌之间。古事臣不必言，谨按国史，天会八年冬，诸大臣虑南宋君臣之刻苦于复仇，思有以止之，而势难自屈。鲁王曰：'惟遣彼臣先归，因示空（恐）胁而使其臣顺。遵之，我佯不从，而勉强以听，感可以定。'忠献曰：'我军初到太原，孝纯见霍安国之使，使来迎降。即得太原，一鼓渡河。取洛阳。围大梁，皆由先取河东，彼此谁不怒之，仇之，如何得位得志？此事在我心中三年矣，只有一秦桧可用。桧初来说赵臣得人心，必将有所推立；不及半年，其言皆验。我喜其人，置之军中，试之以事，外拒而中委曲顺从。间语以利害，而桧始言南自南，北自北。'"

上奏中的"只有一秦桧可用"、"而桧始言南自南，北自北"表明秦桧已死心塌地投降金朝了。

秦桧回到宋朝之后，由于得到高宗的宠信而官运亨通，

双面陶俑 宋
秦桧是历史上有名的奸臣，通敌卖国，一面对着南宋朝廷，一面对着金国，好像一个双面人一样。

直至占据宰相的高位。自此，秦桧独揽朝中大权，积极从事投降叛国活动。绍兴八年，他代表高宗拜受金朝诏书，接受"和议"，而后为了讨好金人，又以"谋反"之罪杀害了力主抗金的爱国将领岳飞。绍兴二十五年（公元1155

杭州岳王庙秦桧夫妇跪像

年）十月，中国历史上臭名昭著的大汉奸秦桧病死临安，谥号"缪丑"。他的卖国行径使他成为千古罪人，为后人所唾弃。

抗金英雄岳飞死因探秘

岳飞（公元1103～1142年），字鹏举，相州汤阴人，出身贫苦农民之家。联金灭辽时应募从军，曾任统制，并与王彦一起抗金。后随宗御敌，任都统。宗泽死后，他投身张浚部，并逐渐成为南宋重要的抗金将领，立下赫赫战功。建炎四年，收复建康（今江苏南京）；绍兴四年，大败刘豫齐军，收复襄阳等六郡，封清远军节度使，后封为武昌开国侯，联络两河义军，部署北伐。绍兴八年底，他反对高宗与秦桧的议和，

岳飞塑像

并上表提出"金人不可信，和好不可恃"。绍兴十年，郾城一战，大败兀术统率的金兵主力，收复颍昌、郑州、洛阳等重镇。在抗击金兵的战斗中，岳飞率领的"岳家军"常常以一当十，勇往直前，声威大震，甚至金军中都流传着"撼山易，撼岳家军难"的悲叹。可是，就在收复中原即将实现的大好形势下，宋高宗赵构却连发十二道金牌，下令收兵。岳飞挥泪含恨退兵，不久以"莫须有"的罪名和他的儿子岳云及部将张宪被毒死于"风波亭"。

直到孝宗即位，冤案平反，岳飞墓才迁至景色秀丽的栖霞岭下。岳飞墓前，铸有两个跪着的铁人，

即当时南宋的宰相秦桧夫妇。几百年来，到此悼念岳飞的人们都要唾骂奸臣秦桧。岳飞为秦桧所害，这似乎已成为不容置疑的铁案。

但是，有人推测杀害岳飞的元凶并不是秦桧，秦桧只不过是这个元凶手下的一个鹰犬！

第一，秦桧没有杀岳飞的权力。有人指出，当时秦桧虽然很受高宗的信任，但还没到摆布高宗地步，因此也不能为所欲为地恣意铲除异己。绍兴九年，秦桧正积极对金议和，枢密院编修官胡铨上书反对，并请求皇帝"斩秦桧之头挂诸街衢"。秦桧对此人恨之入骨，但也不敢任意杀害他。由此可知，对战功赫赫的岳飞，他更不可能擅自处置了。

第二年，金兵违背和议，一举攻占了河南地区，秦桧惶惶不可终日，生怕高宗因此迁怒于自己的议和政策，他此时惶恐不安，正是自保不足的时候，因此，他没胆量背着高宗杀害岳飞。需要说明的是，岳飞的狱案又称作"诏狱"，程序严密，外人无法插手。这样，即便秦桧权力再大，公开"矫诏"杀人也是不合情理的。

第二，秦桧及刑部主审岳飞一案，曾上书定岳飞、张宪死罪，但并没有定岳云死罪。可上书赵构后，岳云也没能幸免于难。由此可见生杀大权还是在高宗之手。

第三，秦桧死后，赵构为秦桧制造的许多冤假错案平了反，但唯独对岳飞一案不肯昭雪。而且对许多大臣申请为岳飞平反的奏折不予理睬。

这一切都足以证明，赵构才是杀害岳飞的元凶。

赵构出于什么原因要害死自己倚为军事支柱的岳飞呢？而且宋太祖赵匡胤曾传下秘密誓约，规定后世子孙"不得杀士大夫及上书言事人"，"子孙有逾此誓者，天必殛之"。在北宋历朝，这条誓约执行得非常严格，赵构为何敢违约破例？这在认为赵构是杀害岳飞元凶的学者中存在着争议。

有的学者认为"帝之忌兄，而不欲其归"。高宗眼见岳飞一心要"迎二圣"，而徽、钦两帝一旦回来，自己的皇位就不保了。他害怕中原光复，因而杀了岳飞。

另一部分学者则认为并不是"迎二圣"。赵构杀岳飞，主要原因是怕他在外久握重兵，跋扈难制，危及自己的统治，对武将的猜忌和防范，是赵宋王朝恪守不渝的家规。只要武将功大，官高而权重，就意味着对皇权构成威胁。岳飞个性刚强，"忠愤激烈，议论不挫于人"，不容易与人合作，绍兴七年（公元1137年），他上书奏请高宗立储："乞皇子出阁，以定臣心。"同年，他又因守母丧，未经高宗批准便自行解职，把兵权交给张宪。这两件事犯了高宗的大忌。再加上高宗曾在金营做人质，又有从扬州南渡等惊险经历，对金兵始终心存恐惧。对战争前景，他既怕全胜，又怕

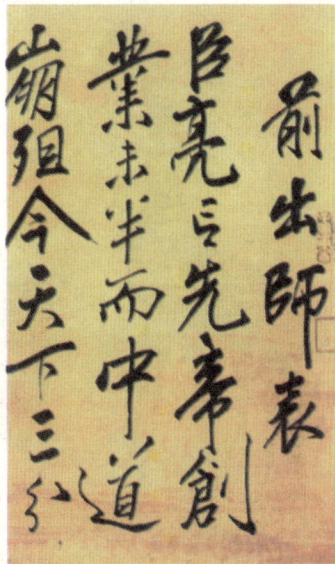

前出师表 岳飞书

大败。胜则怕武将兵多，功高而权重，败则怕欲为临安布衣而不能。他想当个安安稳稳的太平皇帝，因此一心求和。所以，秦桧利用岳飞部下的告密来证明岳飞的跋扈，正好迎合了赵构害怕岳飞立盖世之功、挟震主之威的心理，加上岳飞又是反对和议最强烈的主战派，故而下令杀了岳飞。

郑和七下西洋之谜

郑和像

榜葛剌进麒麟图
榜葛剌在今孟加拉国及印度孟加拉地区，原图为明朝沈度绘，这是清人陈璋临摹绘的。

郑和本姓马，小字三宝，云南昆阳人。郑和长相魁梧，博辩机智，"资貌才智，内侍中无与比者"，深得明成祖朱棣的信赖，是成祖的心腹。"郑和下西洋"的壮举使郑和成了家喻户晓的人物。从永乐三年(公元1405年)至宣德八年(公元1433年)，他受明成祖的派遣，率领规模庞大的船队驰骋万里海域，先后七次下西洋。郑和航海规模之大，航程之远，所到国家之多，为历史所罕见。对于郑和下西洋的目的，学术界有不同的看法。

有人认为，郑和下西洋是为寻找下落不明的建文帝。《明史·郑和传》载："成祖疑惠帝亡海外，欲踪迹之，且欲耀兵异域，示中国富强。"从中可知，《明史》的作者将到海外暗中侦察建文帝的踪迹看作是郑和下西洋的动机和目的；而沿途宣扬国威，向外示富，只是个辅助的方面。文中所说的惠帝即明成祖朱棣的侄儿建文帝朱允炆。建文帝刚坐上皇帝宝座时，由于各诸侯掌握兵权，而自己无实权，便想尽一切办法削弱他们的力量。燕王朱棣当时公开反叛，以"清君侧"为理由武力夺取皇位，号称"靖难"。靖难之役后，建文帝朱允炆便不知所终，这"活不见人，死不见尸"的建文帝始终是朱棣的一块心病。为了长治久安，防止建文帝东山再起，威胁自己的统治地位，朱棣便一次又一次地派遣郑和出使西洋，寻找建文帝的踪迹。这是《明史》的叙述，自此以后，编写历史的人大部分归因于此，连历史也按此说法。如范文澜的《中国通史简编》曾明确指出郑和下西洋是假，寻惠帝是真。

也有人认为，郑和下西洋是具有政治和经济的"双重目的"。近人梁启超据"且欲耀兵异域，示中国富强"一语，在其《祖国大航海家——郑和传》中说明成祖野心勃勃，利用郑和下西洋扬名海外，其实只不过是"自我陶醉"罢了。李长傅的《中国殖民史》，称朱棣派遣郑和下西洋称为"炫耀自我"。

还有人说，郑和七下西洋，每次出航，明成祖交给他的任务都是不相同的。尚钺的《中国历史钢要》认为，15世纪，帖木儿帝国出现于中西亚，永乐二年（公元1404年）十一月，帖木儿带领千军万马侵犯明朝，但于永乐三年（公元1405年）二月亡于路上，所以同年六月成祖派郑和远渡重洋，可能是为了联络外邦共同对付帖木儿帝国，使它没有时间入犯，后六次则是为了开辟一条新航海路线，以便容易地与国外进行贸易。李光壁的《明朝史略》赞成郑和后六次的使命如尚钺所述，同时又指出郑和首次西下则带有扩大贸易、提高"威望"、联络

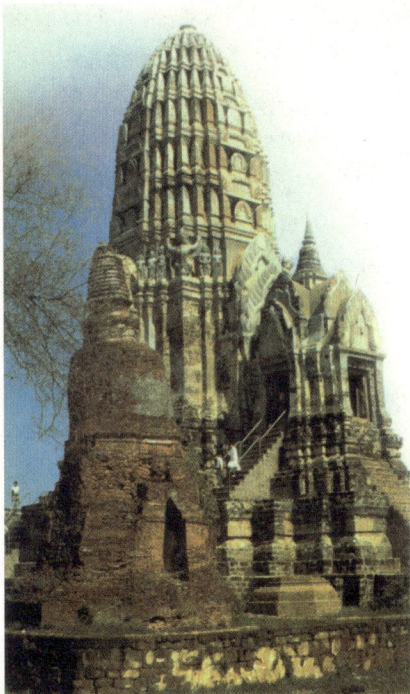

印尼爪哇岛三宝庙
此庙是印尼华人为纪念郑和下西洋而建的。

印度等国的三重任务。郑鹤声、郑一均在《郑和下西洋简论》中认为，郑和前三次下西洋，其目的是同亚非30多个国家结盟，顺便打听朱允炆的下落，后四次则是为宣扬"国威"。

每派所述，都有一定道理，到底哪种说法才是当时明成祖派郑和西下的真正目的呢？这就不得而知了。

明"红丸案"幕后主使是谁?

明代末年，宫廷接连发生离奇的三大案与神宗、光宗、熹宗祖孙三人密切相关，也和朝廷派系斗争紧紧纠缠在一起。三案成为明末政坛关键，各种势力纷纷介入，案件无法正常审理，因此变得扑朔迷离。著名的"红丸案"便是其中之一。泰昌元年（公元1620年）八月二十九日，在乾清宫，明光宗召见辅臣方从哲等13员文武大臣。诸臣向皇帝请安过后，皇帝开始询问册立皇太子之事。方从哲说："应当提前册立皇太子的日期，完成贺礼，皇上也就心安了。"光宗又让皇长子出来见大

明光宗像

家，看着他对大家说："你们日后辅佐他，务必使他成为历史上尧舜那样的圣帝贤君，朕也就心安了。"方从哲等人还想说什么，光宗却开始问道："寿宫(神祠墓地)修没修好？"辅臣回答说："先帝陵寝已经修好，请皇帝放心吧！"光宗指着自己说："那就是朕的寿宫吗？"方从哲等人齐声回答："祝皇帝万寿无疆。"皇上仍然叮咛不止，反反复复，语无伦次，最后上气不接下气地哭泣着说："朕已经自知病重，难以康复，或者不久于人世。"说到这里，已是气息奄奄，用颤抖的手勉强挥一下，让众臣退朝，方从哲留下。

皇上问方从哲道："有鸿胪寺官(掌礼仪之官)要进药吗？人在哪儿呀？"方从哲回答说："鸿胪寺丞李可灼，说有仙丹妙药，臣下不敢轻信。"皇上听后，命宫中侍人立即传唤李可灼到御前，给皇帝看病诊脉，等他谈到发病的原因以及医治的方法时，皇帝非常高兴，命令进药，让诸臣出去，并令李可灼和御医们研究如何用药，一直定不下来，辅臣刘一燝说："我有两乡人同用此丸，一个失效，一个有效，此药并非十全十美。"礼部官员孙如游说："这药有用与否，关系极大，不可以轻举妄动。"没过多久，又有一位老奶妈来到御前，向皇帝问安。皇上催促众人配药，诸臣又回到御前，李可灼将药物调好，进到皇上面前，皇上从前喝汤都喘，现在服了李可灼的药，就不再气喘了。皇上反复地称道李可灼忠心可鉴。诸臣在宫门外等候。约一个时辰过后，有宫中内侍急报说："圣上服药后，四肢温暖，想进饮食。"诸臣欢呼雀跃，退出宫外。李可灼和御医们留在宫内。到了傍晚，方从哲放心不下，又到宫门候安，正遇见李可灼出来，急忙打听消息。李可灼回答说："服了红丸药，皇上感觉舒畅，又怕药力过劲，想要再给服一丸，如果效果好的话，圣体就能康复了。"诸医官认为不宜吃得太急。但皇上催促进药非常急迫，众人难违圣命。众臣即问服药后的效果如何？李可灼说："圣躬服后，和前一粒感觉一样安稳舒适。"方从哲等人，才放心离开。谁曾想次日早晨，宫

庆陵 明
庆陵是明光宗的陵墓。

中紧急传出圣旨，召集群臣速进宫。一时间，各位大臣等慌忙起床，顾不上洗脸漱口，匆匆地穿上衣服，急奔宫内。但是当群臣将要跑入宫中时，就听传来一片悲哀哭号之声，明光宗于早晨归天了。这是大明泰昌元年（公元1620年）九月初一日。

对于这突如其来的变故，满朝舆论哗然，在感到惊愕的同时，人们联想到新皇帝登基一个月来的遭遇，不约而同地都把疑点转到了郑贵妃身上。郑贵妃给太子献美女，指使崔文升进药，大家有目共睹，但李可灼是否受她指使，却没有实据。本来，光宗当时已病入膏肓，难以治愈，但因为吃了江湖怪药，事情就变得不简单了。最后，此案不但追查到郑贵妃，而且方从哲也被迫辞职，李可灼被充军，崔文升被贬放南京。但究竟幕后有主使吗？到底是谁？现在也不得而知。

吴三桂降清疑点颇多

明崇祯十七年（公元1644年）三月十九日，李自成率领的农民起义军攻陷了明朝统治下的北京，崇祯在煤山自缢，明山海关总兵吴三桂在增援途中闻讯后，仓皇逃回山海关。李自成亲率大军开赴山海关，想以武力逼降吴三桂，吴三桂非常害怕，便向清朝求援。当李、吴两军在山海关前展开血战之时，清朝的精骑突然杀出，农民军毫无防备，惨败而归，从此一蹶不振。由于史书中的种种记载，史学界一直瞩目吴三桂引清军入关镇压农民起义这一事件，人们一直认为吴三桂此举便是投降了清朝。但近年有人认为，吴三桂引清军入关并不是表明他投降了清朝，并提出了种种证据。这一说法似乎让本已盖棺定论的问题重又成为历史谜团。

吴三桂像

至少还有两点理由可以说明吴三桂投降了清朝：第一，清朝最高统治者视吴三桂为降将，如清摄政王多尔衮就把吴三桂作为部下来驱使，"命三桂兵各白布系肩为号"，"命三桂军先锋"，又"命吴三桂以步骑二万前驱追贼"。清廷为了奖励吴三桂在战争中的功劳，还"授三桂平西王勒印"（《圣武记》）。后来清帝剥除吴三桂爵位时，也把他称为降将："逆贼吴三桂穷蹙来归，我世祖章皇帝念其输未投降，授之军旅。"（《清圣祖仁皇帝实录》）在清朝廷的眼中，吴三桂就是一个明朝降将。第二，吴三桂入关后的所作所为也表明他已真心降清，吴三桂打着为明王朝复仇的旗号引清入关，但是在南明政权的福王多次派人拉拢吴三桂时，吴三桂却断然拒绝。如当福王的侍郎左懋第"谒三桂，出银币且致福藩意"时，吴三桂说"时势如此，我何敢受赐，唯有闭门束甲以俟后命耳"（《明季稗史汇编》）。除了福王之外，还有几任南明王，吴三桂都不曾表示要协同反清复明，与此相反，他竟然亲自出兵缅甸追杀南明永历王。可以看出，不管

当初引清兵入关时吴三桂是怎么想的，在清兵入关后，他就投降了清朝，此时，他已经不敢违抗清廷的命令，更不敢有任何反清复明的想法了。为了向清王朝表示他的忠心，他"破流贼，定陕，定川、定滇，取南明王于缅甸，又平水西土司安氏"（《圣武记》），俨然成为清廷平定天下的一把利刃。

否认吴三桂"降清"的人则认为，北京失守后，形成了三股较强的政治势力并存的局面，即吴三桂、农民军、清王朝。而夹在这两股势力中间的吴三桂势力最弱，因此他能走的路只有两条：要么抗清，要么镇压农民军，考虑到其父亲被农民军扣押、爱妾受辱，为报此仇，吴三桂选择了联合清朝的道路，但这并不能说明他投降清朝。主要理由如下：

第一，吴三桂一贯抗清的态度决定了他不会轻易降清。在任辽东宁远总兵期间，吴三桂曾多次参加抗清斗争，甚至在明清松锦战役后，明军明显处于下风的情况下，他的态度仍很坚决。吴三桂对明朝降清的劝降函都"答书不从"。

第二，多尔衮在山海关战后加强了对吴三桂的控制可以证明吴三桂未降。史载，多尔衮在山海关之战胜利的当天，玩弄权术，封吴三桂为平西王，又将1万步兵交给吴三桂。这说明吴三桂受到了多尔衮的拉拢和控制。

第三，山海关战后发表的檄文证明其未降。清军与吴三桂乘胜追击，吴三桂提出了"周命未改，汉德可恩"、"试看赤县之归心，仍是朱家之正统"的口号，如吴三桂已降，也不会发布这样的檄文，清廷也不会允许他这样做。

第四，在山海关一役后，在攻陷北京前后吴三桂欲立朱明太子的行动证明其未降。李自成败退永平，吴三桂提出"约自成回军，速离京城，吾将奉太子即位"，又"传帖至今，言义兵不日入城，凡我臣民为先帝服丧，整备迎候东宫"，可是"多尔衮命其西行追贼"的策略打乱了吴三桂的如意算盘。吴三桂因其势力太弱，只得听从了多尔衮。

第五，暗中积蓄实力以反清复明也可证明吴三桂未降。他一边广招贤才，暗布党羽，"阴养天下骁健，收忍荆楚奇才"，一边厉兵秣马，为将来的战争"殖货财"。他之所以没有实现反清复明的愿望，是因为清政治统治的日渐强大使"反清复明"的旗帜没有了号召力。而吴三桂是否降清这一历史问题已不能用后来的历史进程说明了。

民族英雄郑成功猝死之谜

郑成功是中国历史上家喻户晓的民族英雄，他骁勇善战，令殖民者闻之丧胆。但郑成功就在台湾收复后不久便去世了，年仅38岁。正值壮年，却突然暴病而亡。仔细推敲其死因，就会发现有许多疑点。

关于郑成功的死，同时代人如李光地、林时对、夏琳等人的笔记都很简单，一般是说"伤风寒"、"感冒风寒"，但一个正值壮年的人怎会轻易地被"风寒"夺去生命？

　　根据郑成功临终前的异常情况和当时郑氏集团内部斗争的背景，有人认为郑成功是被人投毒杀死的，这一说法目前最引人注目。此说主要的依据有：

　　第一，郑成功死前的情状与中毒后毒性发作的症状极似，另外，夏琳《闽海纪闻》中记载郑成功临终前都督洪秉诚调药以进，成功将药投之于地，然后成功"顿足扶膺，大呼而殂"。郑成功大概察觉出有人谋害自己，但为时已晚。

　　第二，郑氏集团内部暗藏着一些危险因素。生性暴烈的郑成功，用法严峻，郑氏部下，包括他的长辈亲族因过被处以极刑者很多，众将人心惶惶，其中很多人在清廷高官厚禄诱惑下叛逃，郑氏集团内部关系极其紧张。伍远贤所编《郑成功传说》一书中记述，清廷收买内奸刺杀郑成功，因此，如果说台湾岛上一直有人企图谋害郑成功，极有可能是以清廷作为背景。

郑成功像

　　第三，一个重大疑点是马信神秘地死去。马信是清降将，后来成为郑成功的亲信，郑成功去世当天，由他荐一医师投药一帖，夜里郑成功死去，他本人也突然无病而卒。照李光地的说法，马信在郑成功去世的第二天就死去，江日升《台湾外纪》中记载，其死期距郑成功去世仅仅5天。因此马信可能直接参与谋害郑成功的活动，但后来又被人杀害以灭口。

　　那么，这起谋杀案的主谋究竟是谁呢？人们把怀疑的目光投到了郑成功兄弟辈的郑泰、郑鸣骏、郑袭等人的身上，特别是郑泰。郑泰长期操纵郑氏集团的东西洋贸易，掌握财政大权，对郑成功早存异心，对郑成功出兵收复台湾曾极力反对。复台初期的郑氏政权财政面临困境，郑泰却暗地里在日本存银30多万以备他用。等

赤嵌楼
荷兰殖民者侵占台湾后修建此楼，郑成功撵走侵略军后收归国用。

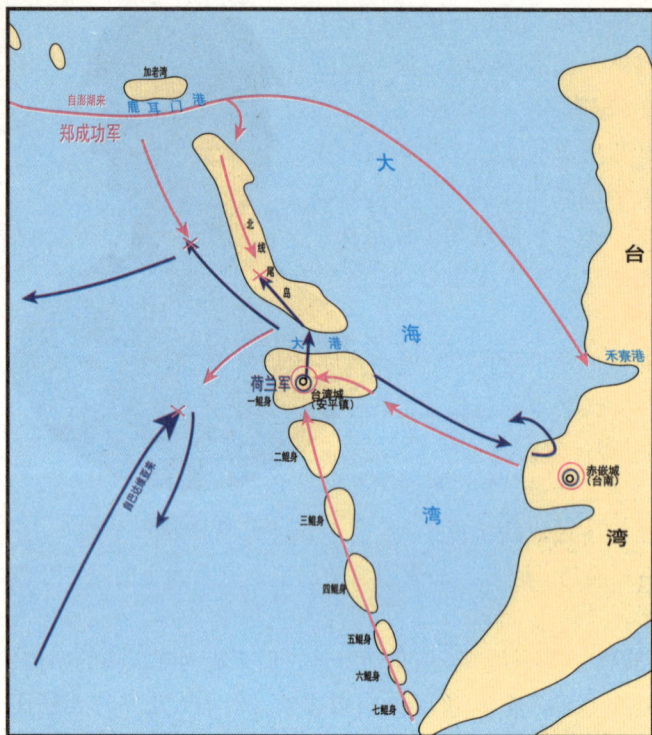

郑成功收复台湾要图

到郑成功去世，郑泰等人迫不及待地伪造郑成功的遗命对郑经诛讨，并抬出有野心但无才干的郑袭来承兄续统。最后，他们的阴谋被郑经挫败，郑泰入狱而死，郑鸣骏等率部众携亲眷投清，据此分析，策划谋害郑成功的很可能就是郑泰等人。他们早存夺权之心，还可能和清廷有勾结。他们乘郑成功患感冒的时候开始实施他们的计划。夏琳和江日升的记载中说，郑成功病情开始并不严重，常常登台观望、看书，有时还饮酒，甚至拒绝服药。他们极可能在酒中下毒，但这期间饮酒较少，因此七八天毒性才发作。最后他们又在医生开的凉剂中下毒，郑成功终于被毒死。郑成功死后，郑经先是忙于对付郑泰的叛乱，后发现郑泰在日本银行的巨款，又集中注意力追回这笔款子。他本人又因犯奸险些被郑成功杀死，对郑成功之死也许心存侥幸，因此郑成功的死因在当时并没有被深究。海天茫茫，也许这永远是个解不开的谜了。

清代名将年羹尧为何被雍正赐死？

提起年羹尧，人们就会想起血淋淋的血滴子，因为在传说中，年羹尧总是用血滴子残酷地杀死其对头，在为雍正除掉许多对头之后，年羹尧也没有得到好下场，最终为雍正所杀，但雍正为什么要杀掉年羹尧呢？人们众说纷纭，莫衷一是。

年羹尧，字亮工，康熙三十九年（公元1700年）进士。为人聪敏，豁达，娴辞令，善墨翰，办事能力亦极强。后受到雍亲王的重用，各皇储争夺皇位时，他利用自己的精明才干，时时向主子出谋献策，奔波游说，深受青睐，更使主子高兴的是，年氏将自己的亲妹妹献给了他，以示忠诚，那时，主仆二人曾发誓，死生不相背负，从此交情更加深厚。君有情，臣有意，再加上年氏的才能，官阶越升越高，不到十年即升为四川巡抚，接着，又升为川陕总督，独掌军政大权，成为雍正心腹。

年氏受到雍正的宠幸是在雍正二年（公元 1724 年）十月年氏来京陛见以前，具体地说，在七月中旬以前，即平定西海叛乱以后。年氏手握重权，荣立青海大功，君臣之间，无猜无疑，如雍正所谓"千古君臣知遇榜样"。但七月中旬后，尤其

《治平胜算全书》清 年羹尧著

是陛见抵署以后，即十二月初，雍正使出浑身解数开始置年氏于死地，雍正为什么转变得这么快？年氏的死因究竟是如何呢？

有人认为年羹尧的死与雍正帝夺嫡有关。学者孟森的《清代史》、王钟翰的《清世宗夺嫡考实》等持此说。据说康熙帝临终时指定十四子胤禵嗣位。四子胤禛串通年羹尧、鄂尔泰、隆科多，矫诏篡位。其时，十四子胤禵在四川为抚远大将军，原可挥兵争位，然受制于川督年羹尧，遂无能为力。胤禛即位后，改元雍正，为酬报年羹尧拥立之功，大加恩赏，然而这不过是灌"迷汤"，雍正帝实已对这些知情者存有杀心，最终还是找借口除掉了他。

有些人不同意此说。他们认为雍正初年年羹尧受宠，并非是雍正帝为他灌"迷汤"，而是皇帝对他效忠辅弼的奖励。雍正帝继位之时，年羹尧尚在四川平乱，并未参与其间，所以不可能知情，故上说不能成立。《清史稿》《清代七百名人传》等作者，都认为年羹尧是恃功自傲而致被杀。《清史稿》载："羹尧才气凌厉，恃上眷遇，

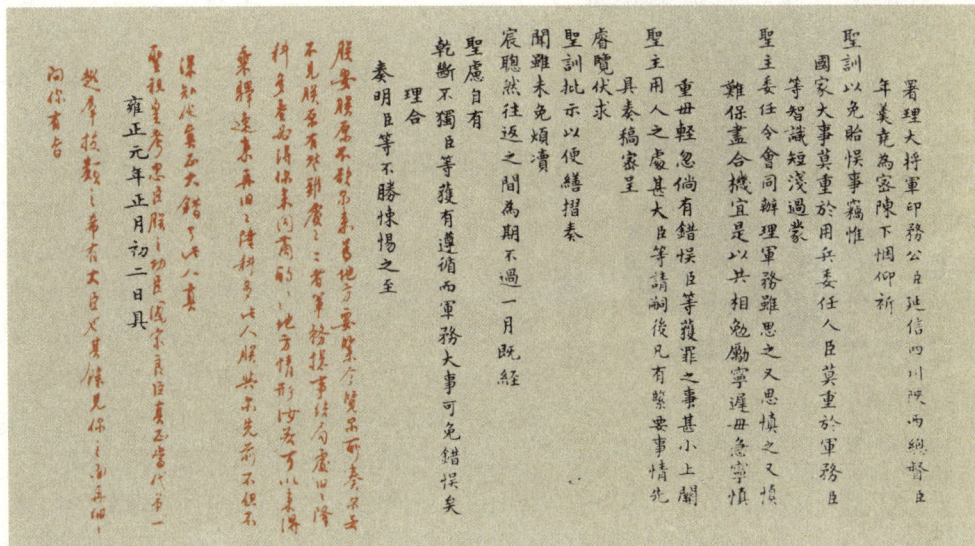

年羹尧奏折 清

师出屡有功，骄傲……入觐，令总督李维钧、巡抚范时捷跪道送迎……公卿跪接于广宁门处，年（羹尧）策马过，毫不动容；王公有下马问候者，年额之而已。世宗前，亦箕坐无人臣礼。"《清代轶闻》作者说"年挟拥戴功，骄益盛"，且年羹尧残暴对待部下，任人唯亲，乱劾贤吏，引起公愤，也为雍正帝所不容，故被杀。

年羹尧成败之速，异于寻常，对于其死因的种种说法，人们到现在还是难辨真假，难怪被史学家列为"雍正八案"的首案。

曾国藩为何没有称帝？

曾国藩旧照

曾国藩在太平天国运动威胁清王朝统治时，通过组建湘军，掌握地方大权，到1863年湘军攻下南京后，曾国藩已经控制了整个统治集团，就军事实力而言，他比清政府已经超出了很多，若曾国藩振臂一呼，从清朝人的手中夺回统治权，应当说并不困难，但他没有这么做。曾国藩为何拒不称帝？一般归结为三点原因：忠君报国思想、条件不成熟和为了统一。

其一，曾国藩满脑子的忠君报国思想，深受晚清理学大师唐鉴的影响。他起兵就是为了保卫地主阶级利益，保卫清朝，保卫明教。他的个人追求就是做个中兴名臣、封侯拜相、光宗耀祖。

其二，曾国藩即使想当皇帝，时势也不允许他这么做。当时清政府虽衰落，但科尔沁亲王僧格林沁拥有一支强大的以骑兵为主的军队。而且湘军攻陷天京后，人心思归，战斗力锐减。最关键的一条，湘军起兵是以"保卫儒教"和"忠君保国"为号召，一旦曾国藩称帝，很可能湘军要成为众矢之的。再说，也没有所谓"友邦"的帮助，曾国藩称帝未必能得到国际承认。

其三，曾国藩真称帝的话，势必会引起社会动荡，各地又要出现割据的局面，天下统一的局面就要被打破了。因而从客观上说，曾国藩拒不称帝也是一件好事。

军 事

中国文官武将是何时分开的?

国家体制的一个重大变革就是文武分离，这是社会政治、军事发展的必然结果。文武官员分开，是指有了专门指挥作战的武将，文官不再作战，史学界均是这样认为的。但是，人们对他们分开的具体时间持有不同的观点。

《史记》、《淮南子》称：黄帝时已设立"司马"等军事首领官职。《今文通典·尧典》、《古文通典·舜典》称：夏王朝设立了"司徒、司马、司空"等文武官职。《尚书·洪范》称：商王朝有"司徒、司空、司寇"和"马、亚、射、戎、卫"等文武百官。从上述古籍看，夏商体制一直沿袭到西周，虽然文官武职已分门别类地设立，但卿、大夫既管理政事，又受王命率兵出征，司马只主管平时军事行政，而无统兵之权，战时统帅由天子临时任命，征战结束即将统兵之权上交天子。根据以上所述，文官武将在西周以前是不分的。

彩绘文官俑 唐　　彩绘釉陶武官俑 唐

但周王室在春秋时已衰落，各诸侯都有自己的军队，据《史记》、《国语》记载，军队的最高统帅是国君，天子常亲自率兵作战，也有不少文官武将去领兵作战。例如《左传·隐公五年》中记载周桓王二年北制之战，郑庄公派大夫祭足、原繁、泄驾、公子伯和子元率兵抗击燕军，而那时大夫便是文武一体。又如《左传·僖公二十二年》记载，周襄王十四年，宋桑楚泓水之战，宋襄公统帅宋军，太宰子鱼和大司马公孙固辅助；楚成王派成得臣、斗勃等军将统帅楚军。再如《左传·昭公二十七年》记载，楚昭王元年，吴军包围潜城，楚王派王麇（主管宫廷）、王尹寿（主管营造、手工业），统帅救兵增援。《左传》中的详细史实证明，文官武将直到春秋时也未分开。

战国时期，地主阶级兴起并逐步掌握政权。由于以前不分国家的文武官员、卿、

大夫等贵族平时管理政务，战时统兵作战，集军事政治权力于一身引起君权旁落弊端，于是统治阶级采取文武分职的办法，以相、将为百官之首。这样，几千年的封建君主专制体制得以确立。相似的记录还可见于《尉缭子·王霸篇》、《吕氏春秋·举难篇》。所以，战国才出现了专职将军和独立的军事系统。这一点是得到公认的，并记载于《中国军事史》、《中国政治制度史》中。

战国时期，战争规模扩大，士兵总量不断增加，军队指挥成为一种艺术。一支军队的指挥必须要有军事方面的专业知识，富有管理、训练和指挥作战的经验。《韩非子·显学》称："明君之吏，宰相必起州郡，猛将必发于卒

春秋管銎钺 春秋
春秋时期多兵种的兴起，带动了兵器的发展。兵器的品种繁多，质量精湛。同时，由于各国的具体情况不同，兵器的品种和工艺水平也有差异，形成了明显的地域特色。

伍。"《史记》、《吕氏春秋·异宝》中，还有战国取消分封制，授给爵位的标准是看作战成果的大小，许多将帅都从军中选拔的记载。一批名将例如吴起、孙膑、乐毅、白起、廉颇等，正是遵循这个原则选拔出来的。这时，在朝中管理政事的只是文官，而且他们也不再率领军队出征。例如，著名的马陵之战和长平之战，庞涓统帅魏军，田忌（孙膑为军师）统帅齐军，王龁（后为白起）统帅秦军，廉颇（后为赵括）统帅赵军，而他们都是专职武将。

综上所述，史学界普遍认为，战国是文官武将分开的具体时期，而且一直延续至今。但是，也有人认为它始于春秋。至于到底是什么时候，也只能等考古发现来澄清了。

西周时期的朝堂
这幅画描绘了西周时庄严的殿宇，从图中可以看到文臣武将两边分列的迹象。

庞涓指挥过马陵之战吗？

马陵之战是历史上的一次著名的战役，众所周知，孙膑在这次战役中杀死了庞涓，司马迁在《史记·孙子吴起列传》中记载了这次战役。魏国与赵国联合在公元前 343 年末进攻韩国。韩国向齐国求救。第二年，齐魏王为救韩国而派大将田忌、军师孙膑，发兵攻打魏国。这场战争中，将军庞涓是魏国军队的指挥。他看到齐军援兵来到，便放下韩国转而攻打齐军。齐军军师孙膑献上一条妙计，让士兵装出一副害怕的样子，并且让军队一天接一天后退，第一天的行军营地有 10 万个灶，第二天减为 5 万个灶，第三天再减为 3 万个灶，这就是著名的行军灶之计。三日后，庞涓行军到此看到这个情景，喜出望外，放弃步兵，率领其精锐骑兵日夜兼程来追齐军。孙膑在马陵设下埋伏，马陵地势极为险峻，道路颇窄。孙膑在一棵砍去树枝的大树上写上："庞涓死于此树之下"八个大字，并在树的周围设下埋伏圈。果然，庞涓率领魏军在当晚追到马陵地区，想点火看看这树上究竟写了什么文字。庞涓还没有读完树上的字，周围隐蔽的齐军便已万箭齐发，魏军顿时乱成一团。庞涓在走投无路的情况下，拔剑自刎，齐军趁此机会大败魏军。从司马迁的这段记载来看，庞涓是指挥过马陵之战的，但在历史上还有另一种说法。

庞涓像

孙膑像

1972 年，在山东临沂银雀山出土的汉简《孙膑兵法》中的《擒庞涓》一篇这样记载：魏军大将庞涓在公元前 353 年也就是马陵之战前 11 年的桂陵之战中，被齐军活捉。当时魏国攻打赵国国都邯郸，派将军庞涓带 8 万兵马出击。齐国也派将军田忌，军师孙膑领 8 万兵马去援助赵国。孙膑派"不识事"的齐城、高唐二大人先攻打守备森严、"人众甲兵盛"的平陵以迷惑魏军。结果齐国这两个大夫未进入平陵攻战，在路上就遭到了魏军侵袭，齐军大败。魏国开始骄傲轻敌，不把齐国放在眼里。接着，孙膑为了"以怒其气"，派遣轻战车到魏都大梁的郊外，让极少的士卒分散跟随在战车之后，显出一副兵少将寡的样子。正在全力攻赵的魏军统帅庞涓得知这个情况，并不知是骗局，转而率领精兵强将日夜兼程回到大梁与齐军进行决战。于是孙膑故意施计，追击到桂

虎形灶 战国
行军作战时使用的炊具。

陵，生擒庞涓。《孙膑兵法》为孙膑弟子所写，它十分清楚地记载了孙膑在桂陵之战中生擒庞涓的事，应该说可信度也是很高的。既然在桂陵之战中齐军已经俘虏了庞涓，他怎么还能在马陵之战中再指挥魏军作战呢？如果说庞涓在桂陵之战时已经中了孙膑伏兵狙击之计，他怎么会不吸取教训，在马陵之战时再次受骗呢？

但司马迁在《史记》中多次提到马陵之战的魏将是庞涓。如《魏世家》中说，当时魏军任庞涓为将，太子申为上将军。结果，魏在马陵失利，齐国擒住太子申，杀了庞涓。再如《田敬仲完世家》中说，这次战役齐国救韩，赵来打击魏，使魏军大败于马陵，虏太子申，杀大将庞涓。再如《六国年表·魏》在马陵之战的当年记载："齐虏我太子申，杀将军庞涓。"

考察以上两种说法，关键就是庞涓在桂陵之战与马陵之战之间的经历，在这一段时间内，他是否被释放回魏国并重新担任将领？于是有的学者认为，桂陵之战，庞涓落入齐军之手，但不久后就被放出来了，又一次担任马陵之战中的将领，和孙膑再次交战。《水经·淮水注》引《竹书纪年》中的记载说，在桂陵之战的第二年，魏惠王调用韩国军队，在襄陵打败了齐、宋、卫三国联军，齐国见局势危急，就传楚将景舍在中间调和，也就在这个时候，庞涓被释放。

但《水经注》中毕竟只是转引其他书籍中的记载，其真实性如何，魏军将领庞涓是不是被俘而又释，是不是再次东山再起，参加了马陵之战，至今仍无法确定。

西汉大将军李陵投降匈奴之谜

李陵（？～前74年）字少卿，陇西成纪（今甘肃秦安）人，飞将军李广的孙子。年轻时为侍中建章监。

天汉二年（公元前99年），李陵向汉武帝请求攻打匈奴，收复国土。汉武帝很欣赏他这种勇气，就准奏了这次军事行动。

李陵于这年九月率5000人从居延出发，经过了30天的长途跋涉，到达浚稽山（约在阿尔泰山脉中段），在山下遇到了匈奴的军队。单于用3万大军包围了李陵军，李陵命令前队的人拿盾和戟，后队的人都持弓弩。他下令："听到鼓声就向前冲，听到锣声就停止。"匈奴见汉军少，就一直向前挺进。李陵指挥弓弩手，千弩齐发，单于的士兵顷刻间死伤一大片，匈奴兵顿时大乱，急急忙忙向山上逃跑。汉军乘胜追击，杀死匈奴数千人。

就在这节骨眼上，李陵军中有一个叫管敢的兵士，被李陵的校尉韩延年辱骂，一气之下跑去向匈奴投降。他还向匈奴讨好，对单于说："李陵的军队没有后备支援，弓矢也快用完了。"管敢还把李陵的排兵布阵告诉了单于。

由于单于洞悉了李陵的虚实，知道他是孤军作战，便放心大胆起来。他还按照管敢的主意，用许多骑兵攻打李陵。李陵率汉军向南走，还没有到鞮汗山，弓矢都用光了，汉军被单于困在峡谷中。单于乘机用垒石攻打，汉军死伤惨重。最后致使李陵被擒。此时，边关便报李陵降敌。

汉武帝听说这件事后，十分恼怒。朝中大臣也都大骂李陵。单单太史令司马迁对皇上说："李陵这个人诚实而讲求信义，他为国家常常奋不顾身。现在他处境不幸，我们应同情他。况且，李陵只带步兵5000人，面对匈奴8万大军，转战千里，弹尽粮绝，赤手空拳同敌人拼搏。这种勇往直前、无所畏惧的精神，即使古代名将也不过如此而已。他现在身陷匈奴，但是全天下的人都知晓他的战绩，他不死，估计是还想再为汉朝立功。"

司马迁的一番话，非但没打动皇上的心，皇上反而定司马迁"为陵游说"之罪，处以宫刑。从此，司马迁打消了仕进的念头，忍辱负重，专心致志撰写《史记》，以此来宣泄自己心中的愤懑。

那么李陵为什么向匈奴投降呢？事实是李陵在匈奴数年杳无音信，皇上派公孙敖带兵去设法抢回李陵。公孙敖去匈奴后无功而返，为了回复皇上、完成任务，他带回了关于李陵的消息，告诉皇上说："听说李陵在那边训练匈奴兵，要攻打汉朝。"皇上听到这个消息，

司马迁像

苏李泣别图轴 明 陈洪绶
苏武出使匈奴后，匈奴王令将李陵前去劝降，但遭苏武拒绝，李陵只得与其洒泪而别。画面中苏武持节斜视李陵，虽衣衫褴褛，但仍不失汉室气节。李陵身着胡服，佩胡刀，掩面而泣。

大发脾气，命人把李陵母亲、李陵弟弟及李陵的妻儿都杀了。其实，替匈奴训练士兵的人是李绪，一位早年投降匈奴的汉都尉，公孙敖显然是张冠李戴了。

就在李陵投降匈奴的前一年，苏武出使匈奴被扣。后来，李陵宴请苏武，李陵给苏武斟满酒说："你不降匈奴，忍辱负重，名扬天下，功劳盖世。"李陵推心置腹地告诉苏武说："我投降的目的原本是想找机会劫持单于，为国家效劳。却不料汉皇不了解我的心志，杀了我的老母和妻儿，绝了我的归路。"苏武说："过去，我深知老友的为人处世的态度，但现在你的处境不同过去，是非功过，也只好由人们去评说。但是我决不能做对不起国家的事。"

李陵听苏武说完后，长叹一声："比起苏君来，我这个人真如粪土一般。"说罢，热泪纵横，起身吟唱了一首《别歌》：

"径万里兮度沙漠，为君将兮奋匈奴。路穷绝兮矢刃摧，士众灭兮名已颓。老母已死，虽欲报恩将安归！"

一曲歌罢，李陵朝着南方跪拜不起，苏武望着他，叹息不止。这就是李陵"身在异族心在汉"的故事。

青铜羊饰 匈奴

曹操赤壁战败之谜

赤壁之战是中国历史上一次著名的以少胜多的战役，究竟是什么原因使曹操在赤壁之战中打了败仗呢？一般人认为曹军失败的致命原因是遭遇火攻。《三国志·蜀书·先主传》载："权遣周瑜、程普等水军数万与先主并力，与曹公战于赤壁，大破之，焚其舟船。"司马光在《资治通鉴》中也说，黄盖"乃取蒙冲斗舰十艘，载燥荻、枯柴，灌油其中，裹以帷幕，上建旌旗，预备走舸，纱于其尾。去北军二里余，同时发展，火烈风猛，船往如箭，烧尽北船，延及岸上营落"。曹军败在火攻上，证据确凿。可是，随着社会进步，近些年来，有论者提出了许多关于火攻论的质疑。他们认为曹操之所以会失败，是因为军队遭遇疾病瘟疫，导致战斗力丧失，而不是由火攻造成的，

赤壁之战旧址，今湖北蒲圻

更为详尽的是，他们说是血吸虫病造成曹军赤壁战败的。

血吸虫论者也是根据史籍提出这一论点的。如陈寿在《三国志·魏书·武帝纪》中叙述赤壁之战时，并未提及"火攻"这件事。他说，曹公到了赤壁，与刘军大战，不占上风。后来发生瘟疫，士兵大部分都死了，于是带领部队

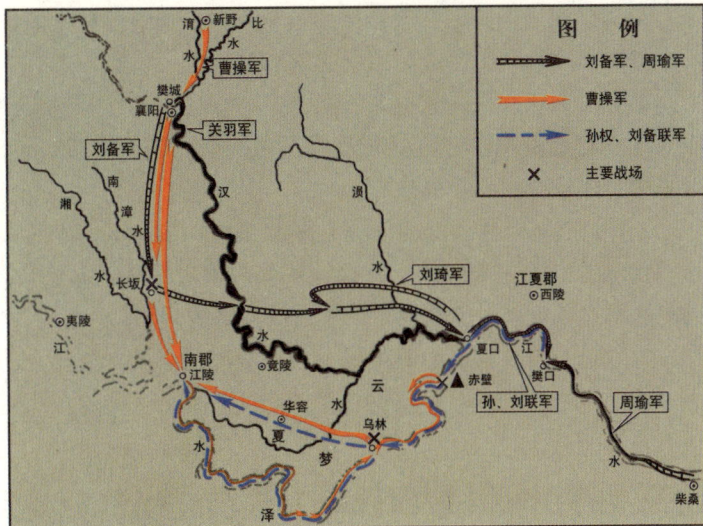

赤壁之战示意图

回去。从曹军主帅曹操在战后写给孙权的一封信中可看出，他不承认失败是因为遭到火攻，其中写道："赤壁之战，有疾病侵袭，我烧船而退，使周瑜白捡了这个好名声。"而曹操所说并不是唯一凭证，《吴书·吴主传》中也有曹操自己烧掉战船一说："曹公烧剩余船而退败。"由此论者认为，火攻一说不足以取信。曹军失利主要原因就是瘟疫，即血吸虫病，其理由是：

第一，我国古代早已存在血吸虫病，远古医书中的周易卦象便有"山风蛊"之病症，在公元 7 世纪初的《诸病源候论》中也有关于血吸虫病一类的记载。现今，研究者在出土于 1973 年的长沙马王堆 1 号墓中的女尸肠壁及肝脏组织中也发现了大量血吸虫卵。由此可以看出，早在汉代，血吸虫病之患就在长沙附近存在着。大量调查资料表明，与赤壁之战有关的地区为血吸虫病发区，尤其是湖南湖北一带。

第二，论者根据赤壁之战的时间与血吸虫病的易感染季节推断，血吸虫病的流行季节正好是曹军迁徙、训练水军的秋季。曹军从陆地转战水中，是最容易染上此病的。血吸虫在人体中的潜伏期为一个月，它们在一个月以后才会使人出现急性症状。所以曹军在训练时期已经染上此病，个把月后，进入冬季决战时期，此病也已进入急性期，致使曹军遭受此痛折磨，不堪一击。孙刘联军也同样是水上训练和作战，为什么不会染上血吸虫病呢？关于这个问题，论者认为这要根据人免疫力的强弱来看。孙刘联军长期居住于南方疫区，具有一定抵抗力，即使得此病，也不会这么严重。曹军都是北方人，抵抗力差，所以患此病的症状严重，因而溃败。

然而，血吸虫病说也不可尽信，它比火攻论的争议还要多。《新医学》1981 年 11 期与 1982 年 5 月 25 日的《文汇报》就这个问题相继载文展开争论，他们认为：

第一，曹操在邺而不是在疫区江陵训练水军，那里不是血吸虫病疫区，感染的可能性不是很大。

第二，史书确实记载曹操烧船退军一事，但烧船的地点不在赤壁而在巴丘，时间不在赤壁大战时，而在曹军兵败退到巴丘时。

第三，血吸虫病的潜伏期一般在一个月左右，少数在两个月以上，潜伏期越长，发病的症状也就越轻，所以即使曹军在秋季患上了血吸虫病，到大战爆发时才发病，曹军的身体状况也不会很糟糕。

第四，曹操的水军大部分是居于血吸虫病流行区的湖北人，跟孙刘联军的免疫力没有什么差别，除此之外，补充给曹操的刘璋军队也是来自疫区四川的士卒。所以，孙刘联军在免疫能力上与曹军没有高低强弱的分别。

火攻论不可尽信，血吸虫病说也有缺陷，那么，曹操在赤壁战败的原因，只能作为一个千古之谜留存于人们心中了。

诸葛亮挥泪斩马谡仅仅是为失街亭吗？

"失街亭"的故事几乎人人皆知，诸葛亮挥泪斩马谡的故事也家喻户晓，有很多人为马谡不平，认为胜败乃兵家常事，仅仅打败了一场战争，便要被斩，诸葛亮的军法是否太过严厉呢？但马谡被斩的原因究竟是什么呢？仅仅是因为失街亭吗？

朱大渭在《马谡被杀真相》一文中指出，虽然失街亭是马谡"罪在必诛"的导火线，但是常言说胜败乃兵家常事，不应因一次败仗就让将领"罪在必诛"。但就算街亭一战胜利了，按军法马谡也该杀，因为他不仅违反军法，而且还畏罪潜逃。因此朱大渭认为，马谡是违抗了诸葛亮的正确领导而失街亭的。《三国志·蜀书·诸葛亮传》载："马谡举动失宜，违亮节度，大意为所破。"街亭的失守，不是一个小的错误，而是在战争最关键的时刻，马谡自作主张一手造成这个严重后

诸葛亮塑像

果，按军纪应斩马谡。俗话说"军纪如山"，特别像诸葛亮这样的人物更是治军严谨。正像诸葛亮回答蒋琬时所说："若不按军法斩马谡，谁还会服从指挥，如何能'讨贼'呢？"朱大渭还指出，马谡不但不承认错误，还畏罪出逃。按照当时军中的法规，如果将士临阵脱逃，就要被处死，所以失街亭正是马谡被斩的原因。

有人不同意这种说法，因为马谡在战前颐指气使，吹嘘自己"熟读兵书，颇知兵法"；在战时，他骄傲轻敌，让军队驻扎在山上，舍弃有利地形，不切实际地用"置之死地而后生"的兵法，副将王平几次劝说都没有用，因而他是个赵括般的危险人

物。马谡这个危险人物根本不是"杰出将才",而只是一个"成事不足,败事有余"的人,因而司马懿听说诸葛亮派马谡来时,笑曰:"徒有虚名,乃庸才耶!孔明用如此人物,如何不误事!"马谡领命时立过军令状,表示"若有差失",则"乞斩全家"。但结果他令军队全军覆没,耽误国事,还使诸葛亮险些被司马懿所擒。因此综合以上因素,正是因为马谡在战前、战时、战后的各种表现的综合,造成了马谡的被斩,而马谡的被斩,绝不仅仅是因为失掉了一个小小的街亭。所以尽管马谡没有畏罪投敌,而且认识了自己的错误,临死前还留了一份遗书给诸葛丞相,使全军官兵感动得痛哭流涕,但诸葛亮最后还是杀了马谡以谢众人。

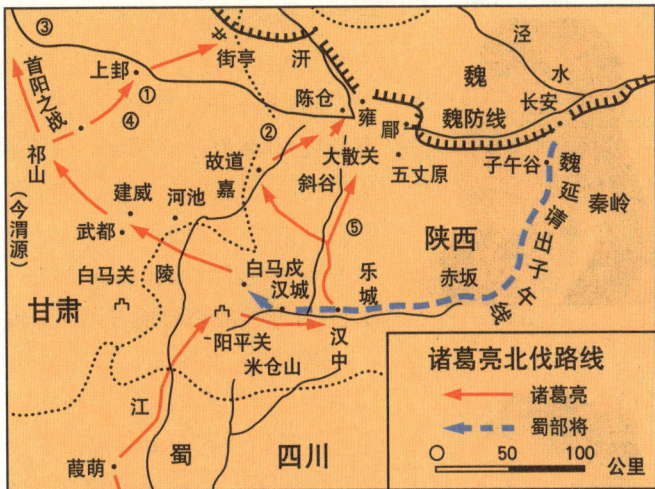

诸葛亮北伐路线图

成都武侯祠

尽管马谡被斩还存在各种各样的谜团,但总之还是造成了诸葛亮"出师未捷身先死,长使英雄泪满襟"的结局,让后人为之扼腕叹息。

淝水之战是以少胜多吗?

淝水之战,是383年东晋与前秦在今安徽寿县一带进行的一次大战。"风声鹤唳,草木皆兵"的历史典故即出于此。

316年,西晋王朝灭亡。当时,占据陕西关中一带的氐族统治者以长安为都城,建立前秦政权。357年,苻坚做了秦王,他采取一系列改革政治和发展经济、文化的措施,使前秦国力迅速强盛,并基本统一了北方。在南方,琅琊王司马睿在建康(今

谢玄像

谢安像

南京）称帝，建立东晋王朝。东晋占有今汉水、淮河以南的大部分地区。这样，就形成了秦晋南北对峙的局面。

383年8月，苻坚发兵南下，三路进军，攻打东晋，共有步兵60余万、骑兵27万、"羽林军"3万余骑；百万大军从东到西，绵延千余里。在苻坚重兵压境下，晋武帝采纳了谢安、桓冲等人的主张，下令坚决抵抗。他派将军谢石、谢玄等率兵8万沿淮河西进，以拒秦军；又派将军胡彬率领水军5000增援战略要地寿阳（今安徽寿县）。

同年10月18日，秦军前锋攻占寿阳。胡彬所部水军走到半路，得知寿阳失守，退守硖石（在寿县西北25里）。秦军为了阻挡晋军主力西进，又派兵5万进至洛涧（今安徽怀远县以南之洛水），并在洛口设置木栅，阻断淮河交通。胡彬因困守硖石，粮食用尽，处境十分艰难，写信要求谢石增援。不料胡彬的求援信也被秦军截获。由此苻坚判断晋军兵力很少，粮食十分困难，应该抓紧进攻，遂把主力留在项城（今河南项城县境），只带了8000骑兵赶到寿阳。苻坚先派尚书朱序到晋军劝降。朱序原来是东晋防守襄阳的将领，襄阳失守时被俘。朱序到晋军以后，不仅没有劝降，反而透露了秦军情况，并且建议说，如果秦兵百万全部到达，晋军难以抵抗，现在应趁它还没有到齐，迅速出击，打破它的前锋，大军就会溃散。

听过朱序的建议，晋军将领谢石、谢玄于11月派猛将刘牢之率领精兵5000进攻洛涧。刘牢之分兵一部到秦军侧后，断敌退路，亲自率兵强渡洛涧，夜袭秦军大营。秦军果然抵挡不住。主将梁成战死，5万秦兵大溃，抢渡淮水，淹死1.5万余人。洛涧的胜利，鼓舞了晋军的士气。晋军水陆并进，展开全线反攻。苻坚在寿阳城上，看到晋军严整，攻势猛烈，十分恐惧，竟然把淝水东面八公山上的草木都当成了晋兵。

洛涧失利后，秦军沿着淝水西岸布阵，阻止晋军反攻。晋军将领谢玄派人用激将法对苻坚的弟弟苻融说：如果你把军队稍向后撤，让出一块地方，使晋军渡过淝水，两军一决胜负。秦军诸将都认为不能让晋军渡河，但苻坚却说：可以稍退一步，等到晋军兵马半渡之际，再用骑兵攻击，一定可以取胜。于是苻融指挥秦军后撤。秦军本来内部不稳，这一撤，造成阵势大乱，不可遏止。晋军乘势抢渡淝水，展开猛烈攻击。朱序在阵后大喊："秦军败了！秦军败了！"秦军后方部队一听，争相逃命。苻融见势不妙，急忙驰马赶到后面整顿部队，结果被晋军追兵杀死。晋军乘势猛追。秦军人马相踏，昼夜溃退，听到风声鹤唳，也以为是东晋追兵。就这样，几十万秦军，逃散和被歼灭十分之七八，苻坚本人也中箭负伤，逃回洛阳。号称百万的前秦军队，被七八万东晋军队打得落花流水，这在中国战争史上是罕见的。因此，淝水之战历来被当作以少胜多的典型战例载入史册。

就是这样一个人人称颂的经典战例，却有人提出了质疑。他们对双方兵力之比提出新的见解。首先，前秦的百万军队是虚数。从当时北方人口的估计数看，前秦全国有百万军队已是惊人数字，即使有，苻坚也不可能全部征调伐晋，至少要留一些驻守各地重镇。更重要的是，这虚数百万也没有全部赶赴前线，苻坚到彭城时，凉州、幽冀、蜀汉之兵均未到达淮淝一带，因而根本没有参加淝水之战。

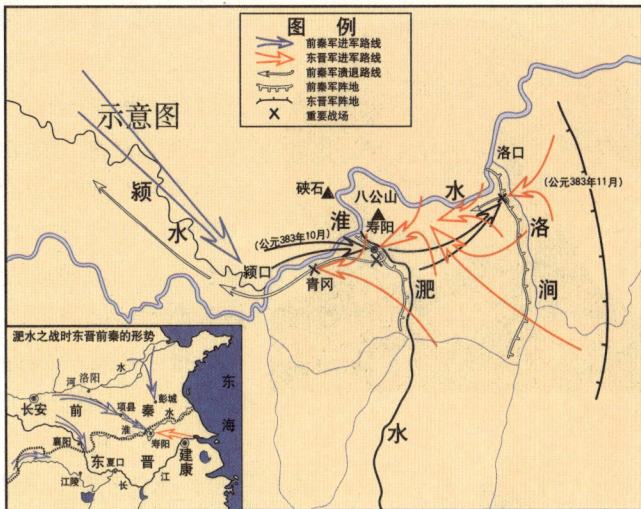

淝水之战示意图

苻坚于乱世之中励精图治，使北方经济发展，社会获得一时安宁，百姓安居乐业。但他不顾群臣劝阻，贪功冒进，倾国南征东晋，终于兵败淝水，此后，前秦国势日消。

其次，当时集结在淮淝一带的军队，是苻坚的弟弟苻融率领的 30 万，他们也没有全部投入战斗，而被分布在西至郧城、东至洛涧 500 余里长的战线上。驻扎在寿阳及其附近的军队，充其量不过 10 万。加上荷坚从项城带来的"轻骑八千"，也不过 10 多万人，况且战争发生时，这些军队也不会全部投入战斗。正因为寿阳一带兵力不多，苻坚才会在看到晋军严整的阵容时，心中无底，产生草木皆兵之感。

最后，晋军共 8 万精兵，除刘牢之所率 5000 人进军洛涧外，均参加了战斗。当时，晋军在长江中游地区布置的兵力，本来就较雄厚，再加上新投入的 8 万，因此当秦、晋双方沿长江中游至淮水一线交战的时候，晋方在前线至少有 20 万以上兵力。再考虑到前秦军长途跋涉、晋军以逸待劳；前秦内部意见分歧、晋军上下一心等各种因素，晋军占了一定优势。因此，不论从两军交战的时候，还是从整个战役情况看，淝水之战时双方投入的兵力，是大致相当的。

长期以来，秦晋淝水之战是以少胜多、以劣势之军打败优势之军的辉煌战例。如今又提出了秦晋双方兵之比的新见解，淝水之战是否以少胜多又成为未解之谜，有待进一步破解。

李自成下落难明

李自成本名鸿基，崇祯二年（公元 1629 年）参加张存孟的起义军。后义军逐渐壮大，李自成被义军称为闯将，崇祯九年，被推为闯王。1644 年，李自成率军攻入北京城，推翻了明朝的统治。而后不久，山海关一战，农民军遭吴三桂部和清兵的夹击，

李自成像

大顺政府屯田清吏司契铜印

大败而归，李自成匆匆在武英殿举行即位典礼，随即放火焚烧明宫并撤出北京。以后，李自成数战数败，转战南北，于1645年行军至湖北九宫山时，遭地方乡兵袭击，李自成不知所终。直到现在，关于李自成的行踪仍无确切说法。综合而言，大致有两种："九宫山说"和"夹山说"。对于李自成在九宫山上死亡的记录见于阿齐格向清廷的奏报和南明兵部尚书何腾蛟给唐王的奏报。阿齐格在奏报中写道："反兵逃窜至九宫山中，我军随后搜遍全山，不见李自成，李自成身边的随从共20人，被困，自缢而死。派遣一见过李自成者，前往辨认，但尸体已腐烂，不能够看清，是生是死，继续追查。"何腾蛟所写的奏报说："在九宫山已将李自成斩首，首级不慎丢失。"以后这两封奏报成了多数研究史学人士的根据。

据《明史》、《小腆纪年》、《南疆逸史》等史籍记载，李自成到九宫山后，队伍散去，李自成本人被程九百等乡民所杀，同治《通山悬志》、嘉庆《湖北通志》都赞成此说。但是，20世纪80年代在湖北通山县新发现的《朱氏宗谱》、《程氏宗谱》为"九宫山说"提供了新的证据。在新中国刚刚建立之时，曾掀起一场关于李自成葬身何地的争论，最终李文治撰文考证李自成葬身之地为湖北省通山县九宫山，郭沫若赞成此说法，学术界对这一结论也基本认可。因此闯王陵从通城县迁移至通山县九宫山牛迹岭下。但是，九宫山说亦有两点可疑之处，首先是"尸朽莫辨"，其次是上呈奏报的阿齐格和何腾蛟两人当时并未在九宫山，是从手下将士嘴里听到消息的。

首先对"九宫山说"提出疑问的是申悦庐，他认为李自成兵败后并未死于湖北，而是在康熙十三年（公元1674年）老死于湖南省石门县夹山灵泉寺。这个推断主要依据是清朝时期湖南澧州知州何璘所作的《书李自成传后》一文，何璘经过实地考察，询问当地老人，认为李自成在九宫山并未死去，而是制造的假象，以迷惑追兵从而摆脱清军。在从湖北公安逃到湖南澧州的过程中，大多数的部下见闯王大势已去，便纷纷另谋生路。到安福县境内，闯王甩开随从十余人，单独来到夹山灵泉寺削发为僧，也就是夹山灵泉寺的祖师"奉天大和尚"，法号"奉天玉"。李自成曾经称自己为"奉天倡议大元帅"，其中"奉天玉"隐含"奉天王"之义。奉天玉和尚于康熙十三年（公元

1674 年) 死于灵泉寺中。何璘亲自见到了曾伺候过
奉天玉和尚的老僧，据老僧讲，奉天玉和尚在顺治
初年来到灵泉寺，说话带有陕西口音。寺内还收藏
有奉天玉和尚的画像，与《明史》记载相符。留在
澧州的起义军余部一直没有推举新的首领，也是由
于李自成还健在的缘故。

　　清末民初著名学者章太炎赞同"夹山说"。他
也到澧州进行过实地考察，还考察出李自成夹山隐
居时，曾作诗百首来赞赏梅花，即《梅花百韵》，
并搜集到其中的五首作为驳斥"九宫山说"的依
据。一些出土的文物成为"夹山说"最具权威性
的证据。在澧州发现建有奉天玉和尚的墓地并有
骨灰坛出土，20 世纪 50 年代在奉天玉断碑上发现
有"子门徒已数千指中兴"等句，完全是一派将领
的豪言壮语。重修夹山寺时，又发现刻有《梅花百
韵》诗的残版，上面残留九首诗歌；同时还发掘到

李自成墓碑

"永昌通宝"铜币 (永昌是李自成大顺政权的年号)，刻有"永昌元年"字样的竹制扇
骨、铜制熏炉等。据史学家称，奉天玉和尚墓出土的符碑上面，刻有四句四言偈语，
十分接近于李自成的家乡米脂的传统随葬符碑，其中有三句和在米脂地区出土的一块
符碑上的三句完全相同，这与石门的传统发葬的习俗有明显区别。

太平天国的窖藏珠宝流落何处？

　　历史上最大规模的农民起义——太平天
国运动的失败令人叹息，然而太平天国巨额的
窖藏珠宝的不知所终同样令人遗憾。

　　1864 年 7 月，作为太平天国首都 11 年的
天京 (南京) 失陷。围城三年的湘军蜂拥闯进
了天京各个城门，他们目的就是抢掠，上至前
敌总指挥的大头头曾国荃，下至军营里雇佣的

太平天国圣宝

民工、文职人员，都想发横财，当时传闻洪秀全和天国新贵收敛财宝都藏在此地。湘
军三日三夜搜查全城，曾国荃和提督萧孚泗率先洗劫天王府，他们捞尽官衙甚至民宅
的一切浮财，连同几万名女俘房，一并作为胜利品带回去。但是，他们远不满足，"历
年以来，中外纷传洪逆之富，金银如海，百货充盈"，因而认为还有更多财宝埋藏在地
下各处。曾国荃抓到李秀成后，非常高兴，用锥尖戳刺他的大腿，把李秀成弄得血流
如注。一方面是因为气恼李秀成守城坚固，更是为了紧逼李秀成说出天京藏金下落。

曾国藩不久从安庆赶到南京，赞赏其老弟"以谓贼馆中有窖金"，又多次软硬兼施，追问李秀成藏金处。这也是李秀成被较晚处死的另一个原因。李秀成被俘之后，清朝皇帝也派僧格林沁、多隆阿来南京督促，李秀成却始终未透露太平天国天京的窖金事宜。

天京确实有窖金埋藏，曾国藩在城破后下令洗劫全城，但"凡发掘贼馆窖金者，报官充公，违者治罪"，虽然湘军军令严明，但在"破城后，仍有少量窖金，为兵丁发掘后占为己有"。天京被攻破后，除抗拒的太平天国将士遇害外，尚有1000余人，即占守城精锐的1/3，随李秀成保护幼天王洪天贵福逃脱，《能静居士日记》卷二十则说"另有其余死者寥寥，大半为兵勇扛抬什物出城。或引各勇挖窖，得后即行纵放"。上元人孙文川在《淞沪随笔》(手抄本)中认为"城中四伪王府以及地窖，均已搜掘净尽"，但他说的也许是斗筲金银，而大宗窖金下落，并未见有著述，给后人留下一个谜团。

民间流传的另一种说法是：在南京从前有个富丽堂皇的大花园"蒋园"，园主蒋某，绰号蒋驴子，据说他原来只是一个行商，靠毛驴贩运货物。因为有次运军粮，得到太平天国忠王李秀成垂青，被任命为"驴马车三行总管"。天京被围，内宫后妃及朝贵多用金银请人办事，"宫中倾有急信至，诸王妃等亦聚金银数千箱令载，为之埋藏其物"。《红羊佚闻·蒋驴子轶事》则说："有金银数千箱，命驴往，埋于石头山某所。"蒋氏后来因此发财起家，成为近代金陵巨富。《红羊佚闻·蒋驴子轶事》中还说，民国初年，也有南京士绅向革命军都督和民政长官报告"洪氏有藏在某处，彼亲与埋藏事"，由此引起一些辛亥元老国勋的野心，"皆以旦夕可以财为期"，可是雇人多处寻掘，仍毫无收获。

这种事情，20世纪初多有传闻，众说纷纭，成为疑案。南京当年天王府遗址，至

天京失陷

今只有西花园一角还隐约可见旧时面貌，据介绍，南京解放时期，有人听说洪秀全窖金的事，将园中湖水放干，但也一无所获。

窖金的下落究竟如何，传闻很多，却没有证据。曾国藩向皇帝奏报说没有发现藏金。然而《能静居士日记》中却说萧孚泗"在伪天王府取出金银不资，即纵火烧屋以灭迹"。曾国藩兄弟俩当然所获很多，1866 年 5 月 19 日的《上海新报》上记载说"宫保曾中堂之太夫人，于三月初间由金陵回籍，护送船只，约二百数十号"，这时搜刮物似乎包括窖金。但天京窖金如藏了很多，那也不会全数遭挖掘的，很难排除确有更多的深藏巧埋之物至今仍未能发现的可能。

天王府西花园
西花园是现今唯一保存完好的天王府遗迹。据说在天王府的地下，埋藏了大量的金银珠宝。

对于如此巨额的窖藏珠宝，当然会引起世人极大的兴趣，因此会众说纷纭，但这些珠宝的下落究竟如何，到现在也还是一个谜。

太平天国翼王石达开在大渡河畔信函之谜

太平天国翼王石达开在遭太平天国内部猜忌被迫分兵出走之后，坚持进军四川，打算自立一国，结果在大渡河畔被清军与地方土司紧紧围困，成为釜中之鱼。石达开率领军队左冲右突，未能血战脱险。在无可奈何的情况下，石达开命军师曹伟人给清军写了一封信。信中说："窃思求荣而事二主，忠臣不为；舍命以全三军，义士必作。"（《太平天国文书汇编》）请求清军赦免他的部下。他把信写成后，用箭射入驻守在大渡河对岸的清朝四川重庆镇总兵唐友耕的军营中。关于这封信的收信人，有人说是重庆镇总兵唐友耕，有人说是四川总督骆秉章。正因为这两种说法各有凭据，成为一大疑案。

1908 年，唐友耕的儿子唐鸿学为其父所编《唐公年谱》印刷出版。年谱中附录了石达开的信，介绍说这封信是石达开写给唐友耕的，也就是说石达开是向唐友耕乞降的。

关于石达开写信给唐友耕的事，《纪石达开被擒就死事》一文记载特别详细。文中说，石达开在"四月二十三日，以书射达北岸唐友耕营"，"唐得书，不敢奏亦不敢

骆秉章朝服像

报。石军不得复"。根据这种说法，唐友耕收到石达开的信后，隐匿不报，也没有回复石达开。

1935 年，四川泸定西沙河坝农民高某在紫打地偶然发现了石达开的函稿三通。其中一通在《农报》上发表，标题《致四川总督骆秉章书》，收信人是骆秉章，而不是唐友耕。

1937 年，萧一山在写《翼王石达开致清重庆镇总兵唐友耕真柬伪书跋》时，认为《农报》发表的《致四川总督骆秉章书》是错误的。他说，他在成都黄某家中曾亲见致唐友耕"真柬伪书"一通，是用翼王所遗之柬帖转抄的。萧一山认为《唐公年谱》附录的石达开信函是可靠的，该信的确是石达开写给唐友耕的。《广东文物》按照萧一山的说法，有《石达开致唐友耕书》。《中国近代史资料丛刊》中《太平天国》所辑此信据《广东文物》排印，因此唐友耕为收信人的说法流传较广。

但是，简又文先生认为紫打地农民高某发现的"三遣函，其致王千户与致唐友耕两通……可以为真品"，因此，他的说法与萧一山不同，但认为石达开写信给唐友耕是可靠的，"致唐函更见之《唐公年谱》，尤为可信"（《太平天国全史》中册）。

罗尔纲先生对石达开写信给唐友耕这件事十分怀疑。他认为是唐鸿学将原收信人骆秉章盗改为唐友耕，他的意图是要为父亲脸上贴金。

石达开信中说："惟是阁下为清大臣，肩蜀巨任，志果推诚纳众，心实以信服人，不蓄诈虞，能依清约，即冀飞缄先复，并望贲驾遥临，以便调停，庶免贻误，否则阁下迟行有待，我军久驻无粮……"（《太平天国文书汇编》罗尔纲指出，石达开信中"肩蜀巨任"的话，应该是对身为四川总督、担负四川全省重任的骆秉章说的，而不是对

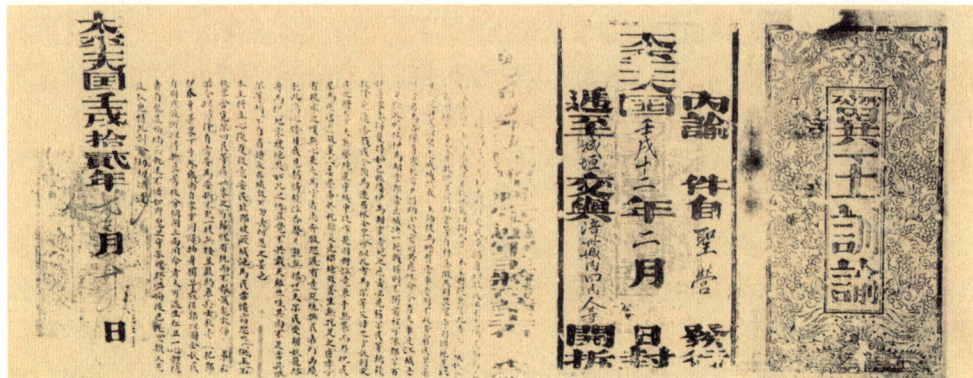

石达开率军到达四川涪州时给当地民众的训谕

只管重庆一镇绿营兵的唐友耕说的。太平天国己未九年，李永和、蓝大顺在云南昭通府起义。当时唐友耕为起义军中的一个小头目，后来降清。以唐友耕的身份和地位，石达开是不会写信向他请求赦免三军将士的，更何况唐友耕也没有这么大的权力。唐鸿学知此破绽，故将"肩蜀巨任"改为"当得巨任"。石达开对唐友耕的来龙去脉一清二楚，在信中怎么会称唐友耕为清朝大臣呢？石达开说"并望贲驾遥临"，显然是对远在成都的四川总督骆秉章说的，而不是对隔河相望的唐友耕说的。唐鸿学将原信改为"拜望台驾近临"。石达开信中还有"阁下如能依书附奏清主"的话，但是，当时总兵是不能直接向皇帝上奏的。以上种种破绽，可以证明此信是写给骆秉章的。

1945年，都履和根据李左泉《石达开洮江被困记》整理修而成《翼王石达开洮江被困死难纪实》，其中附录有石达开的信。李左泉的文章是根据土千户王应元幕僚许亮儒遗著《擒石野史》笔记润色重编的，来源可靠。

罗尔纲认为，《农报》所载高某发现的抄本和《翼王石达开洮江被困死难纪实》附录的石达开信函是真实的，是没有经过唐鸿学篡改的。石达开这封信的收信人应是骆秉章而不是唐友耕。

总之，石达开到底将信写给了谁仍旧只是推测，为什么日期不对也是一个难解之谜。

曾国藩伪造了《李秀成自述》吗？

《李秀成自述》据传是李秀成自己作的，这对评价他的功过及考察太平天国农民起义的历史有重大的意义。但自1864年《李秀成自述》的曾国藩刻本问世以来，人们就对其真实性提出了种种怀疑。

吟唎在《太平天国革命亲历记》中就提出了质疑："1852年，在太平军占领南京以前，清朝官方即已捏造了一篇名为《天德供状》的文件，伪托是叛军领袖的供状，谎称他们俘获了这个领袖。《李秀成自述》很可能也是同样靠不住的。这篇文件或为某个著名的俘虏所伪造（他可能因此而得赦免），或为两江总督曾国藩的狡猾幕僚所伪造。"

《李秀成自述》各种不同版本又陆续出现，人们围绕其真伪问题，提出各种截然不同的看法。1944年，罗尔纲根据广西通志馆从湖南湘乡曾国藩后人家中抄录来的《李秀成自述》原稿的抄本及拍摄来的《李秀成自述》原稿的一部分照片，从内容笔迹、语汇、用语、语气等方面作出仔细的鉴定，认定"曾国藩后人家藏的《李秀成自述》确是李秀成亲笔"。1956年，有

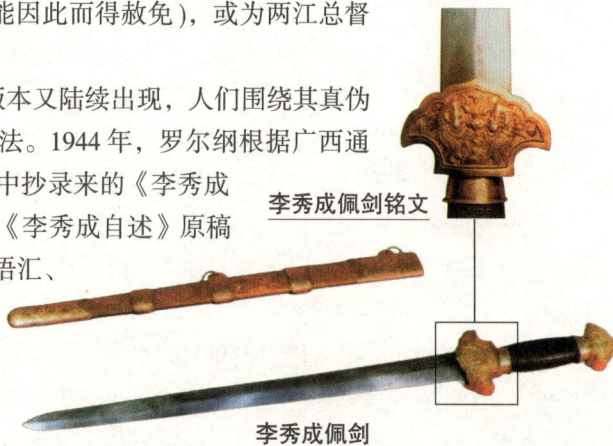

李秀成佩剑铭文

李秀成佩剑

太平天国忠王府

李秀成无疑是太平天国运动后期的中流砥柱，但他是否写了《李秀成自述》却是后人一直争论的疑点。

李秀成龙袍

太平天国是中国唯一具备服饰制度的农民政权。其服饰继承传统遗制，又有所创新。以黄色织锦缎制成，饰以金、银、红三色丝线盘成的龙纹，甚为华丽。

人以司法部法医研究所研究笔迹的专家审定为依据，提出曾氏后人所存的《李秀成自述》乃"曾国藩所伪造"。正当讨论深入之时，曾氏后人在台湾世界书局影印出版《李秀成自述》原稿。不久，戚本禹的奇文《评李秀成自述》、《怎样对待李秀成的投降变节行为》又先后发表了。

1979年 和1984年荣孟源两次撰文断定："《李秀成自述》不是李秀成的真迹，而是曾国藩修改后重抄的冒牌货。"

陈旭麓针对荣孟源的看法认为："《李秀成自述》是李秀成的亲笔。"他说，字句的款讳问题可能仅仅是李秀成的有时疏忽，又回到早年的写法，犯了讳，也并不奇怪；然后他又提出疑问：《李秀成自述》原稿如果是假的，曾国藩为什么要把这个假东西当作宝贝传之后代呢？为什么他的第四代曾孙曾约农还要把这个易招非议的假东西公之于众呢？

还有人认为，《李秀成自述》不但是李的真迹，而且是完整无缺的，即曾国藩对它只有删改，并未撕毁；至于《李秀成自述》原稿影印本最末一句话"实我不知知也，如知"说明李秀成已经"彻肠彻肚"，实在无话再说了。

《李秀成自述》真伪之争，在国际上也引起不少人的关注。1978年4月8日国际友人路易·艾黎坦率地对《李秀成自述》的真实性提出了看法。他说："如果像曾国藩这样一个肆无忌惮的卖国贼官吏竟然会不去充分利用被俘的李秀成来进一步达到清朝的目的，这是绝对不可思议的。他可以先鼓励李写下他本人的历史，然后再通过专家在同样的纸张，以同样的文风，添加上有害于太平天国事业的东西，之后在显示他本人宽宏大量的同时，对全部东西加以编辑剪裁。"他还说："由于自首书是经过篡改的，所以，曾国藩对它显得神经过敏。他曾命令其家属不得给他人看这份自首书。我曾亲自在上海听见过他的孙子说过这件事。"《李秀成自述》的台湾原稿影印本的英译本译者、伦敦大学柯文南则说："我相信我们今天所能细查的《李秀成自述》的确是他亲手写的，而看不出什么重要的、决定性的遗漏。"

《李秀成自述》是真是假，在学术界已经历了很长时间的讨论，如能证据确凿地做出一个考证，当对学术界有一个极大的贡献。

甲午战争日军登陆之谜

甲午中日战争的失败是清政府的一个耻辱，当时，日军首先在山东登陆，然而，具体位置在什么地方呢？

一说荣成登陆。甲午战争时期的荣成在今荣成县城崖头东北 80 多里的龙须岛西部。甲午战争期间在北洋舰队"定远"舰任职的陈兆锵持此说。

二说龙须岛登陆。持此说者较多。海军提督丁汝昌在日军登陆的当天，将日军活动情况电告李鸿章，电文中说："两船向龙须岛驶，二十二船在灯塔处或二英里处或八英里游弋，必是倭船有登岸之举。"北洋海军覆亡时，《会陈海军覆亡禀》中有记载说："至十二月二十五日（即公元 1895 年 1 月 20 日），倭以水陆劲旅自龙须岛登岸，破荣成县城，攻桥头等隘。"（《甲午战争有关奏折史料》，国家图书馆藏）另外，曹和济所撰写的《津门奉使纪闻》中亦持此说。

中日甲午海战图 清

三说落凤港登陆。落凤港位于龙须岛南侧、荣成湾的北端。山东巡抚李秉衡在日军登陆的第二天电告清廷称："昨调倭岛、里岛防营折赴龙须岛，尚未赶到，而倭人于落凤港登陆，径赴荣成县。"甲午战争期间曾一度上书言事的易顺鼎说："二十五日，倭以运船四十艘，载陆兵由落凤港登岸，扑荣成县。"（见于《盾墨拾余》）池仲祐在《海军实记·述战篇》中亦持此说。当代史著，未曾采用此说。

五说金山嘴登陆。在日军登陆的第二天，当时镇守威海卫南帮炮台的总兵刘超佩将日军登陆和中国军队抵抗的详细情况电告李鸿章，电文中这样说："二十五日早四点钟，倭船三四十只在龙须岛、倭岛、里岛游弋，嗣于龙须岛、倭岛交界之金山嘴水深处下兵……贼兵蜂拥而上，枪队不能存身，退回荣成。"

由此可见，日军登陆具体地点之说，众说纷纭，莫衷一是。

八国联军用过毒气弹吗？

英国海军中将西摩尔，就是他率领八国联军向北京进犯

英美德法俄日意奥侵华的八国联军进攻天津发生在 1900 年 7 月，当时的战争过后留下了诸多疑点，至今仍然难以解释清楚，其一：死者为何倚墙不倒？其二：英军曾经使用专门的毒气炮作为发射工具吗？其三：所放气体究竟是"绿气"还是"氯气"？其四：毒气炮如今流落何方？

以上这四个疑点如果被证实，将共同指向同一个结论——八国联军确实用过毒气弹。那么究竟史料是如何记载的呢？而且其时间要早于第一次世界大战，事实到底是否如此呢？

让我们先来看看历史遗留下来的四大疑点。八国联军进攻天津时，天津军民死伤惨重，而天津军民死伤的形状也颇为奇特。部分史料中有如下记载，颇让人心惊胆寒。清代的《西巡回銮始末记》中的描述详尽而细致："城内唯死人满地，房屋无存。且因洋兵开放列低炮之故，各尸倒地者身无伤痕居多。盖因列低炮系毒药掺配而成，炮弹落地，即有绿气冒出，钻入鼻窍内者，即不自知殒命，甚至城破 3

进犯北京的八国联军旧照

八国联军中德国在天津的军营

点钟后，洋兵犹见有华兵若干，擎枪倚墙，怒目而立，一若将欲开枪者，然及逼近视之，始知已中炮气而毙，只以其身倚饸在墙，故未仆地。"

照史料上记载，清朝官兵应该还是按照以往躲炮弹的方法，藏在掩体后面。但是，与以往不同的是，这次的"炸弹"爆裂后，绿烟弥漫，无论是否躲到掩体后面，只要闻到绿色烟雾的就会全部死亡。

第二，当年的"万国公法"明令禁止过使用一种叫作"列低炮"的武器，因为其屠杀人类非常残忍。然而，两门列低炮却经由英舰"阿尔及灵"号运载，于1900年7月10日出现在天津港海岸，并在7月11日投入到战斗之中。它们的到来还要从1900年春季说起，当时义和团以"扶清灭洋"为口号围攻英国在京驻华使馆，于是，6月10日英国海军中将西摩尔率联军2000多人赴北京救援，在经过廊坊时受到重创，伤亡惨重。为了"制裁中国"，联军从南非战场上紧急调用了"列低炮"并迅速运往天津战场。

经过多方考证，这种列低炮炮弹炸处，绿烟四散，1码（0.9114米）之内，人畜闻之即死。"万国公法"曾决定"战争中不得使用此炮"，当时签订的国家也包括英国，而现在它却违反国际公法。

到此，从各方面分析，结论逐渐明朗：英军从南非战场直接运到天津的"列低炮"就是毒气炮！那么，据此推测，毒气弹首次使用的时间应该是在南非，而不是以前所说的第一次世界大战。在世界史的相关资料中有关"英布战争"的记载显示，在南非东部的莱底斯战场上，英军就是使用这种炮毒死了很多士兵，加速了战争的胜利。

第三，绿色的气体究竟是什么呢？

氯气是一种具有强刺激性的黄绿色气体，大气中低浓度的氯气能刺激眼、鼻、喉；空气中含有万分之一的氯气就会严重影响人的健康。高浓度的氯气会引起人慢性中毒，产生鼻炎、支气管炎、肺气肿等，有的还会过敏，出现皮炎、湿疹等。根据史料记载所描述的情形，八国联军炮弹冒出的这种"绿气"极有可能就是"氯气"。如果氯气浓度极高时，人吸入则有可能马上窒息而死。

在有关第一次世界大战中毒气弹使用的史料中这样记述：1915年4月，德军飞机向英法联军投下氯气弹，炸弹落地后，腾起团团黄绿色的浓烟，迅速向四周弥漫。靠近毒气弹的英法士兵纷纷倒下，头晕目眩，呼吸紧张，紧接着便口角流血，四肢抽搐起来，死后的人大多数还保持着生前的姿势。史料上的描写与八国联军在天津使用列低炮进攻清军后的情况极其相似。由此，不难断定，八国联军在天津使用的就是氯气弹。

最后，当年的列低炮如今又下落何方呢？这将是解开谜底最有力的证据。

在那次炮攻天津之后，史料中再也没有发现关于列低炮的记载，也没有发现联军使用毒气弹的记载。天津也成为唯一受过列低炮伤害的城市。那么这两门炮究竟去哪儿了？会不会是在战斗中被清军摧毁了？如果不是，那么在进攻北京的过程中又怎会让这种极具杀伤力的武器不发挥作用呢？如果是因为顾忌"万国公法"的约束，那

八国联军侵占廊坊后的合影照片

么在天津的使用又怎么解释？综上，毒气炮下落比较可信的说法就是被清军炮击摧毁了。

这种被怀疑为毒气弹的武器在很大程度上促进了八国联军的胜利，根据相关专家的考证，毒气炮在天津至少使用了三次。1900年7月11日，是第一次使用的时间。英国"奥兰度"舰准尉G.吉普斯在《华北作战记》文中提到："星期三（7月11日）

八国联军统帅瓦德西到达天津

凌晨3点，中国人大举进攻车站，决心要攻下它。他们在黑夜中前进，终于到达车站……我们从大沽运来的4英寸口径大炮第一次使用上了。"当时，洋人已经顶不住武卫军和义和团针对老龙头火车站的共同进攻。于是，英军就从织绒厂后面向驻扎在陈家沟的武卫左军大营和攻打火车站的清军及义和团施放了毒气弹。绿烟飘来，数百士兵以及尚未分发的600匹战马均无一幸免，铁路旁的义冢堆尸如山。

八国联军见中国军民抵抗热情并没有因为巨大的损失而降低，随后又两次使用了特殊炮弹。7月13日至14日凌晨，八国联军对天津城发起总攻。萨维奇·兰德尔文《中国与联军》载："攻打天津城的战斗发生在13日清晨。联军利用所占有的一切可以利用的大炮在日出时就开始射击……两门4英寸口径海军快炮中有一门架在通到西机器局的路上，另一门则在土围子附近……"守城清军凭借城墙高厚的优势阻击，义和团在城下民房中协助，洋人攻城不下，于晚上8点开始撤回攻城士兵，并施放特殊炮弹。

最后一次是在8月5日清晨，联军开始向唐家湾的清军前沿阵地发起总攻。一开始怕伤着联军士兵并没有发射，等到在穆家庄、南仓受到清军阻击，退到白庙，渡过河后，英军随即施放列低炮，这种炮弹再次帮了他们大忙。

这段历史留下的四个疑点如今都已经无法拿出最直接最确切的证据，因此，一切的结论都只能是建立在种种假设基础上的推论，是否还有其他原因会导致士兵死去时的姿势与因毒气弹而死的姿势相似？历史上有关第一次使用"列低炮"的地点是南非而不是中国的记载真的错了吗？绿色的烟雾是不是一定就是氯气呢？最后一点，当年用来发射特殊炮弹的大炮已经再也找不到了，还是从来就不存在呢？这一切的疑问谁能解答呢？

名人

"梦生"还是"野合"——孔子出生之谜

中国封建社会绵延几千年，孔子作为儒家思想这种封建统治思想的创始人，受到历代统治者的加封，头衔众多，成为万世师表。可是，作为伟大的思想家、教育家的孔子的出生情况如何呢？这个问题颇为引人注目。

关于孔子的出生情况，现在的史书多是一笔带过，模糊不清。例如，范文澜先生所著《中国通史》第一册就有这样的记载："孔子名丘，字仲尼，鲁国曲阜人。先世是宋国贵族，曾祖父逃难到鲁国。父叔梁纥，曾做鲁陬邑宰……孔子生于前552年，卒于前479年，年七十三岁。"其他的史书大致上也都是

夫子洞

孔子出生前，其父母曾在山东曲阜的尼丘山祈祷。故而孔子出世后，取名丘，字仲尼。下图是尼丘山的夫子洞，传说是孔子的出生地。

这样记载的，包括蒶伯赞先生所著的《中国史纲要》，有的史书记载更少。综览各种史料，目前关于孔子出生的情况，学术界有以下几种观点：

第一，"野合"而生。司马迁《史记·孔子世家》记载说："孔子生鲁昌平乡陬邑……伯夏生叔梁纥。纥与颜氏女野合而生孔子。""野合"一说是在野地里苟合，而唐朝人认为，"野合"之所以成立，是因为孔子之父叔梁纥年老而母亲颜征在年少，故两人结合不合礼仪。司马贞《史记索隐》就说："今此云野合者，盖谓梁纥老而征年少，非当壮室初笄之礼，故云野合，谓不合礼仪。"

第二，祈祷而生。这种观点的神话色彩浓厚，说孔子的母亲在尼丘山和他父亲

清康熙皇帝手书万世师表牌匾

孔子被颂为万世师表，成为中华民族的精神象征和思想领袖，历代统治者无不恭奉有加，借以教化生民。

一起祈祷，感动黑龙的精灵而怀上孔子。东汉郑玄《礼记·檀弓正义》引《论语撰考谶》说："叔梁纥与征在祷尼丘山，感黑龙之精以生仲尼。"显然，这种说法非常荒谬，无非是儒学的后继者们为了神化孔子所作的附会之辞，不足为据。

先师孔子像

第三，梦生。这与上一种说法一样出于谶纬书中，带有明显荒诞的迷信色彩。因为如果不在出生问题上故弄玄虚，使之与凡人不同，以尊其为神，孔子就不能成为"圣人"，他的观点主张又怎能为世人信奉呢？

第四，私生子。蔡尚思等所著《孔子思想体系》一书提出此说。该书详细列举了作者历年积累的资料，认为颜氏既然长期向孔子隐瞒其父的事情，说明颜家必定远离孔家。再加上孔子自称"吾少也贱"。这些无不证明颜氏家境贫寒，可能是奴隶或平民之女，与叔梁纥的身份截然不同。所以，该书认为，所谓"野合"，实际上是老奴隶主叔梁纥在野外强暴颜氏而生孔子，即孔子是私生子。这一结论重新解释了《史记》等书中所述的"野合"。

在这几种说法中，"祈祷而生"与"梦生"这两种说法固然不足为信，就"野合"这种说法而言，究竟该如何解释，也还没有定论。

西施最后的归宿如何？

我国古代"四大美女"之首的西施，是春秋末期越国的一名浣纱女，有闭月羞花、沉鱼落雁之貌，之所以能名见史册，是因为她不幸成为两个国家斗争的主角，吴王夫差对之宠幸有加，也因为她对越国放松了警惕最终被越国打败。

那么，吴国灭亡以后，这位美貌的女子究竟归宿何处呢？早期的史书所记录的，

西施像

都是一代红颜薄命的下场，立了功却最终被越王装进皮袋沉到江里。《墨子·亲士》篇就说："西施之沈（"沉"，古作"沈"），其美也。"《太平御览》引东汉赵晔所撰《吴越春秋》中有关西施的记载说："吴亡后，越浮西施于江，随鸱夷以终。"这里的"浮"字也是"沉"的意思。"鸱夷"，就是皮袋。这与上述记载相同。另外，唐代诗人皮日休也有《馆娃宫怀古》五首，第五首是："响屧廊中金玉步，采苹山上绮罗身；不知水葬今何处，溪月弯弯欲效颦。"这些记载均说西施最后被沉于水。但是后人不忍这位绝代佳人有如此可悲的结局，于是流传出西施和范蠡偕隐西湖的美满姻缘的故事。范蠡是当时越国的大夫，帮助越王勾践刻苦图强，灭亡吴国，因深知越王勾践为人"可以共患难，不可以共安乐"，于是隐姓埋名出走。本来范蠡和西施没有任何关系，但因有范蠡泛于西湖的传说，后人便给他安排了一个如花美眷西施为伴，同时也给西施安排了一个虚假的美满的结局。《越绝书》是东汉袁康所撰，记吴越两国史迹及范蠡等人的活动，多采传闻异说。例如《越绝书》就这样记载："吴亡后，西施复归范蠡，同泛五湖而去。"唐代诗人杜牧在所作《杜秋娘诗》中有句云："西子下姑苏，一舸逐鸱夷。"这里的"鸱夷"不作皮袋解释，

吴王采莲图

而指的是范蠡。《史记·越王勾践世家》说范蠡亡吴后,"浮海出齐,变姓名,自谓鸱夷子皮"。《姓氏书辨证》卷三中也说,范蠡到了齐国以后,自号鸱夷子。

民间还有一些纪念范蠡与西施爱情的场所。说是在范蠡送西施去吴国途中,二人情难自抑,双宿双栖,生下一子。等他们一路磨蹭到吴国时,孩子已能张嘴说话。至今吴越间还有一"爱子亭",用于纪念范蠡与西施的爱情结晶。只不过令人遗憾的是,传说中这个孩子后来送给别人抚养就再也没有找回。

《史记》中《越王勾践世家》与《货殖列传》都提到范蠡却没有提起西施,就更不用说她和范蠡有什么关系。是司马迁没有看到这方面的记载,没有听到这方面的传说,还是司马迁特意不写进去,今天就无从知晓了。因此有关西施的结局众说纷纭。是被沉于水,或者跟随范蠡归隐于西湖,或者还有其他什么结局,这仍是有待探索的谜。

纵横家鬼谷子有无其人?

据传,我国战国时代纵横家的鼻祖鬼谷子为楚国人,姓名传说不一,曾经在鬼谷隐居,因以鬼谷子自号,人们也这样称呼他。

第一种说法否认鬼谷子其人的存在。乐一在注《史记·苏秦列传》时说:"苏秦欲神秘其道,故假名鬼谷子。"他认为鬼谷子就是苏秦。清朝人翁元圻在注《国学纪闻》时说法更为明确:"秦仪,即鬼谷子。"有人认为鬼谷子是对隐士的泛称,唐朝人李善注《文选》说:"鬼谷之名,隐者也,通号也。"既然认为鬼谷子只是泛称隐者,实际上也就是否认鬼谷子实有其人。现在学术界也有人认为鬼谷子非历史人物。1984年湖北人民出

金器 战国前期
战国时代,随着铁制工具的应用和普及,金银器的制作工艺有了很大提高。当时金银器的制作工艺有鎏金、错金银、錾花、掐丝、镶嵌、炸珠等。由于当时的黄金极为稀少,所以只有上层社会才有条件使用。

版社出版的《湖北历史人物辞典》列了很有名的慎子、鹖冠子,但未列鬼谷子。《古今伪书考补证》讲到鬼谷子时说:"史记所记,得之传闻,本不足据。"又说:"其人无考,况其书乎?"《宗教辞典》也称其是"中国古代传说人物"。

第二种说法认为鬼谷子是神。据《仙传拾遗》记载,鬼谷子"疑神守一,朴而不露,在人间数百岁,后不知所之"。杜光庭《录异记》也认为:"鬼谷先生者,古之真仙也……自轩辕之代,历于商周,随老君西化流沙周末复还中国。"

第三种说法对鬼谷子的有无半信半疑。清朝人秦恩复以为"或云周时豪士,隐于鬼谷者,近是"(四部备要本《鬼谷子》)。所谓"近是"即接近正确,并没有完全

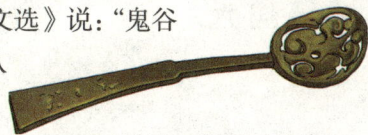

金银镶嵌虎形台座战国
现藏于河北省文物研究所。

肯定。现在也有学者认为"欲证鬼谷子真有其人，终不可得其确"，同时认为"鬼谷其人，又不全虚"(《古籍整理论文集·鬼谷子研究》)。新版《辞海》、《辞源》在介绍鬼谷子时，前面都冠以"相传"二字以示不作确切肯定。

第四种说法认为鬼谷子是战国时楚国人。现在介绍鬼谷子的文字不系统，不完整，也不可靠，但根据大量见于古籍中的资料，历史上确有鬼谷子其人。

《史记》最早记载鬼谷子，司马迁与鬼谷子生活的年代相隔较近，根据苏秦、张仪谢世的年纪推测，最多也就一两百年，因此司马迁所记应当是比较可靠的。《史记》虽无鬼谷子传记，但是在《苏秦列传》中太史公记曰："苏秦者，东周雒阳人也，东事师于齐，而习之于鬼谷先生。"在《张仪列传》中也说张仪是鬼谷子的学生。另外，司马迁在《史记·太史公自序》中有一段引文："故曰，圣人不朽，时变是，虚者道之常也，因者君之纲也。"司马迁未注明出处，但是唐朝人司马贞在《索引》中指出："此出《鬼谷子》，迁引之以成其章，故称'故曰'也。"可见司马迁与司马贞都曾见到过鬼谷子的著作。

苏秦六国封相 年画

许多鬼谷先生遗迹尚在湖北当阳鬼谷洞附近。据《舆地纪胜》记载，此洞"即鬼谷子隐处"。今鬼谷洞外石壁上嵌有三块石碑，均系清光绪五年重修大仙洞的石碑记，其中有一段曰："清溪寺山后五里许，有大仙洞，系战国时鬼谷大仙披门仙师修真之所……残碑隐隐有字迹，（鬼谷庙）大约始于晋。"在鬼谷洞东南2公里处有棋盘山，亦名云梦山，据《当阳县志》称"传鬼谷子对弈处"。

综上所述，历史上究竟有无鬼谷子其人尚无定论，要揭开谜底，还需要充足的证据和深入的研究。

王昭君出塞之谜

王昭君，中国古代四大美人之一，"昭君出塞"的故事让风华绝代的王昭君在历史上据有一席之位。

王昭君像

这个故事在《汉书·匈奴传》和《后汉书·南匈奴传》等正史中都有所记载。但有关她出塞的原因，至今众说纷纭，莫衷一是。

一种最流行的说法是，王昭君因自傲，未买通画工毛延寿，因而被丑化。未能遭皇上宠幸的昭君觉得在宫中没有意思，于是自请去匈奴。经汉元帝同意，她便出塞去和亲了。

据《汉书·元帝纪》和《西京杂记》所载："王昭君，西汉南昭秭归（今属湖北）人，名嫱。"晋时为避司马昭讳，她又被称为明君和明妃。相传，她是齐国王襄的女儿，竟宁元年（公元前33年），17岁的王嫱被选入宫中，汉元帝是按画工的画像选宫女的，为了能被皇上召幸，深居后宫的宫女们，总想让画工把自己画得美点。所以，她们不惜花费重金贿赂画工。

王昭君初入宫廷，第一不懂这些规矩，因而没有准备这笔贿金；二来觉得自己天生美貌，不怕皇上不召见。据说，画工毛延寿在画王昭君的眼睛时，便开口说："画人的传神之笔在于点睛，是一点千金呀！"对毛的暗示昭君虽心领神会，但没有买他的账，反而讥讽了他几句，毛延寿见她如此傲慢，便把那点该点到昭君眼睛上的丹青点到了她的脸上。多了这么一点，王昭君因而苦守了不知多少时光。

这时，恰好匈奴呼韩邪单于来朝，要与汉人和亲。王昭君久居深宫，觉得面见圣

宫中画像图

这是一幅古人所绘的画师给宫女画像的图画。当日毛延寿丹青暗点的那一笔，王昭君的命运已被悄然决定，不知画师这残酷的一笔究竟用意何在。

上无望，积怨甚深，便主动要求离汉宫去匈奴。汉元帝原想她毫无姿色，因此同意了她的要求。

到了呼韩邪单于与昭君离开的那一天，汉元帝见王昭君丰容盛饰，美冠汉宫，不禁大吃一惊。他本想留下她，可是怕与人失信，只好忍痛割爱，让王昭君出塞和亲。据传，后来汉元帝对画工毛延寿大为恼火，想要杀掉毛延寿等画工。

王昭君到了匈奴，生儿育女，俨然一个贤妻良母。可是好景不长，没几年，呼韩邪单于驾崩。阏氏之子继位。依匈奴习俗，王昭君要嫁给继子为妻。昭君不从，上书汉朝要求回汉宫。此时元帝已死，成帝即位，成帝敕令她从胡俗，无奈之下昭君又成了单于阏氏。又传，王昭君觉得屈辱，最后服药而死。

历史上还有一说，王昭君之所以出塞，是毛延寿设下的救国计策。宫廷画工见王昭君美貌异常，怕汉元帝贪恋其美色而步纣王后尘，于是将昭君有意丑化。后汉元帝见昭君真面目虽想反悔但最终忍痛割爱。历史上一些文人大大赞扬了毛延寿此举，认

明妃出塞图 元

为他这样做不但使元帝免于沉溺女色之祸，而且昭君出塞确实对边疆的安宁起到了积极的作用。

正史中记载，王昭君出塞和亲，对汉边疆的安宁确实起了积极的作用。从此，汉匈关系和睦，这说明政治联姻对于汉匈外交起到了积极作用。

造纸术始于蔡伦吗？

作为我国四大发明之一，造纸术对世界文化的发展具有十分重要的作用。很长时间以来，人们一直认为造纸术的发明者是东汉宫廷宦者蔡伦。据传，蔡伦从小就对造纸很感兴趣，他经常看着竹子的内膜发呆，心里想道，要是字写在这薄薄的竹膜上，不是比写在竹简上要方便得多吗？于是他就用竹膜试验，但是经过很多次失败之后，他意识到竹膜太薄，根本无法写字，于是他想到要加进一些与竹膜一样质地的东西，但那些东西必须坚韧，他开始尝试用一些棉、麻试验。在千百次的试验之后，他成功了。正史中关于蔡伦发明造纸术的记载最早出现在南朝宋代范晔的《后汉书》里。《后汉书·蔡伦传》说："(蔡)伦乃造意用树肤(皮)、麻头及敝布、渔网为纸，元兴元年奏上之。帝善其能，自是莫不从用焉，故天下咸称'蔡侯纸'。"后来的教科书都用此说。

蔡伦像

然而，许多考古发现证实，造纸术的发明者并不是蔡伦。在西汉时期，我国劳动人民已经学会了造纸。

居延纸 西汉
又名金关纸，1973年甘肃省居延金关遗址出土。

麻纸 西汉
敦煌市西部马圈湾出土。

在比《后汉书》更早的东汉官修国史《东观汉记·蔡伦传》(已逸) 中记载:"黄门蔡伦,典作尚方作纸,所谓'蔡侯纸'也。"原书只说蔡伦主管 (即"典") 少府所属尚方造纸,根本没有蔡伦发明纸的意思。蔡伦于公元75年入宫为宦官,后因卷入宫廷内讧而服毒自杀。所谓蔡侯纸实出于尚方内众工匠之手,而绝非身为尚方令的蔡伦所亲制。

中国著名考古学家黄丈弼于1933年在新疆罗布淖尔汉代烽燧遗址中发现了西汉麻纸。但是,此纸没有经科学鉴定,便毁于1937年的战火之中。

到1957年,人们又在陕西省西安市郊灞桥的一个砖瓦厂发现了一座西汉古墓,墓中有一个铜镜,用麻布包着铜镜,有一叠古纸,共88片,最大的有100平方厘米大小,最小的只有12平方厘米,平均厚0.139毫米,稍厚于现在的新闻纸,是用麻纤维做成的。

到了1973年和1974年,又有两片西汉纸在甘肃居延汉代遗址中发现了,一片有400平方厘米大小,是用大麻纤维制作的,其年代大约在西汉宣帝时期,另一片有103.5平方厘米大小,是用麻、线混合制成的,其年代大约在西汉建平年间。

到了1986年,考古工作者又在甘肃天水发现了一张西汉天水地区的纸画地图。该地图出土时被放在死者胸部上面,残长5.6厘米,宽2.6厘米,纸面光滑平整,是用细墨线条绘制的。这张纸大约有14平方厘米,出土时已非常残破,但却是我国劳动人民在西汉时期就已掌握了造纸技术这一史实的有力证明。

从1990年到1991年,考古工作者又在甘肃敦煌悬泉置遗址中发现了24片汉代麻纸,其中4块书写有字,这纸和1500多件有确切纪年的简牍同时发现,其年代当是西汉宣帝到哀帝时期。这说明西汉不仅有纸,而且开始用纸来进行书写。

蔡伦墓

上面这些重要考古发现有力地证明:我国造纸术的发明者并不是东汉蔡伦。远在西汉,我国劳动人民就已经掌握了造纸术;蔡伦的贡献是改进了造纸术,使造纸业的发展更进一步。也因为他在造纸术方面的改进,使得后来的史书将其列为造纸术的发明者。这同时反映出,造纸术在蔡伦改进之后技术水平的确有了很大提高,人们的书写也较以前更为方便了。

"闭月"之貌出谁家——貂蝉身世之谜

在古代四大美人中，最迷人的当属貂蝉了，因为她竟让英雄豪杰为之神魂颠倒；也数她最不可捉摸，因为人们至今还没有弄清楚她的本来面目。关于她的身世，主要有以下四种观点。

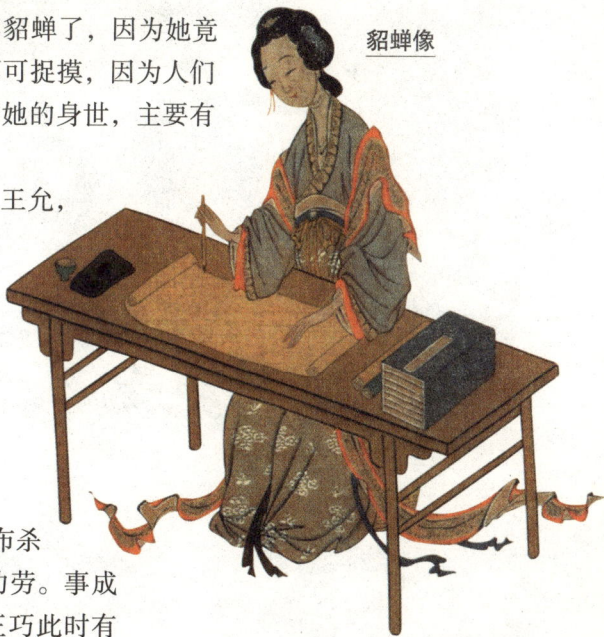

貂蝉像

第一种观点认为她是王允的歌妓。王允，东汉太原祁县（今属山西）人，字子师。初为郡吏，灵帝时，任豫州刺史，献帝登基后任司徒。王允为了铲除董卓，想用美人计来达到目的。于是他想到了貂蝉，王允对她说明了其中情由及利害关系，并要求她助一臂之力。貂蝉按王允的要求，以她的美色挑起了吕布和董卓之间的矛盾，最后，利用吕布杀了董卓，为王允排除异己立下了汗马功劳。事成后，貂蝉在花园里为王允祈祷拜月，正巧此时有一片彩云遮月。王允见之曰："貂蝉美色使月亮躲到云后面去了。"据此，后人都传说貂蝉有"闭月"之容。

第二种观点认为她是董卓的婢女。董卓，东汉陇西临洮（今甘肃岷县）人，字仲颖。本为凉州豪强，灵帝时，任并州牧。昭宁元年（公元198年）率兵入洛阳，废少帝，立献帝，专断朝政。曹操与袁绍等起兵反对，他挟献帝西迁长安，自为太师，后来为吕布所杀。据《后汉书·吕布传》载："卓以布为骑都尉，誓为父子，甚爱信之。常小失意，卓拔戟掷之，布拳捷得免。布由是阴怨于卓。卓又使布守中阁，而私与侍

貂蝉拜月粉彩壶 明

婢情通，益不自安。"这段记载的就是凤仪亭掷戟之事。由此可知，貂蝉是与吕布情通的董卓婢女。

第三种观点认为她是吕布之妻。据《三国志·吕布传》注引《英雄记》载："建安（汉献帝年号）元年六月，夜半时，布将河内郝萌反，将兵入布所治下邳府，诣厅事阁外，同声大呼，布不知反将为谁，直牵妇，科头袒衣，相将从溷上排壁出，诣都督高顺营。"又载："布欲令陈宫、高顺守城，自将骑断太祖（曹操）粮道，布妻谓曰：

连环计 年画

'宫、顺素不和，将军一出，宫、顺必不同心共守城也，如在蹉跌，将军当于何自立乎？妾昔在长安，已为将军所弃，赖得庞舒私藏妾身耳，今不须顾妾也。'布得妻言，愁闷不能自决。"这里描述的这位科头袒衣的妇人，就是吕布之妻貂蝉。

还有一种观点认为她是吕布部将秦宜禄之妻。据《三国志·关云长传》注引《蜀记》曰："曹公与刘备围布于下邳，云长启公：'布使秦宜禄行求救，乞娶其妻。'公许之。临破，又屡启于公，公疑其有异色，先遣迎看，因自留之。云长心不自安。"从这段记载中可知秦宜禄的妻子是很有姿色的。另外，因为关羽先想娶其为妻，可是由于曹操"自留之"，所以引起关羽的妒忌。他妒火中烧，一刀便把秦宜禄的妻子给杀了。元人杂剧《关公月下斩貂蝉》就是以此事创作而成。因此，秦宜禄之妻也成了传说中的貂蝉。

貂蝉作为四大美女之一，其红颜薄命委实令人悲叹。

曹植在《洛神赋》中写的神秘女子是谁?

位列"三曹"之一，素以文采见长的曹植在他一生的作品中，除七步诗之外，《洛神赋》便是他最著名的代表作之一了。但曹植在《洛神赋》中所写的洛水之神到底是谁呢?

甄后，是曹丕的妃子。作为小叔子的曹植居然动了爱慕之心，这就兄弟之道言，是其不义，就君臣之道言，是其不忠。不义不忠，大逆不道，成何体统? 于是从古至今，便有一支浩荡大军，来辨伪正本，口诛笔伐。唐彦谦曾经说："惊鸿瞥过游龙去，虚恼陈王一事无。"陈王，就是指曹植。宋人刘克庄却说，这是好事之人乃"造甄后之事以实之"。明人王世贞又说："令洛神见之，未免笑子建（曹植字）伧父耳。"清代又有何焯、朱乾、潘德舆、丁晏、张云璈等人，群起而鞭挞之。把他们的论点综合起来，大概有如下几点：第一，曹植爱上他的嫂嫂很不可能。他没有那么大的胆量写《感甄赋》。丕与植兄弟之间因为政治的斗争，本来就很紧张，曹植写《感甄赋》，岂不是色胆包天，不怕掉脑袋了吗？第二，图谋兄妻，这是"禽兽之恶行"，"其有污其兄之妻而其兄晏然，污其兄子（指明帝）之母而兄子晏然，况身为帝王者乎？"第三，李善注引《记》所说的文帝曹丕向曹植展示甄后之枕，并把此枕赐给曹植，"里老所不为"，何况是帝王呢？极不合情理，纯属无稽之谈。第四，《感甄赋》确有其文，但"甄"并不是甄后之"甄"，而是鄄城之

曹植像

"鄄"。"鄄"与"甄"通，因此是"感甄"。曹植在写这篇赋前一年，任鄄城王。第五，《洛神赋》一文，是"托词宓妃以寄心文帝"，"其亦屈子之志也"，"纯是爱君恋阙之词"，就是说赋中所说的"长寄心于君王"。后来的人否定感甄说不过是重复这些观点。如果说有所增加，只是说，14岁的曹植不大可能向曹操求娶已经24岁的已婚女子为妻。

与此相对立的是小说传奇和一些诗人，有的作者干脆认为洛神就是甄后。《太平

洛神图 清 萧晨

《洛神赋》描写曹植与洛神的一段悲欢离合的爱情故事，始则极意描写洛神轻盈的风仪、柔美的体态、艳丽的容貌与服饰，娴雅文静而又妩媚缠绵的情致，继而则述彼此倾心爱慕之情，终以人神道殊，不得交结而离绝。此图描写洛神凌波微步，高标玉洁，仪态万方，为众多洛神图中的佳作。

山东东阿山曹植墓 三国

曹植墓玉佩 三国

广记》卷三百三十一《萧旷》篇和《类书》卷三十二《传奇》篇，都记述着萧旷与洛神女艳遇一节。洛神女说："妾，即甄后也……妾为慕陈思王之才调，文帝怒而幽死。后精魂遇于洛水之上，叙其冤抑。因感而赋之。"李商隐在他的诗作之中，曾经多次引用到曹植感甄的情节，甚至说："君王不得为天下，半为当时赋洛神。"蒲松龄的《聊斋志异·甄后》篇中，甄后大骂曹操、曹丕，说"丕不过贼父子庸子耳"，连父带子一块骂。后面还有一段评语是这样的："陈思时一见，《感甄赋》不虚作矣。"

综观千百年来的争论，对立的双方都没有拿出充分而直接的证据来说明是感甄或不是感甄，大多是推论。如果说是感甄之作，用什么确凿的材料来推翻否定者所提出的六点疑问？如果不是为感甄而作，那曹植又为什么写这篇《洛神赋》？如果说是寄托君臣之道，作为政治上屡次受其兄长迫害的曹植，会产生《洛神赋》中所表现的那么真挚的感情吗？似乎也不可能，所有的这一切仍旧是悬而未解的谜。

王羲之是否写过《兰亭序》？

提起《兰亭序》，人们就会想起王羲之。王羲之是我国古代伟大的书法家，为历代学书者推崇，被尊为"书圣"。相传，书法史上的丰碑——《兰亭序》就是出自王羲之之手。东晋永和九年（公元 353 年）三月三日，王羲之与谢安等当时名流，在山阴（浙江绍兴）兰亭修禊，作诗行乐，王羲之挥毫作序，即为《兰亭序》。后来，《兰亭序》为唐太宗所得，并断定为王的真迹。相传最后，原件成了唐太宗墓的殉葬品。

但到了南宋，姜夔因唐代何延之、刘餗二人对《兰亭序》流传途径记载的不同，开始对《兰亭序》作者产生怀疑。他认为，梁武帝收集王羲之书帖 270 余轴，提到了《黄庭》、《乐毅》、《告誓》，但却未提及《兰亭》。这还只是怀疑。清末李文田则干脆

王羲之像

否认了《兰亭序》是王羲之所作，因为《世说新语》中刘孝标注引王羲之此文不叫《兰亭序》而称作《临河序》，李文田还认为定武本《兰亭序》是隋唐人添上去的。李还从文字字体上论述《兰亭序》帖是后人伪造，是隋唐间的书法创作。李文田成为公开否定《兰亭序》出自王羲之之手的"第一人"。

1965年，郭沫若根据在南京附近出土的东晋《王兴之夫妇墓志》、《谢鲲墓志》等文物，再次提出《兰亭序》为伪作。文章说在这年的《文物》杂志上发表了《由王谢墓志的出土论到〈兰亭序〉的真伪》的文章，文章说："《兰亭序》不仅从书法上来讲有问题，就是从文章上来讲也有问题。"他斩钉截铁地断定这篇文章"根本就是伪托的，墨迹就不用说也是假的了。"并进而推断它是陈僧智永所书。如此，《兰亭序》不仅字不是王羲之写的，连文章也不是他作的了。

此文发表以后得到了不少人的赞同，他们的主要论据是序文前后格调不一致，因为"夫人之相与俯仰一世"以后一段文字与王羲之一贯的思想不符，"悲得太没有道理"，"更不符合王羲之的性格"，因此认为《兰亭序》是在《临河序》的基础上加以删改、扩大而成的"。1972年第8期的《文物》杂志上又发表了郭沫若《新疆出土的

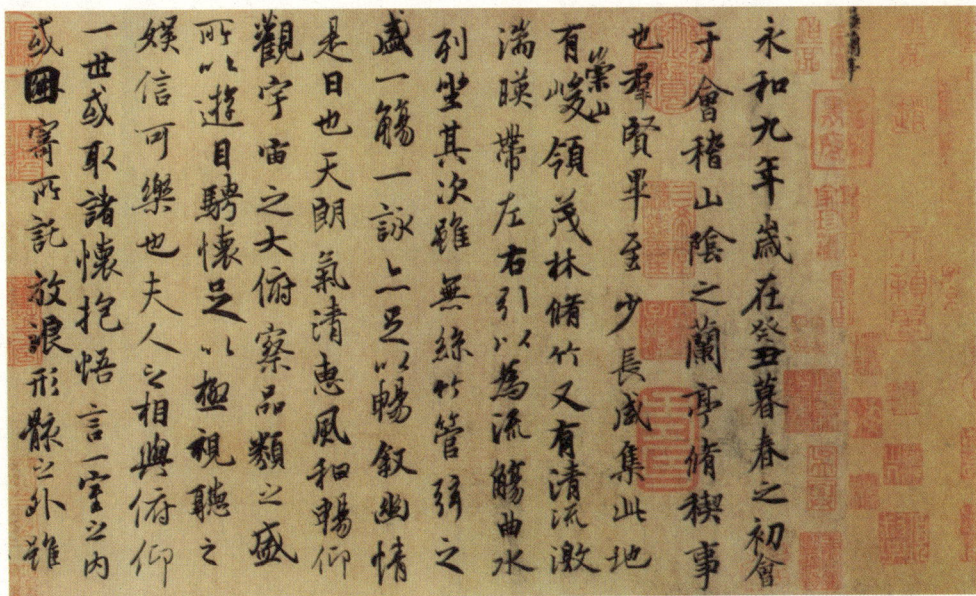
《兰亭序》帖 东晋 王羲之

写本〈三国志〉残卷》一文，认为晋代没有楷书与行书，文章中说"天下的晋代书都必然是隶书体"，从而成为否定《兰亭序》为王作的又一论据。

但这种说法遭到了高二适、商承祚、章士钊等人的反驳，他们从东晋书法风格等角度出发，进行了一次外围考证，认为"东晋时代的章草、今草、行书、楷书确已大备，比

王羲之观鹅图 元 钱选

较而言，后两者都是年轻的书体，到了羲之，把它向前推进变化，因而在书法史上起着承先启后的作用"。至于题目的前后差别，是因为"羲之写此文时并无标目，其标目乃是同时人及历代录此文者以己意加上去的"，所以有《临河序》、《兰亭诗序》、《修禊序》、《曲水序》等名。因为"羲之的思想有许多矛盾的地方"，"这些矛盾反映在《兰亭序》以及诗句的情感变化上"，从而造成了思想上的矛盾之处。《世说注》中的《临河序》比《兰亭序》少了一段感伤文字，只是刘孝标删节了而已。

这些不同的说法，给《兰亭序》增加了些许神秘的色彩，从而让《兰亭序》更受到人们的珍视。

唐代著名诗人骆宾王下落何处？

骆宾王像

骆宾王是"初唐四杰"中最富才情的传奇人物，他生活在唐朝初期，历尽磨难，在南通城东黄泥口的骆宾王墓前的石坊上，"笔传青史，一橛千秋著。碑掘黄泥，五行片壤栖"这副楹联述说着墓主人的故事，纪念着这位才华横溢的诗人。

骆宾王自幼聪颖过人。据说，他七岁那年的一天，有人指着池里的群鹅要他赋诗，他随口吟出了"鹅鹅鹅，曲项向天歌。白毛浮绿水，红掌拨清波"的传世名句，博得了一片喝彩，人们称他为"神童"。但是，就是这么一位才华横溢的诗人，他的生死却始终是一个难解的谜团。

骆宾王的诗文题材广泛，与他非同常人的坎坷生活道路不可分。

骆宾王早年丧父，家境贫寒。唐高宗龙朔元年入仕时，担任道王李元庆的参军，地位低下。后来，他做过校理图籍旧书的东台泽正学士，此后，他被谪从军。上元三年，他又升迁为明堂县主簿。仪凤三年，迁为侍御史。此年冬天，他又被捕下狱。被赦免后，他又到幽燕从军。嗣圣元年，他客居扬州，参加了柳州司马徐敬业起兵反对武则天的活动，写了《讨武曌檄》，受到牵连。其间还有一个小插曲：

在这篇气势磅礴的檄文里，他写有这样的语句："入门见嫉，蛾眉不肯让人；掩袖工谗，狐媚偏能惑主。"这正好道破了武则天的心思，她会心地笑了。接着是"豺虺为心，豺狼成性。近狎邪僻，残害忠良，杀姊屠兄，弑君鸩母……言犹在耳，忠岂忘心？一抔之土未干，六尺之躯何托！"武则天变色问道："作者是谁？"左右回答："骆宾王。"武则天感慨地说："这样的人才，却使他流落不遇，这是宰相的过错啊！"挨骂的武则天也不得不佩服他的才情。

但是，徐敬业的"义军"土崩瓦解之后，骆宾王不见了。有人说他被杀，有人说他投水自杀，还有人说他逃跑了。

《旧唐书·骆宾王传》记载"敬业败伏诛"。还有《资治通鉴》记载："敬业大败……其将王那相斩敬业、敬猷及骆宾王首来降。"这是常说的"被杀说"。

《朝野佥载》认为是"自杀"，"后与徐敬业兴兵扬州，大败，投江水而死……"

《骆宾王文集》序中说"文明中，与嗣业于广陵共谋起义，兵事既不捷，因致逃遁"，《新唐书·骆宾王传》则说"敬业败，宾王亡命，不知所之"。两书都认为骆宾王是逃亡了。

骆宾王诗意图 清 恽寿平

此图取材于唐代诗人骆宾王的诗句"鹅，鹅，鹅，曲项向天歌。白毛浮绿水，红掌拨清波"。

他死 800 年后，有人在江苏南通城东黄泥口发现了一座古墓，墓碑上刻着"骆宾王之墓"。雍正年间，一个名叫李于涛的人说，扬州兵败之后，眷属逃窜几尽，李纲同骆宾王一起隐居在邗之白水荡，后来，骆宾王客死崇州。崇州就是江苏南通。"逃逸说"得到了验证。

也有人认为他逃逸时并不是隐居当老百姓，而是出家当了僧人。而当时的诗人宋之问在杭州灵隐寺还见过他。

虽然是传说，但也从一个侧面说明了骆宾王逃逸之说比较准确。至于他逃亡后是僧是民，就难以考证，成为千古之谜。

僧人达摩是少林寺拳法的鼻祖吗？

少林寺在中国历史上盛名远扬。少林武术向来有南北之分，北有河南嵩山，南有福建泉州少林拳著称。可是，泉州少林寺被毁于兵祸国难之中，着实令人心痛。中国少林武术，从来就是一个整体，其实可以归二为一，应该是一个少林，那就是"中华少林"。

但是，中国少林拳法的鼻祖是谁？关于这一点素来有许多说法。一说法是南北朝后期泛海来中国传教的天竺僧人达摩，一说是公元 520 年比天竺僧人早 7 年来中国传教的南印度香至国三王子菩提达摩。但是，前者有"创拳"祖师的传说，后者有"传拳"祖师的传说。那到底中国少林拳法"创拳"或"传拳"的鼻祖是谁？这给后人留下很大疑问。

说中国少林拳法鼻祖是南北朝后期泛海来中国传教的天竺国僧人达摩，也不是凭空捏造的，有一定理论根据，嵩山"碑林""少林初祖达摩颂"上刻"嵩山少林道场，达摩初祖之居地"（人民日报出版社 1985 年 4 月 2 日出版的《台港与海外文摘》总第 6 期第 35 页）。据民间传说，大约 1300 多年前，公元 685 年，"在南北朝后期，有一个叫达摩的天竺僧人从海路来

达摩图 张大千

达摩是菩提达摩的简称，是中国佛教禅宗的创始人。相传为天竺（南印度）人，于梁普通元年（公元 520 年）入华，梁武帝迎至建业。据传因与梁武帝话不投机，面壁九年而化，传法于神光（慧可），于是禅宗得以流传。

少林武僧壁画 明

我国传教，先在南方，后辗转到北方"。但中国佛教史上却无这些记载，美国《世界日报》1984 年 11 月 11 日的《残留在印度的古少林拳法》一文（见《台港与海外文摘》1985 年第 4 期）中却有一段很长的论述："少林拳源自中国河南省登封县少室山北麓的少林寺……少林寺建于北魏孝文帝太和二十年（公元 468 年），孝文帝为了礼敬跋陀（佛陀）禅师而建立，成为中国佛教史禅宗发源地。达摩于梁武帝大通元年（公元 527 年，比民间传说早 198 年）渡海到广州，梁武帝即派人迎至建业（南京），可惜二人话不投机，达摩遂渡江到北魏，于少林寺面壁九年，使少林寺成为少林拳的发祥地，达摩则被尊为禅宗东土初祖。达摩在少林寺传法，许多修行僧人体力不支，纷纷另求他

嵩岳寺塔

处。达摩发觉这样不是办法，因此精心研究'洗髓经'和'易筋经'以传授门众，成为少林拳的由来，于是有'达摩创拳'的说法。"

还有一种说法认为中国少林拳法鼻祖是南印度香至国（现今塔米尔省的康吉普拉姆地方）的三王子菩提达摩。菩提达摩于梁武帝普通元年（公元 520 年，比天竺国僧人达摩早来中国 7 年）从海路到达中国广州，后来又到了嵩山，开创了拳法。如果这是事实，那么，南印度香至国菩提达摩才是中国少林拳法的鼻祖。

有一些明智的学者怀疑"天竺僧人达摩"与"南印度香至国菩提达摩"是一人，但如是一人，为何来中国时间又差异那样大？如果这是事实，那么，相同之处是二人都是泛海来中国辗转到少林

寺。但中国少林拳法是达摩创，还是菩提达摩所传？他们谁是少林拳法的"鼻祖"？这些问题尚在考证之中。

唐代诗人李白死亡之谜

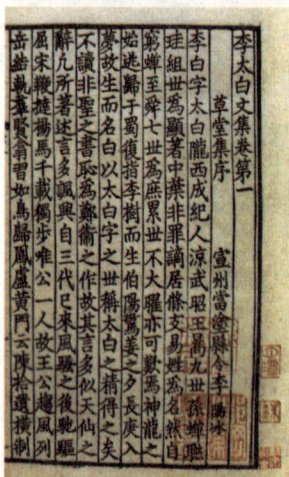

《李太白文集》内页

集诗仙、酒仙于一身的唐代诗人李白是杰出的浪漫主义诗人，关于他的死，后人有多种说法。概括起来，一种说法认为他是死于疾病；另一种说法则带有浓厚的浪漫色彩，那就是认为他死于"揽月落水"，即溺水说。

李阳冰为李白诗集写的《草堂集序》说李白是病死的，以后的碑碣著述多沿用此说。范传正的《墓铭》中即有"至今尚疑其醉在千日，宁审乎寿终百年"的文字。李白嗜酒成性，特别到了晚年，"狂饮"更是他生活中的一个重要组成部分，所以醉而致疾极有可能。晚唐诗人皮日休作《李翰林诗》（《七爱诗》之一），其中有"竟遭腐胁疾，醉魄归八极"的说法，明白地指出李白因醉得疾。郭沫若考证说，61岁的李白曾游金陵，往来于宣城、历阳二郡间。李光弼东镇临淮，李白曾决定从军，到了金陵发病，只得半途而返，此时李白处于"腐胁疾"之初期，估计当为脓胸症。郭沫若又说，他62岁在当涂养病，脓胸症慢性化，胸壁开始穿孔，成为"腐胁疾"，十一月卒于当涂。

《旧唐书》上则说，李白因为饮酒过度，引发疾病，而死于宣城。这种说法也有一定的道理，纵观李白一生，坎坷流离，经历曲折。爱

太白醉酒图 清 改琦

酒，爱月，恃才而狂，傲视权贵。他才气冲天，却命运多舛。晚年穷极悲苦却又不甘寂寞，常感慨自己的一生。他胸怀大鹏之志，却只能听任命运之神的安排，发"中天摧兮力不济"的不堪、"白发三千丈"的幽怨，没奈何，只得呼酒买醉，可惜"举杯消愁愁更愁"，大量的酒精已经使他的肌体受到侵蚀损害，但他仍贪杯，直至病入膏肓而不可救药。推断其死因，人们认为他族叔李阳冰的话应该是可信的。

李白"溺死"说也有一定的依据，五代王定保《唐摭言》说："李白着宫锦袍，游采石江中，傲然自得，旁若无人，因醉入水中捉月而死。"宋代洪迈《容斋随笔》中记载类似，不过在前面加了"世俗言"三字。"世俗言"的意思是这是民间的一种出于美好的想象而产生的传说。值得一提的是，这种带有浪漫色彩的民间传说的出现，是在李白去世不久，而不是在王定保或洪迈的记述之时就已广为流传了。到了元代，王伯成编《李太白流夜郎》杂剧，其中有李白落水的说法。虽然艺术无法与现实等同，但其出处也有一定的真实性。

对于李白诗歌的爱好者来说，他们更愿意相信李白是"揽月落水"而死。因为他有许多诗是写月的，他把月亮看成是高尚皎洁的象征。所以人们愿意接受他的死与月亮有关之说。但李白究竟是因"揽月落水"而死，还是发病而死，只有诗人自己知道了。

四川江油太白故里

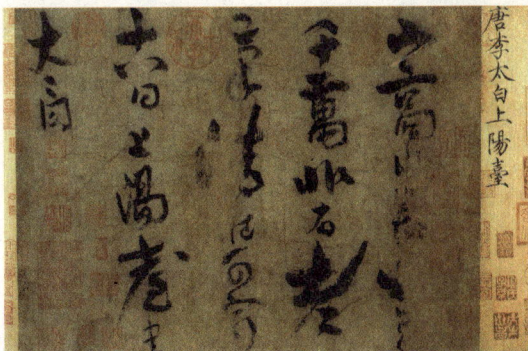
上阳台帖 唐 李白

粉彩李白醉酒图花盆 清

北宋名妓李师师死亡之谜

看过《水浒传》的人可能都知道，宋江在要归顺朝廷时，苦于没有门路，最后无法，只得托李师师打通关节。当然，这是小说家虚构的情节，但现实中的李师师是怎样的呢？原来李师师是北宋末年誉满京华的名妓，她本姓王，4岁亡父，只得入娼籍李家，后因才貌双全，善词曲，工歌唱，名噪汴京。她与当时的皇帝宋徽宗的交情不一般。宋徽宗就是在一次微服出游中结识李师师的。

李师师像

后来徽宗将李师师纳入后宫，一个是风流皇帝，一个是风情万种的妃子，二人无比恩爱。只可惜，好景不长，金人入侵，徽宗被掳，而李师师就不知下落如何了。于是有人推断，这样一位绝代佳人，即使想要从此平静生活，似乎也不太可能。即使遁入空门，但是金人野蛮，又怎会任其安然生活。南宋时就有人作了一篇《李师师外传》，交代了她的下落，说她为宋徽宗殉情。

《李师师外传》中说，金人攻破汴京后，金主帅挞懒派人去找李师师，但找了很多天都没找到，张邦昌等人跟踪李师师，最后捉了她送到金军大营。李师师大骂道："以我一个卑贱的妓女，受到皇上宠爱，宁愿死也不迎合这些金人。你们这些高官显贵，朝廷有什么对不起你们的，你们却事事不为社稷子孙着想！"于是拔下金簪自刺喉咙，没死成，于是折断金簪吞下而死。作者因而说道："看李师师后来的事迹，慷慨激昂似侠士，不能不说是出类拔萃的女子。"后来清人黄廷鉴对李师师为徽宗殉情的事也极为赞赏。

迎銮图 南宋
徽宗去世以后，金人才允许其尸骨南归。此图描绘的是南宋君臣迎接徽钦二帝灵柩的情景。

宋人狎妓图

但是，关于《李师师外传》中所说的李师师为宋徽宗殉情一事，后人异议颇多。鲁迅称这篇外传只是传奇而已，不足为据，其他许多人也持否定态度。邓广铭教授在《东京梦华录注》中说《李师师外传》"一望而知为明人妄作"，彻底否定其真实性。但这些说法也只是推测而已，没有明显的文献资料可以证明李师师并没有为宋徽宗殉情。

还有另一种说法则说汴京失陷后，李师师被俘北上，嫁给一个身有病残的老兵为妻，耻辱地了结一生。

作为一个与亡国之君有关系的绝色女子，李师师的情事必然会涉及国事，因而其下落究竟如何，只能任由后人评说了。

宋代杰出女词人李清照晚年有没有改嫁？

李清照像

李清照，宋代杰出女词人，号易安居士，北宋著名学者李格非之女，21岁嫁名士赵明诚，夫妻相得，皆好学能文。李清照在丈夫赵明诚亡故以后，是否改嫁张汝舟，成了后代学者深究而不得其解的历史之谜。

到了近代，有不少人提出李清照改嫁一事不存在。况周颐对张汝舟、李清照在赵明诚死后的行踪进行了考证，证明两人踪迹判然，当然不足信改嫁之事。黄墨谷几次著文为清照"辩诬"，对俞正燮等人的观点表示赞同，也将自己的不少看法提了出来。这些看法主要有以下几点：第一，黄墨谷对其他宋代李清照改嫁情况的记载提出异议。照他看来，宋代这么多人记载李清照改嫁一事，可是，赵明诚的表甥，又是綦崇礼的儿女亲家谢伋在他的著作《四六谈麈》中不但不提李清照改嫁一事，并且引了李清照对明诚表示坚贞的祭文，"坚城自坠，怜杞妇悲

357

深"。第二，黄墨谷对李清照自传性文章《后序》提出了自己的看法。她提出，按照历法和宋代著作《容斋四笔》、《瑞桂堂瑕录》的记载，《后序》应当作于绍兴五年，这时张汝舟已经除名三年了。换句话说，即使清照有改嫁一事，《后序》中也应该提到。除了上面这些说法外，黄墨谷认为谈论清照改嫁一事，不应该摒弃她的自传性文章《后序》所反映的内容，也不应该摒弃她的诗、词、文章和生平事迹。李清照曾经讲过类似"虽处忧患而志不屈"等述志的话，她在明诚死后又为颁行《金石录》耿耿于怀，在68岁时还上表于朝。这些情况，也极好地证明了清照并没有改嫁。

另一些学者不赞同俞正燮、黄墨谷等人观点。他们认为，在记载清照改嫁的材料中，"就时间而论，胡仔、王灼、晁公武、洪适都是清照同时代人。就地域论，胡仔、洪适之书，一成于湖州，一成于越州，并不是去天万里，而胡仔、王灼成书时清照仍然健在。要说在清照生前他们就敢明目张胆地造她的谣言，伪造《谢启》，这是不近情理的。南渡后明诚的哥哥存诚、思诚都曾做到不小的官，赵家那时并不是没有权势"（黄盛璋《李清照事迹考辨》）。针对《谢启》的真伪问题，黄盛璋提出，李清照"颁金通敌"冤案发生在建炎三年，从《谢启》中提到的"克复"、"底平"和称綦崇礼为"内翰承旨"等情况看，《谢启》当作于绍兴三年以后，因为建炎三年，朝廷正在仓皇避乱，不可能看"克复"、"底平"等事。再说，当时綦崇礼只担任中书舍人的官职，此职不能冠以"内翰承旨"的头衔。由此可见，发生在建炎之年的"颁金冤案"与《谢启》风马牛不相及。

有人提出张李二人在明诚卒后到汝舟踪迹判然，黄盛璋对此提出，从宣城、广德经吴

轩窗听雨图 宋

兴有一条"独松岭道",故不能肯定张汝舟是否去过杭州。黄盛璋还根据宋代社会习俗分析改嫁一事,他认为,明清两代妇女守节才趋严格。《宋史·礼乐志》中对治平、熙宁年间诏许宗女、宗妇两嫁之事有所记载。可见,宋代视改嫁为平常之事,宋人自然就不会惊诧于李清照改嫁一事了。

唐伯虎点秋香之谜

唐寅像

明代吴中才子唐寅,字伯虎,号六如居士,他恃才孤傲,放浪不羁,每每遇到开心之处,则纵情开怀,放浪形骸。民间就流传有"唐伯虎点秋香"的故事。

唐伯虎的确曾为一个女子隐名为佣。这在《中国野史大观》中有记载,但只不过这位女子并非叫秋香,而叫桂华,是当时锡山华虹山学士府中的一名女婢,深得华夫人喜爱。唐伯虎对她一见钟情,因而以一才子屈身为佣,最终赢得了美人归。所以说,"唐伯虎点秋香"可能就是唐伯虎赚妻桂华这一故事的演变,唐伯虎没有点秋香,但是点了桂华。

一天,唐伯虎出去游玩,碰见了在华府为奴的桂华,对她一见钟情。从此唐伯虎怎么也摆脱不了那个漂亮女婢的身影,最终想到一个办法,就是到华府隐名为佣,改名华安伺机而动。

他到华府先为伴读。结果一手好文章让华学士对他刮目相看,将他留为亲随,掌管文房。一应往来的书信,均令华安处理,没有不合华学士心意的。因此,华学士对华安更加器重,恩宠有加。

不久,掌管华府典铺的主管不幸病逝,华学士便让华安暂时先代管其事,掌管典铺。华安不负所望,典铺的出纳账目有条有理。华安的工作也特别小心谨慎,秋毫无私。

华学士非常满意华安的工作,意欲将其升任为典铺的主管。但唯有一点使华学士不很放心,华安眼下尚是孤身一人,没有妻室,万一哪一天他一走了之的话,委任其主管这样的事务,岂不是有点儿用人不当?

华学士觉得眼下这样还很难对华安委以重任,必须等到华安有了妻室,心真正安定下来才好,于

吹箫仕女图 唐寅
美人神情寂寞,意兴萧索,莫非是唐寅自己心境的写照?给落魄才子安上点秋香的风流故事,是后人的误会还是对他的安慰?

唐伯虎点秋香 年画

是找媒婆，商议起为华安择偶婚配的事情来。

最终，华安和桂华终于在华学士及其夫人的鼎力帮助下，拜过花堂，适时完婚。婚后二人情投意合，恩爱日深。

其实，早在20世纪80年代就有人指出唐伯虎并没有点过秋香，如苏州市文联段炳在《光明日报》上写过：唐寅并未自称过"江南第一风流才子"，未点过秋香。唐在29岁时的科场冤案过后，本想以"功名命世"的

他变成了一个"春光弃我竟如遇"的感伤者，变成了一个"猖狂披髦卧茅衡，万里江山笔下生"的失意者。在这种潦倒落魄的窘境里，曾经自谓"布衣之士"的唐伯虎决不会说出"江南第一风流才子"之类自大之语的，更无心去干什么三笑点秋香之事。

因此到底真相如何，也就不得而知了。

戚继光斩子了吗？

"封侯非我愿，但愿海波平"，这是明朝著名的军事将领戚继光的诗。人们永远都不会忘记这位将领在反抗倭寇的历史中的光辉业绩。

戚继光出身将门，世袭登州卫指挥佥事，长期在山东、浙江一代担负抵御倭寇的重任。从小就目睹倭寇对沿海人民残酷蹂躏的他，对倭寇充满刻骨仇恨。他立志要荡平倭寇，拯救黎民于水火之中。那句"封侯非我愿，但愿海波平"正是他非凡抱负和坦荡胸襟的真实写照。

明朝历史上的倭寇，不同于一般的海盗，他们往往都是有着严格纪律的军事组织。要战胜这些倭寇，只有更加严格的纪律才行。戚继光就是一个以严于治军而闻名的军事将领。他经常以岳家军为榜样，对士兵进行教育，并且坚持与部下同甘共苦。历史记载，戚继光的军队号令严，赏罚信，因此所向披靡，威震四方。"戚家军"对于倭寇来说，无异于让他们丧魂落魄的"丧钟"，却是国家和百姓的救星。

这样的一支钢铁军队哪里是一朝一夕就能铸造成的？戚继光必然要为此付出沉重的代价。最为典型的，就是浙江、福建一带盛传的戚继光斩子的种种传说。

关于戚继光斩子的说法史籍多有记载。如福建《仙游县志》记载："戚公至莆田，将出师，烟雾四塞，其子印为先锋，勒马回，且求驻师，公怒其犯令，杀之。"年代比戚继光稍晚的沈德潜也曾说过："戚继光斩子……此军法所不贷，不得已也。"清代《四库全书总目提要·子部·兵家类存目》中还收录了戚继光自己所写的《纪效新书》，其提要曰："第四篇中一条云，若犯军令，便是我的亲子侄，也要依法施行，厥后竟以临阵回顾，斩杀长子，可谓不愧所言矣，宜其所向有功也。"

看来戚继光斩杀自己的儿子是因为此子在战场上临阵回头，违反了戚继光制定的军纪，所以戚继光怒而杀之。连自己的儿子违纪也毫不例外地受到严惩，如此严明的纪律，也无怪乎戚家军屡战屡胜了。

深究其细节，史籍记载说戚印"临阵回顾"，对戚印如此做法的原因，除《仙游县志》中所说的"烟雾四塞，其子印为先锋，勒马回，且求驻师"外，后人还有多种其它看法。有人说，戚印原本奉命诈败，以诱敌深入，但在战场上看到形势大好，杀敌心切的他便不肯诈败，与敌人进一步交锋。虽然最后大胜，但是他的自作主张还是违反了戚继光的命令，因此被戚继光斩杀。有人说戚印奉命出征，途中得知敌军数倍于己，恐怕寡不敌众，决定暂时回军，此举为戚继光所不能容许，因而被斩。还有人说，戚继光有军令，不许在战斗中回顾或退回，但此次战斗中戚继光因为战马中流矢而落马，戚印担忧父亲的安危，回马探视，结果乱了行列，差一点使战斗失利，因此戚继光回到军营后依法斩子。

戚继光斩子之说在民间有很大的影响，浙江临海县至今还有纪念戚印的"太尉庙"，福建福清县也有"思儿亭"、"相思岭"等古迹。

戚继光像

戚继光（1528～1588），字之敬，号南塘，晚号孟诸，明代山东蓬莱人。嘉靖二十三年（1544）嗣世职为登州卫指挥佥事。三十四年调任浙江都司佥事，赴浙御倭，守宁波、绍兴、台州，召募金华，召募农工，建"戚家军"。四十年破倭于台州。明隆庆元年（1567）被调往北方，镇守蓟门。万历十年（1582）调广东。不久，病死。著有《纪效新书》《练兵实纪》等。

戚继光所著《练兵实纪》

但是，有人认为戚印是否真存在还是一个问题，认为所谓戚继光斩子很可能是被后人杜撰出来的，是为了赞扬戚继光严明的军纪。郭沫若就持这种看法。

首先，查证正史，至今没有发现戚继光斩子的记录。所有对戚继光的事迹有明确

戚家祠堂
祠堂位于今山东省烟台市，是戚家的祖堂。

戚继光像 明

记载的正史如《明史》、尹瑗《罪惟录》、董承诏的《戚大将军孟诸公小传》、汪道昆的《孟诸戚公墓志铭》等书都没有提及过此事。《明史·戚继光传》说"继光为将号令严，赏罚信，士无敢不用命"，但此书虽然认为戚继光与同为当时名将的俞大猷相比"操行不如，而果毅过之"，但是也同样找不到戚继光斩子的痕迹。而戚继光斩子是严明军纪的表现，绝非是见不得人的，所以这些典籍不予收录的原因当不是为了隐讳什么，而是根本就不存在这个故事。

其次，此事与戚继光的《年谱》有颇多不合之处。

天启壬戌年 (1622)，戚继光的几个儿子编订了年谱。这本年谱对戚继光的事几乎是有闻必录，但是却没有有关斩子的蛛丝马迹。从《年谱》中还可以了解到非常重要的一点：戚继光于嘉靖二十四年 (1545) 与王氏结婚，即使婚后立即得子，到他于嘉靖三十四年 (1555) 赴浙江抗击倭寇时其子也不会超过十六岁，十六岁或许可能随父从军，但是怎么可能充当先锋？史载，戚继光在他死前半年之时，还曾经建立孝思祠祭祀其历代祖妣，在他自己撰写的《祝文》中，有"今有五子一侄奉承蒸尝"的话。这"五子"是指祚国、安国、昌国、报国、兴国，此五子中长子祚国也是在 1567 年出生的，当时戚继光在闽、浙的抗倭已经结束有一年左右的时间，即戚继光在南方抗倭的过程中

台州大捷示意图

嘉靖三十四年，戚继光调任浙江，充参将，后改守台州、金华、严州。募集义乌农民、矿工组建戚家军。嘉靖四十年，戚继光率戚家军取得台州大捷。

是没有儿子的。还有史料记载，戚继光在福建抗击倭寇时，曾在1563年到兴化九鲤湖祈祷九鲤仙，祈祷的内容之一就是"续嗣之忧"，如果当时他已经有可当先锋的长子戚印，又怎会有此祈祷？这一条史料也可以证明当时确实戚继光确实没有儿子。

从以上的分析无疑可以得出结论，即戚继光并没有戚印这个儿子。从"戚印"这个名字与戚继光诸子的显在区别也可以看出，戚印最多也不过是戚继光的一个义子。

戚继光斩子一事真耶？假耶？此谜还需更多的史料来求证。但毫无疑问地，无论真假，人们对戚继光将军的怀念是真的，人们对这位被"父"斩杀的"戚印"所寄托的也并不是谴责，而是对其的同情，所以后世才有"思儿亭"、"相思岭"等古迹的产生。

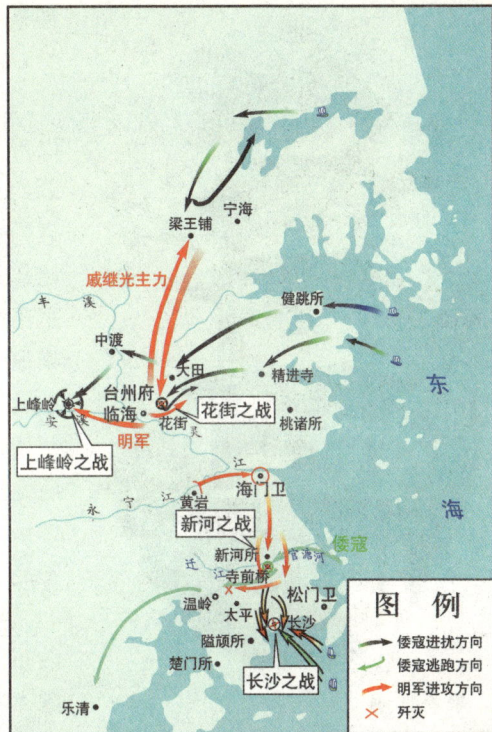

袁崇焕被杀之谜

袁崇焕是明朝末年主持抗击后金的著名将领。明朝末年，后金军队进攻明朝，袁崇焕率领部队东征西战，曾一度收复辽东失地，沉重打击了后金军队，为保护明朝立下了汗马功劳。然而就是这样一位杰出的军事将领，却在崇祯二年即1629年的十二月被崇祯皇帝逮捕下狱，第二年的八月被杀害。袁崇焕为什么会被崇祯

袁崇焕像

袁崇焕（1584～1630），字元素，号自如，广西藤县人，祖籍广东东莞。天启二年（1622），擢兵部职方主事，自请守辽。六年守宁远，击败努尔哈赤，以功授辽东巡抚。第二年败皇太极，获宁锦大捷。崇祯元年（1628）起为兵部尚书，督师蓟辽、登莱、天津军务，镇宁远。二年，杀大将毛文龙。不久率军解京师之围。随后，被崇祯帝下狱，次年被杀。

聚奎塔 明
塔位于今福建邵武和平镇天符山上，当时袁崇焕曾在此聚会英杰，立志报效国家。

帝杀死？他究竟犯了什么罪使得崇祯帝如此发怒？这一直是历史上被人关注的问题。

一般的看法都认为，有功之臣袁崇焕之所以被崇祯帝所杀，是因为崇祯帝听信了阉党余孽的诬告，中了皇太极的反间计，也就是说，袁崇焕是被崇祯帝误杀的。明朝与后金军队开始作战的时候，后金军队在关外两次被袁崇焕军击败。后金军队领教了袁崇焕的厉害后，于崇祯二年避开了辽东防线，转而绕道进攻北京，这就是历史上的"己巳之变"。袁崇焕闻讯快速回京师援助，在北京城下再一次痛击后金军队。后金军再次吃了袁崇焕的苦头后，皇太极深知，如果不除掉袁崇焕，进取中原是不可能实现的，于是他心中顿生一计。这就是"反间计"。

早在后金军进攻北京的时候，朝中就有人散布流言诬陷袁崇焕，说袁崇焕是有意引金兵深入，目的是为了结城下之盟。这些流言使崇祯帝疑心大起。关于皇太极施行的反间计，蒋良骐《东华录》有详细的记载，文中说，开始的时候后金军队抓获到明朝的两个太监，命人严密看守。这时候副将高鸿中和参将鲍承先遵照皇太极的计谋，故意坐在离两太监不远的地方，假装做耳语状说："今天我们撤兵，不过是个计谋。……袁巡抚有密约，事情马上就能大功告成了。"当时姓杨的太监，在那里仔细地窃听两人的谈话。时辰到庚戌时，后金军将两个太监放了回去。杨太监回到皇帝身边后急忙将袁崇焕与后金有密约的事告诉了崇祯帝，至此崇祯帝对袁崇焕背叛自己的事情深信不疑，"遂执袁崇焕入城，磔之"。袁崇焕的兄弟和妻子也受到株连，被流放到几千里外的边远省份。据说，后金军队的这个反间计得益于皇太极对《三国演义》的喜欢。皇太极平素经常读《三国演义》，对其中的奥秘非常清楚。这个计划就是他巧妙用《三国演义》中的"蒋干中计"策，借崇祯帝之手剪除劲敌袁崇焕。崇祯帝不幸中了敌计，将忠臣误杀。这种自毁长城的举动使东北防备受到了极大的影响，从而直接导致了明朝的迅速灭亡。

但是有人对这个说法提出了疑问：皇太极固然熟知兵法计谋，难道崇祯帝就是个无知的庸才吗？历史记载证明显然并非如此。一些研究者认为，崇祯帝杀袁崇焕根本是蓄意杀戮，而不是清朝后来津津乐道的因中"反间计"而误杀。袁崇焕被杀的真实原因，是崇祯帝担心袁崇焕及其东林党人妨碍他的专制皇权，袁崇焕是皇权与大臣之权冲突的牺牲品。

明朝年间太监专权是很常见的现象。崇祯帝即位后，为了除掉阉党对自己的威胁，起用东林党人，有效地削弱了阉党对皇权的威胁。但是当阉党对皇权的威胁减弱时，崇祯帝又开始削弱大臣的势力，即从依靠东林党转而回归到依用阉党群小。袁崇焕正是在这个环境下崛起的，自然成了阉党余孽倾陷的对象。袁崇焕耿直、豪放，敢说敢为，这正是阉党余孽所畏惧的，也是所有的皇帝所不喜欢的。同时袁崇焕又主持整个对后金的战局，有很大权势。自古以来臣子权势稍重必然容易遭到皇帝的猜忌，偏偏崇祯帝的猜忌心又是极强的，他之所以开始起用东林党人又继而起用阉党就是为了实现自己旺盛的专权欲望。这个时候的袁崇焕无疑是走在钢丝上，稍有不慎就会惹上杀身之祸。然而也很不幸的，袁崇焕是一个好的军事将领，却不能洞察君主的心思，他先斩后奏杀了明辽东悍将毛文龙就是一大不慎，崇祯帝"骤闻，意殊骇"。尽管事后袁崇焕亦悔悟道："毛文龙是大帅，不是像我这样的臣子所该擅自诛杀的。"但是这件事让崇祯帝心中杀袁崇焕的想法已经坚定。明末史学家谈迁就说，袁崇焕擅自杀死毛文龙，"适所以自杀也"。

明崇祯帝朱由检像

崇祯皇帝御押 明

崇祯帝开始时之所以不杀袁崇焕，一方面是缺少足够的借口，更主要的原因是那时崇祯帝对袁崇焕"五年复辽"充满了期待，因此暂时容忍了袁崇焕目中无君的举动，只是在暗中采取了很多监视和牵制的措施。"己巳之变"之后，后金兵大举入犯，继而围攻北京城，这时的崇祯帝对袁崇焕复辽已经不抱希望，至此君臣之间脆弱的依存关系不再存在，杀袁崇焕就是必然的了。而正在这个时候，皇太极施行了反间计，内廷阉党也捏造了袁崇焕引敌协和、擅主和议、专戮大帅三大罪状，崇祯帝立刻借此机会将袁崇焕投入监狱。

说崇祯帝是中了皇太极的反间计，这是不能服人的。因为人们可以根据史料得知，从袁崇焕的入狱到被杀戮，前后共有八九个月，这么久的时间里，崇祯帝是有足够的时间来辨明是非的。同时还有史实表明，反间计、诬告并不能瞒过崇祯帝，也就不足以置袁崇焕于死地。崇祯帝决定杀袁崇焕，是从巩固皇权、防止大臣结党、彻底

摧毁东林党势力这些目标出发的，反间计只是为促成崇祯帝逮捕袁崇焕下狱制造了一个合适的借口而已。

自古"信而见疑，忠而被谤"，忠臣们的下场果真都是这样的吗？袁崇焕究竟是为何被杀？是君主昏庸不能识别敌人的诡计，还是君主猜忌不能留下权臣？谜的破解还需要后世的进一步考究。

明末名妓柳如是为何自缢身亡？

柳如是祖籍浙江嘉兴，原姓杨名爱，小字影怜，号蘼芜君，后改姓柳，名隐，又改名是，字如是，号河东君、我闻女士。康熙三年（公元 1664 年）五月二十四日，其夫 83 岁高龄的钱谦益溘然长逝；随后几天，柳如是即悬梁自尽。那么，这位明末名妓自缢身亡的真正原因是什么呢？后人大致有以下几种不同的观点。

传统说法认为柳如是是为钱谦益殉节而死的。有人认为，这可以从两人的结合和婚后情况来证明。常熟人钱谦益学识渊博，誉满海内，柳如是对他慕名已久。两人经过一段时间的唱和，加强了彼此了解，增进了友谊，感情很好。第二年春天，两人终于结为夫妻，在从松江回常熟的船上成婚。虽然当时柳如是才 24 岁，正值青春妙龄，而钱已是年届花甲的白发老翁，但两人婚后感情还算不错，常在一起旁征博引，订讹考异，间以谐谑，琴瑟和谐。钱谦益曾经是"东林党"领袖，在社会上的知名度极高。钱谦益死后，柳如是为他殉节是可以理解的，也在情理之中。

也有人认为柳如是之死是为了抗争恶势力。学者楚南等人认为，柳如是自杀的壮举显示了她对封建制度的大胆抨击，钱

柳如是像

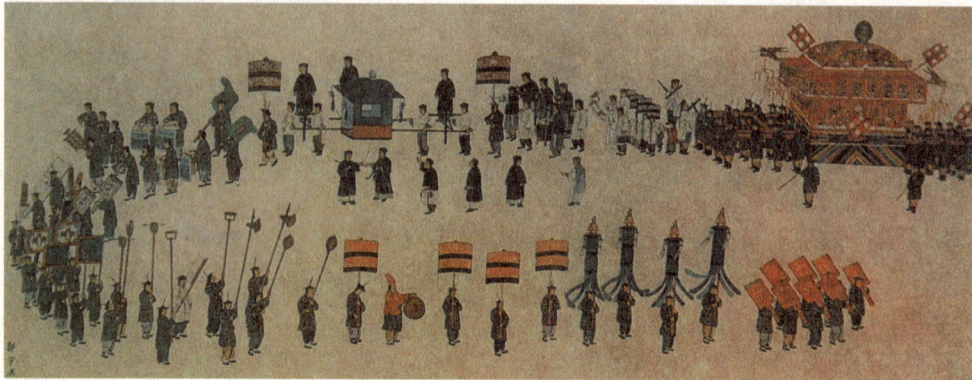

出殡图 清

谦益人生中有几大污点，柳如是是极为不满的，顺治元年（公元1644年）李自成攻克北京，崇祯帝自缢身亡。五月，福王朱由崧由马士英带到南京，称监国，不久称帝，钱谦益因谄事马士英，被起用为礼部尚书。第二年，即弘光元年五月，清兵渡江，弘光逃跑，钱谦益及总督京营戎政赵之龙、大学士王铎等迎降。这是钱谦益人生道路上的两大污点。对此，柳如是常心怀不满，多有讥讽的话，并曾多次劝钱谦益自尽，均未果。当钱暮年不得意而说"要死"时，柳讥讽他说："当初不死，现在已经晚了。"因此，柳如是未必一定会为钱谦益殉节。另外柳如是一生历尽辛酸曲折，她始终在追求获得人的尊严，在这方面她宁为玉碎，不为瓦全。

歌舞图 明

还有人认为柳如是被逼自尽的。钱谦益死后，家族中迅速爆发了一场争夺家产的斗争，即所谓"钱氏家难"。在钱氏家族看来，柳如是以钱谦益妾的身份掌握家政大权是莫大的耻辱，他们早已积怨在胸，现在钱谦益去世，顿感柳已失去依靠，立即爆发了一场家变。于是，族人钱曾、钱谦光等人在恶霸豪绅钱朝鼎的指使下，趁钱谦益新丧，大吵大闹，敲诈勒索，逼迫柳如是交出房产钱财，甚至掠夺田地600亩，僮仆十几人；柳如是来钱家20余年，一直大权在握，从没有受人之气。如今，丈夫的尸骨未寒，便遭到无耻小人的当面凌辱，如何忍受得了，在进退无门、忍无可忍的情况下，她仍镇定自若地对早晚坐逼的族人说："稍静片刻，容我开账。"然后，她独自登楼，紧闭房门，悬梁自尽。她写下遗嘱，打发长子钱孙爱、女儿和女婿等上衙告状。因此，《中国历代才女小传》等书都认为柳如是实际上是被族人追逼而自杀的。

但是，明末名妓柳如是自杀的真正动机到底是什么，至今仍是一个众说纷纭的谜，尚无定论。

香销玉殒落何方——陈圆圆归宿之谜

"冲冠一怒为红颜"，清人吴梅村的《圆圆曲》向我们展示了一代奇女子陈圆圆的传奇经历。在那明末清初的动荡岁月中，在一系列重大历史事件的背后，陈圆圆是一个既有许多浪漫气息，又充满时代悲剧性的红颜女子。她的最终归宿至今仍是一个谜。

还有一种说法说是陈圆圆在山海关之战后，就一直跟随吴三桂，当吴三桂被封为平西王时，陈圆圆也得专房之宠。当清兵攻破昆明城时，吴三桂之子吴世璠服毒自杀。而吴世璠妻与陈圆圆均是自缢而死，或说其绝食而死，孙旭的《平吴录》就说吴三桂叛乱失败时"桂妻张氏先死，陈沅及伪后郭氏俱自缢，一云陈沅不食死"。《平滇始末》也说："陈娘娘（圆圆）、印太太及伪后郭氏，俱自缢。"

此外还有一说是陈圆圆在吴三桂败后，并没有自杀或绝食而亡，而是出家做了尼姑。但对于她于何时何种情况下出家，说法不一。有说是清兵攻破昆明时，吴将马宝护送陈圆圆及其子吴启华逃亡到贵州恩州府岑巩，从而在此定居下来，并取名叫马家寨。陈圆圆母子一直隐姓埋名，死后便葬于此地。其墓有碑文曰："故先妣吴门聂氏之墓位席。孝男吴启华媳涂氏立。""吴门聂氏"指的就是陈圆圆。也有的说陈圆圆当时在昆明宏觉寺削发为尼，后逃至城西三圣庵为尼，法名寂静，一直活到康熙二十八年之后，寿至八十而亡。还有的说是陈圆圆随吴三桂到云

陈圆圆像

南后，处处遭吴三桂正妻的嫉妒，而当时陈圆圆开始人老色衰，与吴三桂发生分歧，一气之下便求为女道士，得到吴三桂应允后，便离宫入山。按当时情况，陈圆圆出家也有可能。

一代奇女香销玉殒，魂落何方还有待进一步证实。

林则徐死亡之谜

林则徐，提到他人们就会很自然地想到"虎门销烟"这个让中华民族扬眉吐气的一幕。这位清朝末年著名的政治家、伟大的爱国者，他领导了禁烟运动，第一个奋起组织抵抗外国侵略，并放眼世界，探求新知，主张学习外国先进技术，被称为"放眼看世界"的第一人。1850年，清朝道光三十年，在广西道上，被任命为钦差大臣的林则徐驰赴广西赴任，日夜兼程百余里，到广东普宁县洪阳镇后于11月22日猝然去世，终年六十六岁。

林则徐像

这样一位朝廷官员在赴任途中忽然死亡，不能不让人们产生种种怀疑。历史上关于林则徐的死因说法各异，疑云重重。

一种说法认为林则徐是在赴任的途中病死的。在《清史稿》中就有着这样的记载，文中说林则徐

"行此潮州，病卒"。施鸿保的《闽杂记》中，对于林则徐死亡前夕的情况还有比较详细的记载："公患痔漏久，体已羸，至是力疾起行，十一日抵潮州，复患痢，潮守刘晋请暂留养疾，不可。次日遂薨于普宁行馆。"

另有一些学者认为，林则徐积劳成疾而死，到了普宁时病情恶化乃是其直接的原因。林则徐一生为官四十年，足迹遍及全国各地，曾经自称为"身行万里半天下"。这种长期走南闯北的动荡生活，给他的健康造成了极大损害。而在禁烟运动中，他禁烟有功却反遭贬斥，被发往伊犁。在伊犁戍边期间，他又患了鼻衄、脾泄、疝气等病症，一直到后来也没有痊愈。道光三十年的时候，清廷因为广西的拜上帝教起义，屡次召林则徐回京就职，林则徐都因为自己的病体而未能奉召；最后清廷任命他为钦差大臣，林则徐以国家利益为重，只得抱病驰赴广西督理军务。到达广东普宁县洪阳镇时，他的病情恶化，最后因医治无效而死。

林则徐印 清

林则徐在洪阳镇时，因为病重曾经在当地的"黄都书院"疗养。黄介生医生介绍当年曾祖医治林则徐病的经过时说："林则徐十六日到揭阳后，县令怕承担责任，借口揭邑名医黄华珍已往普邑执业，请大人速往就诊。"当到达普宁洪阳时，"林则徐又吐又泻，经黄医生切脉后断定由于长期患病，身体虚弱，加上旅途奔波，外感风寒，以致又吐又泻。病已危笃，仅能设法急救。当即立下脉论、症论、方论及附上药物。因为侍从医官系北方人，认为用药剂量太轻，没有给服。越日，黄医生复诊，断言'昨天未服所付药物，现已病入膏肓，无救活。虽再服药，惜已失去治疗时机。'"林则徐病逝后，黄华珍医生将诊病资料上报朝廷审核，御医确认用药正确，还亲赐"杏林春满"匾给黄医生。

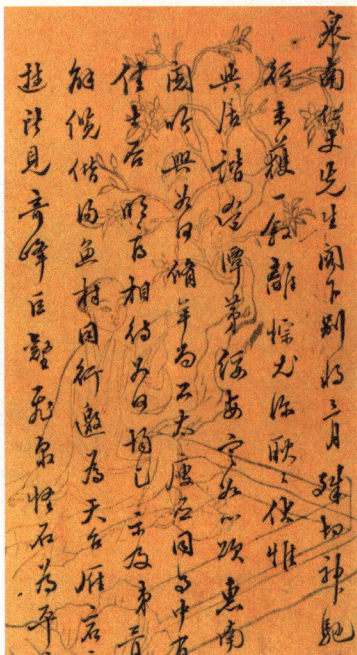

手札 清 林则徐
林则徐的书法以唐欧阳询为本，安详端重，笔墨流畅，有自己独特的风格。

还有的说法是根据林则徐的《讣文》和林则徐的儿子林汝舟的《致陈子茂书》等材料得出的结论，认为林则徐腹泻是因为没有服药且日夜赶路，所以病情日益严重；之后虽然服药后略有好转，但是由于仍旧在日夜赶路，所以导致"胸次结胀"，引发了心肺旧疾，以致"两脉俱空，上喘下坠"。如此元气大亏、脾胃虚寒的情况下，医生又错投了"参桂重剂"，结果又使咳喘加剧。林则徐已是66岁高龄的老人，哪里能经得起这样的折腾？终于因无法救治而死去。

林则徐虎门销烟处

林则徐墓

1850 年（道光三十年）11 月 5 日，林则徐奉旨为钦差大臣，赴任广西途中，于 11 月 22 日病逝普宁县行馆，享年 66 岁，之后，林则徐第三子扶其灵柩返榕，安葬于福建省福州市马鞍山。

与林则徐病死这种说法相对的是认为林则徐乃为洋商暗害而死。张幼珊的《果庵随笔》中记载说："禁烟事起，广州十三行食夷利者，恨林公则徐刺骨……后公再起都师粤西，彼辈惧其重来，将大不利，则又预以重金贿其厨人谋，谋施毒。公次潮州（应为普宁），厨人进糜，而又以巴豆汤投之，巴豆能泄泻，因病泄不已，委顿而卒。或劝其公子穷究其事，清例，凡毒死者，须开棺验视，家人忍而不请。其是疆吏虽微有所闻名，亦不欲多事。"广东《东莞县志·逸事余录》中所记载的内容与上述的记载大体相同，并且还直接指出了谋害林则徐的是广东十三洋行总商伍氏（伍绍荣），因为伍氏曾被林则徐在查禁鸦片时缉拿，因此对林则徐记恨在心，这次听说林则徐起任广西巡抚，伍氏担心林再次复职督抚广东，所以就特地派亲信对林则徐施行谋害活动。

引起人们怀疑并坚定人们这种"林则徐被毒死"说法的主要原因是林则徐弥留之际所大呼的"星斗南"。"星斗南"是什么意思？有人考证，林则徐是福建人，福建话"星斗南"的发音与"新豆栏"相同。而"新豆栏"是广州十三行附近一条街名，当地聚居洋商。林则徐之所以大呼"新豆栏"，说明他在已经意识到是十三行洋商谋害自己，他的呼喊是提醒人们记住洋人和汉奸的罪行。

后来有学者指出，厨子投毒之事纯属乌有。林则徐是钦差大臣，随从必定是很多的，他的次子也伴随在身边。如此森严的戒备，一个来路不明的厨子想要下毒谋害，岂是随便就能做到的？还有一点，按照清朝的规定，像林则徐这样奉旨赴任的官员的食宿，应该由州县当局或驿站供应，不必自带厨子，那个厨子又怎么能得逞呢？从十三行谋害的动机上说也是不足信的，因为林则徐此次赴广西，与广东十三行并没有直接利害冲突，十三行洋商何必要冒如此大的风险谋害林则徐呢？

然而各种推论都还没有足够充分的证据加以证明，因此这位民族英雄的死因还有待于进一步的考证。

文化

伏羲、女娲兄妹通婚之谜

中国古代"三皇五帝"的传说，一直流传至今。伏羲和女娲都位居"三皇"之列。他们是传说中人类的始祖。

伏羲、女娲兄妹通婚的故事，在中国古代传说中也流传得较广。据传，伏羲和女娲是一对兄妹。天降洪水，他们在一个大葫芦里躲过了劫难，然后兄妹结婚，人类便是他们的后代。这个故事是真是假，没有太多的历史记载。唐末李元的《独异志》中有这样详细的记载："昔混沌初开之时，有娲兄妹二人于昆仑山咒曰：'天若遣我兄妹二人为夫妻，而烟悉合。若不，使烟散。'于是烟即合，其妹即来就兄。"

河南唐河曾出土了一幅《伏羲女娲图》，其前均有两朵烟，这是夫妻可以结合的象征。

还有的汉墓画像石上有作交尾状的伏羲、女娲像。伏羲被画成鳞身，女娲被画成蛇躯。他们被比喻成人格化的蛇神和女神。有的汉墓画石上有分别手捧着太阳和月亮的伏羲和女娲。这就是说伏羲是太阳神，是阳精；女娲是月亮神，是阴精；取阳光雨露滋育着万物生长之义。

如今，在陕西省临潼骊山有一座人祖庙，庙里面仍供奉着女娲。这里每年要举行两次祭礼，一次在农历三月三日，一次在农历六月

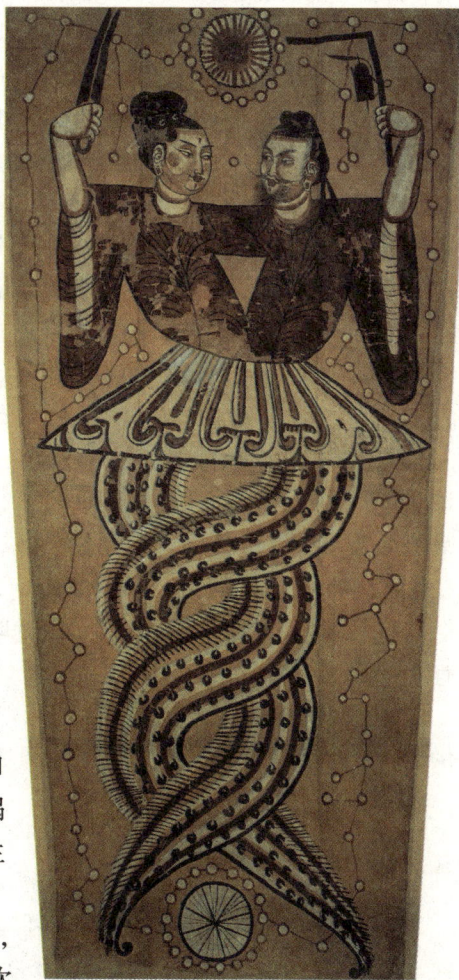

伏羲女娲图 唐

371

十五日。当地的人们又把这两次庙会称为"单子会"。很多不育的妇女往往趁庙会之时，夹着床单，怀里藏着布娃娃，先到骊山的人祖庙给女娲烧香许愿，然后再偷偷地夜宿附近的树林中。附近各村的青壮年男子，在晚饭后也多上山，遇到这些不育的妇女，便可就地同居。次日清晨，这些妇女回村时，只能低头走路，不可回顾，否则会"冲喜"。

这种奇异的"野合"风俗，恐怕也是从远古伏羲、女娲兄妹通婚的传说中遗传下来的。

中国远古时，兄妹为什么可以通婚呢？人类最原始的婚姻状态可以对此做出一定的解释。婚姻和家庭观念最初并不存在于人类的头脑之中。当时人类之间是一种杂乱的两性关系。采集、狩猎经济发展起来后，古人们在劳动中开始按照男女、年龄进行分工。随着人类思维的进步使父母开始不愿与自己的子女发生两性关系。最后杂乱的两性关系终于被人类摒弃了。比较固定的血缘群团，又称"血缘家庭"或"血缘公社"发展了起来。作为一个生产、生活单位，它同时又是一个内部通婚的集团。在这里面，祖辈与少辈之间、双亲与子女之间发生两性关系是不允许的，而兄妹之间互相通婚并没有被禁止。这种血

男女交媾玉雕 石器时代

缘群婚在人类发展史上经历了以百万年计的漫长岁月。据人类学家考证，在我国发现的云南元谋人、陕西蓝田人均属于分类学上的直立人阶段，大致都处于血缘公社时期。

在我国的少数民族中，如纳西族、傣族、苗族、侗族、壮族、黎族和高山族等，现在还都流传着兄妹通婚的神话。此外，在一些少数民族地区，现在还或多或少地保留着血缘婚的残余。

现代的历史学家，至今还不能断定出伏羲和女娲的年代距今有多长时间。但是，他们一定是生活在原始社会的血缘公社时期。这一点是可以肯定的。而这一时期距今有百万年之久。伏羲和女娲究竟是否兄妹通婚，现有的史料还无法充分证明。

马克思曾说："在原始时代，姊妹曾经是妻子，而这是合乎道德的。"这样看来，伏羲和女娲兄妹通婚似乎更有存在的可能。

足球是黄帝发明的吗？

蹴鞠是中国古代一种类似足球的运动，用以练武。公元前3世纪末的古籍《蹴鞠新书》记载了一个古老的传说：足球是黄帝发明的。蹴鞠亦作"蹵鞠"、"蹹鞠"。关于蹴鞠，除《蹴鞠新书》的记载外，刘向《别录》也有很相似的记载："蹴鞠者，传言

黄帝所作，或曰起于战国时。"足球是否是黄帝发明已经没法考证。不过近代发掘所得，也似乎可以解释中国古代就有类似足球的运动。但它到底是什么时候开创的呢？现在只能推断出它的始创时代可能比战国要早。

1926 年，中央研究院的李济教授在山西夏县西阴村灰土岭，发掘到大小不一的纹饰陶球和一个陶制小陀螺。考古专家卫聚贤看过这些实物后，认为这些陶丸大的是玩具，小的则为弹丸。根据考古学家研究的结果，认为这些器物与半坡遗址同期，属于距今约四五千年的新石器时代仰韶文化遗物。

考古研究的发现并不止于此。1934 年，李济和梁思永等又在山东历城县城子崖发现龙山文化遗址。在这里，他们发掘到直径 2.2 厘米的红色陶球，而且在同一遗址第五区黄土凸起处东灰土堆内，发现一堆大泥球，但都已经被打坏。这些大泥球以碳 –14 加以测定，约在公元前 2800 年至公元前 2300 年之间，属于龙山期文化，在新石器时代晚期。

1954 年，在西安半坡仰韶期文化遗址，考古专家们又发掘到一些大小不一的石球。他们认为：这些石球不但数量多，而且磨得光滑、规则，直径自 1.5 至 1.6 厘米，很可能是弹丸一类的东西。这就产生了疑问：这些到底是弹丸还是玩具呢？如果是弹

石球 旧石器时代

球类游戏在中国出现甚早，黄帝虽然是神话中的人物，但神话往往也包含了重要的历史事实。谁能肯定蹴鞠就不是这位祖先给我们留下来的呢？

太宗蹴鞠图 北宋

蹴鞠是宋代流行的一种体育活动，这幅画描绘了宋太祖赵匡胤、宋太宗赵光义和近臣赵普等一起蹴鞠玩乐的情景。

玄宗打马球图 唐 韦偃

古代也流行着其他的球类运动，马球就是唐人喜爱的一种游戏。

蹴鞠纹铜镜 宋

丸，它们一旦被打出去，就很难得找回来。以新石器时代的打磨技术，要制成一个弹丸必须费很长的时间，大概要数日。那么新石器时代的古人，会不会把这些费劲做的"弹丸"用来打出去呢？这一点看来是不大合理的。又有人认为这些石球是装饰品，可是它们上面并没有穿孔，也着实难以令人相信。

《汉书·枚乘传》有"蹴鞠刻镂"的说法。颜师古注云："蹴，足蹴之也；鞠，以韦为之，中实以物；蹴鞠为戏乐也。"由此可见，金元时寒贱之子琢石为球，恐怕是古代的游戏方法，以其作为某些皮球的代用品。在殷墟发掘工作中没有发现当时可能存有的皮球，而在西安的发掘工作中却发现了石球，也许因为皮制品不好保存，而石球、陶球却可以很好地保存下来。

这些虽然仅仅是主观的推断，没有形成定论。但根据考古发现的种种器物，中国新石器时代即使不一定有足球，也似乎已经有了球类运动。可是公元前2世纪司马迁作的《史记》和公元前1世纪刘向校的《战国策》，都明确地记载了战国时代齐都临淄人爱好足球运动。史称汉高祖刘邦的父亲丸公，他本人就常常与乡中丰邑"屠贩少年"踢球。刘邦生于公元前247年，据此推论，丸公应生于战国之时。当时连小城边邑也流行踢足球了，可见足球运动在当时已经很广泛了。

中国汉字的起源是怎样的?

汉字是每个中国人在日常生活中最熟悉的事物。然而，汉字究竟起源于何时至今也没有统一的说法。

第一种说法是"仓颉造字说"。

东汉的许慎在《说文解字》中说黄帝的史官仓颉创造了"书契"。"书契"是指刻写在陶坯或甲骨上的文字。原始文字的起源和发展的几个阶段是"八卦"、"结绳"、"书契"。因此，在汉字起源的诸多说法中，以"仓颉造字说"的影响比较大。《荀子》、《吕氏春秋》和《韩非子》等古文献，也都肯定了"仓颉造字说"。

第二种说法是"陶器刻符说"。

仰韶文化陶器记事符号被发现后，不少专家学者认为，这是具有汉字性质的符号。在龙山文化、大汶口文化、良渚文化和二里头文化中出土了一大批带有记事符号的陶器。大汶口文化陶器的一些刻符被解读为戌、斤、斧、炅、旦等字。因此，人们认为，中国汉字起源于陶器刻符。

第三种说法是"殷商甲骨文说"。

持这种说法的学者认为，文字在殷商时才出现——青铜器铭文和甲骨文。因此，殷商时代的甲骨文是现在已知用于记录成句语言系统的最古文字。在商代，甲骨文已具有相当程度的规范化。它不仅在语法结构上为先秦书面语言奠定了雏形，而且在字形上也跟西周、东周、秦、汉文字一脉相承，是相当成熟的文字体系。范文澜也持这种说法。

第四种说法是"夏代起源说"。

郭沫若认为，像其他事物一样，文字的产生与发展更应是一个漫长的历史过程。因为殷商时代的甲骨文已很成熟，所以其产生至少应在商以前1000年左右，因此中国文字应该是起源在夏或夏之前。已进入阶级社会时代的夏应该有文字，至少应该有原始文字。在现有的文献资料中，《史记》中的《夏本纪》《殷本纪》都载有明确的先王、先公世系。它所依据的肯定是古代文献的记载。也就是说，用于记录历史的、开始与语言相结合的文字系统在夏启时代已经出现。

仓颉像

仓颉造字图

但是，这仅仅是推测。因为在考古发掘中还没有发现确凿无疑的夏代文字。中国文字究竟源于何时，到现在为止还是一个谜。

十二生肖是怎样产生的?

2004年，是中国农历甲申年，被人称为"猴年"，这是用"十二生肖"来纪年的。"十二生肖"又称为"十二属相"，是用十二种动物为名称的纪时方法。那么，十二生肖的纪年法是如何创立的呢? 它又是在什么时候开始的呢?

据传说，在很久很久以前，天上的玉皇大帝为了让人们按时耕作、起息，便想让

十二生肖全图剪纸

人们学会纪时。玉皇大帝想选十二种动物作为十二生肖，按顺序每年一个生肖，每十二年又重新开始一轮。消息传出后，天下所有的动物都想成为十二生肖中的第一位，都愿意作为十二生肖之一。于是动物们纷纷赶往天庭，接受玉皇大帝的挑选。玉皇大帝见动物们如此踊跃，很是高兴，为了尽量做到公平，玉皇大帝让动物们举行了一次比赛，胜者即可入选。老鼠因其机敏灵活，跟巨大的大象搏斗时，它钻进了大象的鼻子使大象认输，赢得了所有动物的掌声，并以其聪明灵活被排在了选中的十二种动物的第一位。十二生肖就这样产生了。

但这只是一个生动的神话而已。真实的情况是什么样的呢？早在距今6000年前，我国古代人民就通过对天象的观察发现太阳和月亮一年要会合十二次，而每次会合的位置不同。所以古人将太阳运行一圈的轨道分为十二等分，即"十二宫"，以"子丑寅卯"等相配使用，用以纪

虎首 清
雍乾时期，欧洲艺术家郎世宁被聘为中国宫廷画师，并参与设计建造圆明园。他在海晏堂前水池两侧设计了十二只铜铸动物，即十二生肖铜像，这只虎首就是当年十二生肖中的一只。

青瓷狗圈 三国
此圈釉色略泛黄，色泽晶莹。犬置于圈中央，昂首探视，形象威猛。狗圈是东汉晚期至魏晋墓中常见的明器之一。

十二生肖泥塑 南北朝

年、纪日。"天干地支"就是这么产生的,"天干地支"纪时的方法非常方便、实用,但还要用十二生肖与之配合,这是为什么呢?

一些史学家认为,这是一种动物崇拜。以十二生肖纪时的原因是因为古代人民非常崇敬动物,对大自然中各种或活泼或凶悍的动物有一种图腾情结。我国一些少数民族也有自己民族的十二兽法用以纪年。在漫长的历史过程中,这种图腾情结就与天干地支联系了起来,后来就用于纪时了。

但各种说法都还没有形成一致的定论。今天,我们虽然仍在使用这种纪时方法,但是十二生肖之谜还未被破译。

甲骨文之谜

大约在公元前 16 世纪,商汤灭夏,在中原立国。从此中国历史进入商代。商王盘庚曾五次迁都于殷。直到商纣亡国总共273 年,商代晚期的统治中心一直在殷。但商朝被灭之后,殷民迁走,殷都逐渐变成一座废墟。殷都的文明也只局限于文字记载上,甚至有人认为那些记载不可作为信史。后来,一连串的偶然事件逐渐否定了这种怀疑。考古者逐渐将殷都积淀的古文明展现出来。

1899 年,北京国子监祭酒王懿荣老先生感到身体不舒服,就买了一剂含有"龙骨"的药物,在准备将这些"龙骨"研碎时,王懿荣发现这些坚硬的东西并不是什么骨头,而是上面有许多划痕的变黄的龟甲。王懿荣是一位研究古文字的专家。好奇心驱使他拿起甲骨仔细地观察。他吃惊地发现这些划痕像是一种文字。他于是将这家药

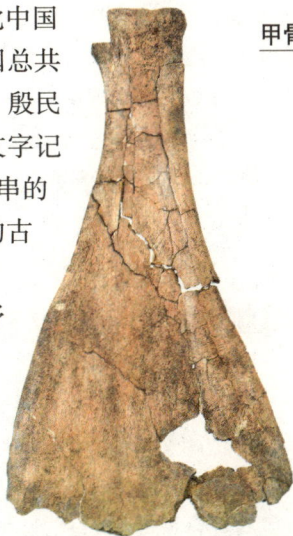

甲骨

花园庄甲骨坑内的甲骨堆积层

店的全部"龙骨"买下，经过细致研究和考证，断定这种非篆非籀的字形是商代的一种占卜文字。

我们现在已能解释商代的文字为什么要刻在甲骨或兽骨上，为什么这些刻着文字的甲骨碎片总是有许多裂纹或切痕。原来所有这些碎片都是史书上所称的"卜骨"。骨上的裂纹是人们有意用高温加热所造成的。根据商代的习俗，商代人上自王公下至庶民，无论是大事还是小事，都要用这种龟甲和牛胛骨进行占卜。占卜时，就用燃炽的木枝烧炙甲骨的反面凿出的槽和钻出的圆窠，这时甲骨因厚薄不匀而出现"卜"字形裂纹。这些裂纹就是他们判断吉凶的"卜兆"。占卜以后，将所问事顷刻记在甲骨之上，这就是"卜辞"。占卜的内容是以当朝国王为中心的，有对祖先与自然神祇的求告与祭祀，有对天象、农事、年成以及风、雨、水的关注，也有对周围各国战争的关注和商王关于旬、夕、祸、福以及田游、疾病、生育的占问等。这样就为我们提供了许多商代历史事件或天气气象的资料。

王懿荣的发现引起了许多中外人士对甲骨的重视。1908年，经罗振玉先生多方查询，才得知甲骨实出自河南安阳小屯一带。伴随着甲骨被确认、购藏和挖掘，古文字学家也开始对甲骨文进行破译。经过众多专家的努力，甲骨片上排列的文字成为可以通读的文句了，从而证实了出土甲骨文的小屯村正是古文献记载的殷墟。因此，一个湮没了3000多年的繁华故都终于在世人面前得以呈现。

自1899年发现殷墟甲骨至今，约有15万片以上商代甲骨已出土，现分藏在国内，另有一部分流散到其他国家。殷墟甲骨文内容涉及到商代的政治、经济、文化及天文等。可以说甲骨文的发现和破译帮助我们解开了历史上许多难解之谜，而发现的甲骨文共有4500多个单字，还有2/3的文字等待人们去破解。

中国绘画的始祖是谁？

在世界美术史上，中国画独树一帜。中国绘画的起源可追溯到原始社会，其绘画痕迹留于陶器上的各种花纹、图案上，但现代意义上的绘画并非这些花纹、图案。那么，谁是中国画的始祖？中国画起源于何时？我国有很多关于这个问题的传说，古籍上也对此众说纷纭。

"白阜始作图画说"。《画史会要》中说："火帝神农氏，命其臣白阜，甄四海，纪地形而图画之，以通水道之脉。"白阜是传说中神农氏的大臣，古人在讨论绘画起源诸问题时极少提及此说，因为白阜画的是地形图。

"绘画源于黄帝说"。《鱼龙河图》说："黄帝遂画蚩尤形象，以威天下。"这些可以说是绘画。《云笈七签》又云："黄帝以四岳皆有佐命之山，乃命潜山为衡岳之副，帝乃造山，躬形写象，以为五岳真形之图。"这两者都只能算是画地形图了。

"伏羲氏始作画说"。《周易·系辞上传》云："古者伏羲氏之王天下也，仰则观象于天，俯则观法于地，观鸟兽之文，与地之宜；近取诸身，远取诸物。于是始作八卦，而文籍生焉。"古今都有学者认为，伏羲氏所画八卦的爻象的意义原在图形，因为它们都是象形的。伏羲氏观察天象画出了"乾"，根据大地则画了个"坤"等等。因而伏羲氏所画的八卦乃是中国最原始的绘画。

"绘画始作于史皇说"。史皇是黄帝的大臣。《文选》李善注中说：《世本》云："史皇作图。"宋忠曰："史皇，黄帝臣；图，谓图画物象。'"《云笈七签》则称："黄帝有臣史皇，始造画。"说得更为直截了当。在《画史会要》中，黄帝之臣史皇"体象天地，功侔造化"，颇"善鱼"，无一不通，无一不画。黄帝的另一大臣仓颉作文字便是授传于史皇的"写鱼龙龟鸟之形"。

"绘画始于仓颉说"。不仅书法，绘画亦源于仓颉。书画同源是得到我国大多数学者的肯定的。朱德润《存复斋集》云："书画同体而异文……类皆象其物形而制字；盖字书者，吾儒六艺之一事，而画则字书之一变也。"《孝经援神契》中说道："奎主文章，仓颉效象。"宋均注云："奎星屈曲相钩，似文字之画。"意即"屈曲相钩"的文字实际上就是中国最原始的绘画。

"绘画始祖为封膜说"。《画麈》中指

远古时代的岩画

猪纹钵陶器 河姆渡文化
它是砂质的黑陶，两个宽面的外壁都刻有一个形态逼真的猪。

人物龙凤图 战国

这是一件葬仪中用以引导死者灵魂升天的铭旌,也是我国现存最古老的帛画。画中女子侧身而立,细腰长裙,广袖宽袍,姿态优美大方,双手合掌前伸,似在祈祷。她的前方和上方各绘一龙一凤,凤鸟昂首奋翼,腾爪扬尾;龙则曲足扭身,其势扶摇直上。整幅画以线条造型为基础,省略了一切背景,静态人物与动态龙凤形成一种对比。

出:"世但知封膜作画。"意思是说人们只知晓封膜为绘画之祖。但此说没有根据。唐人张彦远见到《穆天子传》中有"封膜昼于河水之阳"之语后,误把"封"当作姓,又将"昼"解为"画",并用郭璞的注来证实这一误解,很是牵强,有穿凿附会之意,使后人误传世上曾有过"封膜"其人,并说中国绘画之祖就是封膜。此说实为以讹传讹,故而不足凭信。

"骃首为绘画始祖说"。《说文解字》曰:"舜女弟名骃首。"骃首是传说中英雄时代舜的妹妹,她曾"脱舜于瞍象之害",向两个嫂嫂告发了恶徒们欲置舜于死地的阴谋,救了舜一命。《列女传》盛赞她善画,"造化在心,别具神技"。骃首又名嫘或画嫘。正是由于嫘创造了绘画,所以她又叫画嫘。

然而,骃首的绘画事迹,距今年代久远,某些古籍的记载又缺乏有力的根据,往往带有神话色彩,无从查考。中国绘画的始祖也许是黄帝时代的人物,究竟谁属目前仍是个谜。

《山海经》到底是什么性质的书?

《山海经》是我国第一部描绘山川与物产、风俗与民情的大部头地理著作,还是我国古代第一部神话传说的大汇编,有着巨大的文化价值与历史价值。全书共十八篇,分为《山经》和《海经》两个部分。然而,对于这样一部体系庞大的"怪"书的性质归类,却是各有各的看法。

有一种比较有影响力的观点认为,《山海经》是一部巫术之书、记祭祀的礼书和方士之书,是古人行施巫术的参考书。鲁迅在《中国小说史略》中称:"《山海经》……盖古之巫书也"。他的观点对中国学者产生了重大的影响,绝大多数人都持此种观点。班固把《山海经》置于"术数略"的"形法家",是"大举九州之势"而求其"贵贱吉凶",类似后世讲究"风水"的迷信之书。这是对《山海经》性质的最早的说明。后司马迁认为它荒诞不经,难登大雅之堂,认为《山海经》中虽然记载了方位、山川、异域,但那是因为祭祀神灵的需要,如《海外西经》记载的"登葆山,群巫所从上下也"。此外,《海经》中所记载的海外殊方异域、神人居住的地方、怪物的藏身之处,都是秦汉间鼓吹神仙之术的方士的奇谈。由于诸多对巫术和祭祀的记载,《山海经》被归类为语怪、巫术书。

茅盾从神话学角度把《山海经》归为一部杂乱无章的神话总集,专记古怪荒诞的神话故事。这一看法很具有普遍性。《山海经》所收的神话故事源自上古历史传说,以及各地诸侯国的报表文书和采自民间的神话故事。如我们周知的"女娲补天"就来自于《大荒西经》,还有《大荒北经》中的夸父追日,《北山经》中的精卫填海、后羿射日、共工怒触不周山、大禹治水、黄帝擒蚩尤等这些神话传说都来自于《山海经》中的记载。

青藤老人卧看《山海经》图 清 任颐
青藤老人即明代大书法家、画家、文学家徐渭,这位智者同时也是伟大的叛逆者。他背对着读者,正卧看《山海经》。

此外,还有不少学者认为《山海经》是一部自然地理和人文地理专著,是"第一部有科学价值的地理书",具有极高的军事价值和政治价值,它详细地记载了境内山川地貌的距离和里数,还记录了各个地区的山脉、河流,以及草木、鸟兽、矿藏等,还有关于各地的特产和风情的记载。

《山海经》书影
《山海经》是中国古代最为深奥的著作之一。它被认为是地理书、文学书、巫术书、神话集、游记以及小说。

近世的许多学者,也都认为它是一部既有科学内容、又杂有巫术迷信成分的地理志。既是历史地理学家又精通古代神话和宗教的顾颉刚颇赞同此观点,或许是为了在巫书与地理志之间寻求一种平衡与融合。很长一段时间内,《山海经》是地理书似乎成了定论。但是后来也有人认为,虽然《山海经》记述了山川、异域,但它并不是以讲述地理为目的,不能够把它误认为是一部实用的地理书。

还有一种观点,认为《山海经》是根据图画记述的。在晋代,陶渊明有诗曰:"泛览周王传,流观山海图,俯仰终宇宙,不乐复何如?"《山海经》中有些文字,如"叔均方耕"、"长臂人两手各操一鱼",确实是根据图片来述说的。根据我国古代很早就有的关于山川地图的记载，可以推测出《山海经》成书时有一种绘载山川道里、神人异物的图画，也就是说最早的《山海经图》是图文并茂的，上面既有图形图画，多为一幅幅线描的怪兽人神插图，也有文字，还有大量图画式的文字。

《山海经》是实用的自然地理和人文地理专著，还是杂乱古怪的神话？是奇士编撰的小说，还是巫术和方士之书？它成书于什么时代，作者又是谁？谜底仍未解开，还有待于新的发现和进一步探讨。

孙武到底有没有著《孙子兵法》？

我国古代的军事文化十分灿烂，以《孙子兵法》为其杰出代表。《孙子兵法》又称《吴孙子兵法》，通称《孙子》，为中外人士奉为兵书之鼻祖，相传为春秋吴将孙武所撰。在中国古代，这部经典的兵法著作为军事家的必读书，在宋代官定的军事教科书《武经七书》中位居首位。只有熟读《孙子》、考试合格的从军行武者才能被授武职。《孙子》传入西方，也有数百年历史。据说拿破仑滑铁卢失败后，曾十分后悔没有早读此书，否则或许能免遭失败。今日经营工商企业的日本、西方企业家，常有使用《孙子兵法》而取得成功的。

然而对于吴国将军孙武到底是不是《孙子》的作者，却有一番争论。战国时《商君书》、《韩非子》等提到过"孙吴之书"，指的是《孙子兵法》和《吴子兵法》，但并未说明作者即是孙武。

汉代司马迁《史记·孙武列传》正式记录了孙武的事迹："世俗所称师旅，曾道《孙子》十三篇，吴起兵法，也多有敌弗论。"他肯定地说《孙子》十三篇为孙武所著。此后千年之间，无人对《史记》之说提出怀疑。但到了宋代，又出现了疑问：历史上是否确有孙武其人？孙武真的写了

孙子像

《孙子兵法》是不是孙武所作，也许不大重要，人们关注作者之谜，只能说明对这部书的重视和对先祖的敬仰。

《孙子》？持怀疑观点的有宋人陈振孙的《直斋书录题解》、叶适的《习学纪言》等。怀疑者们认为：第一，他的名字和事迹有可能是司马迁的误闻或是杜撰，《左传》未提及；第二，一些孙武所处时代不可能出现的名词、事件、状况出现在《孙子》中，例如春秋时代仅称大夫为"主"，臣僚以"主"称国君是三家分晋后的事，而《孙子》中称国君为"主"；第三，《史记》同时记载了齐将孙膑的事迹并有兵法理论，但并未专门说明有《孙膑兵法》，也许是太史公将一书误作二书，一人误作两人。因此，《孙子》或被说成是春秋、战国之时山村处士所写，或被认为是孙膑所撰，还有的说是秦汉时的人伪托。

但是，陈振孙、叶适的怀疑论遭到了许多学者的反对，如明代宋濂的《诸子辨》，

清代的《四库全书总目提要》的撰者等。这些意见认为：严肃、认真的史家太史公在本传中所叙孙武、孙膑事明明白白、翔实可靠，《汉书·艺文志》明确提出古兵法有《齐孙子》（孙膑）和《吴孙子》（孙武），实无可疑。至于《左传》，本身也非完整之历史记录，也有可能出错，不能仅凭其中偶遗之记载即断定《史记》之文字为误谬。《孙子》原文定出自春秋之世，只是后代人在其中窜入了若干涉及后世名物之文字。先秦古籍常有此种现象，即便是《左传》本身，也不例外，《孙子兵法》核心内容的真实性、历史性和孙武的著作权不足以受到影响。

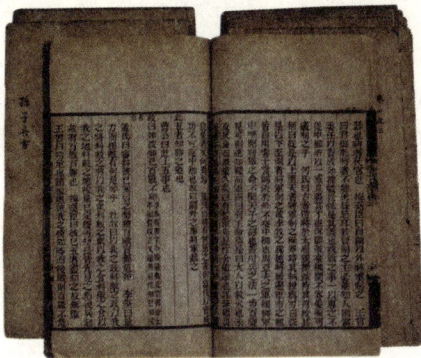

清版《孙子兵法》书影

正式称《孙子兵法》为武经，定孙子为武学教本，应当始于宋代。明代因之，亦列孙子于武经七书之首。清时，言兵者亦莫不奉孙子为圭臬。民国初年，蒋方震首以现代兵学为孙子作新释，从而为孙子研究开辟一崭新途径。

　　1972年山东临沂银雀山汉墓竹简本《孙膑兵法》和《孙子兵法》的出土，为解决这番争论提供了一些重要的资料，有可能揭开历史真相。因为已考订出墓葬年代是西汉初年，而且竹简《孙子兵法》恰好有十三篇，所以可以证明：第一，至少在西汉初年《孙子》已经存在，其篇目内容与今天基本一致，曹操整理《孙子》，并无大的改动。第二，确实有《孙膑兵法》这本书。第三，确有孙武、孙膑两人。第四，《孙子》并非孙膑著。第五，《史记》所记载史实基本可信。有一种意见认为，《孙子》的作者之争应该暂停，孙武肯定是《孙子》的作者。

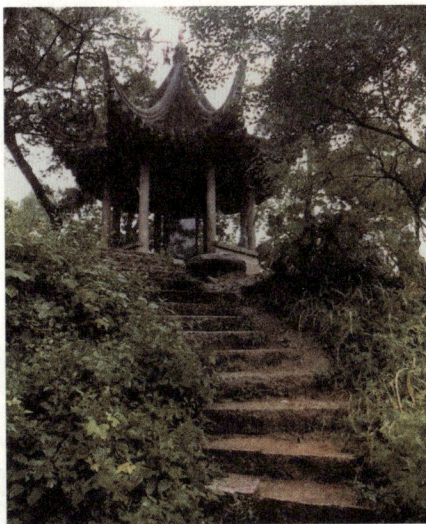

苏州虎丘孙武亭

　　由于竹简本的可信度还是一个疑问，因此不能证明《孙子》成书的具体时间，也无法证明《孙子》从成书到竹简抄录时，其间有无重大修改。不能直接证明《孙子》就是孙武所作，因而还有待于进一步的考古发现和研究，以解开《孙子》的作者之谜。

孔子著《春秋》之谜

　　《春秋》是流传下来的迄今为止我国最早的一部编年体史书，也是儒家的主要经典。人们谈论《春秋》时，往往提到孔子。但《春秋》到底是不是孔子所作？人们对此有不同的看法。

一种观点认为，《春秋》就是孔子所作。它最早由孟子提出来。孟子认为，春秋时社会动荡，各种邪说暴行屡屡出现，"孔子成《春秋》而乱臣贼子惧"。现代学者指出，孔子之所以作《春秋》，一是因内乱，一是因外患。孔子作《春秋》以正名分，给诸侯、大夫以严正的褒贬，从心理上来钳制他们，以安定天下的秩序，恢复周王室的政治权力，同时达到"尊王攘夷"的目的。

另有一种观点认为，《春秋》不是孔子所作，不过是由孔子整理而成。有的学者指出，孔子是我国历史上第一个创办私立学校的教育家。他为了能更好地讲学，搜集鲁、周、宋、杞等故国文献，重加整理编次，形成《易》、《书》、《诗》、《礼》、《乐》和《春秋》六种教本。孔子对它们的内容虽有删节，但态度

《春秋》内页

是"信而好古"，也就是尽量保持原有的文字，包括原来的史事内容和表达风格。司马迁在《史记·孔子世家》中说："子曰：'弗乎弗乎，君子病没世而名不称焉。吾道不行矣，吾何以自见于后世哉？'乃因史记作《春秋》，上至隐公，下讫哀公十四年，十二公。"据此说法，孔子是根据鲁国和周王室以及其他诸侯国的史官的记载略加修

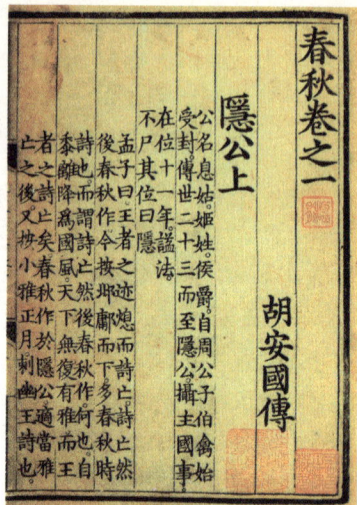

先师手植桧

此桧树植于孔庙前，相传为孔子手植，多次死而复生。

改，编写成一部简要的史书。《春秋》中的一些字句都是沿用以前史官的写法，并非孔子的创造。

还有一种观点，认为孔子根本没有著作或删订《春秋》。"五四"以后，钱玄同主张此说。他认为，"六经"（《诗》、《书》、《易》、《礼》、《乐》、《春秋》）并没有孔子改动的痕迹。《春秋》应是鲁史旧文，其中如"郭公"、"夏五"之类，都保存了原来的缺简，只不过在长期转写、流传中，难免会有改动。他们又举出《论语》作为例子，说《论语》载孔子生平言行甚详，其中论《诗经》的最多，但对于《春秋》却一字未提；孔子时代《春秋》还是鲁国秘藏的国史，孔子不可能也不必要对这本秘藏的国史进行改编。有的学者则根

圣迹图·孔子不仕退修诗书 明

孔子的功绩，一在整理古代文献，二在立学传徒，为中国传统文化的承上启下发挥了重要作用。此图描绘了孔子不仕而退修诗书、办私学、整理传授"六经"的情景。但随着史料不断增加，人们在尊重孔子的时候，对他的经历增添了许多新的困惑。

据《春秋》记载孔子生年和卒年，认为孔子修《春秋》的说法是不能成立的。因为他不会自称"孔子"，又不能写出自己的卒年。孔子只是曾经把《春秋》作为教材而已。经孔子一用，《春秋》便逐渐流传到了民间，然后再由孔门弟子一代一代地传述下去。《春秋》不是一时而成或出于一人，而是由鲁国史官们在两百多年时间里陆续编纂而成，从而出现了一些前后风格、笔调不太一致的地方。

以上三种说法各有道理，谁也不能彻底说服谁，遂成文史上的又一桩公案。但不论《春秋》是否为孔子所作，都不会削弱孔子作为文化伟人的地位和《春秋》作为古籍的不可估量的研究价值。

孟姜女真的哭倒长城了吗？

《孟姜女》传说以故事、歌谣、诗文、戏曲等多种形式在我国广大地区内流传，有着久远的历史，几乎家喻户晓。它与《白蛇传》、《牛郎织女》、《梁山伯与祝英台》，一向被称为中国的四大民间传说。但是孟姜女的故事到底是怎样形成的呢？历史上真有孟姜女哭倒长城一事吗？

大多学者认为，孟姜女的故事是由《左传》所载春秋时"杞梁之妻哭夫崩城故事"演化而成的，后来以多种文艺形式广泛流传于民间。在我国学术界，最早开始研究孟姜女故事并取得卓越成就的，当首推顾颉刚先生。顾颉刚认为，其实孟姜女与万

咸阳宫银盘 秦

秦始皇统一六国后，六国的文化艺术得以在广大的帝国领土上荟萃并发展，这为汉代的辉煌奠定了牢固的基础。上图的银盘集中体现了六国工艺的结合，是秦宫里的皇家用具，秦之后，它被赠送给封在齐地的诸侯王。

里长城毫无关系，她应该是春秋时的齐国人。孟姜女故事最早见于《左传》：襄公二十三年(前550)传说，齐国将领杞梁被委任为攻打莒国的先锋，他是齐国的贵族，不愿受贿，战死疆场。他的妻子善哭在齐国是有名的。她听说自己的丈夫不幸阵亡后，号啕大哭，据说她哭杞梁哭得极为哀婉动人，以至把城哭倒了。到了唐代"杞梁妻哭崩城"的故事发生了实质性的变化。一个叫贯休的和尚写了一首诗，把杞梁夫妇的故事和秦代修筑长城联系到了一起。从此"孟姜女哭长城"的故事就这么一代代流传下来了。因此，顾先生认为孟姜女就是《左传》上所说的"杞梁之妻"，而唐代以来孟姜女故事是春秋时代杞梁之妻故事嬗变而来的。

不少学者同意顾先生的上述论点，例如著名学者钟敬文先生就认为民间传说这种民间文学的形式在流传过程中是不断变化的：在《左传》里，杞梁的妻子哭得凄凉；到了战国时期，《礼记·檀弓》写她在路上迎柩而哭；西汉刘向的《列女传》，写得就更夸张了，说她连哭十天，哭到城墙崩塌，最后投水自尽。孟姜女这个极为哀怨动人的故事流传了两千多年，传播地区几乎遍及全国，它的变化多姿是必然的。以至于孟姜女的传说由原来的齐国杞梁之妻，逐渐演变，到了隋唐就急剧转变为孟姜女哭倒埋夫尸的万里长城。

也有人认为：孟姜女哭倒长城是确有其事，这个故事最早出现于春秋时期(约前549)，而当时的齐国正处在泰山之北。也就是说，孟姜女哭的应该是齐长城，而不是秦始皇修筑的长城。事实上，故事发生时，秦长城尚未修筑，而齐长城西段已在公元前557年以前完成。历史故事产生在山东，齐长城的建筑年代又早于杞梁战死的年代，这时秦长城和其他国家的长城都未建，所以孟姜女哭的长城，只能是齐长城，而不是秦长城。

但是，有的学者并不认同顾先生关于唐代以来孟姜女故事是由春秋时杞梁之妻演化而来的观点。中国学者路工认为，杞梁妻和孟姜女哭倒长城这两个故事在内容上根本不同，其主人公也有许多差异。我们没有理由说孟姜女故事是从《左传》的杞梁妻故事发展来的。我们知道形成孟姜女故事的主要原因，它反映了战争和劳役给人民带来的痛苦与灾难。长城从春秋战国到明代，一直不停止地修建增补，所以每一朝里民间都可能产生像孟姜女这样的故事。"孟姜女哭倒长城的故事"是经过千万人民集体创作的，表达了他们的真实感受，寄托了他们的悲愤与无奈。

苏联汉学家鲍·李福清也认为孟姜女的传说与杞梁之妻的传说无关，在1961年出版的《万里长城的传说与中国民间文学的体裁问题》一书中还指出，顾颉刚在分析各种有关孟姜女的作品时，并没有把民间文学创作与人民的生活联系起来。顾颉刚认为孟姜女传说起源于古籍资料，这一结论是不能令人同意的。孟姜女传说事实上是在民间产生的，后来才笔之于书，而由于各种具体的历史条件，它的情节才发生了变化。孟姜女传说的记录最早见于唐代的《同贤记》。孟姜女万里寻夫、哭倒长城的情节，最直接、最早见于文献是在唐人所留《琱玉集》转载的《同贤记》。《同贤记》把孟姜女故事的时代背景，设定于秦始皇修筑长城，男主角名叫杞良，是筑城戍守的士兵，因不想再受修筑长城的劳累之苦而决定出逃，但是被人发现了，杞良在仓皇中逃进孟家后园，正好撞到孟家的女儿孟仲姿洗澡。孟仲姿羞愧至极，为了名誉和清白，只好和杞良结婚，二人渐渐产生了深厚的感情。不久后，杞良回到工地，惨遭不幸被打死，他的遗骸被筑在城中，仲姿悲痛欲绝，放

姜女石

传说孟姜女为寻找筑长城未归的丈夫，不远万里来到海边长城脚下，哭倒长城，见丈夫骨骸后投海自尽，海中遂长出巨石。

秦万里长城第一台遗址

在秦代修筑长城时，榆林这个地方是当地地势最高、烽火台最大、里面驻军最多，也是两路长城汇合的地方。自秦以后，历代均以此台为镇守北方的重要军事要地，号称镇北台。

声大哭，将长城哭倒。持此种观点的人认为，孟姜女传说与武士杞梁之妻的传说无关。所以我们研究的时候，不能机械地拿历史上的人物、事实，对照传说故事中的人物、事实，以证明真实不真实。

孟姜女的故事历经唐、宋、元、明、清各代文人的共同创作，以至到今天出现了各种不同的版本，男女主角的姓名、身世、故事细节、哭城地点，都有不同的说法。究竟哪种说法最有说服力，学者们还在争论，目前还难以达成共识。

秦始皇传国玉玺下落追踪

　　玉玺是国家权力的象征，其自身也具有无比珍贵的价值。随着朝代的更迭，玉玺也经历了风风雨雨。秦始皇统一中国之后，为了显示其至高无上的权威而令玉工孙寿为其刻制了一枚国玺。国玺是以闻名天下的和氏璧刻成，玺方四寸，其上盘曲巨龙，李斯手书的"受命于天，既寿永昌"八个形如"龙凤鸟鱼"之状的篆字镌刻其上。

　　"玺"和"印"在秦汉之前并无尊卑之分。自秦始皇后，玺成为皇帝专用。因为它是用玉刻成的，所以国玺又称玉玺。

　　凭此玉玺秦始皇原想将皇位代代相传，没想到秦二世便亡国了。从此，这象征着至高无上权力的玉玺也便成为历代帝王争夺的对象。他们为这块玉玺而钩心斗角，互相厮杀。

　　在秦朝末期，刘邦进入咸阳，子婴在举行了投降仪式后将传国玉玺献给了刘邦。到了西汉末年，王莽篡权，他命其弟王舜进宫向其姑母孝元太后逼索传国玉玺。太后一怒之下将玉玺掷到地上，撞破了一角。玉莽用纯金把撞去的一角补上。王莽失败后，传国玉玺落入东汉开国皇帝刘秀之手。东汉末年，十常侍作乱。汉少帝夜出北宫，却把传国玉玺丢失了。后来孙坚攻入长沙，在城南甄官井捞出一宫女尸体，从其项下锦囊中的一个金锁锁着的小匣子内发现了玉玺。孙坚死后，袁术拘捕了孙坚妻子而夺得玉玺。袁术兵败身亡后，传国玉玺落入曹操之手。西晋统一后，司马炎得到了玉玺。西晋灭亡之后，玉玺流落到北方十六国。后来，有人将传国玉玺献给了东晋皇帝。东晋灭亡后，玉玺被刘裕得到，开始在南朝宋、齐、梁、陈中流传。隋文帝灭陈后，获得传国玉玺。隋末，隋炀帝被宇文化及杀死，玉玺落入宇文化及手中。宇文化及兵败后，窦建德得到玉玺。窦兵败后，唐高祖李渊又得到玉玺。从此以后，玉玺在唐传了370年。最后，玺被后梁皇帝朱温获得。梁之后，玉玺归后唐。公元963年，石敬瑭勾结契丹耶律德光攻打洛阳。后唐废帝李从珂见失败已成定局，便带着玉玺登玄武楼自焚了。传国玉玺从此便没了踪影。

　　随着时间的发展，一度失踪的玉玺据说又重

后人伪造的传国玉玺及印文

现人间，并被元顺帝的后人博硕克图汗得到。元太祖成吉思汗的嫡系后裔林丹汗得知了这一消息，他认为这玺应属于他，便用武力把它从博硕克图汗手中夺了过来。后来玉玺又被皇太极用武力夺去。皇太极得到之后，才发现玺上刻的是"制诰之宝"，并非秦始皇的传国玉玺。但皇太极为了宣扬"天命所归"，对外仍称获得了传国玉玺，于是改"金"为"清"，建立了大清国。后来清朝统一了天下，就将这颗假传国玉玺当成了清朝传国的宝物了。这是关于玉玺下落的第一种说法。

后人伪造的传国玉玺之印文

此方印文为"受命于天，既寿永昌"，清时有人把它献给乾隆帝，经鉴别是假的。

除此之外，还传说北宋时咸阳的一位农民耕地时发现一方玉印，上面刻着"受命于天，既寿永昌"八个字。当时的宰相蔡京得知这一消息后，命拿来考证。最后他宣称这就是秦始皇的传国玉玺。此事曾轰动一时。到后来这块玉玺被一位曾在美国侨居多年的国民党军官得到了。后来，这位军官要在澳门出售这块玉玺，香港的一位爱国人士得知这一消息后，表示愿收购这块玉玺捐赠给祖国。但经专家鉴证后说这方玉玺是赝品。此后也有一些关于玉玺下落的传说，但真实性都值得怀疑。

唯一能肯定的是，秦始皇的传国玉玺肯定尚在人间。因为据专家介绍，用来雕制传国玉玺的和氏璧是玉石中的"柱长石"，能耐1300度的高温，所以一般火焚化不了它。由此说来，说不定哪一天这方传国玉玺会真的重现人间。到那时，关于玉玺下落的谜团就会解开了。

秦兵马俑主人到底是谁？

1974年，在陕西省临潼县秦始皇陵东侧发掘出土了由一号坑、二号坑、三号坑、四号坑组成的大型地下兵马俑军阵。这就是令世人惊叹叫绝的秦兵马俑，堪称"人类文明的精神瑰宝"，是"世界第八大奇迹"。

最著名的一号俑坑，由6000件陶人、陶马组成一个长方形军阵。整个军阵由三部分组成：前面是210个弓弩手组成的前锋部队，中间是6000人的铠甲俑组成的主体部队，后面是35乘驷马战车，战车两侧各有一排保护驭手的侧翼部队。这些武士俑身高1.75～1.95米，均按秦军将士形象塑造，体格魁伟，服饰逼真，神态生动。他们手执戈、矛、戟、铩等各种兵器，严阵以待。陶马则高1.5米，长2米，高大健壮，肌肉丰满，表情机警，栩栩如生，匹匹都如同即将奔赴疆场的骏马。经判断，一号坑为"右军"，二号坑为"左军"，三号坑为"指挥部"，四号坑为"中军"。

人们认为，只有统一全国的秦始皇，才具有组织和指挥这支钢铁队伍的气度和能力。秦始皇死后，有这么一支驻扎在京城内外的大军。因此，这些俑坑就应该是秦始皇的陪葬坑，这些兵马俑毫无疑义就是他的殉葬品。

可是，有人经考证否定了这个结论，提出了一堆疑问，使这个公认的看法变成了扑朔迷离的谜团。

其一，军阵之谜。

在一号坑和二号坑里，发掘出战车。它们和步兵、骑兵组成方阵，形成一种作战方式。但是在《文献通考》、《菽园杂记》、《淮南子》和《史记》等古籍记载中，那不是秦始皇时期的军阵。那么，兵马俑也就不该属于秦始皇了。

其二，武士之谜。

四个俑坑中的大部分兵士均身穿战袍，腿扎行膝，足登浅履，精梳着各种头髻，没有一个人戴攻坚作战的头盔，没有着护身铠甲。秦始皇怎么能用这样无战斗力的军队征战南北吗？

其三，武器之谜。

秦统一六国后，为防止旧贵族反叛，下令收缴全国的兵器，铸成钟座和各重24万斤的12个大铜人，违者诛杀。然而，在兵马俑坑中竟出土了大批的步兵使用的矛、戟、铍等长柄武器及弩弓。这都是违禁的。因此，当时的人是不可能如此做的。

其四，服饰颜色之谜。

秦统一六国之后，规定"衣服、旌旗、节旗皆为尚黑"的制度，一律着黑色。可

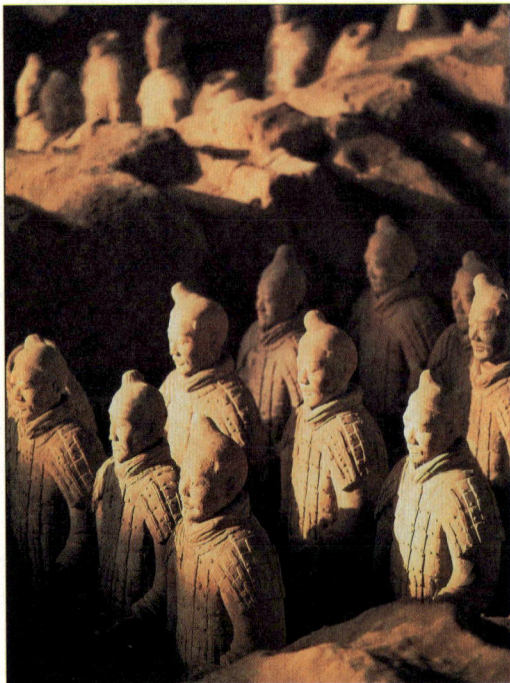

始皇兵马俑 秦

是俑坑中的武士俑们，身上穿的却是五颜六色的衣服，不符合历史事实。

那么，到底兵马俑的主人是谁呢？

学者陈景元在《大自然探索》1984年第4期发表的《秦俑新探》一文中详细考证了俑坑中出土的铜铍的年代顺序和武士俑身上的铭文，认定这些兵马俑属于秦昭王之母——秦宣太后。这位太后本是楚国人，生前嫁到秦国，专权41年。这些兵马俑是她的仪仗队，是护送她的亡灵回老家的。

然而，上海《社会科学》杂志1985年第2期发表刘修明的文章，对上述说法又提出两个问题，使这个说法难以成立。其一，俑坑出土的兵器比秦宣太后晚50年。谁也不会把当代的新式兵器加到半个世纪前的死者的

武士俑的发型特写 秦

陕西省临潼县秦始皇帝陵兵马俑坑（公元前 210 年）出土，灰陶加彩，陕西省秦始皇兵马俑博物馆藏。

坟墓中去。兵器之一名为"相邦吕不韦戈"，属于秦始皇时代的三年、四年、五年、七年之物。兵器之二名为"寺工"长铍，"寺工"一词最早出现在秦始皇二年，是专铸墓葬兵器的官署。况且这些兵器出土时，土层并没有被挖掘过的痕迹。其二是秦宣太后的葬地。《史记》中明确记载"宣太后死，葬芷阳骊山"。实际上，芷阳在骊山南麓，而兵马俑坑在骊山北麓，方向正好相反。一个是言之凿凿的史实，一个是明确无误的实地，结论根本不同。

兵马俑的主人究竟是谁？这仍是一个令人费解的谜团。

《胡笳十八拍》究竟是谁的作品？

"为天有眼兮何不见我独漂流？
为神有灵兮何事处我天南海北头？
我不负天兮天何配我殊匹？
我不负神兮神何殛我越荒州？"

怒涛滚滚般不可遏制的悲愤，诅天地咒神祇、雄浑不羁的气魄以及用整个灵魂倾诉出来的绝唱，绞肠滴血般痛苦的诘问，这就是著名的《胡笳十八拍》。对于《胡笳十八拍》的作者是谁，中国文学史上历来有争议。有的学者认为是当年曹操迎回汉家的蔡文姬，有的学者却持相反的观点，更有学者认为是董庭兰所作。下面把各家说法分别叙述出来。

文姬归汉图 明 仇英

郭沫若作话剧《蔡文姬》，著文六谈《胡笳十八拍》，认为蔡文姬是《胡笳十八拍》的作者。他说，这实在是一首自屈原《离骚》以来最值得欣赏的长篇抒情诗，只有身临其境的人，才能写出这样的文字来。郭沫若认为《胡笳十八拍》是蔡文姬被胡骑所掳后所写的作品。但是文史专家们有不同的看法。他们认为《胡笳十八拍》不是蔡文姬所作，主要理由有：

其一，《胡笳十八拍》的描写不合地理环境和历史事实。

第一，刘大杰等指出，在那时根本没有诗中所叙"城头烽火不曾灭，疆场征战何时歇？杀气朝朝冲塞门，胡风夜夜吹边月"那种汉兵与匈奴的争战不休。说明作者并不了解南匈奴和东汉王朝的关系。南匈奴已于东汉末年内附东汉王朝。距离文姬所居的南庭匈奴河套地区尚远。再者在建安八年蔡文姬归汉，而曹操则在建安十二年平定三郡、乌桓，在时间上也不对头。这与诗中"两国交欢兮罢兵戈"也不符。

第二，刘大杰等指出，汉末南匈奴分为二支，文姬可能被居河东平阳即今山西临汾的於扶罗、呼厨泉一支掳去。而诗中"夜间陇水兮声呜咽，朝见长城兮路杳漫"、"塞上黄蒿兮枝枯叶干"不合地理环境。

第三，否定者认为，诗中有"戎羯"一词，而羯族是晋武帝后"匈奴别种入居上党以后才有的名称"，蔡文姬在五胡乱华之前预先知道是不可能的。

其二，不见著录、论述和征引。

刘大杰等人认为，汉《后汉书》、《文选》和《玉台新咏》以及晋《乐志》和宋《乐志》均无《胡笳十八拍》的记载，六朝论诗的人也没有称述，《蔡琰别传》也没有引用它的诗句。由此断定，它是唐人伪造。

其三，关于风格、体裁问题。

刘大杰等认为，从语言结构、音律对偶及修辞炼句上看，此诗具有和东汉诗不同的特征。诗中"杀气朝朝冲塞门，胡风夜夜吹边月"两句，东汉诗中不曾有过炼字、修辞如此精巧、平仄如此谐调、对仗如此工整的，在东汉诗赋中也没有"人生倏忽兮如白驹之过隙，然不得欢乐兮当我之盛年"这种错综句法。用语方面，诗中"泪阑干"是唐时始有的词汇。语句方面，"夜闻陇水声呜咽"是袭用北朝民歌《陇头歌辞》。用韵方面，《胡笳十八拍》和曹植《名都篇》、《美女篇》的通押迥别。先韵和寒韵不通押，也是唐人用韵方法。

有人指出，全诗1200多字，只有两联对仗工整，比起同期建安诗篇不算多，不能抓住两联就说它不是东汉风格。

而朱长文《琴史》卷四《董庭兰传》："天后时，凤州参军陈怀古善沈、祝二家声调，以胡笳擅名。怀古传庭兰。"沈即沈辽。《崇文总目》载："《大胡笳十八拍》，沈辽集，世名沈家声。沈辽早于陈怀古，陈怀古为董庭兰师。"

以上说法各有道理，到底《胡笳十八拍》为何人所作这个问题，学术界至今仍未给世人一个满意的答案。

桃花源究竟在何处？

千古名篇《桃花源记》出自我国屈原以后的又一伟大诗人、晋宋时代杰出的诗词散文大作家陶渊明的手笔。它是我国古代散文中的奇葩，传诵千古而不衰。《桃花源记》就是他亲笔绘出的理想社会图：环境优美，怡然自得。在这样的理想社会，没有君主，没有战乱，没有贫穷，没有欺诈。人们淳朴厚道，和睦相处，过着自食其力、康乐幸福的生活。一千六百多年来，这篇不足400字的《桃花源记》，不知让多少人为之魂牵梦绕，可在现实生活中，怎么也寻她不到。"桃花源"究竟是纯属虚构，是东方的乌托邦，还是有它真实的原型呢？它的原型又在哪里呢？

陶渊明像

陶渊明(365～427)，字元亮，又名潜，别号五柳先生，谥号"靖节先生"。原籍江州浔阳紫桑栗里(今江西省九江市西南10千米)人。他生于一个没落了的官僚世家。曾祖陶侃，封长沙公，赠大司马。祖父陶茂是武昌太守。母孟氏，是陶侃的外孙女。在这种家庭环境中，陶渊明自幼聪明好学。史称"潜少怀高尚，博学，善属文，颖脱不羁，任真自得，为乡邻之所贵"。

义熙十四年(418)，刘裕杀晋安帝，立恭帝，朝廷大权全归刘裕。为了笼络人心，

桃源仙境图 明 王彪

此画是对晋代文学家陶渊明《桃花源记》的形象表现。图中丛山叠翠，桃花成云，其间有良田桑竹掩映；人物衣冠古朴，有一种不知有汉、无论魏晋的田园之乐。

任陶渊明为著作佐郎，而"不为五斗米折腰"的陶渊明厌倦了官场上尔虞我诈的生活，无心恋政，说自己有病而不赴任，于是有了"陶征士"之称。公元420年，刘裕称帝，国号宋，改元永初，废晋恭帝，晋朝灭亡。第二年，恭帝被刘裕杀死。就在宋永初元年前后，陶渊明写下了他的代表作《桃花源诗并序》。

湖南的桃源县被大多数人称为陶渊明笔下的桃花源，俯临沅水，背倚青山，景色绮丽，松竹垂阴，千百年来，吸引无数骚人墨客前去寻访、探幽，留下千古佳话以及墨宝遗迹。目前有神话故乡桃仙岭、道教圣地桃源山、福地洞天桃花山、世外桃源秦人村四个景区近百个景点。桃源地域东汉时置县，名沅南县，属武陵郡。隋开始直到唐和五代，撤县而成为武陵县的一部分。宋太祖乾德元年(963)，朝廷发出了分拆武陵县的政令，转运使张咏根在实地考察后，建议置桃源县。历史悠久的"桃花源"，是中国古代四大道教圣地之一，有"第三十五洞天，四十六福地"的美誉。它以山水田园之美，寺观亭阁之盛，诗文碑刻之丰，历史传说之奇而举世闻名。当地的人们用陶渊明的诗文命名在此修建了观、祠、亭、洲，比如桃花观、集贤祠、蹑风亭、缆船洲等。不少学者认为陶渊明描绘的那幅美好的社会生活图景并不是他的臆想和虚构，而是桃源县实在的生活。

桃花源

清静无为的思想在陶渊明笔下便成了一处"绝圣弃智"、自然和谐的"桃花源"，桃花源成了老庄政治哲学的现实建构，也成了历代政治家们疲累之余的休息场所。图为湖南桃源县传说中的"桃花源"遗址。

也有学者认为《桃花源记》是当时居住在武陵地区的苗族社会生活的写真，那时武陵地区的苗族人民已出现了自耕农的私有制，但由于生产力还比较低，剩余产品也比较少，还产生不了突出的富户和显贵人物，所以没有阶级压迫、阶级剥削的社会现象。除了陶渊明对此有记载外，另一个东晋文人在他的著作中也提到了这个"世外桃源"。此外，武陵的苗族人民素有对桃树的崇拜以及有客人"便要还家，设酒杀鸡作食"的习俗等等，这些都能说明陶渊明所说的桃花源就是指湖南武陵地区的苗家社会。

在今天的连云港市区也有两个武陵的地名：一个是《魏书》中记载的武陵郡，遗迹犹存，在赣榆县的沙河城子村；另一个是云台山脉的宿城西山麓，至今留有武陵古邑的地名。位于江苏省连云港市北云台山东南侧的宿城山凹，三面环山，山川秀丽，景物清幽，除了翻越虎口岭，与外界无路可通。宿城区山雄水秀、风光旖旎，春生奇花瑞草，秋染五色层林，左映清流激湍，右带茂林修竹，还有悟正庵的千年银杏、保驾山的苍松掩映、滴水崖的漱玉喷珠、枫树湾的飞金流丹等人间奇景，四时好花常开，八节鲜果不绝。陶渊明确实曾经到过这个地方，他在著名的《饮酒诗》中写道："在昔曾远游，直道东海隅"。根据地理志的记载，陶渊明所说的"远游"，正是指处于东海一角的宿城高公岛之行。而且，宿城山的地理方位与入口，与《桃花源记》中的记载相吻合。南唐诗人李中早就在他写的"犹怜陶靖节，诗酒每相亲"诗句里发出了与陶渊明同样的感慨——看到秀丽的渔村，鲜美的芳草，一径通幽的石峡小口，只想忘记世间烦恼，常住于此。苏东坡知道陶渊明是游过宿城山的，他也曾模仿陶渊明写过这样的诗篇："我昔登远山，出日观苍凉，欲济东海县，恨无石桥梁。"陶渊明的后裔陶澍向道光帝讲述高公岛、宿城一带的太平景象时，把它们说成是与桃花源无异的人间仙境。后来，他还在宿城法起寺旁建起了"晋镇军参军陶靖节先生祠堂"，还仿照陶渊明故居的特点，在门前植柳栽桃。于是昔日"山有小口，仿佛若有光"的宿城山水，如今已出入通达，一片繁华景象。

桃花源究竟只是陶渊明失望于现实中的理想，一个激起无数人对美好生活的向往的美丽的梦幻，还是真的曾经有一个那样神奇而又美丽的地方，现在还是一个无法解答的谜。

梁祝故事是真是假？

梁山伯、祝英台的故事，除了口口相传以外，舞台艺术表现传播也相当多，在我国可说是家喻户晓、妇孺皆知。但是，历史上是否真有梁祝其人其事？如果有，他们是哪个时代、什么地方的人？或者根本就是"街谈巷议，道听途说"的"小说家"所造？这是个众说纷纭、饶有兴味的"谜"。

否定有梁祝真有其人其事者认为：梁祝和白蛇传、牛郎织女、孟姜女的故事合称"中国四大民间故事"，后来编成戏剧，尽管戏剧和故事都十分动人，但毕竟只是传说，因此事实上是不存在其人其事的。他们进而推论说：梁祝死后岂能化蝶？孟姜女焉能哭倒长城？至于织女和白娘子一为天女，一为白蛇所化，纯属"子虚乌有"，其理自明。这是一家之言，听来似乎很有道理。

然而，认为梁祝实有其人其事的也很不少。江苏某报的一篇短文，说祝英台本是明代侠女，梁山伯原是前朝书生。两人本来毫不"搭界"，但是祝英台为民造福，死后人们为她安葬，挖掘墓穴时发现下面有梁山伯墓，于是将他们合葬，才演化出"梁祝"故事来的。

其实，研究"梁祝"是否确有其人其事不是从今日开始的。历史上有些严肃的学者也进行过研究和探索。清代乾嘉时著名经学家焦循就是其中的一位代表。他在《剧说》卷二中引宋元之际刘一清的《钱塘遗事》以及自己亲身见闻，说全国至少有四座所谓"梁祝墓"。第一处墓葬地在河北林镇，见刘一清的《钱塘遗事》。第二处墓在山东嘉祥县，是焦循曾经亲眼见到祝英台墓的碣石拓片。他在《剧说》中

新绘梁山伯与祝英台 年画

说："乾隆乙卯（公元1795年），余在山左，学使阮公（即阮元）修山左《金石志》，州县各以碑本来。嘉祥县有祝英台墓，碣文为明人刻石。"第三处墓在浙江宁波，这一说法是嘉庆元年（1796年）焦循到宁波，"闻其地亦有祝英台墓，载于志书者，详者事云：'梁山伯、祝英台墓，在鄞西十里接待寺后，旧称义妇冢。'"焦循在记载中虽然没有说曾经亲眼看见这座墓，但据浙江一位老新闻工作者说，新中国成立前这个地方除有梁祝墓之说外，还有梁山伯庙。鄞县乡间还流传有"若要夫妻同到老，梁山伯庙到一到"的俗语，庙中香火还很盛。焦循进而查考地方志。据方志记载："晋梁山伯，字处仁，家会稽，少游学，道逢祝氏子同往。肄业三年，祝先返，后山伯归，访之上虞，始知祝为女子，名曰英台。归告父母，求姻时，已许鄮城西清道原。明年，祝适马氏，舟经墓所，风涛不能前，英台临冢哀痛，地裂，而埋璧焉。事闻于朝，丞相封'义妇冢'。"第四处是扬州祝英台墓，焦循基本上持否定态度。他说："及吾郡城北槐子河旁，有高土，俗亦呼为祝英台坟。余入城必经此。或曰，此隋炀帝墓，谬为英台也。"清代另外一位著名学者毛先舒在《填词名解》卷二引《宁波府志》，和焦循记载鄮城（今鄞县）梁祝墓

大同小异，只是多了"今吴中花蝴蝶，盖橘蠹所化，童儿亦呼梁山伯、祝英台云"这么一句话而已。

根据焦循、毛先舒引方志中的记载，谢安是东晋名臣，历史上实有其人，那时女子也没有缠足陋习，为祝英台女扮男装提供了一定的方便，而且志书上记载竟然如此详尽，因此不能排除历史上确实有梁祝其人其事的可能。

如果大胆假设、揣想，梁祝故事会不会本是编撰，但由于这一悲剧感人至深、代代相传，后人才信以为真的而写入志书呢？总之，梁祝故事传说中还有一些谜，需要后来的学者去破解！

《韩熙载夜宴图》成因之谜

《韩熙载夜宴图》流传于世一千多年来，摹本迭出，渔樵佳话亦不少。仅关于它的成因故事，就有几种观点：宋人的《宣和画谱》说，李煜命令顾闳中夜窥韩第并作此画，仅是为了满足那位南唐后主"欲见(韩)樽俎灯烛间觥筹交错之态"的好奇心。宋陶岳撰《五代史补》时却说，李煜派闳中画出韩熙载"不羁"之态的目的是把此画赐给韩，"使其自愧"。元代《画鉴》等书的作者又出新编，认为李煜派顾闳中夜窥韩第并作画，既非好奇，也非规劝，而是想在上调韩熙载当丞相前，了解一下此人的生活作风，且派去"窃窥"和后来作画的不止顾闳中一人，还有一位叫周文矩的，也是御前大画家。《画鉴》的作者汤堂说，他曾亲眼见过周文矩的《韩熙载夜宴图》。

事实上，这些传闻的可靠性是很值得怀疑、揣测的。李后主时代，韩熙载已是兵部尚书兼充勤政殿学士，其私人府邸岂是外人可"窃窥"的？再说，李后主即使想了解韩熙载私生活情况，也用不着费这么多心机，因为韩熙载早年是有名的"知礼"大臣，曾任知制诰(专为皇帝理文书)，为人"素高简，无所卑屈"，不饮酒，不贪财，写得一手好文章，多才多艺。晚年，见南唐气数已尽，不愿做亡国之君的陪葬品，以蓄伎、放荡"自污"，甚至装乞丐上街说唱，闹得世人皆知，这难道还需要李煜派人

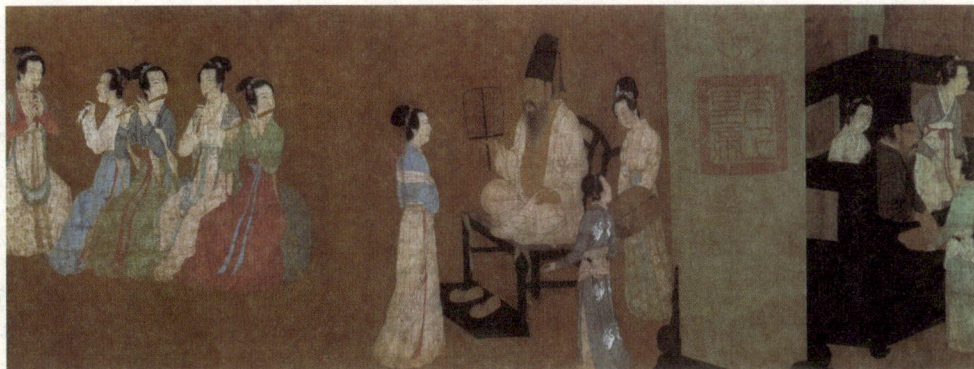

韩熙载夜宴图(局部) 五代 顾闳中

去打听吗？如果说《韩熙载夜宴图》的成因与韩熙载不能成为丞相有关，笔者倒同意这一猜测：此画也许是韩、顾（或周）的袖里之作，是韩熙载导演的"自污"剧目之一。要知道他是一位史称"隶书与画皆隽绝一时"的著名画家。

有学者认为，这幅名画展现的不是历史事实，有一桩鲜为人知的历史冤案隐藏在这背后。

他们依据的是朱仲玉的《南唐演义》一书记载的说法，据载：韩熙载是南唐时有名的文人，他生性刚正不阿，为人从不虚与委蛇，敢于直言。此人平生不善饮酒，略饮一点便会面红耳赤，心跳不止，更不至于通宵进行宴饮。那么，这幅《夜宴图》是如何来的呢？原来，当时南唐李璟在位时，以宋齐丘为后台的"五鬼"（五个奸臣）把持朝政。他们结党营私，徇私舞弊，胡作非为。韩熙载力劝李璟远小人，近良臣。"五鬼"因此恨透了他。为了打击韩熙载，"五鬼"一面设法收买了当时的大画家顾闳中，让他作画造谣韩熙载，一面又到处散布不利于韩熙载的各种谣言。顾闳中为了画得像，颇费了一番心血。他为了能够随意出入韩府，以便描画韩府的人物、景色及建筑，不得不先装出一副与韩熙载要好的样子，然后就照着宋齐丘家宴会的场面铺陈作画，经过一番移花接木之后，终于绘成一幅《韩熙载夜宴图》。这幅千古名画流传至今，谁能猜测出它表现的竟并非历史事实，甚至还包藏着一伙奸人的祸心，使韩熙载蒙受了千年不白之冤。

《清明上河图》中的"清明"是什么意思？

宋代张择端的《清明上河图》是中国历史上的一幅杰出画作。自从它问世以来，受到上至皇宫贵族、下至文人墨客的赏识和珍藏而辗转数百年。此图卷全长528厘米，宽24.8厘米，是一幅描绘北宋都市生活各方面的长卷风俗画。张择端用十分高超的艺术手法，横向全景式构图，将极其繁复的场景处理得有条不紊，严密紧凑。它的笔法谨严，设色典雅，人物传神，器物逼真，是世人公认的中国古代遗产中的伟大作

品之一。对了解和研究当时的经济、文化、建筑、交通、服饰、民俗等具有极其重要的价值。

但是，此画原来既没有画家本人的署名，也没有画名。后来，金人张著在卷后题跋，认为此画为"翰林张择端"所作，并附了简短的作者小传，同时提到了张择端画有《清明上河图》及《西湖争标图》。至此，这幅图卷才被称为《清明上河图》。由于画卷上有宋徽宗题诗之句"如在上河春"，后人因此确定此画描绘的是清明时节的景色。从那以后，直至20世纪80年代，人们都认为它画的是清明时节的景物，未有异议。

而今，学术界却对这幅画的名称发起了一场争论。尤其是"清明"一词，其说不一。

一是"清明节"说。

近代一些艺术史家持"时令说"的观点，认为图中描绘的是在清明时节，汴京城郊居民进行扫墓、踏青、探亲等种种活动。并肯定了是"清明节"。

二是"清明坊"说。

1981年有人对画面中的内容提出了质疑，并提出了"地名说"，从画面所展现的内容推断此画描绘的是中秋节前后的景色，而非"清明"，他又据画中的"城门楼"设想《清明上河图》应该是描绘的从"清明坊"到汴河口这一段上河的繁华热闹的景色，"清明"是指汴京城中的"清明坊"。上述两种意见都有理有据，但也有各自的缺陷。如持"清明时令说"，则画面上并无门插柳条、扫墓、踏青、郊游等特有的"清明"时节习俗；如持"清明坊"之说，也无有力凭证。

三是寓意"承平"说。

清明上河图卷 北宋 张择端

这是一幅巨幅风俗画，又称城市风景画。描绘的是北宋都城汴京（今河南开封）汴河及其两岸的风光。全画分三段：首段描绘郊区风景，春寒料峭，薄雾疏林，渐次有新绿杨柳和人群，这是全卷的序幕。中段描绘汴河风光，汴河为当时的全国交通命脉，作者以虹桥为中心，展现水陆交通繁忙的气象，表现了壮丽的京都气派。后段描写市街店铺鳞次栉比，人群熙来攘往，就在这种喧闹繁华中画幅戛然而止，令观者意犹未尽。整幅画用笔道劲简率，城郭、房屋、舟车，无不比例恰当。人物刻画细致、神态各具，结构严谨，其间各物动静结合、跌宕起伏，令人感到繁而不乱、冗而不长。

还有一种观点是"清明"既非时令，又非地名。画面所显示的是秋色而不是春光，是沿河数里好几处街道，并不仅指在郊外的某一个地点。这里所说的"清明"应该是在称颂"太平盛世"。《后汉书》有"固幸得生于清明之世"的话，用"清明"即意味着"治平"。张择端作为一名皇帝御用画院的待诏创作这幅鼓吹"歌舞升平"的作品，以迎合宋徽宗的心意，是很有可能的。他为了加强歌功颂德的气氛，成功地向皇帝进献此画，因而选用了"清明"一词。这一说法，颇有见地。

综上所述，从各方面加以分析，第三种意见是很有说服力的。因此，在《清明上河图》有关"清明"二字的解释还没有定论之前，我们一般情况下将其视作北宋一般的都市生活的典型写照。

怒发冲冠凭栏处——《满江红》作者之谜

一直以来，人们都认为流传千古的《满江红》是南宋抗金名将岳飞所作。但是，近代已故学者余嘉锡在《四库提要辩证》中的《岳武穆遗文》条下，却对《满江红》的作者是否是岳飞提出了质疑。

余嘉锡认为，这首词最早见于明代嘉靖十五年（公元1536年）徐阶编的《岳武穆遗文》。宋、元人的记载或题咏跋尾从未见过此词，但却突然出现于400年后的明代中叶，不能不让人生疑。同时，收录者对此词出处一无所言，搞得《满江红》像是来历不明的词。再说，岳飞之子岳霖和孙岳轲，费尽艰辛搜求岳飞遗稿，但他们所编的《岳王家集》中却未收录这首《满江红》，31年后重刊此书时，仍未收入该词，这让人觉得很奇怪。所以，余嘉锡认为《满江红》可能不是岳飞所作，而是明人的伪作。

赞同余嘉锡看法的夏承焘还就词中"驾长车踏破贺兰山缺"一句加以研究，而不是补充论断。夏认为，贺兰山位于今甘肃河套之西，南宋时属西夏，而不是金国地盘。岳飞率兵直捣的黄龙府，是在今吉林境内，"这首词若真出岳飞之手，不应方向乖背如此！"夏承焘进一步考证：在明代，北方鞑靼族就常从贺兰山入侵甘、凉一带，明代弘治十一年（公元1498年），明将王越曾在贺兰山抗击鞑靼，打了第一个胜仗，因此，"踏破贺兰山缺"在明代中叶只是一句抗战口号，在南宋是决不会有的。所以这首词出现于明代，正是作这首词的明代人说出了当时的地理形势和时代意识。

1980年9月10日，台湾《中国时报》发表孙述宇的文章，它主要从词的内容和风格上提出质疑。孙认为《满江红》是一首激昂慷慨、英风飒飒的英雄诗，而岳飞作过的另一首《小重山》却是那样地婉转低回、失望惆怅，两首词的格调和风格大相径庭，不像出于同一人之手，因而也怀疑《满江红》的真伪。但是：

第一，贺兰山同"长安"、"天山"一类地名一样，可用作泛称，岳飞就是把贺兰山当作黄龙府。1980年12月15日香港《大公报》发表苏信的文章，认为西夏与北宋向来都有战事，派范仲淹经略延安府，就是镇守边陲、防御西夏的。这种对峙局面直至真宗、仁宗贿赂求和才暂时安定下来。岳飞当然熟悉50余年前的这段历史，《满江

刺字报国 年画

岳飞参花图轴 清 吕焕成

红》一词提到的贺兰山，很可能就是借指敌境，不能简单地当作违背地理常识。

第二，一些作品湮没多年，历久始彰，在文学史上是有先例的。如唐末韦庄的《秦妇吟》，湮没 900 余年才看到全文。

有人还结合词句，根据史实，考证出岳飞写《满江红》的具体时间。岳飞 30 岁（公元 1133 年）执掌军事，因责任重大，身受殊荣，感动深切，乃作成此壮怀述志《满江红》词。故词中有"三十功名尘与土"一句。岳飞从军后，南征北战，至 30 岁时，计其行程，足逾八千里，故词中有"八千里路云和月"一句。岳飞 30 岁时置守江州，适逢秋季，当地多雨，故词中有"潇潇雨歇"之句。因而推断出，《满江红》词是岳飞表达其真实感受，于宋绍兴三年（公元 1133 年）秋季九月下旬作于九江。

《满江红》词究竟是否出于岳飞手笔？论者意见不一。不过，即使是怀疑《满江红》为伪作者，也无法抹杀这首词的价值和历史影响，不管是否是岳飞所作，《满江红》也仍然值得流传下去。

谁是《金瓶梅》的真正作者?

《金瓶梅》是一部惊世奇书，也是"明代四大奇书"之一，还被清代小说点评家张竹坡誉为"第一奇书"。它借《水浒传》中"武松杀嫂"一节引出以西门庆为主角的一段市井生活，借宋代的人物暴露明代社会的腐败。一般认为书名是以西门庆三个重要女人名字中的各一个字拼凑成的。"金"指潘金莲，"瓶"指李瓶儿，"梅"指庞春梅。这本书思想内容丰富、艺术手法娴熟，但是它问世时，作者并没有署上自己的真实姓名，所以学者们对它的作者问题始终抱有很大的兴趣，以至《金瓶梅》的作者到底是谁，迄今仍然无定论。

　　《金瓶梅》的作者署名"兰陵笑笑生"，但其真名实姓考证至今并无定论，作者是何方人氏也说法不一。因为作者声称写的是山东地面的人和事，署名中又有"兰陵"字眼，加之作品用语基本上是北方话，所以多认为是山东人。有的研究者认为作者是李

《金瓶梅》插图及书影

开先。李开先是山东人，嘉靖进士，40岁罢官回家，他的身世、生平和对词曲等市井文学的极深的爱好和修养与前人对《金瓶梅》的说法不谋而合；作品本身也证明它同李开先关系密切；李开先的作品《宝剑记》也是用《水浒》的故事，把《金瓶梅》和李开先的《宝剑记》作比较，就会发现不少相同之处。所以《金瓶梅》和《三国演义》、《水浒传》、《西游记》一样，都是在民间艺人中长期流传之后，经作家个人写定的，而这个写定者就是李开先。还有人认为作者是另一个山东人贾三近，他是嘉靖、万历年间大文学家，因为《金瓶梅》一书从头到尾贯穿了大量的峄县人仅用的方言俚语，峄古称兰陵，从贾三近的生平事迹，以及宦游处所、人生经历、嗜好、著作目录等方面看，他是最接近"兰陵笑笑生"的一个人。

　　最流行的看法则认为，嘉靖年间的大文学家王世贞是《金瓶梅》的作者。王世贞，字元美，号凤洲，又号弇州山人，是南京刑部尚书，也是明代著名的文学家、史学家。王世贞才学富赡，文名满天下，与李攀龙、谢榛等合称为"后七子"。在前后七子中最博学多才。李攀龙去世后，他独领文坛20年。《明史》称他"才最高、地望最显，声华意气，笼盖海内"。

　　他为官清正，不附权贵。东林党杨继盛被严嵩陷害下狱，他经常送汤药，又代杨妻草疏。杨被害后，他为杨殓葬；父亲被严嵩陷害，他作长诗《袁江流钤山冈》和《太保歌》等，揭露严嵩父子的罪恶。他精于吏治，乐于提拔有才识之人，衣食寒士，不与权奸同流合污，受时人推重。

　　据说他作《金瓶梅》是想为父报仇，王世贞的父亲因献《清明上河图》的赝品，

《金瓶梅》故事图 清

《金瓶梅》故事图 清

此是清初人依据《金瓶梅词话》第六十三回所绘的图画。画面中央艺人正在表现海盐腔，右下方的伴奏乐队有提琴、三弦、笙、笛、云锣等乐器，两旁是饮酒看戏的宾客，左上方是掀帘看戏的女眷。

被人识破，因而得罪权臣严嵩和严世藩父子，最后被残害致死。王世贞为报父仇，特作小说《金瓶梅》献给严世藩投其所好。书的内容隐射严嵩父子，揭露他们的种种丑行，而书上又涂有毒药，当严世藩读完此书后就中毒而死了。

但是著名学者吴晗率先对这个观点提出质疑，他查阅了大量的正史、野史、笔记，以翔实的史料作为依据，推翻了前人据以立论的主要依据——《清明上河图》与王世贞家族的关系，得出历史上的王世贞之父并不是因为献假图被害，严世藩也不是因为中毒而身亡的结论，否定了《金瓶梅》为王世贞所作的传统看法。吴晗还从书中大量运用的"山东方言"这一点来看，认为王世贞虽然在山东做过三年官，但是要像本地人一样用方言写出这样的巨著是不可能的。他还明确指出，《金瓶梅》应为万历十年至三十年的作品，作者绝不可能是王世贞。有不少研究者也撰文支持吴晗的观点。

20世纪80年代，国内开始有语言学家发表文章对作者的山东籍贯表示怀疑，理由是作品中有不少用语是当今山东方言所没有的，反而在吴方言区经常用到，于是大胆设想作者有可能是吴方言区人。30年代时，英国汉学家阿瑟·韦利就曾提出《金瓶梅》作者是徐渭这一说法，在60多年后却被绍兴文理学院讲师潘承玉新近出版的《金瓶梅新证》给证实了。

潘承玉的《金瓶梅新证》首先从时代背景推断《金瓶梅》成书时代为明嘉靖末延续至万历十七年稍后，而这正与徐渭的生活时代相吻合。从地理原型、风俗、方言等诸角度多层面来看，小说与绍兴文化也有很深刻的联系，根据《金瓶梅》是一部"借宋喻明"、"借蔡讽严（嵩）"之作的定论，指出当时正是绍兴形成了全国第一个反严潮流，披露了徐渭与陶望龄以及沈炼为代表的一大批"反严乡贤"鲜为人知的史实，从沈炼正是被严嵩迫害致死，断言徐渭是因感于乡风，感于沈炼的冤死愤慨而作《金瓶梅》。另外，徐渭在晚年曾暗示过他花40年心血而完成了一部长篇小说。而《金瓶梅》的措词用语、文风都与徐渭十分吻合。另外，从作者写作《金瓶梅》的特殊心态，也跟徐渭的遭际一脉相承。

中国古典文学名著《金瓶梅》问世四百多年来，作者究竟是谁？创作背景怎样？笑笑生究竟是何人，还是一个未解的谜，这一连串疑问仍像重重迷雾笼罩，等待后人的解答。

为什么十三陵中十二陵上都无碑文？

在北京的明十三陵中，有十二陵没有碑文。这究竟是为什么呢？

在这十三陵中，只有明成祖朱棣的石碑上有碑文，这块长陵石碑，正面上刻有"大明长陵神功神德碑"字样，下刻有朱棣儿子明仁宗亲自题写的为其父歌功颂德的三千余字的碑文。既然十三陵中的第一陵有碑文，其余十二陵为什么不刻上碑文呢？

顾炎武在访问十三陵之后，写出了《昌平山水记》，他说，传说嗣皇帝谒陵时，问随从大臣："皇考圣德碑为什么无字？"大臣回答说："皇考功高德厚，文字无法形容。"而《帝陵图说》给出了另外一种解释，《帝陵图说》里明太祖朱元璋曾说："皇陵碑记，都是大臣们的粉饰之文，不能教育后世子孙。"他这一批评，使翰林院的学士们再不敢写皇帝的碑文了。后来，写碑文的任务，便落在嗣皇帝的肩上。所以孝陵（太祖）碑文是成祖朱棣亲撰，而长陵（成祖）的碑文，是明仁宗朱高炽御撰。

明十三陵

长陵鼍龙碑

明孝陵神道旁的石像生

定陵神功圣德碑

但明仁宗以后各碑，为何嗣皇帝不写了呢？依照这种说法，长、献、景、裕、茂、泰、康七陵门前，并没有碑亭和碑。到了嘉靖时才建，嘉靖十五年（公元1536年）建成，当时礼部尚书严嵩曾请世宗撰写七碑文，可是嘉靖帝迷恋酒色，又一心想"成仙"，哪有心思写那么多的碑文，因此就空了下来。

世宗以外的各皇帝，看到祖碑上无字，自己也就不便只为上一代皇帝写碑文，但如果都写的话，也没有太多的精力，因此，一代一代的皇帝传下来，就出现了这些无字碑。实际上，自明朝中期以后，皇帝多好嬉戏，懒于动笔，而最主要的原因是，如不加以粉饰，他们所谓的"功德"已经不能直言了，因而这些皇帝干脆不写了。

还有人认为，这些皇帝的做法是效仿武则天。因为武则天是一个聪明的人，"无字碑"立得真聪明，功过是非让后人去评论，这是最好的办法。这些皇帝们知道自己有可以肯定的地方，但同时肯定也有应该否定的地方。他们知道自己的一生人们会有各种各样的评价，碑文写得好坏都是难事，因此才决定立"无字碑"，功过是非由后世评说。

不管这些说法怎样，到现在，这些无字碑还立在十三陵中，同它们身后的皇帝一起，真正是做到了"功过是非由后世评说"。

《水浒传》的作者究竟是谁？

《水浒传》是我国古代文学艺术宝库中的精品之作，它是我国古代第一部农民起义为题材的长篇白话小说。小说通过梁山英雄从个人复仇到集体反抗而最终又失败的悲壮历程，塑造了农民起义的众多英雄形象，它深刻地揭露了封建统治阶级的罪恶，歌颂了反抗封建压迫的英雄人物，揭示了封建时代尖锐的社会矛盾和起义产生、失败的社会根源。其中的宋江、鲁智深、林冲、武松等梁山好汉，流传了几百年，家喻户晓。

但是，它的作者是不是施耐庵呢？

《水浒传》的故事取材于北宋末年宋江领导的一次农民起义，历史上确实有宋江等36人起义反抗北宋朝廷一事，起义给了当朝统治者沉重的打击，但最后还是失败了。《徽宗本纪》和《张叔夜传》等文献都记载了此事。后来这个故事就在民间广泛

施耐庵著《水浒》图 当代 晏少翔

施耐庵，名子安，字彦端，又字肇端，号耐庵，江苏兴化人。元末由于战乱迁至浙江杭州，乱平后回到兴化。又说施为苏州人，晚年迁兴化，卒于淮安。

流传，而且不断丰富与充实，在南宋时被民间的说话艺人用说话的形式继续传播，到了宋末元初时，就被人写入了《大宋宣和遗事》话本，到了元代，戏剧艺术空前繁荣，当时杂剧表演中就有《水浒》戏，百回本《水浒传》的问世是在元末明初，从民间口头流传到说话艺人话本再到文人的加工创造而成，这是一个相当漫长的过程，然而这项再创造、再加工的工作难度非常大，它的完成者究竟是谁，学术界目前还有很大的争议。

大多数的人还是对施耐庵是这一名著的作者持肯定意见的：施耐庵是江苏兴化人，他出身船家，家境贫寒。童年时随父到了苏州，13岁时在苏州附近的浒墅关读书，29岁时中举人，后来经朋友推荐，到山东郓城任训导。在山东，他遍搜梁山泊附近有关宋江等人的英雄事迹，熟悉了山东的风土人情，有关他搜集这些事迹还有很多有趣的记载。35岁时施耐庵考中了进士，到钱塘任县尹，两年后因与当权者不合，任期不满便辞官回苏州，在家从事创作。后来，施耐庵做了起义领袖张士诚的幕僚，这使他熟悉了农民起义军的军营生活和许多起义军首领。时间一长，施耐庵发现张士诚等首领日益骄逸，料想他们肯定不能成功，于是便离开了张士诚，居住在常熟河阳山

和江阴祝塘一带以教书为生，并根据民间故事和说话艺人话本，还有自己所搜集的资料，潜心创作《水浒传》。张士诚失败后，朱元璋搜捕有关人员，施耐庵为了避祸，只好到现在大丰市的白驹镇定居，并继续《水浒传》的创作。《水浒传》一书著成后，在民间流传甚广。朱元璋看到此书后愤怒至极，将施耐庵关进刑部天牢。后经刘伯温的帮助，托病就医被释放，施耐庵在天牢关了一年多，精神上、肉体上都受到很大摧残。出狱时，已是瘦骨嶙峋，步履艰难了，不久后，他就去世了。从《水浒传》这篇名著里我们可以看出施耐庵的爱憎，他对于朝廷、皇帝的昏庸的憎恶，对奸臣当道的痛恨，对于有才识之人在这个社会当中难以生存的这种不满，他在那些英雄人物身上也寄托了自己的理想和希望。明人胡应麟《少室山房笔丛》认为，虽然《水浒传》的创作大体上经历了从南宋初年到元末约134年的时间，是群体创作与文人加工润色后的结果，但是，它的主要创作人还是施耐庵。这个观点是大多数人都接受的，而且，至今所有版本的《水浒传》基本上都冠有施耐庵的名字，《水浒传》的作者是施耐庵，也成了基本的文学常识。

另一种观点则认为《水浒传》的作者是罗贯中，罗贯中是施耐庵的门生，根据考证，罗贯中所作的《三遂平妖传》的二十一篇赞词中，有十三篇被插入到《水浒》中，这种情况表明，两书的作者是同一个人，就是罗贯中。而且他们认为罗贯中创作的《三国志通俗演义》和《水浒传》之间存在的差异正好表现了作者在世界观方面发生的变化。

还有人认为《水浒传》是施耐庵和罗贯中师生二人通力合作而完成的，施耐庵死后，罗贯中在淮安又住了几个月，他把施耐庵留下的书稿做了番整理后，动身到全国的刻书中心——福建的建阳去，准备把《水浒传》刻印出来。可是，这里所有的书坊，没有一家敢刻印。罗贯中只好在建阳住下，这期间，他又将《水浒传》重新做了纂修和编次，同时集中精力，写成了《三国演义》。不久后，他也染病，离开了人世。明人高儒《百川书志》著录有《忠义水浒传一百卷》，题为"施耐庵撰，罗贯中编次"。大多数学者认为《百川书志》所载是《水浒传》的祖本，材料很有权威性。此外，天都外臣作序的《水浒传》题署"施耐庵集传，罗贯中撰修"，是如今能见到的最早的《水浒传》的版本，也很有权威性。这又可佐证施耐庵和罗贯中两人都是此书的作者。

部分学者还认为《水浒传》的作者是郭勋，他组织门客，参考了宋元人的话本、诗词、笔记和元杂剧等编写而成的。他们提出的论据有两个：一是明初时尚无人提及《水浒传》，郭勋的百回本《水

水浒人物图之黑旋风李逵像 清

浒传》应该是《水浒传》的最早版本，现在见到的最早谈到《水浒传》的文献出现在嘉庆年间，此时明朝已经灭亡一百多年，所以《水浒传》不可能产生在元末明初。

二是《水浒传》里的不少地名都是明代的建制，元末明初的人不可能写出来。这说明元朝末年的施耐庵不可能是《水浒传》的作者。而《水浒传》上所署的施耐庵，很有可能也不是真实姓名，而是为逃避祸害而取的别名。

这些观点各执己见，也没有一种观点能够理由充分地驳倒其他观点，《水浒传》的作者究竟是谁，到目前为止还没有定论，有待学者们进一步考证。

武松像（左）明 陈洪绶；醉打蒋门神（右）明 杨定见

明朝末年著名画家陈洪绶的《水浒叶子》刊于崇祯十四年（1641），又称《水浒牌》，是明末清初最著名的水浒木版画集，影响甚大。汪念祖在《陈章侯＜水浒叶子＞引》称："陈章侯复以画水画火妙手，图写贯中所演四十八叶子上，颊上风生，眉间火出，一毫一发，凭意撰造，无不令观者为之骇目损。"杨定见在明末清初刻《水浒全传》时收入大量的水浒人物情节故事图，典型生动，精工巧丽。

高鹗续写了《红楼梦》吗？

《西游记》、《水浒传》、《三国演义》以及《红楼梦》并称为我国古典文学的四大名著，其中又以《红楼梦》成就最高，达到了我国古典文学的顶峰。《红楼梦》成书至今已有二百余年的历史了。作为我国最重要的一部小说，它不仅感动了中国人，也得到了世界人民的重视与喜爱。《红楼梦》有各种不同的版本，数十种续书，流传到世界各国。

长期以来，人们普遍认为曹雪芹只写了《红楼梦》的前80回，后40回是清代文人高鹗所写。然而由于《红楼梦》的成就如此之高，人们对它的热爱如此之深，曹雪芹心中的《红楼梦》的后40回究竟如何，一直成为文学界乃至热爱"红楼"的人的一大遗憾。

"高鹗续书说"最早是由我国大学者胡适提出来的。他最早看到《红楼梦》的时候，认为小说的诗词是在暗示人物的命运和结局，但是看到后来，有些人物的结局并不按照诗词所预言的那样。所以他提出小说的前80回和后40回有矛盾，进而猜测《红楼梦》可能是由两人所写。同时，经他考证，高鹗的同年进士张船山在《赠高兰墅鹗同年诗》题解中写道："传奇《红楼梦》后四十回俱兰墅所补。"于是胡适便将补书的作者认定是高鹗。这种观点提出后长期被人们接受，也就是很多人普遍认为《红楼梦》后40回是由高鹗所写的原因。对于高鹗补写后40回，也有不同的说法。一种说法是高鹗根据自己的喜好编出自己喜欢的后40回，自娱自乐，还有一种说法更可笑，那就是高鹗奉清廷的要求，修改和续写"红楼"，所以在思想上必然受到约束。

然而，随着对内容的进一步研究，很多学者、专家认为高鹗不可能续后40回《红楼梦》。首先，从高鹗的生平来看他不可能续写《红楼梦》：高鹗，字兰墅，一字云士，清代文学家。因为他酷爱小说《红楼梦》，所以自取别号"红楼外史"。他是汉军黄旗内务府人，祖籍铁岭(今属辽宁)。他于乾隆五十三年(1788)中举人，六十年(1791)中进士。据胡适考证，高鹗续写"红楼"的时间是在1791至

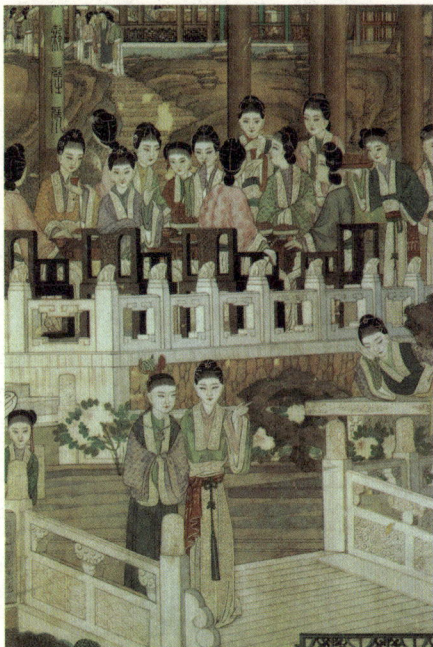

大观园图(局部)清

1792年，只有两年的时间。然而，这么短的时间，高鹗可能写出占原书一半篇幅的后40回吗？高鹗怎么可能求取功名的时间里花如此多的精力续写《红楼梦》？这显然是件不合情理的事情。其次，高鹗续写"红楼"的时候，真本的《红楼梦》并没有完成太久，可能根本就没有消失，只是零散不全，需要补充，那么高鹗何必又要舍弃原来的而自己另写后40回呢？难道他想替曹雪芹干活，自己做无名英雄吗？

而且据我国的红学专家周汝昌老先生考证，《红楼梦》的结果不是高鹗所续的那

大观园图 清

大观园是《红楼梦》中的主要人物贾宝玉、林黛玉等人活动的场所。此图纵137厘米，横362厘米，展现了在凹晶馆、牡丹亭、蘅芜院、蓼风轩和凸碧山庄五个地方活动的人物173个，是研究《红楼梦》的珍贵资料。

样，而是在大抄家后，贾府全家败落，在贾环及赵姨娘等的密告下宝玉和凤姐入狱，后来被小红（红玉）和贾芸搭救，凤姐因此心力交瘁而亡，宝玉沦为更夫时宝钗也已郁郁而亡。在抄家前黛玉与湘云投湖自尽，后来史湘云被搭救，沦落风尘。最后与宝玉邂逅二人结为夫妻。这才是故事真的结局。这么说，高鹗续书又何必两头不讨好呢？

黛玉葬花 清

我们再来看看曹雪芹。传说他曾"披阅十载，增删五次"，这说明《红楼梦》很可能本来就已经写完了，只是一些原因，我们没有看到后40回。那么高鹗是否真的续写后40回呢？

目前，一些专家学者认为高鹗不仅没有续写后40回，而且现存的红楼梦都是曹雪芹本人所写。据他们考证，将1959年山西发现的《乾隆抄本百廿回红楼梦稿》（简称《红楼梦稿》）与其他所有版本进行了比照，发现《红楼梦稿》才是曹雪芹的手稿本，而其他所有版本都是曹雪芹在这部稿本上一边修改一边由不同的人抄录出去的。只是由于全书修改的时间很长，抄出去的版本很多。另一方面，从语言上来考证，全书120回通用的语言风格都是南京话，而东北人高鹗是写不出来的。况且，"红楼"中的人物是变化发展的，不一定与诗词的预言发生矛盾。

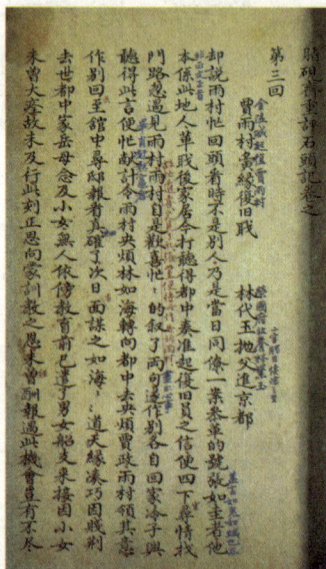

《石头记》（清曹雪芹著，脂砚斋批）书影

无独有偶，一位计算机专家从数学统计方面入手，在语言风格上，通过计算机的统计、处理、分析，也对《红楼梦》后40回由高鹗所作这一流行的看法提出了异议，认为120回都是曹雪芹所作。

《红楼梦》后40回到底是由谁续写的？也许这并不重要，正如断臂维纳斯的完美之处，因为不完美而完美，后40回是给读者留个想象空间。到底是谁误读了《红楼梦》？高鹗是否钻了只有80回的这个空子？他是否真见到了80回以后的残稿？到底他的40回续书，和雪芹真书有无关系？这成了一个历史之谜，不过也正是因为后人的续写，才使得《红楼梦》这一经典成为一部有始有终的完整作品。

科技

中国古代到底有没有指南车？

有人认为黄帝是指南车的发明者。相传在4000多年前，黄帝同蚩尤在涿鹿大战，黄帝打败仗，因为蚩尤能作大雾，使黄帝的队伍迷失了方向。因此黄帝组织人力，研究创造了指南车，于是，再和蚩尤作战就取得了胜利。还有一个传说是西周初，居住在偏远南部的越裳氏派使臣来朝贺周天子，周天子怕他们回去时迷路，就造了辆指南车送他们。

上述传说给人们带来一系列思考：真的有指南车吗？它是什么形状的？

有一个叫马钧的人，生活在三国时期，是一个著名的机械制造家，他能做许多奇特的机械。他改进了提花机，使它操作方便而且省时，还能织出复杂精美的图案；他还创造出了龙骨水车，这个水车结构精巧，运转省力，为灌溉提供了连续不断的水源；他甚至还改进发明了兵器，据说，马钧改进了当时诸葛亮使用的一种"连弩"，让它在连续射箭的基础上再提高五倍的效率。他试制成一种很厉害的攻城武器，叫"轮转式发石机"，能连续发射砖石，射程几百步；他还创造了"变幻百端"的"水转百戏"。这是一组木偶，利用机械传动装置，机关一开，各个木偶能够各自做着不同的动作，像是一台戏，机关一停，便马上停止运转。由此可见，马钧有杰出的机械设计才能并且发挥得淋漓尽致。

马钧指南车模型

后来马钧在魏明帝的支持下，根据传说潜心研究指南车的造法。不久，马钧真的造出来一辆机械的、能指定方向的车子。他把齿轮传动机装在车

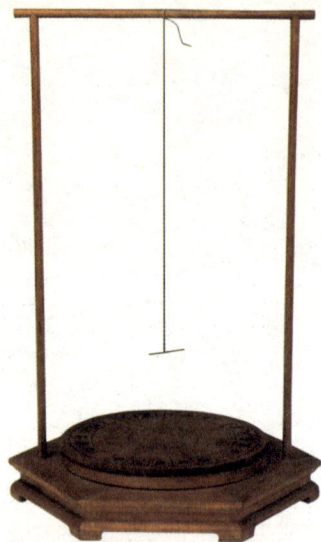

宋代指南针模型

祖冲之像

上，车走起来，车上木人会自动指示方向。这种车子不同于利用磁铁造的指南针。

现在已看不到马钧造指南车的具体方法了，而且当时人们也没有使用指南车，只是作为陈设而束之高阁。西晋末，这辆指南车就下落不明了。留给后人的只是一个千古之谜。

后秦时，皇帝姚兴又让令狐生造了一辆指南车。可惜那辆指南车在后秦灭亡时，作为战利品被运到了建康。由于年久失修，机件散落，指南功能也就丧失了。

60年后的齐王萧道成忽然想起这个奇宝来，他让当时著名学者祖冲之再研制一辆指南车，祖冲之便闭门钻研。同时代的索驭林骥由于不服气也造了一辆。又过了几百年，北宋中期的燕肃和吴德仁都制造过式样不同的指南车。

指南车制造困难，比较笨重，实用价值不高。但古时人们对指南车的不断探索与研究，反映了我国古代人民辛勤劳动和不断创新的精神。正是由于几代人不断地辛勤研究，不断地改进和提高，才有我们今天指南针的问世。

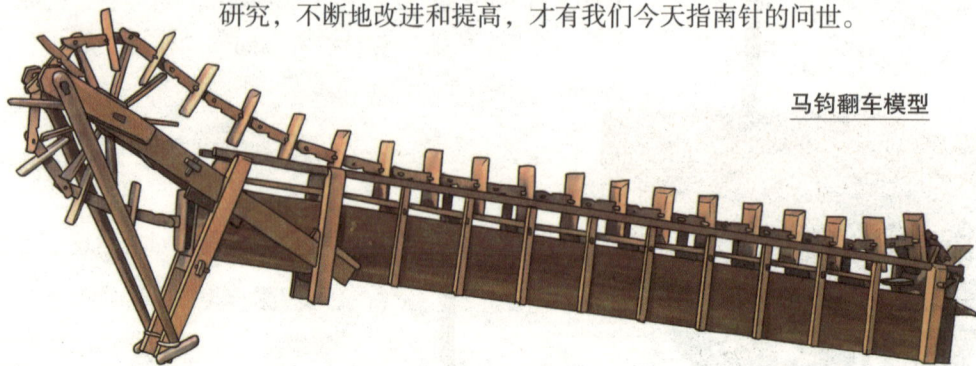

马钧翻车模型

中国酿酒的始祖是谁?

我国的酒文化十分悠远。早在原始社会末期，我国便发明和生产了酒。那是远古人在劳动中发现了发酵的果类和谷物带有一种味道甘美的浆液，可以取而饮之，他们将这种味道称为酒味。从此，我们的祖先通过不断的实践认识了果类和谷物是怎样被发酵而变得甜美的，最终摸索出了酿酒的技术，制作了各种成酒。1987年底，在龙山文化遗址中就发现了各种陶制的酒器。一种密封保存完整的商代古酒在河南省被发掘，这酒距今已有3000多年的历史了，据专家测定，这种具有浓郁香气的酒是专用于祭祀祖先的，说明当时已有种类繁多的酒，酒也已成为专卖商品，难怪《诗经·商颂》里就有"既载清酤"的描写。商代出土的象形字中就有"酒"字，说明酒在商代已有很大的发展。有的学者认为是在商以前的2000~3000年前才开始发明酒的。因此，不管按哪种说法，出生在周朝的杜康，只能是个酿酒者或酿酒技术革新者，而并不是发明酒的始祖。即便是夏朝人仪狄（传说大禹曾饮过他酿造的酒），也不是酒的始祖，还有学者认为酒的起始是在距今7000年前的磁山文化时期，那时生产力发展了，粮食和果品逐渐有了剩余，人们就把它们储蓄起来，在存放过程中自然发酵而成为酒，先人们根据这个原理，再反复实践，才有了人工酿酒。

杜康生活的周代，出现了酒曲，这在酿造史上无疑是个飞跃，这也是世界化学史上的伟大创举。1974年曾在河北平山县战国时期的中山王墓内，发现过两种曲酿酒，一开启密封完好的酒壶盖，一时间酒香四溢，据说这就是闻名遐迩的"杜康"，意即好酒。

水稻 新石器时代
距今约7000年，浙江省余姚市河姆渡出土。

伯冬饮壶 西周

鹿台赴宴，纣王妲姬请仙 年画

此外"杜康"还应理解成品种名称。曹操说的"惟有杜康"，也是泛指好酒之意。《说文解字》上却说酒为"吉凶所造"，这里的吉凶不是说吉凶这个人造酒，而是说酒造吉凶。夏禹就曾主张禁酒，并预言"后世必有以酒之其国者"。果然，历代帝王中有许多嗜酒如命，甚至因酒精中毒而死去。商纣王也是过着"以酒为池"的荒淫生活，最后导致国破自焚。周代吸取了教训，颁发了禁酒令，因而酿酒集中在作坊中，开始专行专卖，而不是像以前分散在每家，每户均可自行酿酒，而酿酒技术也从家庭女主人的手中走向专业化，从而杜康之类的名师才得以崛起。我国

联珠纹尊 夏晚期

古代典籍《周礼》也对酿酒过程中各个阶段作了详细区分，说明其产物名称，这体现了我国酿酒技术逐步走向专业化。

中国古代真的出现过飞碟吗？

一提到飞碟，人们总是要把它与高科技联系在一起，然而飞碟并不是今天的新事物，它可能不止一次地在2000多年前访问过中国。曾有过许多不明飞行物的记载出现在浩瀚的中国古代文献中，这种飞行物光芒四射，来去神速，从记载看，很像现在所说的飞碟。

《晋阳秋》这本古书是最早记载飞碟的书。其中写道："有星赤而芒角，自东北西

南投入亮（诸葛亮）营。三投，再还，往大，还小。俄而亮卒。"在《三国志》的裴松之的注、郑樵的《通志略》、马瑞临的《文献通考》中都有类似的记载。这件事发生在公元234年秋天，一天晚上，西北五丈原地区的天空中出现一颗星，它发射红光，来去自由，它三来三往，从东北到西南，以后便消失了。如果是星的话，它不可能"三投，再还"，也不可能"往大，还小"。从记载看，只有飞碟能自由飞行。

宋朝的著名科学家沈括曾记载了这样一件事："嘉祐中扬州有一蚌甚大，天晦多见。初见于天长县陂泽中，后转入甓社湖，又后在新开湖中，凡十余年，居民行人常常见之。余友人书斋在湖上，一夜忽见其蚌甚近，初微开其房，光自吻中出，如横一金线。俄顷忽张壳，其大如半席，壳中白光如银，珠大如拳，灿然不可正视，十余里间林木皆有影，如初日所照，远处但见天赤如野火，倏然远去，其行如飞，浮于波中，杳杳如日。古有明月之珠，此珠色不类月，荧荧有芒焰，殆类日光。崔伯勋曾为明珠赋，伯勋高邮人，盖常见之，近岁不复出，不知所往。樊良镇正当珠往来处，行人至此往往维船数宵以待观，名其亭为玩珠。"此事见于《梦溪笔谈》。记载此事的宋括是一位科学家，给他提供情况的是他的好友，好友就在蚌所在的湖边，应该不是杜撰。从记载看，这颗能发光、能飞行的珠已像一轮飞碟。

在镇江金山，宋朝大诗人苏轼也曾见到过来历不明的飞行物。有一天他游金山，被仰慕他的寺僧留宿寺中。这一夜二更天，苏轼尚未入睡，只见一个光亮的物体在江心降落，并发出光。他用一首诗记录了这个奇观："是时江月初生魄，二更月落天深黑。江心似有炬火明，飞焰照天栖鸟惊。怅然归卧心莫识，非鬼非人竟何物？"写到这里时，作者又加了个注："是夜所见如此。"说明不是虚构，而是实见，这就是《游金山寺》。

上述记载表明，中国古代确实有一种来历不明的飞行物多次光临过。这种飞行物有的发红光，有的发白光，有的则缓缓而行，有的快如星火，它们各有不同的外形。但是发出光亮、来去自由是这些飞行物的一个共同的特点。

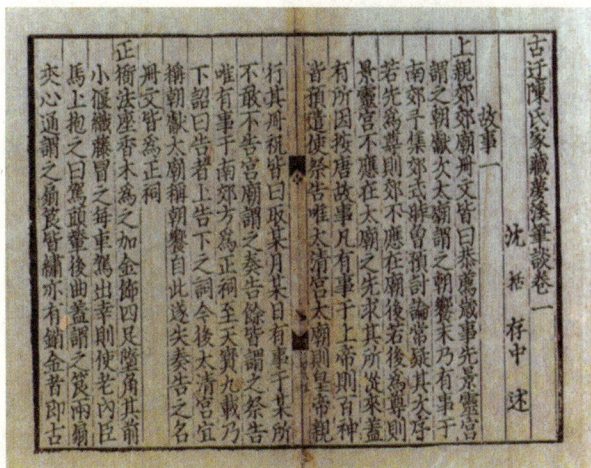

《梦溪笔谈》书影
宋代沈括所著，记载了许多奇闻逸事，其中包括了飞碟的记录。

有些研究者认为，这些记载中的飞行物就是飞碟。一次飞碟坠毁事件被《竹溪县志》记载了下来，从记载看，飞行物能倏忽而过，而"欲坠则止"，说明这个高速物体有很高的灵敏度，出了故障后，变得摇摇晃晃，终于坠毁。

有些研究者认为，《松滋县

志》记载了覃某被不明飞行物带到贵州的事件，这就是飞碟被人发现以后的报复行为或保密行为，这很像近代一些接触飞碟的人们遭劫持的情况。

还有些学者认为，中国古籍中只是记载辗转传闻的故事，叙述又十分简单，不足为信。可能是一些经过夸张而编造的、道听途说的奇闻逸事。有些研究者则认为，这可能是连现代人也不清楚的古代的一些自然现象，它们能发光，会飞行，因而被误认为是飞碟。

这些古籍记载的飞行物究竟是什么？只有在现代的飞碟之谜揭开以后，这个问题才能得出可信的答案。

马王堆古尸为何千年不腐？

1972年，在湖南马王堆古墓中出土了一具女尸，就是这具女尸震惊了世界，为什么呢？原来，尽管历经2000多年，但这具女尸外形完整，面色鲜活，发色如真。解剖后，其内脏器官完整无损，血管结构清楚，骨质组织完好，甚至腹内一些食物仍存。为什么这具古尸历经千年不腐呢？

一般来说，古墓中的尸体留至今天，只会出现两种结果：一是腐烂。因为在有空气、水分和细菌的环境里，大量的有机物质会很快腐烂，棺木也会腐朽，最后尸体也难免烂掉。二是形成干尸。这需要极为特殊的气候条件，在特别干燥或没有空气的地方，细菌微生物难以生存，这样，尸体会迅速脱水，成为"干尸"。

马王堆的女尸为何成为"湿尸"而不腐烂呢？其原因是：

第一，尸体的防腐处理完善。经化学鉴定，它的棺液沉淀物中含有大量的乙醇、硫

马王堆汉墓帛画 西汉
马王堆一号汉墓的彩绘帛画绘制精美。画面呈T形，以繁杂严谨的构图把全画分为上、中、下三部分，上部为天界的景象，人首蛇身的女娲居中。表达了对人生幸福的追求，反映出对生命的肯定和热爱。画中对人和其他生灵的刻画充满了奇异的想象。

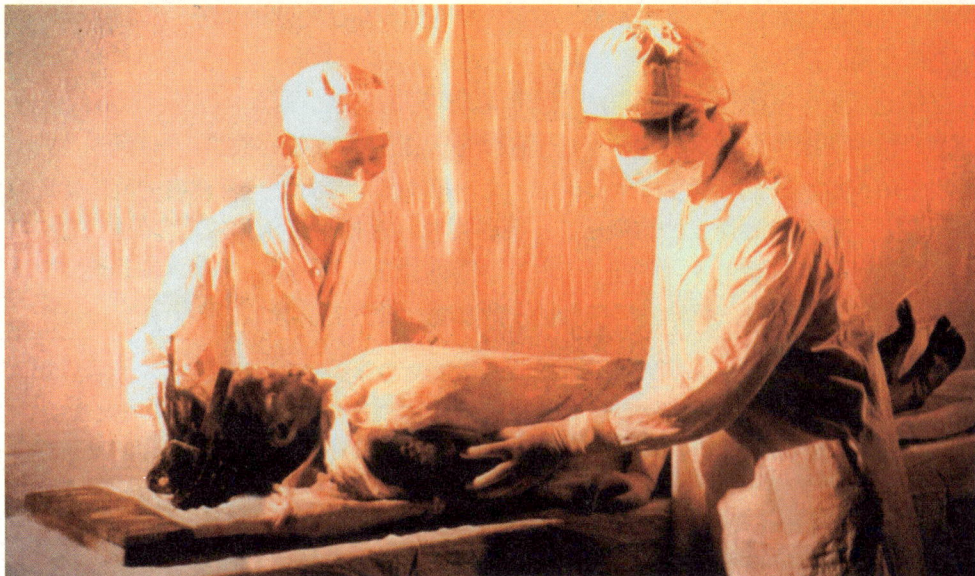

科学家正在检验女尸

化汞和乙酸等物。证明女尸是经过了汞处理和其他浸泡处理的，硫化汞对于尸体防腐的作用很大。

第二，墓室深。整个墓室建筑在地底 16 米以下的地方。上面还有高 20 多米，底径 50 ~ 60 米的大封土堆。既不透气也不透水，更不透光。这就基本隔绝了地表的物理的和化学的影响。

中山靖王墓出土卧羊　西汉

第三，封闭严。墓室的周壁均用可塑性大、黏性强、密封性好的白膏泥筑成。泥层厚约 1 米。厚为半米的木炭层衬在白膏泥的内面，共 1 万多斤。墓室筑成后，墓坑再用五花土夯实。这样，地面的大气就与整个墓室完全隔绝了，并能保持 18℃左右的相对恒湿，光的照射被隔绝，地下水也不能流入墓室。

第四，隔绝了空气。由于密封好，墓室中已接近了真空，具备了缺氧的条件。在这种条件下，厌氧菌开始繁殖。存放在椁室中的丝麻织物、乐器、漆器、木俑、竹简等有机物和陪葬的大量的食物、植物种子、中草药材等，产生了可燃的沼气。从而加大了墓室内的压强。沼气能杀菌。细菌在高压下也无法生存。

第五，棺椁中存有具有防腐和保存尸体的作用的棺液。据查，椁外的液体约深40厘米，棺内的液体约深20厘米。但它们都不是人造的防腐液，而是由白膏泥、木炭、木料中的少量水分和水蒸气凝聚而成的。而内棺中的液体是女尸身体内的液体化成的"尸解水"。这种自然形成的棺液防止了尸体腐败，并使得尸体的软组织保持了弹性，肤色如初，栩栩如生。

在重见天日之时，尸体随同所有出土的文物，散发着奇异的光芒，让人惊叹于造化的神奇。

"金缕玉衣"真的能让尸体不朽吗？

古代皇帝莫不希望长生不老、灵魂不灭，寻找长生不老药、喝甘露、炼丹丸等等是他们一生中的大事。为了长生，他们想尽了一切可能的方法，这种求生的欲望也寄托在死后的裹尸衣上，这就出现了汉代特有的玉衣。玉衣是什么样的？它是如何制成的？它真可以使寒尸不腐？种种谜团被考古工作者解开了。

据载，玉衣是汉代皇帝、诸侯王和高等贵族死后特制的一种殓服，史书中称"玉匣"或"玉柙"，但它的形状究竟是什么样的，汉代以后就没有人知晓了。考古工作者在1968年河北满城县的一座小山丘上，发现了西汉中山靖王和他的妻子窦绾的墓。许多小玉片分散在刘胜和窦绾棺内的尸体位置上，经过考古工作者的精心修整和研究，终于复原出两套完整的玉衣，使我们得以亲眼目睹史书中记载的玉衣的样子，这个谜团随之被解开了。

东汉光武帝陵

这两套玉衣制作很精细，他们的外观和人体的形状一样，分为头部、上衣、裤筒、手套和鞋五大部分，各部分都由许多三角形、长方形、梯形、圆形等图形的玉片组成，玉片上有许多小的钻孔，玉片之间用编缀着纤细的金丝，所以又称为"金缕玉衣"。刘胜穿的玉衣形体肥大，头部的脸盖上刻画出眼、鼻和嘴的形状，腹部和臀部突鼓，裤筒制成

金缕玉衣 汉
河北定州中山怀王刘修墓出土。

腿部的样子，颇似人体。可能是出于对女性形
体造型的避讳，窦绾的玉衣比较短小，没有做
出腰部和臀部的形状，刘胜玉衣全长 1.88 米，
由 2498 片玉片组成，用于编缀的金丝约重
1100 克。

汉代人喜欢用玉衣做殓服与当时人的迷信
思想想必有关联。在汉代，人们深信玉能使尸
体不朽，玉塞九窍，可以使人气长存。九窍指
的就是两眼、两鼻孔、两耳孔、嘴、生殖器和
肛门，一共九个孔。出土的玉衣经常就搭配有
用玉做成的眼盖、鼻塞、耳塞、口含、罩生殖
器的小盒和肛门塞。其中最讲究的是要用玉蝉
含口，因为古人认为蝉是一种代表清高而且品
格修养好的昆虫，它只饮露水而不吃东西。人
死后，其灵魂离开尸体，正如蝉从壳中蜕变出
来时一样，所以古人可能就是借"以蝉为含"
的寓意。还有的学者持偏向于生物学的解释，
他们认为汉人用玉蝉作口含，是受这种昆虫循
环生活的启发，从蝉蜕转生而领悟再生，因此
给死者含蝉比喻这只是暂时的死亡，而生命可
以获得再生。

在 2000 多年前的西汉时代是如何制作出
来如此精美的玉衣的？让我们现代人确实琢摸
不透。玉衣制作所用的玉料要经过开料、锯
片、磨光及钻孔等多道工序，每一片玉的大小和形状都必须经过精心的设计和细致的
加工，制作过程是很复杂的。据科学测定，玉片上有些锯缝仅 0.3 毫米，钻孔直径仅
1 毫米，它的工艺繁杂与精密程度实在令人惊叹。整个玉衣制作过程所花费的人力和

玉辟邪 西汉
汉人尤其喜欢玉，认为它可以辟邪，使人获
得长生。

墓室 东汉

物力当然也十分昂贵，据推算，汉代一名玉工制作一件玉衣需要花费十余年的工夫。

汉代皇帝可谓费尽心机，用玉衣作为殓服。但其结果适得其反，由于金缕玉衣价格昂贵，往往好多人去盗墓，以致汉代帝陵都被挖掘一空。盗掘者取出金缕玉衣加以焚烧，汉代帝王的尸骨也一并化为灰烬。因此，公元222年，魏文帝曹丕下令禁止使用玉衣，从此历史上就没有玉衣了。有幸躲过被盗命运的那些诸侯墓葬，尸骨早已化为一抔泥土，但他们所留下的精美绝伦的玉衣，让我们不得不惊叹2000多年以前工匠们的高超技艺。

诸葛亮制造木牛流马之谜

《三国志·诸葛亮传》记载："(建兴)九年(公元231年)，亮复出祁山，以木牛运，粮尽退军……十二年春，亮率大众由斜谷出，以流马运。"文章描绘得那么奇妙，可说明诸葛亮以木牛、流马运粮是真实的事情。

诸葛亮到底用过木牛流马没有，确实是一个谜，而且《诸葛亮集》中尽管对木牛、流马作了描绘，但由于没有任何实物与图形存留后世，多年来，人们对木牛、流马到底是什么东西作出了种种揣测。

一种说法为木牛、流马是诸葛亮改进的普通独轮推车。此说源于《宋史》、《后山丛谈》、《稗史类编》等史籍，它们认为汉代称木制独轮小车为鹿车，诸葛亮加以改进后称为木牛、流马，北宋才出现独轮车之称。

一种意见认为，木牛、流马是四轮车和独轮车，但是哪种为四轮，哪种为独轮，各人有不同的见解。宋代高承《事物继原》卷八说："木牛即今小车之有前辕者，流马即今独推者是也，而民间谓之江洲车子。"今世学者范文澜认为，木牛实际上是一种人力独轮车，有一脚四足，就是在车旁前后装四条木柱；流马是改良的木牛，前后四脚，也就是人力四轮车。

一种意见认为，木牛、流马是新颖的自动机械。《南齐书·祖冲之传》说：

诸葛亮像

"以诸葛亮有木牛、流马，仍造一器，不因风水、施机自运，不劳人力。"这是指祖冲之在木牛流马的基础上造出更新颖的自动机械。

木牛和流马到底是一种东西还是两种东西，后世对此发起了广泛的争辩。如谭良啸认为，木牛和流马是一回事，是一种新的木头做的人力四轮车；王开则说木牛与流马是两种东西，前者是人力独轮车，后者是经改良的四轮车；王谌认为两者同属一物，并且还做出了一种模型，既具备牛的外形，又具备马的姿势。陈从周等勘察了川北广元一带现存古栈道的遗迹：畜在前面拉，后面有人推，流马与木牛差不多，但没有前辕，不用人拉，反靠推为行进，外形像马。

令人遗憾的是当年诸葛亮没有留下木牛流马的详细制作图解，导致后人苦苦思索，上下探求，仍是难以明白究竟。

木牛复原模型
蜀军创制，用来运送军用物资，适于山地使用。

独轮车模型
汉代时期制造的独轮车，稳定性差，但对道路条件要求低，适合在半山区和农村田间使用。

广元明月峡古栈道 三国
蜀国四围皆山，地势极为险峻，许多地方只能以狭窄的栈道通行。木牛、流马就是为了适应这种环境而制造的。

岳阳楼是由谁建造的?

江南三大名楼之一的岳阳楼因为一篇北宋范仲淹的《岳阳楼记》而妇孺皆知。自唐宋以来,它就久负盛名。"未到江南先一笑,岳阳楼上对君山",这是800多年前,宋朝著名诗人黄庭坚登临岳阳楼时写下的句子。然而,长期以来,究竟是什么时候修建了岳阳楼,滕子京又是什么时候重修了此楼一直众说纷纭,谁也没有确切答案。

实际上岳阳楼的始建年代早已难以确定。南宋人祝穆就率先提出岳阳人"不知创始为谁"的说法。在祝氏的《方舆胜览》卷二十九中载称:"岳阳楼在郡治西南,西面洞庭湖,左顾君山,不知创始为谁。唐开元四年,中书令张说出守是郡,日与方士登临赋咏,自尔名著。"

成书于宋理宗(公元 1225 ~ 1264年)在位时期的《方舆胜览》是南宋的一部地理总志,此书有一定史料价值,尤其对名胜古迹有比较翔实的记载。书中认为祝穆所说岳阳楼"不知创始为谁"是可信的。所以《岳州府志》也认为:"岳阳楼不知做落于何代,何人。"

岳阳楼到底"创始为谁"后来有各种不同的说法,大多数人认为是张说始建。这种意见又有两种说法,而这两种说法又大同小异。

如浙江人民出版社编辑出版的《初中古代诗文助读》说岳阳楼为"张说在唐代开元初年建造"。喻朝刚、王大博、徐翰逢编的《宋代文学作品选》又进一步确定了修建的具体时间,说岳阳楼是"唐开元张说做岳州知府时建的"。

第二种说法,讲岳阳楼"始建于唐",此说法比较笼统。持这种说法的代表是新版的《辞海》。另外由郑孟彤主编的《中国古代作品选》、四川师范学院中文系古典文

岳阳楼

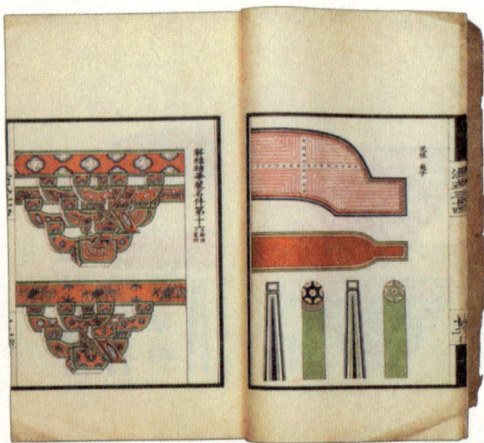

《营造法式》书影 宋

《营造法式》是中国历史建筑艺术之集大成者,内容丰富。是对中国宋代以前建筑经验的比较全面的总结,是中国建筑史上的一个里程碑。

范仲淹像

《岳阳楼记》木刻

学教研组编写的《中国历代文选》、北京教育学院教研部编写的《语文复习资料》以及中国人民大学语文系文学教研室主编的《历代文选》(下册,中国青年出版社)都持这种说法,有的也说岳阳楼"始建于唐初"。

第三种是岳阳楼始建于周代说。如天津师专古典文学教研组编的《中学古代作品评注》中说,岳阳楼"相传建于周代,自唐代以来闻名于世",这种说法不知是从哪里找来的依据。

在北宋以前,岳阳楼的修葺情况没有详细的记载,无从查考。原任庆路部署兼庆州(今甘肃庆阳)知州的滕子京在庆历四年(公元1044年)被谪为岳州知府,"越明年,政通人和,百废具(俱)兴。乃重修岳阳楼"。依照范仲淹的《岳阳楼记》中的说法,滕子京重修岳阳楼是在庆历五年,他们把"越明年"解释为第二年,即庆历五年。宋来峰在《"越明年"辨》一文(见《北京师范大学学报》1980年第6期)中认为,范仲淹应嘱作文,"滕子京重修岳阳楼与巴陵郡的'政通人和,百废俱应'同是一年——庆历六年"。对"越明年"的不同解释导致这两种说法相异,但究竟孰是孰非,我们也不能妄下结论。

轮船是中国人发明的吗?

在当代,轮船在人们的日常生活中发挥着重要的作用,追溯其历史,我们会发现,轮船的发明与中国人有着很大的关系。

最早的船称为车船,车船又称作车轮舟,其前身是南朝的祖冲之制成的千里船。这种船不受流向、风向的限制,内部没有机关,可以自己运行,日行50多里。千里船的推动工具在史书上没有明确记述,有的学者根据当时机械学的发展情况分析,它

晋代顾恺之绘《洛神赋》中双体轮船

可能是由人力踏动木叶轮而前进。但从此以后，史书上再也没有出现车轮舟的记载，可见千里船在后来并没有被广泛应用。

唐朝德宗时，江南道节度使洪州刺史李皋设计制造了一种新型战舰，史书上关于车船最早的明确记载里写道：这种战舰两侧分别装置一个轮桨，士兵用脚踩踏，带动轮桨转动，使舰前进，能取得与挂帆船一样的速度。

宋朝时车船才得到实际应用和发展。北宋李纲根据李皋的遗制，造战舰数十艘，上下三层，装置车轮，用脚踩踏前进。车船作为水军的新型战舰列入编制的时代是南宋。公元 1131 年，鼎州（今湖南常德）知州程昌寓命令南宋造船厂工匠高宣打造了 8 艘车船来镇压杨幺起义。这种车船用人力踏车行驶，船旁设置车板，速度很快，却不见船桨，被人们叹为神奇。交战中，俘获了造船工匠高宣并夺了车船 8 艘。高宣又在起义军中对车船进行了改造。他在两个月内为杨幺的起义军建造了大小船十多种、数百只，其中"和州载"号有 24 个轮子，"大德山"号有 32 个

车船复原图 南宋

轮子，其上层还有三层建筑，高达 10 丈以上，可以载 1000 名士兵，前、后、左、右都装有拍竿。这种车船在和南宋战舰交锋中以轮击水，行驶如飞，官军的船只迎上去就被拍竿击碎，起义军在几百只官船中如入无人之境，擂鼓呐喊，踏车回旋，横冲乱撞，官军闻风丧胆。从此，杨幺的起义军声威大震。由此可见，车船在杨幺起义军的作战中发挥了相当大的威力。

海鹘图 唐

据说最早的轮船出现于南北朝，到唐朝时江南道节度使洪州刺史李皋，"为战舰，挟二轮蹈之，翔风鼓浪，若挂帆席"。

1179 年，在江西出现了一种被当地人称为马船的新的车船，船上装有女墙、轮桨，可以拆卸。平时可以作为渡船运送物资，战时可以改装成战船用来作战。1183 年，陈镗建造了多达 90 轮的车船，从而使其航行速度更快。但是车船作为民间船只，一直没有发展起来。虽然如同许多专家说的那样，车船的发明给当今轮船的发展奠定了基础，也显示了中国古代人民的创造才能，但它只能算作轮船的始祖，因为外国人发明轮船不是受中国古代车船的启发的，二者的动力来源本身就不一样，一个是依靠人力，一个是依靠蒸汽动力。